| 로스쿨 |

講解 계약법 Ⅱ

| 로스쿨 |

講解 계약법 Ⅱ

발행일 2018년 3월 5일 발행인 오덕성 저자 손종학
펴낸곳 충남대학교출판문화원 주소 대전광역시 유성구 대학로 99 전화 042-821-6045
홈페이지 http://www.cnupress.co.kr E-mail cnupress@cnu.ac.kr

ISBN 978-89-7599-658-0 93360
정가 35,000원

이 책은 충남대학교 연구지원 기금에 의하여 출판되었습니다.

| 로스쿨 |

講解 계약법 II

손종학

충남대학교출판문화원

머리말

계약법 중 계약각론에 해당하는 전형계약편을 강의하면서 느낀 아쉬움이 있다. 그것은 '교육을 통한 법조인 양성'이라는 기치를 내걸고 로스쿨제도가 도입된 지 10년이 다 되어가지만 법조인 교육의 핵심이라고 할 강의 교재는 종전의 사법시험시대의 그것과 별반 달라진 것이 없다는 사실이다. 주지하다시피 사법시험제도는 법과대학과 사법시험 준비단계에서의 실체법 및 절차법에 관한 이론 학습과 사법시험 통과 후 사법연수원에서의 기록형 교육으로 대변되는 실무교육의 결합이 그 특징이었다면, 로스쿨시대의 법학교육은 이 둘을 3년 과정의 로스쿨에서 함께 교육시킨다는 점이 가장 큰 특징이다.

그렇기 때문에 로스쿨시대의 강의 교재는 사법시험시대의 그것과는 달라져야 함이 당연함에도 그렇지 못한 현실을 체감할 수 있었다. 물론 어려운 가운데에도 로스쿨시대에 걸맞는 새로운 강의 교재 개발을 위한 시도가 있었고, 부분적으로는 이들 노력의 결과물이 세상에 나오기도 하였지만, 만족에 이르기에는 부족함이 있음을 인정하지 않을 수가 없다.

사법시험시대의 계약법을 포함한 실체법에 관한 대부분의 교과서는, 법제도의 개념 설명과 이에 대한 여러 학설의 열거 후 관련 판례의 결론 소개나 법조문의 풀이 형식으로 꾸며져 있었다. 그러나 이러한 서술방식과 내용은 이론과 실무를 함께 가르치는 로스쿨시대에서는 더 이상 유용한 방법이 되지 못한다.

로스쿨에서의 강의와 교재는 먼저 당해 법제도와 법조문은 어떠한 유형의 분쟁에, 어떻게 사용하기 위하여 존재하는 것인지, 즉 도대체 어디에 활용하기 위하여 존재하는 것인지를 밝히면서 출발해야 한다. 다음으로는 당해 분쟁에 적용될 법조문과 제도의 핵심을 이해함에 있어 논의 쟁점이 무엇인지와, 그 쟁점에 관하여 주요 학설이 어떻게 대립하고 있는지를 설명한 후 마지막으로 당해 분쟁을 처리한 기존의 결과물인 관련 판례를 소개하여야 한다. 또한 판례의 소개에 있어서도 종전처럼 판결의 결론만을 밝히는 것이 아니라, 당해 판결의 전제가 된 주요 사실관계의 요약과, 그 사실관계에서 문제되는 법적 쟁점을 소개한 후 이에 적용할 법제도와 법조문을 찾아 그 결론을 알려주는 방식으로 서술되어야 비로소 학생들이 이해력과 적용력을 높일 수 있다고 본다.

본서는 위와 같은 문제의식 하에 계약각론 부분의 로스쿨 강의용으로 개발한 교재이다. 이를 위하여 본서는 모든 법제도와 법조문을 망라하여 기계적으로 서술하는 방식을 피하고, 경중을 가려 실제 분쟁 해결에 관계되는 법제도와 법조문 중심으로 서술하였다. 또한 여러 학설의 단순한 소개 형식을 지양하는 대신에 당해 법제도의 근본취지와 존재 이유를 실제 분쟁과 연결시켜 설명하는 방식을 취하였다. 그 결과 일정 법제도와 법조문에 관한 언급을 생략하기도 하였다. 또한 판례도 단순한 결론의 소개가 아닌 사실관계는 물론 쟁점까지도 밝히려고 하였다. 이를 위하여 판결의 쟁점을 나름 정리함은 물론 필요한 경우에는 판결 이유까지 교재에 포함시켰다. 이를 통하여 학생들로 하여금 사실관계를 정리하는 능력과 사실관계로부터 핵심 쟁점을 찾아내는 능력은 물론 쟁점 해결에 필요한 법제도와 법조문을 적용시키는 능력, 즉 '법적 문제 해결능력'을 자연스럽게 배양할 수 있도록 하였다. 한 가지 첨언한다면 저자의 講解 민사실무 Ⅰ, Ⅱ와 함께 공부할 것을 권하고 싶다. 좀 더 유익하리라고 본다.

저자가 부족함을 무릅쓰고 본서를 출간한 동기가 바로 여기에 있다. 아무쪼록 본서를 통하여 공부한 학생들이 조금이라도 도움을 받을 수 있기를 바란다.

본서의 출간에 있어 교정의 수고스러움을 담당해 준 충남대학교 법률상담소 김권일 연구원과 법학연구소 홍승희 연구원은 물론 보이지 않는 곳에서 많은 도움을 준 분들에게 감사를 드린다.

2018. 2.

저자 씀

목 차

제1장 계약 일반

제2장 증여

제3장 매매

제4장 소비대차

제5장 임대차

제6장 도급

제7장 위임

제8장 조합

제9장 화해

제10장 임치

제11장 기타 전형 계약

제1장

계약 일반

1. 채권의 발생원인과 계약[1]

민법은 사법(私法)상의 권리와 의무관계를 다루는 법이라 할 수 있는바, 권리와 의무의 발생원인을 법률요건이라 하고, 그로 인한 권리와 의무의 발생을 법률효과라고 한다. 그러므로 민법전의 법규정은 모두 법률요건과 법률효과에 관한 규정이라고 하더라도 크게 틀리지 않는다. 즉 법규정은 '--하면(이면), --하다(이다)'의 형식으로 규정되어 있는데, 이중 앞의 '--하면(이면)'에 해당하는 부분이 권리의 발생원인 부분인 법률요건이라 하고, 뒤의 '--하다(이다)에 해당하는 부분이 법률효과이다. 우리가 다룰 계약법상의 권리인 채권의 발생원인이 법률요건이고, 그로 인한 일정한 채권의 발생이 법률효과이다.

채권을 포함한 권리와 의무의 발생은 다시 법률행위에 의한 경우와 법률의 규정에 의한 것으로 대별할 수 있다. 채권에 관한 한 전자에 해당하는 것이 단독행위, 합동행위, 계약이고, 후자에 해당하는 대표적인 것이 사무관리, 부당이득, 불법행위이다.

예를 들어 당사자 사이에 매매계약이 체결되면 그로 인하여 매수인은 매매 목적물에 대한 이전등기청구권이나 인도청구권이라는 권리를 취득하고, 매도인은 대금청구권이라는 권리를 취득하는데, 여기서 매매라는 계약의 체결(성립)이 권리의 발생원인인 법률요건이 되고, 그로 인한 위와 같은 여러 권리의 발생이 법률효과가 된다. 이와 달리 법률의 규정에 의한 채권발생의 원인의 하나인 불법행위에 관하여 보면, 타인에게 위법한 행위로 손해를 가하면, 피해자는 가해자에게 손해배상청구권이라는 권리를 취득하는바, 이는 당사자 사이의 법률행위에 의하여 취

1 이하의 설명은 보통 계약법 총론에서 다루어지는 내용들이지만, 앞으로 다룰 주요 전형계약을 이해함에 있어 전제가 되는 것이기에 이해의 편의를 위하여 최소한의 내용을 서술한 것이다(채권법을 채권총론과 채권각론으로 분류할 경우에는 계약 일반도 채권각론편에서 기술된다).

득하는 권리가 아니고, 우리 민법이 제750조 이하에서 불법행위로 인한 손해배상청구권의 발생을 규정하고 있기 때문인바, 여기서 바로 제750조 이하의 법률 규정이 바로 불법행위로 인한 손해배상청구권이라는 채권의 발생원인과 법률효과가 되는 것이다. 즉 법률에 규정이 되어 있기 때문에 손해배상청구권이라는 채권이 발생하는 것이기에 법률의 규정에 의한 채권의 발생이라고 하는 것이다.

채권의 발생원인인 법률요건 중 계약이란 甲이 본인의 물건을 매도하여 이를 이전하겠다는 의사표시를 하고, 이에 대하여 乙이 이를 매수하겠다는 의사를 표시하는 것처럼 둘 이상의 당사자의 합치하는 의사표시를 구성요소로 하는 법률행위로서 법률요건에 해당한다. 즉 계약은 둘 이상의 대립하는 의사표시(매도하겠다는 의사표시와 매수하겠다는 의사표시)의 합치에 의하여 성립하는 법률행위라고 할 수 있다.[2]

광의의 계약은 채권계약, 물권계약, 상속법상의 계약(상속재산분할협의), 친족법상의 계약(혼인, 협의이혼) 등 다양하게 분류되지만, 협의로는 민법 제3편 제2장에서 「계약」이라는 제목 하에 규정된 것으로, 이는 채권의 발생을 목적으로 하는 것으로서 채권계약이라고 하는 것만을 의미한다. 협의의 계약을 간단하게 정의하면, 일정한 채권(채권관계)의 발생을 목적으로 하는 복수의 당사자 사이의 서로 대립하는 의사의 합치로 성립하는 법률행위로서 법률요건이라고 할 수 있다.[3]

2. 구별

법률행위는 크게 단독행위와 합동행위, 계약으로 분류되는바, 이들의 관계 및 구별은 다음과 같다.[4]

---

2 곽윤직, 채권각론(제6판), 6면.

3 양창수·김재형, 계약법, 4-5면.

단독행위란 당사자의 일방적인 의사표시만으로 법률행위가 성립되는 것으로, 이는 다시 상대방 없는 단독행위와 상대방 있는 단독행위로 나뉜다. 소유권자의 소유권 포기나 상속의 포기가 전자의 전형적인 예이고, 채무면제나 시효이익의 포기 등이 후자의 전형적인 예이다.

합동행위란 둘 이상의 의사표시가 대립하는 것이 아니라 방향을 같이 하여, 즉 합치하여 성립하는 법률행위로서, 사단법인의 설립행위가 이에 해당하는 전형적인 예이다. 둘 이상의 의사표시가 필요하다는 점에서는 계약과 같고, 단독행위와 다르지만, 계약과는 달리 합동행위에서는 의사의 대립이 없다는 점이다. 즉 계약에서는 '주기에 받는다'와 같이 당사자 일방의 의사표시가 상대방을 향하고, 타방의 의사표시 역시 상대방을 향하는 것임에 비하여 합동행위란 당사자들의 의사표시가 서로 상대방을 향하는 것이 아니라 일정한 방향으로 향한다는 점이 특색이다.[5]

예를 들어 사단법인의 설립행위는 발기인 수인의 법인설립이라는 의사표시가 필요하지만 이들 각자의 의사표시는 서로 상대방을 향하는 것이 아니라 법인 설립이라는 공통의 목표를 향하는 것이다. 그렇기 때문에 계약에는 상호 대립하는 의사표시를 전제로 당연히 적용되는 통정허위표시 규정이나(민법 제108조), 자기계약 및 쌍방대리의 금지 규정(민법 제124조) 등이 적용되지 않음은 물론 일부 사원의 의사표시의 무능력이나 의사의 흠결로 그 의사표시에 무효나 취소 사유가 있어도 나머지 사원들의 설립행위에는 영향을 주지 않아 이들의 설립행위는 유효하게 된다.

---

4 손종학, 강해민법총칙, 265면 이하 참조.

5 그렇기 때문에 뒤의 조합에서 다룰 조합은 수인이 조합의 성립이라는 공통의 방향을 향한 의사표시의 합이라는 점에서 각자의 의사표시가 상대방을 향하는 일반의 계약과 다르고, 오히려 합동행위에 가깝기에 그 법적 성질이 과연 계약인지에 대하여 의문과 이견이 있는 것이다.

3. 계약의 유형 및 종류

가. 전형계약 · 비전형계약

전형계약이란 민법이나 상법 등의 법률에서 계약의 유형으로 선별되어 특별한 규정이 마련되어 있는 계약을 의미하며, 유명계약이라고도 한다. 이에 비하여 비전형계약은 법률에 계약의 유형으로 규정되어 있지 않은 것으로 무명계약이라고 부른다.

양자의 구별이 중요한 이유는, 실제 분쟁 발생시 당해계약에 적용할 적용법규를 무엇으로 할 것인지와 관련되어 있기 때문이다. 전형계약이든 비전형계약이든 분쟁 발생시 법률행위(계약) 내지 의사해석을 통하여 해결하여야 할 것이지만, 이들만으로 문제해결이 어려운 경우 그 법적 처리를 어떻게 할 것인가 문제된다. 전형계약의 경우에는 법률에 해당 규정이 있으므로 이를 우선적으로 적용하여야 하지만, 비전형계약의 경우에는 법률에 직접적으로 해당되는 규정이 없어 어느 규정을 적용하여 법적 분쟁을 해결할 것인지가 명확하지 않다.

무엇보다도 하나의 계약 내용 속에 특정 전형계약적인 요소(구성분자)와 다른 특정 전형계약적인 요소가 혼재하거나, 특정 전형계약적 요소와 비전형계약적 요소가 혼재되어 있는 계약을 혼합계약 또는 혼성계약이라고 하는데, 이러한 혼합계약에서는 과연 어느 규정을 적용하여야 하는지가 매우 중요한 문제로 대두된다.

일반적으로는 비전형계약의 경우 법률에서 규율하는 전형계약 유형과 유사성이 있는 경우에는 그 전형계약에 관한 규정을 적용하여야 하고,[6] 혼합계약의 경우에는 계약이 규율하고자 하는 목적, 의미, 생활현상, 그리고 적용할 규범의 목적 · 효과와 기능을 종합적으로 고려하여 그 적용 여부를 결정하여야 할 것이다.[7]

---

6 이를 "당해 계약을 구성하는 요소 중 지배적인 요소가 포함되는 전형계약의 규정을 적용하는 것이 원칙"이라고 표현하는 견해도 있다(양창수 · 김재형, 계약법, 5면).

7 민법주해 XII, 17면.

한편 위의 '혼합계약'과 구분해야 할 개념으로서 '계약의 연립'이라는 것이 있다. 이는 예컨대 임대차와 매매가 연이어지는 경우와 같이, 복수의 계약이 성립하고, 그들 사이에 일정한 결합관계가 있는 것이다. 이러한 경우에 있어서는, 그 복수의 계약이 서로 조건관계에 있어 같은 운명에 따르는가의 문제는 있어도, 혼합계약에서처럼 어느 전형계약의 규정을 적용할지의 문제는 생기지 않는다.[8]

나. 쌍무계약 · 편무계약

계약의 각 당사자가 서로 대가적인 의의를 가질 뿐만 아니라 원칙적으로 상환으로 당사자 쌍방이 목적적 의존관계에 있는 채무를 대립적으로 상호 부담하는 것을 내용으로 하는 계약을 쌍무계약이라고 하고, 그렇지 않은 계약을 편무계약이라고 한다. 쉽게 말하면 쌍무계약은 계약의 당사자 쌍방 모두가 대가적 의미를 갖는 채무를 부담한다는 것이고, 여기서 대가적이란 상호 의존적인 것을 말하는 것이다. 예를 들면 甲이 乙에 대하여 A채무를 부담하기에 乙이 甲에 대하여 B채무를 부담하고, 역으로 乙이 B채무를 부담하기에 甲이 A채무를 부담하는 관계가 존재하는 것을 말한다(소위 채무의 상호 견련성).

전형계약 중 매매, 교환, 임대차, 고용, 도급, 조합, 화해는 쌍무계약이고, 증여, 사용대차, 현상광고[9]는 편무계약에 속한다. 소비대차, 위임, 임치는 그것이 유상인 때에는 쌍무계약에, 무상인 때에는 편무계약에 속하여, 무상소비대차, 무상임치, 무상위임은 편무계약에 속한다.

이와 관련하여 주의할 점 두 가지를 언급해 둔다.

---

8 곽윤직, 채권각론(신정판), 46-47면.

9 뒤에서 살펴보는 바와 같이 현상광고의 법적 성질에 관하여는, 이를 계약으로 보아 '광고자가 일정한 행위를 한 자에게 일정한 보수를 지급할 의사를 표시하고, 이에 응한 자가 그 광고에서 정한 일정한 행위를 완료함으로써 효력이 생기는 계약'이라는 계약설과, '지정행위를 완료한 자에게 일정한 보수를 지급하기로 하는 광고자의 일방적 의사표시'라고 보는 단독행위설이 있다. 계약설에 의할 경우, 광고행위가 청약에 해당하고 지정행위의 완료가 승낙이 되는 요물계약이 된다.

(1) 사용대차의 경우에도 당사자 쌍방은 각각 대여채무와 이의 반환채무라는 채무를 각각 부담하고 있으나, 이러한 쌍방의 채무가 대가적인 관계에 있지 않기 때문에, 편무계약으로 분류되는 것이다. 즉, 반환채무는 대여채무에 대한 '대가적인' 채무가 아니라, 타인의 물건을 '빌린다는' 계약 자체의 속성에 따라 발생하는 것일 따름인 것이다. 이 점은 다른 대차형계약 일반에 대하여도 마찬가지로서, 대차물의 반환채무는 채무의 '대가성'을 판단하는 데 있어서 고려할 요소가 아니다. 그렇기 때문에 이자 없는 소비대차에도 쌍무계약이 아닌 편무계약에 해당한다.

(2) 계약의 성립 후에 일방 당사자가 특별한 사정으로 채무를 부담하는 경우도 있으나(예컨대, 무상위임에서 위임인이 비용상환채무를 부담하는 경우. 민법 제686조), 이로써 해당 계약이 쌍무계약으로 되는 것은 아니다. 다시 말해서, 쌍무·편무계약의 분류는, '계약 성립 당시의 예정된', '계약 자체의 주된 채무내용' 상호간의 대가성을 기준으로 판단하여야 한다.

이처럼 쌍무계약의 경우에는 양 급부 사이에 견련성이 있으므로 동시이행의 항변권(제536조)이나 위험부담(제537조, 제538조)이 문제되지만 편무계약에서는 이들은 문제되지 않는다.

다. 유상계약·무상계약

(1) 개념

유상계약은 계약의 당사자 모두가 서로 대가적 의미를 갖는 출연을 하는 계약이고, 무상계약은 그렇지 않은 계약을 말한다.

(2) 쌍무계약·편무계약과의 구별

쌍무계약과 편무계약이 계약의 효과로서 발생하는 채무(급부)에서의 대가성을 기준으로 하는 것임에 비하여, 유상계약과 무상계약은 단지 채무의 영역만이 아니라 계약의 성립에서부터 그 효과로서 발생하는 채권관계의 내용 실현까지에 이르는 계약의 전 과정을 통하여 그 사이에 당사자 사이의 재산의 변동 유무를 기준으로 한다는 점에서, 양자는 구별된다.

그에 따라, 계약의 전 과정의 일부이기도 한 계약의 효력 부분인 채무의 대가성이 인정되는 쌍무계약은 당연히 계약의 전 과정의 일부에서의 재산상의 변동을 초래하는 것이므로 유상계약이 되는 것이지만, 모든 유상계약이 쌍무계약으로 되는 것은 아니다. 예를 들어 현상광고의 경우 지정행위를 한 자에게 대가적인 보수청구권이 있다는 점에서 지정행위의 완료와 보수지급관계가 대가적 출연으로 되어 유상계약이 되지만, 광고와 지정행위의 완료만으로 현상광고 계약이 성립되고 그 후에는 광고자만이 보수를 지급하여야 한다는 점에서 쌍무계약이 아닌 편무계약이 되는 것이다. 다시 말하자면, 현상광고에 있어 계약설을 취하는 경우, 지정행위의 완료는 '계약의 효력'으로서의 채무내용이 아니라 '계약의 성립요건'에 불과하기 때문이다.

결국 쌍무계약과 유상계약은 모두 대가적 의의를 가진 채무나 급부가 대립한다는 점에서는 동일하지만 양자는 대가적 행위가 상호 견련관계를 갖느냐의 여부에 따라 구별되는 것으로, 쌍무계약에서는 계약의 성립, 이행, 존속에 있어서 대가적 행위가 상호 견련관계에 있지만 유상계약에서는 이러한 견련관계가 없다.

민법상의 전형계약의 경우, 증여와 사용대차는 무상계약이지만, 소비대차나 위임, 임치, 종신정기금은 대가 지급의 유무에 따라(이자부 소비대차, 유상위임이나 유상임치 등) 유상계약이 되기도 하고 무상계약이 되기도 한다.

(3) 유상계약과 무상계약의 구별 실익

유상계약의 경우에는 매매에 관한 규정이 다른 유상계약의 경우에도 그대로 준용된다는 점에 유상계약과 무상계약을 구별할 실익이 있다.

그러나 이러한 구별실익을 떠나 좀 더 근원적으로는, 계약은 상호 법적 약속이자 합의이기에 계약 당사자는 이에 기속되어 원칙적으로 쉽게 계약관계에서 벗어나거나 계약 내용을 일방적으로 변경할 수 없지만, 무상계약의 경우 계약의 일방만이 재산의 출연을 하고 상대방은 그에 걸맞는 출연행위가 없다는 점에서 출연자에 대하여 계약의 구속력을 강하게 요구하지 않고, 일정한 경우 일방적으로 계약관계에서 벗어나거나 계약의 내용을 변경할 수 있는 여지를 두고 있기 때문에 당해 제도의 해석과 적용에 차이를 두어야 한다는 점에, 실질적인 구별실익이 있다고 볼 수 있다.

이러한 무상계약의 특질은, 요식성에 있어서의 차이를 두어, 비록 무상계약에는 불요식계약도 인정되지만 유상계약과는 달리 일정한 형식에 의하지 않을 경우 책임의 정도나 계약관계의 구속력 등에서 요식계약과 달라진다는 점이다. 예를 들어 민법 제555조상의 서면에 의하지 않은 증여계약에서의 증여자에 의한 해제와 같이 무상계약이 불요식계약인 경우에는 일정한 요건하에 계약을 해제할 수 있고, 무상의 채무를 부담하는 채무자에게는 주의의무 책임이 경감되어 선량한 관리자로서의 주의의무(추상적 경과실)가 아닌 자기 재산에 대한 것과 동일한 정도의 주의의무(구체적 경과실)만을 요구하고 있다. 예컨대 민법 제695조에 의한 무상임치인의 주의의무가 여기에 해당한다(다만 후술하는 바와 같이, 위임의 경우에는 무상계약인 경우라 하더라도 수임인은 선관주의의무를 부담한다, 제681조 참조). 또한 유상계약에서 상호 채무의 등가성 유지 차원에서 인정되는 담보책임이 무상계약에서는 완화 내지는 경감된다(민법 제559조).

라. 낙성계약 · 요물계약

당사자 사이의 대립하는 의사의 합치(합의)만으로 계약이 성립하고 그 이외에 별도의 행위를 요하지 않는 계약을 낙성계약이라고 하고, 당사자 사이의 의사의 합치 이외에 별도로 사실적 실행행위가 있어야 비로소 계약이 성립하는 계약을 요물계약이라고 한다. 민법전의 15개 전형계약 중 현상광고만이 광고로 지정된 행위의 완료가 있어야 비로소 계약이 성립한다는 점에서 요물계약이고, 나머지 14개 계약은 모두 낙성계약이다.

마. 요식계약 · 불요식계약

당사자 일방 혹은 쌍방의 의사표시가 반드시 서면 등 일정한 방식으로 행하여진 경우에만 당해 계약이 유효하게 성립하고, 그렇지 못한 때에는 이를 무효로 하는 계약을 요식계약이라고 하고, 그렇지 않은 계약을 불요식계약이라고 한다.

민법전의 전형계약은 계약자유의 원칙의 구체적 내용 중 하나인 계약체결방식의 자유에 따라 대부분 불요식계약이다.[10] 다만 앞서 밝힌 대로 증여계약에서 서면으로 표시되지 않은 경우에 아무런 채무불이행이 없어도 계약을 해제할 수 있도록 규정하고 있는바(민법 제555조), 일단 유효하게 성립된 계약의 구속력으로부터 벗어날 여지를 둔 점에서 일정 부분 요식계약으로서의 성질을 띠고 있다고 할 수 있다.

법이 일정한 경우 요식계약으로 하는 이유는 당사자의 의사의 정확성과 명확성이 중요한 계약의 경우, 법률관계를 명확히 함은 물론 계약 체결 자체를 신중하게 하도록 함으로써 분쟁을 미연에 방지하고, 분쟁 발생시 효율적으로 분쟁을 해결하며, 계약 당사자를 보호하기 위함이다.

---

10 계약은 아니지만 유언에 있어서 민법이 정한 방식에 의하지 않으면 그 효력이 없어(민법 제1060조), 요식행위성이 강하게 나타나고, 보증인 보호를 위하여 보증의 의사가 보증인의 기명날인이나 서명이 있는 서면으로 표시되었을 때만 보증의 효력이 발생한다(보증인보호를 위한 특별법 제3조).

4. 민법상 전형계약과 임의규정성

우리 민법은 제3편의 채권편 중 제2장 계약의 제2절(증여)부터 제15절(화해)까지 14개의 전형계약에 관하여 규정하고 있다가 2015. 2. 3. 민법을 개정하면서 제9절의 2를 신설하여 여행계약을 규정하고 있다. 그에 따라 현재 민법은 모두 15개의 전형계약에 관하여 자세히 규정하고 있다.

그러나 민법상의 전형계약에 관한 규정은 대부분 임의규정이다. 즉 사적자치원칙이 적용되는 민법 분야, 그 중에서도 법률행위자유의 원칙이나 계약자유의 원칙이 적용되는 계약법 분야에 있어서는 얼마든지 당사자 사이의 합의로 민법 규정과 다른 내용의 계약을 체결할 수 있기에, 민법전의 규정은 기본적으로 임의규정으로 보아야 한다.

이러한 임의규정성으로 인하여 민법전의 전형계약에 관한 규정은 실제 행하여진 당사자의 계약 내용이 불명료하거나 불완전한 경우에, 이를 명료 · 완전한 것으로 하는 해석의 표준이 되는 작용을 하게 된다. 그에 따라 계약을 구체적으로 해석함에 있어서는 민법전의 규정에 대하여 부당히 강한 효과를 주는 일이 없도록 주의할 필요가 있다고 한다.[11]

그러나 경제적, 사회적 약자의 보호를 위하여 일부 규정의 경우 강행규정으로 해석되어 당사자 간의 합의로 법규정의 내용과 다른 합의를 할 수 없고, 만일 그러한 합의가 있다면 당해 합의를 무효로 하고, 민법전의 규정을 적용하게 된다. 이러한 강행규정은 임대차에 관한 규정에서 특히 많이 찾아 볼 수 있는바, 이는 임차인 보호를 위한 취지에서 그러한 것이다.

---

11 곽윤직, 채권각론(제6판), 114면.

5. 민법상 전형계약의 유형

민법전의 15개 전형계약을 크게 세 종류로 유형화할 경우, 매매형계약, 대차형계약, 노무공급형계약으로 나눌 수 있다. 매매형계약으로는 증여, 매매, 교환 등이 이에 해당하고, 대차형계약으로는 임대차, 사용대차, 소비대차가, 노무공급형계약으로는 위임, 고용, 도급, 여행, 임치, 현상광고 등이 해당한다.[12]

이들 계약의 유형이 중요한 이유는 위 유형에 따라 기본 법리의 전개가 달라지기 때문이다. 앞으로 다룰 각 계약을 공부함에 있어 이를 염두에 둔다면 각 계약을 이해함에 있어 많은 도움을 받을 수 있다.

---

12 민법전의 전형계약을 재산권의 이전을 목적으로 하는 재산권 이전계약, 재산권의 이용을 주된 목적으로 하는 재산권 사용계약, 사람의 노동력의 공급을 목적으로 하는 노무계약, 물건의 보관을 목적으로 하는 임치계약, 단체의 결성을 목적으로 하는 조합계약으로 유형화하기도 한다(곽윤직, 채권각론, 제6판, 113-114면).

제2장

증여

배경사례

기업가 甲은 50억 원을 乙 학교법인에게 발전기금으로 기부하면서, 위 돈을 새로 조성하게 될 학교 캠퍼스 부지 구입비용으로 사용하도록 하였다. 그에 따라 甲이 1차적으로 20억 원을 지급한 상태에서 乙 학교법인은 이를 교수들의 연구력 강화를 위한 연구지원비로 사용하였다. 이에 甲은 애초의 발전기금의 지정용도에 맞지 않는다고 하면서 나머지 30억 원을 지급할 수 없음은 물론 기왕에 지급한 20억 원을 돌려달라고 요구하였으나 乙 학교법인은 이에 응하지 않으면서 약속대로 나머지 30억 원을 지급하라고 하고 있다. 甲이 자신의 의사를 관철시킬 법적 방법과 주장은 무엇인가?

1. 의의(제554조)

증여란 당사자 일방이 무상으로 재산을 상대방에게 수여하는 의사표시를 하고, 상대방이 이를 승낙함으로써 성립하는 계약으로서, 재산의 무상수여계약이라고 할 수 있다.

여기서 재산은 반드시 증여자 소유의 재산만으로 한정되는 것은 아니므로, 타인 소유의 재산이라 할지라도 증여계약의 성립에는 하등의 지장이 없고,[1] 다만 타인 소유의 재산을 자기 소유의 재산으로 알고 증여계약을 체결한 경우에는 민법 제109조의 법률행위의 중요부분의 착오에 해당하는 경우에 한하여 취소할 수 있을 뿐이다.

---

1 증여는 무상계약이라는 점에 비추어, 이는 민법 제569조의 직접 적용의 결과가 아님을 유의하여야 한다. 오히려, 유상/무상을 막론하고 채권계약이 의무부담행위로서 가지는 성질로 인한 것이다. 즉 이는 제569조의 결과가 아니라 그 전제인 것이다.

2. 성질(특질)

가. 계약

증여는 단독행위가 아닌 계약으로서 상대방으로부터의 승낙이 있어야 비로소 성립한다는 점에서 단독행위인 채무면제는 물론(다만, 채무를 면제해주기로 하는 내용의 '계약'을 체결하는 경우라면 증여로 인정될 수도 있다), 무상으로 타인에게 재산을 수여하는 단독행위인 유증과도 구별된다.

그러므로 증여에서는 상대방이 있어야 하고, 상대방이 없는 경우에는 증여계약이 성립할 수 없다. 따라서 예를 들어 아직 성립되지 아니한 단체[2]나 태아[3]에게는 증여를 할 수 없게 된다.

나. 편무 · 무상계약

증여자만이 채무를 부담하고 수증자는 대가적 의미의 급부를 부담하지 않으므로 증여는 편무계약이고, 수증자는 아무런 출연행위가 없다는 점에서 무상계약이다.

다. 불요식 · 낙성계약

증여에서는 특정한 방식이나 형식을 요하지 않는다는 점에서 불요식행위이고, 당사자의 의사만으로 계약이 성립된다는 점에서 낙성계약에 해당한다.

---

2 대판 1992. 2. 25, 91다28344【소유권이전등기】.

3 손종학, 강해민법총칙, 85면; 대판 1982. 2. 9, 81다534【토지소유권이전등기말소등기등】. 무엇보다도, 증여는 계약인데, 태아를 위한 법정대리인을 두는 제도가 현행법상 존재하지 않으므로 수증행위를 할 자가 없음을 그 이유로 한다.

3. 증여계약의 특질에 따른 제도

앞서 본 바와 같이 여타 계약과 구별되는 증여계약의 핵심 특질은 편무 · 무상계약이라는 점에 있고, 이러한 특질로부터 다른 계약에서는 인정되지 않는 여러 제도와 법리가 전개되어 나온다.

가. 요식성과 증여계약의 해제(제555조)

(1) 취지

계약은 당사자 사이의 법적 합의이므로 상호 구속력이 발생하여 법정해제사유나 약정해제사유가 없는 한 당사자 일방이 이를 해제하여 계약관계에서 벗어날 수가 없음이 당연하다. 그리고 계약의 자유는 계약방식의 자유를 포함하는 것이기에 계약의 성립에 있어 별다른 방식을 요구하지 않으며, 특정 방식을 사용하지 않았다고 하여 달리 취급할 수도 없다.

그러나 증여의 경우 무상계약성에 따라 기본적으로 증여자만이 급부를 부담하고 상대방은 이에 상응하는 급부를 부담하지 않는다는 점에서, 일방적 급부 부담자인 증여자에게 계약의 구속으로부터 벗어날 기회를 주어도 크게 문제되지 않을 수도 있다. 또한 증여행위가 경우에 따라서는 즉흥적으로 이루어져 증여자는 물론 그 가족이나 상속인들의 생활에 심적 · 경제적 고통을 안겨줄 수도 있다. 이에 우리 민법은 증여자의 신중한 증여와 증여자 등의 보호를 위하여 서면에 의하지 않은 증여계약의 경우, 법정해제사유나 약정해제사유가 없다 할지라도 증여자는 일정한 요건하에 이를 해제할 수 있도록 하고 있다(제555조).

판례도 서면에 의하지 않은 증여계약의 해제 규정을 "증여자가 경솔하게 증여하는 것을 방지함과 동시에 증여자의 의사를 명확하게 하여 후일에 분쟁이 생기는 것을 피하려는 데 있다."라고 하여 같은 입장을 보이고 있다.[4] 그러므로 비록 증여계약이 이루어졌다 하더라도 그것이 서면으로 이루어지지 않은 경우에는 증여자는 다른 사유 없이도 일방적으로 증여계약을 해제하여 증여계약에 따른 재산의 수여의무에서 벗어날 수 있다. 즉 민법 제555조에 의하여, 증여계약에 있어서는 계약자유원칙의 내용으로서의 '방식의 자유'에는 일정한 제한이 가해지는 것이다.

(2) '서면'의 의미

여기서 증여의 의사가 '서면'으로 이루어졌다는 의미는 반드시 '증여 계약서'를 작성하여야 한다거나 증여라는 문구가 서면에 기재되어야 한다는 뜻이 아니고,[5] 단지 증여자의 증여의사인 재산출연의사가 서면에 표시됨으로써 충분하다. 판례[6]도 증여의사가 문서를 통하여 확실히 알 수 있는 정도로 서면에 나타나면 충분하다고 한다. 그러므로 '서면'은 반드시 당사자 사이에 작성되어야 할 필요도 없고, 제3자와의 사이에 작성된 문서라 할지라도 수증자에 대한 증여의 의사가 표시되었다면 여기에 해당한다.

(3) 해제의 의미

민법 제555조는 서면에 의하지 아니한 증여계약은 이를 해제할 수 있다고 하여 '해제'라는 용어를 사용하고 있지만, 동조의 적용요건인 '서면에 의하지 않았다는 점'은 계약 성립 당시에 이미 존재하는 사유였다는 점에서, 이는 '계약 성립시에 아무런 흠 없이 완전히 유효하였던 계약의 효력을 후발적 사유의 발생에 따라 소급적으로 없애는' 본래적 의미의 해제와는 다르고, 철회에 가깝다. 그러나 한편 본래적 의미의 철회가 법률행위의 효과가 확정적으로 발생하기 전에 행위자 스스로

---

4 대판 1988. 9. 27. 86다카2634.

5 대판 2003. 4. 11, 2003다1755【소유권이전등기】.

6 대판 1996. 3. 8, 95다54006【소유권이전등기】; 대판 1998. 9. 25, 98다22543【소유권이전등기등】.

그 효과가 발생하는 것을 저지하는 것임에 비하여 여기서의 해제는 계약의 성립 후에 그 효력을 소멸시키다는 점에서, 취소에 가까운 일종의 '특수한 철회'에 해당한다고 볼 수 있다. 판례[7]도 "민법 제555조에서 말하는 해제는 일종의 특수한 철회일 뿐"이라고 한다.

그러므로 여기서의 해제권의 행사는 일반 해제에서의 형성권의 권리행사기간인 제척기간의 적용을 받지 않는다. 판례[8]도 "민법 제555조에서 말하는 해제는 일종의 특수한 철회일 뿐 민법 제543조 이하에서 규정한 본래 의미의 해제와는 다르다고 할 것이어서 형성권의 제척기간의 적용을 받지 않는다고 할 것이다. 따라서 민법 제555조 소정의 해제권은 형성권으로서 10년의 제척기간이 적용됨을 전제로 '판시 증여계약이 성립된 때로부터 10년이 경과한 후에 이루어진 피고의 증여계약 해제의사표시는 효력이 없다'는 원고들의 주장을 배척한 원심의 판단은 정당하다."라고 한다.

(4) 해제권자

본조의 해제권은 보통 증여자에 의한 해제만이 문제되지만 증여자는 물론 수증자도 해제권을 행사할 수 있으며, 당사자가 해제권을 행사하지 않고 사망한 경우 상속인도 해제권을 행사할 수 있다.

(5) 해제의 효과와 그 제한

본조에 의하여 당사자가 해제권을 행사한 경우 증여는 처음부터 절대적으로 무효가 되고, 제3자에게도 그 무효를 주장할 수 있다. 그러나 계약의 해제는 뒤에서 설명하는 바와 같이 이미 이행한 부분에 대하여는 영향을 미치지 않으므로, 만일 이미 증여행위가 이루어졌다면 해제의 제3자에 대한 효력은 사실상 의미가 없다.

---

7 대판 2003. 4. 11, 2003다1755【소유권이전등기】.

8 대판 2003. 4. 11, 2003다1755【소유권이전등기】.

여기서 어떤 경우에 증여가 이미 이행되었는지 볼 것인가가 문제된다. 동산의 경우에는 인도를 기준으로 하여야 하고, 부동산의 경우에는 물권변동에 관하여 형식주의를 취하는 민법의 입장에 비추어 볼 때 인도가 아닌 이전등기를 기준으로 이행 여부를 판단하여야 할 것이다. 따라서 이미 수증자 앞으로 소유권이전등기가 경료된 후에는 더 이상 해제의 효력이 미치지 않아 수증자는 확정적으로 소유권을 취득하게 된다.[9]

판례도 "토지에 대한 증여는 증여자의 의사에 기하여 수증자에게 소유권이전등기가 경료됨으로써 이행이 완료되므로, 증여자가 그 이행 후 증여계약을 해제하였다 하더라도 증여계약이나 그에 의한 소유권이전등기의 효력에 아무런 영향을 받지 아니한다."라고 하거나,[10] "망인이 생전에 서면에 의하지 아니한 의사표시로 부동산의 지분을 증여하고 그의 뜻에 따라 증여한 부동산의 지분 중 일부 지분에 대하여만 소유권이전등기를 경료하고, 나머지 지분은 소유권이전등기를 경료하지 않은 채 사망하였다면, 증여계약에 따른 권리의무를 승계한 상속인은 이미 이행된 지분에 관하여는 증여의 의사표시를 해제할 수 없다고 하겠으나, 아직 이행되지 아니한 지분에 관한 증여의 의사표시는 민법 제555조에 의하여 이를 해제할 수 있다고 할 것이다."라고 한다.[11]

따라서 부동산의 경우 비록 인도를 받지 않았다 할지라도 그에 대한 소유권이전등기만 경료되어 있다면 이미 이행이 완료된 것으로 보아야 한다.[12] 그러나 비록 소유권이전등기가 아직 경료되어 있지 않더라도 사실상 당해 부동산에 대한 지배가 수증자에게 넘겨진 때에는 이미 이행이 완료되었다고 보아야 할 것이다.

판례[13]는 "증여자가 서면에 의하지 않고 소유권이전등기가 경료되지 않은 매수토지를 증여하였으나 위 토지에 관한 소유권이전등기청구권을 수증자에게 양도

9 대판 2005. 5. 12, 2004다63484【소유권이전등기말소 등기】.

10 대판 1991. 8. 13, 90다6729【토지소유권이전등기말소등기】.

11 대판 2003. 4. 11, 2003다1755【소유권이전등기】.

12 대판 1981. 10. 13, 81다649【소유권이전등기】.

13 대판 1998. 9. 25, 98다22543【소유권이전등기등】.

하고 매도인에게 양도통지까지 마친 경우에는, 그 이후 증여자의 상속인들에 의한 서면에 의하지 아니한 증여라는 이유의 해제는 이에 아무런 영향을 끼치지 않는다."라고 하여 같은 입장을 취하고 있다.[14]

결국 판례의 입장은 부동산 증여에 있어서의 이행이라는 물권변동에 있어서의 성립요건주의를 취하는 우리 민법의 태도에 따라 이전등기가 이루어져야 비로소 이행을 한 것이 되고, 그 등기가 이루어지기 전이라면 비록 부동산의 인도가 있다 할지라도 아직 이행이 이루어지지 않은 것으로 보아 해제를 할 수 있다는 입장이다. 다만 일정한 경우 사실상 당해 부동산에 대한 지배가 수증자에게 넘겨진 경우에는 비록 등기가 아직 이루어지지 않았다 할지라도 이미 이행이 이루어진 것으로 본다고 정리할 수 있다.

판례

대법원 2001. 9. 18. 선고 2001다29643 판결

민법 제555조는 "증여의 의사가 서면으로 표시되지 아니한 경우에는 각 당사자는 이를 해제할 수 있다."고 규정하고 있고, 민법 제558조는 "전 3조의 규정에 의한 계약의 해제는 이미 이행한 부분에 대하여는 영향을 미치지 아니한다."라고 규정하고 있으므로, 증여의 의사가 서면으로 표시되지 아니한 경우라도 증여자가 생전에 부동산을 증여하고 그의 뜻에 따라 그 소유권이전등기에 필요한 서류를 제공하였다면 증여자가 사망한 후에 그 등기가 경료되었다고 하더라도 증여자의 의사에 따른 증여의 이행으로서의 소유권이전등기가 경료되었다 할 것이므로 증여는 이미 이행되었다 할 것이어서 증여자의 상속인이 서면에 의하지 아니한 증여라는 이유로 증여계약을 해제하였다 하더라도 이에 아무런 영향이 없다.

대법원 1998. 9. 25. 선고 98다22543 판결

[1] 부동산소유권 이전등기청구권의 양도가 부동산등기특별조치법 제2조 제2항, 제8조 제1호에 저촉된다 하더라도 당연히 그 사법상 효력이 부정되는 것은 아니다.

[2] 서면에 의한 증여란 증여계약 당사자 간에 있어서 증여자가 자기의 재산을 상대방에게

---

14 위 판결은, 증여 목적물이 부동산 자체가 아닌 일종의 지명채권라고 보아, 지명채권의 양도요건인 채권의 양도와 채무자에 대한 채권양도의 통지가 마쳐졌으므로 이행이 완료된 것이라고 해석할 수도 있을 것이다.

준다는 증여의사가 문서를 통하여 확실히 알 수 있는 정도로 서면에 나타난 증여를 말하는 것으로서, 비록 서면의 문언 자체는 증여계약서로 되어 있지 않더라도 그 서면의 작성에 이르게 된 경위를 아울러 고려할 때 그 서면이 바로 증여의사를 표시한 서면이라고 인정되면 이를 민법 제555조에서 말하는 서면에 해당한다고 보아야 할 것이나, 위 증여의 의사표시는 수증자에 대하여 서면으로 표시되어야 한다.

[3] 갑, 을, 병 사이에서 갑이 을과 그 태생 자녀들에게 일정 재산을 분배하여 주고 나머지 재산에 대한 일체의 상속권은 포기하기로 하는 내용의 조정이 성립된 후 잔여 재산에 속하는 토지를 병과의 사이에서 출생한 정에게 증여한 경우, 정이 참가하지 아니한 위의 조정 절차에서 갑의 증여의 의사표시가 정에게 서면으로 표시된 것으로 볼 수 없다고 한 사례.

[4] 민법 제558조에 의하면 서면에 의하지 아니한 증여의 해제는 이미 이행한 부분에 대하여는 영향을 미치지 않으므로, 증여자가 서면에 의하지 않고 소유권이전등기가 경료되지 않은 매수 토지를 증여하였으나 위 토지에 관한 소유권이전등기청구권을 수증자에게 양도하고 매도인에게 양도통지까지 마친 경우에는, 그 이후 증여자의 상속인들에 의한 서면에 의하지 아니한 증여라는 이유의 해제는 이에 아무런 영향을 끼치지 않는다.

만일 서면에 의하지 않은 증여의 이행을 명하는 판결이 확정되었으나 그에 따른 이전등기가 이루어지지 않았다면 어떻게 될까? 이 경우에는 비록 이행이 완료되었다고 볼 수는 없지만, 이의 해제를 인정하는 것은 확정판결의 기판력에 저촉된다고 볼 수 있으므로 해제는 허용되지 않는다고 할 것이다.[15]

(6) 제558조의 의미

이처럼 우리 민법은 제555조의 규정에 의한 해제시는 물론 다음에서 다루는 제556조의 중대한 망은행위시의 해제와 제557조의 사정변경에 의한 해제시에는 제558조에서 "해제는 이미 이행한 부분에 대하여는 영향을 미치지 아니한다"고 규정하고 있는바, 여기서 '이미 이행한 부분에 대하여는 영향을 미치지 아니한다'는 문언이 정확히 무엇을 뜻하는 것인지가 문제된다.

---

15 민법주해 XIV, 50면.

즉 이미 이행한 부분에는 해제권을 행사할 수 없다는 의미인지, 아니면 이미 이행한 부분이라 할지라도 해제는 할 수 있지만 해제의 효과인 원상회복의무나 부당이득반환 등의 의무가 발생하지 않는다는 것인지가 법문언상으로는 불분명하다고 할 수 있어서 그 해석이 문제된다.

이에 대하여는 예를 들어, 수증자가 성년이 될 때까지 매월 일정액의 금원을 지급하기로 약정하고 일정 기간 이를 지급하여 왔으나 제555조에 의하여 해제를 하는 경우와 같이 증여계약에 의한 급부의무가 가분적인 것이고 또한 분할이행을 하더라도 계약의 목적을 달성할 수 있는 경우에는 해제권을 행사할 수는 있으나 그로 인한 원상회복의무나 부당이득반환의무가 '이미 이행한 부분'에는 미치지 아니한다고 볼 것이지만, 급부가 불가분이거나 분할이행으로는 계약의 목적을 달성할 수 없을 경우에는 증여자의 급부의무의 주요한 부분이 이행되면 해제권의 행사가 제한된다는 의미로 해석하여야 할 것이다.[16]

나. 중대한 망은행위와 해제(제556조)

(1) 취지

증여계약은 대가 없는 재산의 수여로서 증여자의 수증자에 대한 신뢰와 애정을 전제로 하는 은혜적 법률행위이다. 따라서 이러한 신뢰에 기초한 은혜행위에 어긋나는 행위가 수증자에 의하여 이루어진 경우, 이러한 망은행위에도 불구하고 증여자에게 계약의 내용대로 증여행위를 이행하라는 것은 정의의 관념에 부합하지 않는다고 할 것이다.

이에 우리 민법은 수증자에 의한 중대한 망은행위가 있는 경우 증여자는 증여계약을 해제할 수 있도록 하였다.

16 민법주해 XIV, 49-50면.

(2) 중대한 망은행위

민법은 이러한 중대한 망은행위로 i) 증여자 또는 그 배우자나 직계혈족에 대한 범죄행위와 ii) 증여자에 대하여 부양의무 있는 경우에 이를 이행하지 아니하는 것을 들고 있다.

여기서 부양의무의 불이행이란 민법 제768조 및 제974조 소정의 친족간의 부양의무를 이행하지 않는 것을 말한다. 따라서 만일 이러한 친족관계 없는 자 사이의 부양을 조건으로 증여계약을 체결하였다면, 뒤에서 살피는 부담부증여나 조건부 법률행위로 처리될 것이지, 본조에 따라 해제권을 행사할 수는 없다.[17]

(3) 해제권의 행사 및 효과

서면에 의하지 않은 증여계약의 해제와는 달리 여기서의 해제는 성질상 증여자만이 그 권리를 갖고, 수증자는 이를 행사할 수 없다고 보아야 한다.[18] 또한 본조의 해제권은 형성권으로서 제척기간의 적용을 받는다(제556조 제2항).

본조에 의한 해제권의 행사로 인한 효과도 이왕에 이행한 부분에 대하여는 미치지 않는다. 따라서 이미 이행한 것을 부당이득으로 구할 수도 없다.

다. 증여자의 재산상태의 변동과 사정변경에 의한 해제(제557조)

신의성실의 원칙의 파생원칙인 사정변경의 원칙에 따라 계약을 해제할 수 있는지에 관하여는 견해가 대립되고, 판례는 종전에 이를 부인하였다가[19] 그 후에는 입장을 바꾸어 일정한 요건 하에 해제권을 행사할 수 있다고 보고 있다.[20] 또한 입법에 의하여 사정변경시 계약의 해제를 인정하는 경우가 있는바, 앞의 망은행위

---

17 대판 1996. 1. 26, 95다43358【토지소유권이전등기】.

18 민법주해 XIV, 43면.

19 대판 1992. 6. 12, 92다12384,12391【부동산소유권이전등기,건물철거】.

20 대판 2007. 3. 29, 2004다31302【매매대금】.

에 의한 해제권의 발생과 마찬가지로 본조도 사정변경의 원칙이 반영된 입법에 의한 해제권의 발생이라고 할 수 있다. 본조에 의한 해제권의 행사시에도 이미 이행한 부분에는 영향이 미치지 않는다(제558조).

라. 담보책임의 완화(제559조)

(1) 취지 및 내용

민법은 증여계약의 무상성을 고려하여 증여 목적물의 하자에 대한 증여자의 책임을 감경시키고 있다. 즉 증여자는 원칙적으로 담보책임을 부담하지 않고, 다만 물건 또는 권리의 하자나 흠결을 알고도 이를 고지하지 아니한 때에만 담보책임을 부담한다.

(2) 담보책임의 성질

여기서 말하는 담보책임은 채무불이행책임이 아니라 일종의 법정책임으로서, 하자나 흠결이 없으면 수증자가 얻을 수 있었을 이익의 배상이 아닌, 수증자가 하자나 흠결이 없다고 오신하였기 때문에 받는 손해인 신뢰이익의 배상책임이다. 따라서 수증자가 악의인 경우에는 증여자는 담보책임을 지지 않는다.[21]

(3) 적용범위

본 규정이 특정물 증여에서 적용되는 것은 당연하지만 불특정물에 대한 증여에서도 그대로 적용되는 것인지는 의문이다. 통설은 불특정물의 경우 특별한 의사가 없는 한 증여자는 완전한 물건을 급부할 의사가 있었던 것으로 보아 완전물의 급부의무를 인정하여, 본조의 적용을 배제하고 있다.[22]

---

21 민법주해 XIV, 53면.

22 민법주해 XIV, 52면.

4. 특수한 증여

가. 부담부증여(상대부담 있는 증여)

배경사례

원고는 피고에게 토지를 증여하고, 이에 대하여 피고는 ① 원고의 남편을 피고 학원의 이사 겸 이사장으로 추대하고, ② 원고의 아들을 피고 학원 산하의 학교 교직원으로 채용하기로 하되 만일 피고가 이를 이행하지 아니할 때는 기증받은 토지를 원고에게 반환하기로 약정하였다. 이에 따라 원고는 피고에게 토지에 대한 소유권이전등기를 경료하여 주었으나 피고는 위 약속을 이행하지 않자 원고는 위 등기의 말소를 구하는 소를 제기하였다. 원고의 청구원인과 그에 대한 법원의 판단은?

(1) 의의

예를 들어 증여자가 부동산을 증여하면서 증여자가 수증자에게 자신을 부양하게 하거나 본인의 사후 제사를 지내주도록 하는 것과 같이, 증여자가 증여를 하면서 수증자에게 일정한 급부를 하게 하는 채무를 부담시키는 경우가 많은바, 이를 상대부담 있는 증여(민법전 상의 표현) 또는 부담부증여(강학상, 판례상의 표현)라고 한다. 부담부 증여는 최근 들어 가족관계의 해체 현상의 가속화와 고령화에 따른 부양의 중요성 대두 등으로 많은 법적 분쟁이 발생하는 영역이기도 하다.

(2) 구별개념

(가) 혼합증여(부담의 대가성 여부)

부담부증여의 경우 수증자는 일정한 채무를 부담하지만, 이는 증여자의 출연과 대가관계에 있는 것이 아니고 단지 출연물의 가치의 감소나 제한을 가져오는 것에 불과하므로, 이는 일종의 부관부계약으로서 쌍무계약이나 유상계약이 아니다. 만일 부담의 내용이 대가관계를 갖는 경우라면, 유상계약과 증여라는 두 개의 계약이 일체를 이루어 하나의 계약이 되는 혼합증여에 해당한다.

부담부증여에 있어서 부담은 증여에 대하여 종적인 관계에 있을 뿐이어서 증여가 무효이면 부담은 당연히 무효가 되나, 부담의 무효는 반드시 증여의 효력에 영향을 주지는 않는다(이 점에 관하여는 아래의 (3) 부분도 참조).

(나) 사용목적의 제한 등(부담의 채무성 여부)

또한 증여를 하면서 수증자로 하여금 사용목적이나 용도를 지정하는 경우가 많으나, 이는 특별한 경우가 아닌 한 법률상의 채무를 부담하게 할 의사가 없는 것으로서 부담부증여가 아니라 단순부담에 해당한다.

원고가 피고 법인에게 자기 토지를 단군성묘기지로 증여한 사안에서, 대법원은 부담부증여란 수증자에게 일정한 급부를 할 채무를 부담시키는 것을 말하고 단순히 증여 목적물의 사용목적을 지정하는 것은 이에 해당하지 않는다고 한다.[23] 이러한 논리는 곧, 사용목적의 지정은 법적 '합의'가 아닌 '양해'사항으로서, 호의관계의 문제일 뿐이라는 것이다.

이와 관련하여 유의할 점은, 증여자의 단순한 희망이나 바람은 부담이 아니라는 점이다. 이는 수증자가 그 이행을 승낙한 것이 아니어서 채무가 아니기 때문이다.

판례

대법원 2006. 11. 23. 선고 2006다50802 판결

증여자가 자신 부부의 장례절차 및 장지(葬地)에 관하여 요구한 사항이 단순히 증여자의 일방적인 요구 또는 희망이 아니라 수증자의 동의 또는 합의가 수반되어 증여계약의 내용이 되었다고 본 사례.

23 대판 1972. 7. 25, 72다909【소유권이전등기말소】.

대법원 2012. 10. 25. 선고 2011다61370 판결

1. 공익 등을 위하여 무상으로 재산을 출연하면서 그 사용목적이나 용도를 특정하고 이를 출연계약의 내용으로 한 경우 출연자의 출연 의도는 최대한 존중되어야 할 것이므로 그 상대방은 출연재산을 임의로 다른 용도로 전용하여서는 안 된다. 다만 지정된 목적에 맞게 사용하였는지 여부는 출연계약의 내용뿐 아니라 출연계약에 이른 경위, 출연재산의 규모와 지정목적의 수행을 위한 소요자금의 정도, 출연재산을 사용한 실제 용도와 지정목적의 연관성, 출연자의 이의 여부 등을 종합적으로 고려하여 판단할 것이다. 아울러 지정목적 등과 다르게 사용된 경우라 하더라도 그것을 이유로 곧바로 출연계약의 이행거부나 해제까지도 인정할 수 있는 것인지 아니면 계약의 부수적 사항에 대한 위반에 지나지 않는 것이어서 계약의 효력 자체를 부정할 사유는 아니라고 할 것인지에 관해서도 위와 같은 여러 사정을 종합하여 논리와 경험칙에 따라 합리적으로 판단해야 할 것이다.
2. 원심은, 원고들이 2003. 10. 8. 피고 산하 부산대학교에게 부산대학교의 발전을 위하여 기부금 305억 원을 출연하기로 하는 기부약정을 체결하였는데(이하 '이 사건 기부약정'이라 한다), 판시와 같은 여러 사실관계에 비추어 볼 때, 이 사건 기부금의 사용용도는 그 약정 당시부터 원고들과 부산대학교 사이에 명확하게 합치된 의사에 따라 '부산대학교 캠퍼스 건설 및 연구지원 기금'으로 지정되었던 것이 분명하다고 하고, 부산대학교는 이 사건 기부금을 그 사용용도에 맞게 적법한 절차에 따라 관리 · 사용하여 왔다고 인정하였다. 그리고 이에 기초하여, 이 사건 기부금의 사용용도를 '양산캠퍼스 부지대금'으로 한정하였음에도 부산대학교가 이에 위반하여 이 사건 기부금을 다른 용도로 사용하였다는 등의 이유로 이 사건 기부약정의 해제 등을 구하는 원고들의 부담부증여의 해제 주장, 목적부도달에 의한 부당이득반환청구 내지 해제조건부증여의 해제조건 성취 주장, 신의칙과 형평의 원칙에 기한 해제 주장 등을 모두 배척하였다.

원심판결 이유를 앞서 본 법리 및 처분문서인 이 사건 기부약정서(갑 제2호증의 2)의 기부금 사용용도 관련 문언의 내용, 이 사건 기부금 출연식 당일 기자간담회에서의 발언 내용 등 기록에 비추어 살펴보면, 원심이 이 사건 기부약정 당시 이 사건 기부금의 사용용도가 '부산대학교 캠퍼스 건설 및 연구지원 기금'으로 지정되었다고 판단하고 부산대학교가 이 사건 기부금을 그 사용용도에 맞게 사용하였음을 이유로 원고의 주장을 배척한 판단 부분은 정당한 것으로 수긍할 수 있다.

(다) 조건부증여(부담의 이행청구 가부)

부담부증여는 단지 수증자에게 일정한 채무만을 지울 뿐 계약의 효력을 정지시키거나 일정 사유 발생시 당연히 계약의 효력이 소멸하지 않으므로 조건부증여와도 구별된다. 양자의 실질적인 구별기준은 당사자에게 부담부분에 대한 '채무로서의' 구속력을 인정할 의사를 갖고 있느냐의 여부이다. 조건부 법률행위에서는 상대방에게 조건의 이행을 청구할 수 없지만, 부담부증여에서는 부담의 내용이 채무가 되므로 구속성이 있어, 증여자는 수증자에게 부담의 이행을 청구할 수 있다는 점에서 양자의 근본적인 차이가 있다.

이 점을 다시 설명하여 보면 다음과 같다.

1) 예컨대 '네가 A를 주면 내가 B를 주겠다'라는 조건부 증여계약을 체결한 경우라면, 상대방이 A를 주지 않는 때에는 나 역시 B를 주지 않는 데에 그칠 뿐이고, 상대방에게 A를 줄 것을 소구할 수는 없다.
2) 한편, 상대방으로부터 A를 받는 대가로 나는 B를 주기로 하는 교환계약을 체결한 경우라면, 나는 상대방에게 A를 줄 것을 소구할 수 있고, 다만 그것은 내가 B를 급부하는 것과 대가관계에 있는 것이다.
3) 위와 같은 조건부계약이나 교환계약과는 달리 부담부증여에 있어서는, 일단 상대방으로부터 나는 A의 증여를 받고, 다만 나는 그에 대하여 B를 급부할 '채무'를 부담하지만, A 급부와 B 급부간의 대가관계는 인정되지 않는 것을 말한다. 이러한 경우, 부담급부의 불이행이 있으면 증여자는 이를 소구할 수 있고, 채무불이행을 이유로 하여 해제할 수도 있으며, 이때의 해제로써는 후술하는 바와 같이 이미 이행된 부분에 대하여도 원상회복의무가 발생한다.

(3) 부담부증여계약에서의 부담의 무효(당사자의 의사해석의 문제)

부담도 일종의 채무이므로 그 채무는 법률행위 목적의 유효요건을 모두 갖추어야 한다. 따라서 그 부담은 확정, 가능, 적법하여야 하고, 사회적 타당성을 갖추어야 하며 이를 결할 시에는 부담은 무효로 된다. 여기서 부담이 법률행위 목적의 유효요건을 갖추지 못해 무효인 경우 당해 증여계약 자체의 효력이 문제되는바, 이는 결국 당사자의 의사해석의 문제로 귀결된다. 즉 만일 당사자 사이에 무효인 부담이 없었다 하더라도 증여를 하였을 것으로 인정된다면, 부담을 제외한 증여계약 자체는 유효하게 남게 되지만 그렇지 않을 때에는 증여계약 전체가 무효로 된다.

(4) 부담부증여와 쌍무계약(제561조)

부담부증여에서의 부담은 대가성이 없으므로 그 증여는 여전히 쌍무계약이 아닌 편무계약에 불과하다. 그러나 부담 자체가 일종의 채무라는 점에서는 쌍무계약과 유사하므로, 민법은 부담부증여에는 쌍무계약에 관한 규정을 준용하고 있다.

준용되는 전형적인 것은 동시이행의 항변권[24]과 위험부담이지만, 가장 많이 논의되는 것은 부담의 불이행에 따른 증여계약의 해제 가부이다.

우리 민법은 이에 대하여 아무런 규정을 두고 있지 않지만, 판례[25]는 "상대부담 있는 증여에 대하여는 민법 제561조에 의하여 쌍무계약에 관한 규정이 준용되어, 부담의무 있는 상대방이 자신의 의무를 이행하지 아니할 때에는 비록 증여계약이 이미 이행되어 있다 하더라도 증여자는 계약을 해제할 수 있다"고 하여 이를 인정하고 있다. 그리고 이 경우 증여에서의 해제의 효과제한규정인 제558조는 성질상 적용될 여지가 없으므로, 증여자는 이미 이행이 완료된 경우에도 이를 해제할 수 있고, 해제의 효력에 따라 수증자는 이를 증여자에게 반환하여야 한다. 판례[26]도 "부담의무 있는 상대방이 자신의 의무를 이행하지 아니할 때에는, 비록 증여계약이 이미 이행되어 있다 하더라도 증여자는 계약을 해제할 수 있고, 그 경우 민법 제555조와 제558조는 적용되지 아니한다."라고 한다.

---

24 부담부증여는 증여자에 의한 선증여행위가 이루어지는 경우가 대부분이므로 사실상 동시이행의 항변권은 큰 의미가 없다.

25 대판 1997. 7. 8, 97다2177【소유권이전등기(말소)】.

26 대판 1997. 7. 8, 97다2177【소유권이전등기(말소)】.

(5) 종합

결국 부담부증여에서의 부담은 일종의 채무로서 증여자는 이의 이행을 청구할 수 있고, 수증자가 이를 이행하지 않을 경우 그 불이행을 이유로 계약을 해제할 수 있으나, 부담과 증여물 사이에는 대가관계가 없다는 점에서 부담부증여계약은 여전히 쌍무계약이 아닌 편무계약이라고 할 수 있다.

판례

대법원 1996. 1. 26. 선고 95다43358 판결 【토지소유권이전등기】

부담부증여에 있어서는 쌍무계약에 관한 규정이 준용되어 부담의무 있는 상대방이 자신의 의무를 이행하지 아니할 때에는 비록 증여계약이 이행되어 있다 하더라도 그 계약을 해제할 수 있고, 민법 제556조 제1항 제2호에 규정되어 있는 '부양의무'라 함은 민법 제974조에 규정되어 있는 직계혈족 및 그 배우자 또는 생계를 같이하는 친족간의 부양의무를 가리키는 것으로서, 이 사건과 같이 위와 같은 친족간이 아닌 당사자 사이의 약정에 의한 부양의무는 이에 해당하지 아니하여 이 사건 부담부증여에는 민법 제556조 제2항이나 민법 제558조가 적용되지 않는다.

대법원 1997. 7. 8. 선고 97다2177 판결

원래 원고 소유인 이 사건 토지에 관하여 원고와 피고가 1985. 6. 5. 원고는 피고에게 충남 00군 00면 00리 산 73의 1 임야 251,802㎡(이하 이 사건 토지라고 한다)를 증여하고, 피고는 ① 원고의 남편인 소외 조00을 피고 학원의 이사 겸 이사장으로 추대하고, ② 원고의 아들 2인을 피고 학원 산하의 00학교 교직원으로 채용하고, ③ 이 사건 토지 및 그와 함께 원고가 피고에게 증여 또는 매도한 토지들의 증여 및 매매로 인한 조세공과금은 피고가 책임지기로 하고, 피고가 위 세 가지 약속을 이행하지 아니할 때는 기증받은 토지를 원고에게 반환하기로 약정하였다고 인정하였는바, 기록과 대조하여 검토하여 보면 원심의 위와 같은 사실 인정은 정당하고, 여기에 논하는 바와 같이 채증법칙을 위반하여 사실을 오인한 위법이 있다고 할 수 없다. 논지는 이유가 없다.

상대부담 있는 증여에 대하여는 민법 제561조에 의하여 쌍무계약에 관한 규정이 준용되어 부담의무 있는 상대방이 자신의 의무를 이행하지 아니할 때에는 비록 증여계약이 이미 이행되어 있다 하더라도 증여자는 그 계약을 해제할 수 있고, 그 경우 민법 제555조와 제558조는 적용되지 아니한다(당원 1996. 1. 26. 선고 95다43358 판결 참조). 원심이 그 내세운 증거들에 의하여 피고가 위 부담의무를 이행하지 아니할 뿐만 아니라, 그 부담 사실 자체를 부정하고 있는 사실을 확정한 후, 비록 원고가 이미 1985. 10. 29.자로 이 사건 토지에 관하여 피고에게 소유권이전등기를 마쳐주었다 하더라도 원고는 피고의 부담의무 불이행을 이유로 이 사건 토지에 관한 증여계약을 해제할 수 있다고 판단하였는바, 이는 위 법리에 따른 것으로서 정당하고, 여기에 논하는 바와 같은 법리오해의 위법이 있다고 할 수 없다.

나. 사인증여(제562조)

(1) 의의 및 성질

증여자의 사망으로 그 효력이 발생하는 증여를 사인증여라고 한다. 증여계약이 성립되었으나 그 효력이 발생하지 않다가 증여자의 사망이라는 사실이 발생할 경우 비로소 증여의 효력이 발생하는 것이라는 점에서 일종의 법정정지조건부 계약이라고 볼 수 있다.

사인증여는 본질은 증여임에도 증여자의 사망시에 그 효력이 발생한다는 점에서, 그리고 실질상 상속인의 희생 하에 출연이 이루어진다는 점에서 유증과 유사한 점이 있기 때문에, 민법은 사인증여에 유증에 관한 규정을 준용하고 있다(제562조).

(2) 준용되는 유증규정

비록 법문에는 유증에 관한 규정이 준용된다고 규정되어 있지만 앞서 본 바와 같이 계약인 사인증여와 단독행위인 유증에는 본질적인 차이점이 있기 때문에 유증에 관한 모든 규정이 사인증여에 준용될 수는 없고, 단독행위의 특성에서 나오는 규정을 제외한 나머지 규정들만이 적용된다.

따라서 유언의 방식(제1065조 이하),[27] 유언능력(제1061조 이하) 등은 사인증여에 준용될 수 없고, 주로 유언의 효력에 관한 규정이 준용되는바, 유언의 효력발생시기(제1073조), 수증자의 과실수취권(제1079조), 유증의무자의 비용상환청구권(제1081조) 등이 준용된다.

여기서 포괄유증의 효력에 관한 민법 제1078조가 포괄사인증여에도 적용되어 수증자가 상속인과 같은 지위에 있는지가 문제된다. 판례[28]는 "민법 제562조가 사인증여에 관하여 유증에 관한 규정을 준용하도록 규정하고 있다고 하여, 이를 근거로 포괄적 유증을 받은 자는 상속인과 동일한 권리의무가 있다고 규정하고 있는 민법 제1078조가 포괄적 사인증여에도 준용된다고 해석하면, 포괄적 사인증여에도 상속과 같은 효과가 발생하게 된다. 그러나 포괄적 사인증여는 낙성 · 불요식의 증여계약의 일종이고, 포괄적 유증은 엄격한 방식을 요하는 단독행위이며, 방식을 위배한 포괄적 유증은 대부분 포괄적 사인증여로 보여 질 것인바, 포괄적 사인증여에 민법 제1078조가 준용된다면 양자의 효과는 같게 되므로, 결과적으로 포괄적 유증에 엄격한 방식을 요하는 요식행위로 규정한 조항들은 무의미하게 된다. 따라서 민법 제1078조가 포괄적 사인증여에 준용된다고 하는 것은 사인증여의 성질에 반하므로 준용되지 아니한다고 해석함이 상당하다."라고 하여 이를 부정하고 있다.

유언의 철회에 관한 규정(제1108조 이하)이 준용될 것인지에 대하여는 견해가 갈리지만,[29] 위 철회 규정은 유언의 단독행위로서의 성질에 기초하는 것이기에 계약인 사인증여에는 적용되지 않는다고 할 것이다.[30]

---

27 민법 제562조는 사인증여에 관하여는 유증에 관한 규정을 준용하도록 규정하고 있지만, 유증의 방식에 관한 민법 제1065조 내지 제1072조는 그것이 단독행위임을 전제로 하는 것이어서 계약인 사인증여에는 적용되지 아니한다(대판 1996. 4. 12, 94다37714,37721【소유권이전등기·토지인도등】).

28 대판 1996. 4. 12, 94다37714,37721【소유권이전등기·토지인도등】.

29 사인증여가 계약인 점을 강조하면 철회에 관한 규정을 준용할 수 없게 된다.

30 김준호, 계약법, 727면.

판례

대법원 1996. 4. 12. 선고 94다37714 판결 【소유권이전등기 · 토지인도등】

[1] 민법 제562조는 사인증여에 관하여는 유증에 관한 규정을 준용하도록 규정하고 있지만, 유증의 방식에 관한 민법 제1065조 내지 제1072조는 그것이 단독행위임을 전제로 하는 것이어서 계약인 사인증여에는 적용되지 아니한다.

[2] 민법 제562조가 사인증여에 관하여 유증에 관한 규정을 준용하도록 규정하고 있다고 하여, 이를 근거로 포괄적 유증을 받은 자는 상속인과 동일한 권리의무가 있다고 규정하고 있는 민법 제1078조가 포괄적 사인증여에도 준용된다고 해석하면 포괄적 사인증여에도 상속과 같은 효과가 발생하게 된다. 그러나 포괄적 사인증여는 낙성 · 불요식의 증여계약의 일종이고, 포괄적 유증은 엄격한 방식을 요하는 단독행위이며, 방식을 위배한 포괄적 유증은 대부분 포괄적 사인증여로 보여 질 것인바, 포괄적 사인증여에 민법 제1078조가 준용된다면 양자의 효과는 같게 되므로, 결과적으로 포괄적 유증에 엄격한 방식을 요하는 요식행위로 규정한 조항들은 무의미하게 된다. 따라서 민법 제1078조가 포괄적 사인증여에 준용된다고 하는 것은 사인증여의 성질에 반하므로 준용되지 아니한다고 해석함이 상당하다.

대법원 2001. 11. 30. 선고 2001다6947 판결

유류분반환청구의 목적인 증여나 유증이 병존하고 있는 경우에는 유류분권리자는 먼저 유증을 받은 자를 상대로 유류분침해액의 반환을 구하여야 하고, 그 이후에도 여전히 유류분침해액이 남아 있는 경우에 한하여 증여를 받은 자에 대하여 그 부족분을 청구할 수 있는 것이며(민법 제1116조 참조), 사인증여의 경우에는 유증의 규정이 준용될 뿐만 아니라 그 실제적 기능도 유증과 달리 볼 필요가 없으므로 유증과 같이 보아야 할 것이다 .

원심이 인정한 바에 의하면, 피고는 사인증여를 받은 자이고, 소외 2나 소외 3은 채무면제에 의한 증여를 받은 자이므로, 원고가 유류분침해액의 반환을 청구함에 있어서는 먼저 피고에 대하여 그 반환을 청구하여야 할 것이어서, 원심이 원고의 유류분침해액을 소외 2와 소외 3에 대하여 각자의 증여가액 비율로 분배하지 아니하고 피고에게만 그 반환을 명한 조치는 정당하고, 거기에 상고이유로 주장하는 바와 같은 민법 제1115조를 위반한 위법이 없다.

제3장

매매

1. 의의(제563조)

매매란 당사자 일방이 일정한 재산권을 이전하고, 이에 대하여 상대방이 대금을 지급할 것을 약정함으로써 성립하는 계약이다. 즉 재화와 금전과의 교환계약이라고 할 수 있다. 여기서 재산권을 이전하는 자를 매도인이라 하고, 대금을 지급하는 자를 매수인이라 하며, 이들이 바로 매매계약의 당사자이다.

2. 성질

매매는 낙성, 쌍무, 유상, 불요식계약이다. 따라서 당사자 쌍방의 의사표시의 합치만으로 성립하며,[1] 아무런 방식을 요하지 않아 비록 서면계약이 아니어도 하등의 지장이 없다. 매매는 가장 전형적인 쌍무 · 유상계약이기 때문에 매매에 관한 규정은 다른 유상계약에 준용된다(제567조).

3. 매매의 목적

배경사례[2]

매매계약의 목적물을 "00시 경0동 747의 77, 754의 6, 781의 15 등 3필지 및 그 외에 같은

1 역사적으로 매매는 현실매매로 시작하였으나 문화의 발달에 따라 낙성매매로 변화되었다고 한다(곽윤직, 채권각론, 제6판, 123면)

동 소재 소외 망 000 소유 부동산 전부"라고 표시하여 매매계약의 목적물 중 특정된 3필지를 제외한 나머지 부동산이 토지인지 건물인지, 토지라면 그 필지, 지번, 지목, 면적, 건물이라면 그 소재지, 구조, 면적 등 어떠한 부동산인지를 알 수 있는 표시가 전혀 되어 있지 않고, 계약 당시 당사자들도 어떠한 부동산이 몇 개나 존재하고 있는지조차 알지 못한 상태에서 이루어져서 계약일로부터 17년 남짓 지난 후에야 그 소재가 파악될 정도이다. 이 경우 매매계약의 효력은?

가. 목적

매매의 목적은 재산권이므로 물권은 물론 채권, 무체재산권, 장래에 성립할 재산권 등이 모두 매매의 목적이 될 수 있다.

또한 그것이 재산권인 한 반드시 매도인 소유의 재산권일 필요는 없으므로, 타인 소유의 재산권이라 할지라도 담보책임을 부담함은 별론으로 할지라도 매매의 목적물로 됨에 아무런 지장이 없다[3].

나. 법률행위 내용의 확정 및 목적물과 대금의 사후 특정

매매도 법률행위의 하나에 해당하므로 법률행위의 목적에 관한 총칙상의 유효요건 규정이 그대로 적용된다. 그중 매매목적물과 관련하여 법률행위 목적(내용)의 특정(확정)이 문제된다. 법률행위는 원칙적으로 그 내용이 확정되어야 하고, 그렇지 못할 경우 당해 법률행위는 아무런 효력이 없는바, 이는 목적의 확정이 되지 않을 경우 현실적으로 이행판결의 집행가능성이 없게 된다는 점에서도 중요하다.

매매계약을 체결함에 있어 매매목적물이나 매매대금을 특정하지 않고 계약 이후에 측량 등을 통하여 정확한 면적이나 위치를 확정한 후에 그에 따라 매매대금

---

2 매매목적물 중 특정된 3필지를 제외한 나머지 부동산에 대한 매매는 그 목적물의 표시가 너무 추상적이어서 매매계약 이후에 이를 구체적으로 특정할 수 있는 방법과 기준이 정해져 있다고 볼 수 없어 매매계약이 성립되었다고 볼 수 없다.

3 민법은 제569조에서 타인의 권리의 매매를 규정하고 있다.

등을 확정하는 경우가 있는바, 판례[4]는 "매매계약에 있어서 그 목적물과 대금은 반드시 계약체결 당시에 구체적으로 특정될 필요는 없고 이를 사후에라도 구체적으로 특정할 수 있는 방법과 기준이 정해져 있으면 족하다."라고 하여 사후 특정을 인정하고 있다.

4. 매매의 일방예약(제564조)

가. 예약의 의의

예약이란 장차 일정한 계약(본계약)을 체결할 것을 약속하는 계약을 말한다.[5] 예약이 있으면 당사자 사이에 본계약을 체결할 채무(의무)가 발생하게 된다. 예약과 관련한 법률문제의 핵심은, 예약을 한 당사자가 상대방에게 본계약의 체결을 청구하는 데 대하여 상대방이 이를 거절하는 경우를 어떻게 처리할 것인가에 있다.

나. 예약의 종류

(1) 편무예약과 쌍무예약

예약상의 권리자가 본계약의 체결을 원하여 청약을 하면 상대방이 승낙을 하여 본계약을 성립시킬 채무를 생기게 하는 예약이 있는데, 이 중 예약 당사자 일방만이 예약상의 권리를 가지고 상대방은 승낙의 의무만을 지는 것을 편무예약이라고 하고, 쌍방이 그 권리를 갖는 것을 쌍무예약이라고 한다.

---

4 대판 1997. 1. 24, 96다26176【소유권이전등기】; 대판 2009. 3. 16, 2008다1842【대금반환】.

5 대판 1993. 5. 27, 93다4908【건물철거등,소유권이전등기】: 매매의 예약은 당사자의 일방이 매매를 완결할 의사를 표시한 때에 매매의 효력이 생기는 것이므로 적어도 일방예약이 성립하려면 그 예약에 터 잡아 맺어질 본계약의 요소가 되는 매매목적물, 이전방법, 매매가액 및 지급방법 등의 내용이 확정되어 있거나 확정할 수 있어야 한다.

이들 예약의 특징은, 예약 성립 후에도 상대방의 승낙이 있어야 비로소 본계약이 체결되는 것이기 때문에 당사자 일방의 의사표시만으로 본계약이 성립되지는 않는다는 점에 있다. 따라서 만일 권리자의 본계약 체결의 청구에 대하여 상대방이 응하지 않는다면(즉 일종의 채무불이행이다), 권리자는 상대방을 피고로 하여 승낙절차의 이행을 구하는 소(승낙의 의사표시에 갈음하는 재판, 민법 제389조 제2항 및 민사집행법 제263조 제1항 참조)를 제기할 수밖에 없다.

(2) 일방예약과 쌍방예약

이는 예약상의 당사자 일방의 의사표시('예약완결권'의 행사)만으로 본계약이 체결되는 것으로, 예약 당사자 일방만이 예약완결권을 갖는 일방예약과 쌍방이 이를 갖는 쌍방예약으로 나뉜다.

상대방의 승낙의 의사표시 없이 권리자의 일방적인 의사표시만으로 본계약이 성립된다는 점에서 앞의 편무예약이나 쌍무예약과 구별된다.

(3) 요물계약과의 관련

본계약이 요물계약인 경우에는 그 예약이 편무 또는 쌍무계약일 수밖에 없지만[6] 낙성계약에서는 이론적으로 위의 모든 예약방식이 가능하다. 그러나 당사자의 의사만으로 계약이 성립되는 낙성계약에서는 이미 성립한 예약에 기하여 본계약을 체결하는 데 다시 상대방의 승낙을 요한다는 것은 무의미한 일로서 당사자의 진정한 의사에도 어긋난다고 할 수 있다.

따라서 낙성계약에서의 예약은 특별한 사정이 없는 한 일방예약이나 쌍방예약으로 보아야 할 것이고, 민법이 매매의 일방예약에 관하여만 규정하고 있는 점을 일방예약의 추정으로 보아, 당사자의 의사가 불분명한 경우에는 일방예약으로 보

---

6 요물계약에서는 일방의 의사표시만으로는 본계약이 성립될 수 없기 때문이다.

아야 할 것이다.[7]

다. 예약제도의 기능(담보적 기능, 소비대차+매매예약+가등기)

예약제도를 이용하려는 목적은 다양하지만 최근에는 주로 채권담보의 수단으로 활용된다. 즉 일정한 금원을 빌려준 후 그 채권의 담보를 위하여 채무자 소유의 부동산을 장차 매매하기로 하는 예약을 체결하면서, 그 예약에 기하여 가지게 될 소유권이전등기청구권의 보전을 위한 가등기(일종의 가등기담보)를 경료해 두고, 채무의 변제가 없을 시 예약상의 권리를 행사하여 부동산을 취득하는 것이다. 이는 일종의 가등기담보로서 『가등기담보 등에 관한 법률』이 적용된다.

라. 매매의 일방예약

(1) 성질

매매의 일방예약의 성질에 관하여는 예약권리자의 완결의 의사표시를 정지조건으로 하는 정지조건부매매로 보는 견해와, 일방예약도 예약의 일종으로 다만 법률의 규정에 의하여 정지조건부 매매와 같은 효과가 생기는 특수한 예약이라고 보는 견해가 대립한다.[8]

양설의 근본적인 차이점은 본계약의 성립시기에 있다. 정지조건부계약설은 예약성립 시점에 본계약이 성립되고 그 효력만이 조건의 성취시에 발생한다고 보는 반면에, 특수예약설은 예약시가 아닌 완결의 의사표시시에 비로소 본계약이 성립된다고 본다. 예약시에 본계약이 성립한다는 것은 있을 수 없다는 점에서 후설인 특수예약설이 타당하다고 할 것이다.

---

7 견해의 대립 없음. 송덕수, 채권법각론, 67면.

8 견해의 대립은 송덕수, 채권법각론, 168-169면 참조.

(2) 예약금

일방예약에 있어서 '예약권리자가 예약완결권을 갖는 대가로 예약의무자에게 일정한 금원을 미리 지급하고, 후에 본계약이 체결된 경우 이를 대금의 일부로 충당하기로 하되, 만일 예약완결권을 갖고 있는 권리자가 그 권리를 행사하지 않아 본계약을 체결하지 않을 경우에는 이를 상대방에게 귀속시키는' 경우가 거래현실에서 종종 있는데, 이는 기본적으로 예약권리자에게 본계약 체결을 강제하고, 예약의 실효로 인한 예약의무자의 손해를 전보하려는 손해배상액의 예정으로서의 의미를 갖는다.[9]

(3) 예약완결권

(가) 의의

매매의 일방예약에서 예약상의 권리자가 예약의무자에 대하여 매매완결의 의사표시를 할 수 있는 권리를 말한다. 일방의 의사표시만으로 매매계약이 체결(성립)된 것으로 보는 법률관계가 형성(법률효과의 발생)된다는 점에서 형성권[10]이고, 부동산에 관한 매매의 예약완결권은 가등기에 의하여 그 순위를 보전할 수 있다(부동산등기법 제88조, 제3조).

(나) 예약완결권의 양도성

예약완결권은 재산권으로서 양도할 수 있으며, 채권양도의 방법에 따라[11] 이를 채무자에게 통지하거나 채무자의 승낙이 있으면 채무자에게도 대항할 수 있다.

---

9 그러나 해약금으로서의 성격을 갖는 것은 아니라고 볼 것이다(민법주해 XIV, 124면).

10 대판 2000. 10. 13, 99다18725【건물명도】; 송덕수, 채권법각론, 169면 참조.

11 예약완결권의 양도는 단순한 채권양도가 아니라 계약상의 지위 양도이므로 예약의무자의 승낙이 없으면 그 효력이 없다고 보는 견해도 있다(민법주해 XIV, 127).

그러나 가등기를 하여 놓은 경우에는 채권양도의 방식이 아닌 가등기의 이전등기(부기등기, 부동산등기법 제156조의2)의 형식을 취하여야 하며, 그럴 경우 제3자에 대한 대항력도 갖게 된다.

(다) 행사방법과 상대방(매매목적물의 양도시의 법률관계)

예약완결권은 예약권리자가 예약의무자에 대하여 예약완결의 의사를 표시하는 방식으로 이루어진다. 그 방식에는 아무런 제한이 없고, 실제 소송에서는 보통 본계약의 이행을 구하는 소장의 기재에 의하여 예약완결의 의사표시를 하고 있다. 이 경우 그 소장 부본이 예약의무자에게 송달되었을 때 비로소 예약완결권 행사의 효력이 발생한다.[12]

예약완결권이 양도된 때에는 예약완결권의 양수인이 완결권을 행사하여야 하지만, 매매목적물이 양도된 경우에는 목적물양수인을 상대로 예약완결권을 행사할 수는 없고, 원래의 예약의무자를 상대로 하여 예약상의 권리 상실로 인한 손해배상을 청구할 수밖에 없다.

---

12 대판 (全) 2012. 2. 16, 2010다82530【가등기의본등기절차이행】: [1] 수인의 채권자가 각기 채권을 담보하기 위하여 채무자와 채무자 소유의 부동산에 관하여 수인의 채권자를 공동매수인으로 하는 1개의 매매예약을 체결하고 그에 따라 수인의 채권자 공동명의로 그 부동산에 가등기를 마친 경우, 수인의 채권자가 공동으로 매매예약완결권을 가지는 관계인지 아니면 채권자 각자의 지분별로 별개의 독립적인 매매예약완결권을 가지는 관계인지는 매매예약의 내용에 따라야 하고, 매매예약에서 그러한 내용을 명시적으로 정하지 않은 경우에는 수인의 채권자가 공동으로 매매예약을 체결하게 된 동기 및 경위, 매매예약에 의하여 달성하려는 담보의 목적, 담보 관련 권리를 공동 행사하려는 의사의 유무, 채권자별 구체적인 지분권의 표시 여부 및 지분권 비율과 피담보채권 비율의 일치 여부, 가등기담보권 설정의 관행 등을 종합적으로 고려하여 판단하여야 한다. [2] 갑이 을에게 돈을 대여하면서 담보 목적으로 을 소유의 부동산 지분에 관하여 을의 다른 채권자들과 공동명의로 매매예약을 체결하고 각자의 채권액 비율에 따라 지분을 특정하여 가등기를 마친 사안에서, 채권자가 각자의 지분별로 별개의 독립적인 매매예약완결권을 갖는 것으로 보아, 갑이 단독으로 담보목적물 중 자신의 지분에 관하여 매매예약완결권을 행사할 수 있고, 이에 따라 단독으로 자신의 지분에 관하여 가등기에 기한 본등기절차의 이행을 구할 수 있다고 본 원심판단을 정당하다고 한 사례. [3] 공동명의로 담보가등기를 마친 수인의 채권자가 각자의 지분별로 별개의 독립적인 매매예약완결권을 가지는 경우, 채권자 중 1인은 단독으로 자신의 지분에 관하여 가등기담보 등에 관한 법률이 정한 청산절차를 이행한 후 소유권이전의 본등기절차 이행청구를 할 수 있다.

다만 예약완결권이 가등기되어 있는 경우에 관하여는, 양수인이 예약상의 의무와 지위를 승계한 것으로 보아 양수인에게 행사하여야 한다는 견해와 여전히 본래의 의무자인 예약상의 의무자에게 행사하여야 한다는 견해가 대립하지만,[13] 원래의 예약의무자(가등기의무자)를 상대로 행사하여야 할 것이고, 예약완결권 행사 후 그를 상대로 본계약이행의 청구(본등기절차이행의 소)를 하고, 그에 따라 본등기절차를 완료하면 가등기 이후의 등기(양수인의 소유권이전등기)는 일반의 가등기에 기한 본등기절차에서와 같이, 등기할 사항이 아닌 것(부동산등기법 제55조 제2호)으로 보아 등기공무원이 이를 직권말소(부동산등기법 제175조 제1항, 제177조)하여야 하는 것으로 보아야 할 것이다.

(라) 행사기간과 제척기간

예약완결권의 행사기간은 당사자가 자유롭게 정할 수 있지만, 만일 이를 정하지 않은 경우라면, 예약완결권이 형성권이라는 점을 고려하여 그 기간은 10년의 제척기간에 걸린다고 보아야 할 것이다.[14] 다만 장기간의 법률관계 불확정을 피하기 위하여 상대방인 예약의무자는 상당한 기간을 정하여 매매완결 여부의 확답을 상대방에게 최고할 수 있고, 예약의무자가 그 기간 내에 확답을 받지 못한 때에는 그 예약은 효력을 잃는다(제564조 제2항 및 동조 제3항).

---

13 견해의 대립은 송덕수, 채권법각론, 169-170면 참조.

14 대판 2003. 1. 10, 2000다26425【소유권이전청구권가등기말소등기】: 매매의 일방예약에서 예약자의 상대방이 매매예약 완결의 의사표시를 하여 매매의 효력을 생기게 하는 권리, 즉 매매예약의 완결권은 일종의 형성권으로서 당사자 사이에 그 행사기간을 약정한 때에는 그 기간 내에, 그러한 약정이 없는 때에는 그 예약이 성립한 때로부터 10년 내에 이를 행사하여야 하고, 그 기간을 지난 때에는 예약완결권은 제척기간의 경과로 인하여 소멸한다.

5. 계약금과 해약계약금

가. 계약금과 계약금계약의 의의(종된 계약으로 요물계약임)

계약금이란 매매나 도급계약 등에 있어서 계약 체결시에 당사자 일방이 상대방에 대하여 교부하는 금전 기타의 유가물을 말한다. 이러한 계약금은 비록 매매계약과 같은 주된 계약에 부수하여 이루어지지만, 주된 계약과는 별도의 계약금계약에 의하여 지급되는 것으로 일종의 종된 계약이라고 할 것이다. 또한 계약금계약은 현실적으로 계약금을 수수하면서 이루어진 계약이기에 요물계약이라고 할 수 있다. 따라서 계약금계약이 불성립 혹은 무효가 되더라도 매매계약 자체의 효력에 당연히 영향을 주는 것은 아니다.

계약이 이행되면 계약금은 그 목적이 달성되었기에 당연히 교부자에게 반환되어야 하는바, 이는 부당이득의 반환의 성질은 아니고, 계약금계약상의 당연한 권리라고 보아야 한다. 그렇기 때문에 이의 반환시 일반의 부당이득과는 달리 이익의 현존 여부를 불문한다.[15] 그러나 현실의 거래에서는 대부분 당사자 사이의 특약으로 계약금을 매매대금의 일부로 충당하는 것으로 명시적, 묵시적 약정을 하는 경우가 대부분이어서 실제 이의 반환이 문제되는 경우는 거의 없다고 할 수 있다.

나. 계약금의 종류

계약금은 그 작용과 기능에 따라 증약계약금, 위약계약금, 해약계약금으로 구분될 수 있다.

(1) 증약계약금

계약을 체결한 증거로서 기능하는 계약금을 말한다. 계약금이 수수된 경우, 이

15 곽윤직, 채권각론(제6판), 133면.

는 당사자 사이에 일정한 계약이 체결되었다는 증거가 되기 때문에 모든 계약금은 적어도 증약계약금으로서의 성질을 갖고 있다고 볼 수 있다.

(2) 위약계약금

이는 위약금과 같은 성질을 갖는 것으로서 채무불이행이라는 위약시에 대비하여 지급되는 계약금이다. 예컨대 '당사자 사이에 계약금을 교부한 자가 채무불이행을 한 경우에는 수령자가 이를 몰수하고, 수령자가 채무불이행을 한 경우에는 계약금의 그 배액을 상환하기로 약정'한 경우의 계약금을 말한다. 그렇기 때문에 위약금(계약)은 채무불이행의 문제를 필연적으로 수반한다. 다만 위약계약금이 위약금과 다른 점은, 위약금이 위약시에 비로소 지급되는 것임에 비하여 위약계약금은 계약시에 미리 지급된다는 점이다.

이러한 위약계약금은 다시, 위약벌로서의 기능을 갖는 것과 손해배상액의 예정으로서의 기능을 가지는 것으로 나뉜다. 계약금이 위약벌로서의 기능을 갖는 경우에는, 위약으로 손해가 발생한 경우 위약계약금 이외에 별도로 손해배상을 청구할 수 있고, 비록 손해가 없어도 위약금이 몰수(귀속)된다(즉 위약벌은 손해의 발생을 애당초 전제하지 않는 것이다).[16] 그러나 손해배상액의 예정으로 계약금계약이 체결된 경우에는 그 계약금을 손해배상액으로 미리 예정해놓은 것이므로 별도로 손해배상을 청구할 수가 없다는 점에서 양자는 큰 차이가 있다.

또한 판례에 의하면, 위약벌의 경우 위약금의 액이 부당히 과다한 경우라도 이를 감액할 수 없지만,[17] 손해배상액의 예정에서는 그 예정액이 부당히 과다한 경우 법원은 이를 적절히 감액할 수 있다[18]는 점에서도 양자는 차이를 보인다.[19]

---

16 대판 1979. 9. 11, 79다1270【계약보증금등반환】.

17 대판 1968. 6. 4, 68다491【대행납입금】.

18 대판 1996. 10. 25, 95다33726【계약금】.

19 손해배상예정에서 과실상계가 허용될지에 대하여는, 학설은 대체로 긍정하나, 판례는 과실부분은 이미 손해배상액의 감액 여부에 대한 판단에서 고려하므로 별도로 과실상계가 적용되지는 않는다고 한다.

위약금으로서 계약금이 수수된 경우, 이를 위약벌로서의 위약금인지, 아니면 손해배상액의 예정으로서의 위약금인지가 문제된다. 그러나 특별한 사정이 없는 한 위약벌이 아니라 손해배상액의 예정으로서 수수된 것으로 해석(추정)한다(제398조 제4항). 즉 위와 같은 위약벌의 성질에 비추어, 어떠한 약정금이 위약벌로 인정되기 위해서는 당사자의 명시적인 의사표시 등의 징표가 요구되는 것이다.[20]

(3) 해약계약금(해제권유보부계약)

이는 계약금이 해제권을 유보하는 성격으로서 수수된 계약금을 말한다. 즉 교부자(일반적으로 매수인)는 지급한 계약금을, 수령자는 그 배액을 지급하면 채무불이행 등의 특별한 사정이 없다 할지라도 일방적으로 계약을 해제할 수 있는 것으로 일종의 해제권유보부 계약이라고 할 수 있다(제565조 제1항).

이것이 앞의 위약계약금과 다른 것은, 위약계약금은 반드시 위약, 즉 채무불이행이 있을 때 문제되는 것이지만, 해약계약금의 경우에는 채무불이행과 상관없이, 즉 아무런 위약이 없어도 일방적으로 본계약을 해제할 수 있다는 점이다.

다. 계약금의 해약계약금으로의 추정과 그 효력

(1) 해약계약금으로의 추정(제565조 제1항)

이처럼 계약금이 수수된 경우 우리 민법은 당사자 사이에 특별한 의사표시가 없는 한 계약금은 해약계약금으로 수수된 것으로 추정하고 있다. 그에 따라 계약금을 위약금으로 하기로 하는 특약이 있는 경우에만 손해배상액의 예정으로서의

20 대판 1992. 11. 27, 92다23209【손해배상(기)】; 대판 2010. 4. 29, 2007다24930【전부금】: 유상계약을 체결함에 있어서 계약금이 수수된 경우 계약금은 해약금의 성질을 가지고 있어서, 이를 위약금으로 하기로 하는 특약이 없는 이상 계약이 당사자 일방의 귀책사유로 인하여 해제되었다 하더라도 상대방은 계약불이행으로 입은 실제 손해만을 배상받을 수 있을 뿐 계약금이 위약금으로서 상대방에게 당연히 귀속되는 것은 아니다.

성질을 갖는 계약금이 된다.[21]

그런데 부동산 매매 거래의 실제에서는 흔히 인쇄된 계약서에 부동문구로 "계약을 매도인이 위약하였을 때에는 계약금의 배액을 매수인에게 배상하고, 매수인이 위약하였을 때에는 계약금은 무효가 되고 반환청구를 할 수 없다"는 조항을 두는데, 이 경우 판례는 비록 손해배상액의 예정의 성질을 갖는 위약계약금의 특약이 있다 할지라도 그 특약 안에는 해약계약금으로의 성질을 갖는다는 내용도 포함되어 있다는 입장이다.

즉, 매매당사자 사이에 수수된 계약금에 대하여 매수인이 위약하였을 때에는 이를 무효로 하고 매도인이 위약하였을 때에는 그 배액을 상환할 뜻의 약정이 있는 경우에는 특별한 사정이 없는 한 그 계약금은 민법 제398조 제1항 소정의 위약금으로서의 손해배상액의 예정의 성질을 가질 뿐 아니라, 민법 제565조 소정의 해약금의 성질도 함께 가진 것으로 볼 것이라고 한다.[22]

판례

대법원 1992. 5. 12. 선고 91다2151 판결 【소유권이전등기】

가. 매매당사자 사이에 수수된 계약금에 대하여 매수인이 위약하였을 때에는 이를 무효로 하고 매도인이 위약하였을 때에는 그 배액을 상환할 뜻의 약정이 있는 경우에는 특별한 사정이 없는 한 그 계약금은 민법 제398조 제1항 소정의 손해배상액의 예정의 성질을 가질 뿐 아니라 민법 제565조 소정의 해약금의 성질도 가진 것으로 볼 것이다.

나. 매매당사자 간에 계약금을 수수하고 계약해제권을 유보한 경우에 매도인이 계약금의 배액을 상환하고 계약을 해제하려면 계약해제 의사표시 이외에 계약금 배액의 이행의 제공이 있으면 족하고 상대방이 이를 수령하지 아니한다 하여 이를 공탁하여야 유효한 것은 아니다.

---

21 대판 1987. 2. 24, 86누438【소득세등부과처분취소】.

22 대판 1996. 10. 25, 95다33726【계약금】; 대판 1992. 5. 12, 91다2151【소유권이전등기】.

(2) 해제권의 행사

(가) 행사방법(사실상의 요물해약)

해약계약금의 경우 교부자는 그 계약금을 포기하고, 수령자는 그 배액을 상환하고 계약을 해제할 수 있다(제565조 제1항). 이 경우 수령자가 계약을 해제하기 위해서는 수령한 계약금의 배액의 제공이 있어야만 할 수 있고,[23] 단순한 해제의 의사표시만으로는 해제의 효과가 발생하지 않는다. 그러나 배액의 제공만으로 족하고 반드시 공탁을 한다거나 상대방의 수령이 필요한 것은 아니다.[24]

즉 이와 같은 해약금계약의 법적 성질은 일종의 요물적인 것으로 해석된다. 이와 달리 만일 낙성적인 것으로 보는 경우에는, 해제의 의사표시로 계약은 곧바로 해제되고, 다만 해약금을 제공할 의무가 뒤따를 뿐이라고 해석하게 될 것이다.

(나) 행사시기(특별한 사정이 없는 한 이행기 전에 이행이 착수된 경우에도 해제 불능)

1) 이행의 착수 전에만 해제 가능

해약계약금의 수수가 이루어진 경우의 해제권은 이행의 착수가 있기 전까지만 행사할 수 있고, 이행의 착수가 있은 후에는 더 이상 해약계약금에 기한 해제는 불가능하다. 이는 이행의 착수가 있다는 것은 당해 당사자는 계약이 정상적으로 이

---

23 대판 1973. 1. 30, 72다2243【명의이전절차】; 대판 1992. 7. 28, 91다33612【소유권이전등기】: 매수인이 계약의 이행에 착수하기 전에는 매도인이 계약금의 배액을 상환하고 계약을 해제할 수 있으나, 이 해제는 통고로써 즉시 효력을 발생하고 나중에 계약금 배액의 상환의무만 지는 것이 아니라 매도인이 수령한 계약금의 배액을 매수인에게 상환하거나 적어도 그 이행제공을 하지 않으면 계약을 해제할 수 없다.

24 대판 1992. 5. 12, 91다2151【소유권이전등기】: 매매당사자 간에 계약금을 수수하고 계약해제권을 유보한 경우에 매도인이 계약금의 배액을 상환하고 계약을 해제하려면 계약해제 의사표시 이외에 계약금 배액의 이행의 제공이 있으면 족하고 상대방이 이를 수령하지 아니한다 하여 이를 공탁하여야 유효한 것은 아니다.

행이 될 것이라고 판단하여 이행의 착수를 한 것이고 그에 따라 필요한 비용을 지출하였을 것인데, 상대방에 의하여 일방적으로 계약이 해제되면 당해 당사자로서는 불측의 손해를 입게 되기 때문이다.[25]

2) 이행의 착수의 의미(이행의 전제행위는 포함하지만 준비행위는 포함되지 않음)

여기서 '이행에 착수한다'는 의미는, 객관적으로 외부에서 인식할 수 있는 정도로 채무의 이행행위의 일부를 행하거나 또는 이행을 하는데 필요한 전제행위를 하는 것을 말하는 것으로서, 단순히 이행의 준비만으로는 부족하지만, 반드시 계약내용에 들어맞는 이행의 제공의 정도에까지 이르러야 하는 것은 아니다.[26]

판례[27]는 "매매계약 당사자의 일방 또는 쌍방이 이행에 착수한 후에 당초 매매계약의 내용을 그대로 유지하면서 다만 이미 수수된 계약금과 중도금의 합계금원을 새로이 계약금으로, 나머지 미지급 금원을 잔금으로 하고 그 잔금지급 일자를 새로이 정하는 내용의 재계약을 체결하였다 하더라도, 당사자 간에 다른 약정이 없는 한 당사자 일방이나 상대방이 새로이 결정된 계약금의 배액상환 또는 포기로써 해제권을 행사할 수는 없다고 봄이 상당하다."라고 한다.

일반적으로 판례는 매수인이 중도금을 지급하거나 매도인이 매매목적물을 인도한 경우,[28] 혹은 중도금이나 잔금의 변제공탁,[29] 잔대금 지급을 위한 금융기관에서의 금전인출[30] 등의 행위가 있으면 이행에 착수한 것으로 보지만, 이행기 전의 잔대금 수령최고,[31] 유동적 무효상태인 매매계약에서의 매수인이 토지거래허

---

25 대판 2006. 2. 10, 2004다11599【소유권이전등기】.

26 대판 1994. 11. 11, 94다17659【건물명도등】; 대판 2002. 11. 26, 2002다46492【소유권이전등기절차이행】.

27 대판 1994. 11. 11, 94다17659【건물명도등】.

28 대판 1994. 11. 11, 94다17659【건물명도등】.

29 대판 1991. 10. 11, 91다25369【소유권이전등기】.

30 대판 1993. 5. 25, 93다1114【소유권이전등기】.

31 대판 1979. 11. 27, 79다1663【소유권이전등기】.

가 협력의무이행의 소를 제기한 경우[32] 등은 이행에 착수한 것으로 보지 않는다.

판례

대법원 1992. 2. 11. 선고 91다22322 판결 【손해배상(기)】

부동산 매매계약의 체결 후 매도인이 계약금의 배액을 우체국 전신환증서에 의해 송부함과 아울러 위 매매계약의 해제의 의사표시를 하였으나 그 의사표시의 도달 전에 매수인이 중도금 지급의무의 이행에 착수함으로써 매도인의 계약해제의 의사표시가 부적법하게 되었지만 매도인이 매매계약이 적법히 해제된 것으로 확신하고 부동산에 관하여 제3자에게 가등기를 경료하여 준 것이 그 전후의 사정에 비추어 매수인에 대하여 불법행위에 해당하지 않는다고 본 사례.

3) 이행기 전의 이행 착수시의 해제 가부(특약이 없는 한 이행 착수 가능)

이행기의 약정이 있는 경우 이행기 전의 이행의 착수가 가능하고, 그에 따라 해제권을 행사할 수 없는지가 문제된다. 판례는 "이행기의 약정이 있는 경우라 하더라도 당사자가 채무의 이행기 전에는 착수하지 아니하기로 하는 특약을 하는 등 특별한 사정이 없는 한 이행기 전에 이행에 착수할 수 있다."라고 하면서, 매매계약의 체결 이후 시가 상승이 예상되자 매도인이 구두로 구체적인 금액의 제시 없이 매매대금의 증액요청을 하였고, 매수인은 이에 대하여 확답하지 않은 상태에서 중도금을 이행기 전에 제공하였는데, 그 이후 매도인이 계약금의 배액을 공탁하여 해제권의 행사를 주장한 사안에서, "시가 상승만으로 매매계약의 기초적 사실관계가 변경되었다고 볼 수 없어 '매도인을 당초의 계약에 구속시키는 것이 특

---

32 대판 1997. 6. 27, 97다9369【토지거래계약허가절차이행】. 토지거래허가와 관련하여 판례의 입장을 정리하면, 유동적 무효상태에서 매수인은 매도인에게 토지거래허가신청절차에 협력할 것을 청구(소제기)할 수 있고, 이 경우 매도인은 잔금 미수령이나 관청의 태도 등을 이유로 허가절차의 이행을 거절할 수 없지만, 협력의무의 불이행을 이유로 계약 자체를 해제할 수는 없고, 다만 계약금의 배액을 상환하고 해제하는 것은 일종의 약정해제권의 유보로 보아 이를 인정하고, 그것이 신의칙에 위반되는 것도 아니고, 허가절차의 불이행을 이유로 한 손해배상청구는 가능하다는 것이다(자세한 것은 손종학, 강해민법총칙, 473면 이하 참조).

히 불공평하다'거나 '매수인에게 계약내용 변경요청의 상당성이 인정된다'고 할 수 없고, 이행기 전의 이행의 착수가 허용되어서는 안 될 만한 불가피한 사정이 있는 것도 아니므로, 매도인은 위의 해제권을 행사할 수 없다."라고 하였다.[33]

그러나 한편 다른 사안에서는, "매도인이 민법 제565조에 의하여 계약을 해제한다는 의사표시를 하고 일정한 기한까지 해약금의 수령을 최고하며 기한을 넘기면 공탁하겠다고 통지를 한 이상 중도금 지급기일은 매도인을 위하여서도 기한의 이익이 있다고 보는 것이 옳고, 따라서 이 경우에는 매수인이 이행기 전에 이행에 착수할 수 없는 특별한 사정이 있는 경우에 해당하여 매수인은 매도인의 의사에 반하여 이행할 수 없다고 보는 것이 옳으며, 매수인이 이행기 전에, 더욱이 매도인이 정한 해약금 수령기한 이전에 일방적으로 이행에 착수하였다고 하여도 매도인의 계약해제권 행사에 영향을 미칠 수 없다."라고 하였다.[34]

4) 이행의 착수의 당사자와 해제권자

당사자 중 누구라도 이행의 착수를 한 경우에는 해제를 할 수 없다. 즉 당사자 일방이 이행의 착수를 한 경우에는 상대방은 물론 착수자 본인도 해제권을 행사할 수 없다.[35]

(다) 해제의 효과

해제를 하면 계약은 처음부터 소급하여 무효로 된다. 그러나 이행의 착수가 없으므로 원상회복의무는 발생하지 않고, 채무불이행이 없으므로 손해배상청구권도 발생하지 않는다(제565조 제2항).

반면 채무불이행에 의한 계약 해제시에는 비록 계약금이 수수되었어도 원상회

---

33 대판 2006. 2. 10, 2004다11599【소유권이전등기】.

34 대판 1993. 1. 19, 92다31323【소유권이전등기】.

35 대판 2000. 2. 11, 99다62074【매매대금】.

복청구나 손해배상청구가 가능함은 당연하다. 이 경우 계약금이 손해배상액의 예정으로 지급된 경우에는 별도의 손해배상청구를 할 수 없지만, 해약금인 경우에는 계약금을 교부한 자는 그 반환을 청구할 수 있다. 다만 해제권 행사자가 계약금 수령자인 경우 손해배상청구권에서 이를 상계할 수 있다.

6. 매매의 효력(제568조)

가. 효력 일반

매매계약이 체결되면 그 효력으로 매도인에게는 재산권(매매목적이 된 권리)이전의무가, 매수인에게는 대금지급의무가 발생하고,[36] 양자는 서로 동시이행의 관계에 있게 된다. 그리고 만일 매매목적이 된 권리에 흠이 있는 경우라면 매도인은 일정한 담보책임을 부담하는바, 매매계약의 효력과 관련하여 가장 중요한 쟁점이 되는 동시이행관계와 담보책임은, 각각 매매계약의 쌍무성 및 유상성과 대응하는 것임을 유의하여야 한다. 매도인의 담보책임은 별도로 다음 항을 만들어 설명하고 여기서는 매도인과 매수인의 일반적인 권리 · 의무와 이들 사이의 동시이행관계에 대하여만 설명한다.

나. 매도인의 재산권이전의무(제568조 제1항)

매매계약에 있어서 매도인의 가장 기본적인 급부의무는 매매목적물인 재산권의 이전의무로서, 매도인은 권리 이전에 필요한 요건을 모두 갖추어 주어야만 한다. 그러므로 그 목적물이 부동산인 경우에는 부동산소유권이전등기와 인도,[37]

36 매매계약에서는 이들 기본적 급부의무 이외에 당사자의 약정이나 신의칙상 기본적 급부의무와 관련된 다양한 부수적 의무들이 발생한다.

37 대법 2000. 11. 28, 2000다8533【매매대금】: 부동산의 매매계약이 체결된 경우에는 매도인의 소유권

동산인 경우에는 인도, 채권인 경우에는 채권양도의 대항요건 등을 갖추어 주어야 할 의무가 있다.

여기서 목적물인도의무란 재산권의 완전한 이전을 의미하는 것이므로, 부동산 매매계약이 체결된 경우 매도인은 특별한 사정이 없는 한 제한이나 부담이 없는 소유권이전등기의무를 진다. 그러므로 매매 목적 부동산에 처분금지가처분등기와 소유권말소예고등기가 기입되어 있는 경우에는 매도인은 이와 같은 등기를 말소하여 완전한 소유권이전등기를 해 주어야 할 의무가 있다.[38] 또한 매도인이 매수인에게 매매 대상 부동산에 대하여 소유권이전등기청구권의 보전을 위한 가등기를 하여 준 것만으로는 그 권리이전의무를 전부 이행하였다고 할 수 없다.[39] 그리고 매매목적물에 종된 권리가 존재하는 경우에, 그 권리도 이전하여야 한다. 예컨대, 타인 소유의 토지에 건물을 소유하고 있는 자가 만약 그 건물을 매도하는 경우 당해 토지에 대한 지상권이나 임차권도 매수인에게 이전하여야 한다.[40]

판례

대법원 2006. 11. 23. 선고 2006다44401 판결 【소유권이전등기절차이행】

[1] 수분양권을 매매목적물로 하는 매매계약의 주목적은 매수인으로 하여금 수분양권에 기한 목적물의 소유권을 취득하게 하는 데 있으므로, 매도인은 매수인으로 하여금 그 수분양권에 근거한 목적물의 소유권을 취득할 수 있도록 하여줄 의무가 있는바, 이때 분양자

이전등기의무, 인도의무와 매수인의 잔대금지급의무는 동시이행의 관계에 있는 것이 원칙이고, 이 경우 매도인은 특별한 사정이 없는 한 제한이나 부담이 없는 완전한 소유권이전등기의무를 지는 것이므로 [···].

38 대판 1999. 7. 9, 98다13754,13761【손해배상(기)·매매대금】.

39 따라서 매도인이 매수인에 대하여 가등기를 하여 주었다고 하더라도, 그 가등기에 기한 본등기가 이루어지기 전에 매도인이 제3자에게 그 부동산의 일부 지분에 관한 소유권이전등기를 하였으며, 그 후 매수인이 스스로 가등기를 말소함으로써 제3자에게 이전된 지분에 대한 이전등기를 할 수 없게 되었다면, 매도인으로서는 매수인에게 완전한 소유권을 이전해 줄 의무를 다하지 못하였다고 볼 것이며, 설사 그 가등기를 말소하는 과정에서 매수인에게 과실이 있었다고 하더라도 매수인의 그러한 과실 때문에 매도인이 그 소유권이전등기를 면할 수는 없다(대판 1997. 6. 13, 96다15596【손해배상(기)】).

40 송덕수, 채권법각론, 179면.

측에서 수분양권자 명의변경을 허용하여 매수인 앞으로 수분양권자 명의변경을 함으로써 매매계약의 목적을 달성할 수 있는 경우에 매도인으로서는 수분양권자의 명의변경 절차를 이행하면 그 의무를 다한 것이 되고, 나아가 그 수분양권에 근거하여 목적물에 관한 소유권을 취득한 다음 매수인 앞으로 소유권이전등기를 마쳐 줄 의무까지는 없으나, 매수인 앞으로 수분양권자 명의변경이 이루어지지 않고 있는 사이에 매도인이 스스로 분양권을 행사하여 목적물에 관한 소유권을 취득한 경우에는 매수인 앞으로 목적물에 관한 소유권이전등기를 넘겨주는 방법 외에는 매매 목적을 달성하는 방법이 없으므로, 그 분양대금의 청산관계가 남아 있음은 별론으로 하고 매수인에게 목적물에 관한 소유권이전등기절차를 이행할 의무가 있다.

[2] 분양권매매계약에서 수분양자 명의변경이 불가능한 사정이 있는 경우, 매도인이 매수인에게 수분양자 명의변경에 필요한 서류를 교부하였다 하더라도 매수인은 자신 앞으로의 명의변경이 가능할 때까지 잔금지급의 이행을 거절할 수 있으므로, 매도인은 매수인의 잔금지급채무의 이행지체를 이유로 분양권매매계약을 해제할 수 없다고 한 사례.

다. 매수인의 의무

(1) 대금지급의무[41]

매수인은 약정된 매매대금을 매도인에게 지급하여야 한다(제568조 제1항). 그 지급시기는 특별한 약정이 없는 한 기한이 없는 채무이지만, 매도인의 재산권이전의무에 이행기한이 정해진 경우에는 그 기한이 동시에 매매대금지급의무의 이행기가 된다(제585조).

대금 지급장소에 대하여 살펴보면, 특별한 약정이 없는 한 매수인은 매도인의 주소지에서 대금을 지급하여야 한다(제467조 제2항). 다만 물건 인도와 동시에 대금을 지급할 경우에는 인도 장소가 바로 대금 지급 장소로 된다(제586조).

41 참고로 민법 제588조(권리주장자가 있는 경우와 대금지급거절권)은 매수인의 대금지급거절권을 규정하고 있다. 민법 제588조: "매매의 목적물에 대하여 권리를 주장하는 자가 있는 경우에 매수인이 매수한 권리의 전부나 일부를 잃을 염려가 있는 때에는 매수인은 그 위험의 한도에서 대금의 전부나 일부의 지급을 거절할 수 있다. 그러나 매도인이 상당한 담보를 제공한 때에는 그러하지 아니하다."

목적물인도의무와 대금지급의무가 동시이행의 관계에 있는 경우, 매수인은 비록 이행기한을 넘겨도 대금의 이자를 지급할 의무가 없고(대금의 이자 상당의 이익은 매도인의 과실수취와 사실상 상계된 것이다), 이행지체에 빠질 때 비로소 지연이자를 지급할 의무가 있는 것이 원칙이다. 그러나 이 경우에도 매도인이 과실을 수취하고 있는 한 매수인은 지연이자를 지급하지 않아도 된다(제587조 2문). 다만 목적물을 인도받은 경우에는 특별히 대금지급기한이 정해져 있지 않은 한 인도받은 때로부터 지연이자를 지급하여야 한다(동조 2문, 3문).

매매대금지급과 관련하여 매매계약 후 급격한 경제사정의 변동으로 매매가격이 급등하는 수가 있는바, 이 경우 매도인은 사정변경의 원칙을 들어 대금의 증액이나 계약의 해제를 청구할 수 있는지 문제되지만, 우리 판례는 이를 부정한다.[42]

(2) 매수인의 목적물 수령의무

매수인에게 매매목적물을 수령할 의무가 있는지의 여부는 채권자지체의 성질을 어떻게 보느냐에 따라 달라진다. 채권자지체를 일종의 채무불이행이라고 보는 입장에서는 매수인에게 목적물 수령의무가 있다고 주장하지만, 채권자지체를 법정책임으로 파악하는 견해는 특별한 규정이 없는 한 채권자에게 협력의무를 인정할 수 없고 다만 협력을 하지 않을 경우 간접적으로 불이익을 받는 것일 뿐이며 수령의무는 인정되지 않는다고 주장한다. 그러므로 이를 이유로 한 계약의 해제나 손해배상청구권은 인정될 여지가 없다.[43]

이와 같은 수령의무의 유무가 정작 실익을 갖게 되는 것은, 매수인이 이미 대금을 지급하였거나, 또는 기한미도래 등으로 인하여 대금지급채무의 이행지체가 없는 경우이다. 그렇지 않고 매수인이 목적물의 수령도 지체하는 한편으로 자신의 대금지급채무 역시 지체한 경우라면(현실적으로는 이러한 경우가 더 많을 것이다), 굳이 수

42 대판 1991. 2. 26, 90다19664【토지소유권이전등기】.

43 견해의 대립은 송덕수, 채권법각론, 209면 참조.

령의무 내지 채권자지체책임을 묻지 않더라도 그의 대금채무의 이행지체를 이유로 하는 채무불이행책임을 물을 수 있을 것이기 때문이다.

라. 동시이행(제568조 제2항)

특별한 약정이나 관습이 없는 한 매도인의 재산권이전의무와 매수인의 대금지급의무는 동시이행의 관계에 있다.[44] 따라서 목적물이 부동산인 경우 매도인의 소유권이전등기의무 및 인도의무와 매수인의 대금지급의무는 동시이행의 관계에 있게 되어,[45] 비록 매도인이 이전등기의무를 이행하였다고 하여도 인도를 하지 않는 경우라면, 매수인은 동시이행의 항변권을 행사하여 대금지급을 거절할 수 있다.

여기서 이러한 기본적 주된 급부의무 이외의 부수적 의무와의 관계에서도 동시이행의 관계를 인정할 것인지가 문제된다. 만일 당사자의 약정이 있다면 그에 따르면 되겠지만, 그러한 약정이 없는 경우에는 결국 의사해석의 문제로 돌아갈 것이다. 판례는 양도소득세를 매수인이 부담하기로 한 경우에 매수인의 소득세 상당 금원의 지급의무와의 동시이행을 인정하였다.[46]

쌍무계약인 매매계약에서 매수인이 선이행의무인 잔금지급의무를 이행하지 않던 중 매도인도 소유권이전등기의무의 이행을 제공하지 아니한 채 소유권이전등기의무의 이행기를 도과한 경우, 여전히 선이행의무로 하기로 약정하는 등 특별한 사정이 없는 한 매도인과 매수인 쌍방의 의무는 동시이행관계에 놓이게 된다. 이 경우 쌍무계약의 당사자 일방이 먼저 한번 현실의 제공을 하고 상대방을 수령지체에 빠지게 하였다 하더라도 그 이행의 제공이 계속되지 않는 경우에는, 과거에 이행의 제공이 있었다는 사실만으로 상대방이 가지는 동시이행의 항변권이 소멸하는 것은 아니므로, 일시적으로 당사자 일방의 의무의 이행제공이 있었으나

---

44 대법 2000. 11. 28, 2000다8533【매매대금】; 견해의 대립은 송덕수, 채권법각론, 180면 참조.

45 저당권이 설정되어 있는 경우 이의 말소의무와도 동시이행의 관계에 있다(대판 1980. 8. 26, 80다1037【소유권이전등기등】).

46 대판 1992. 8. 18, 91다30927【소유권이전등기】.

곧 그 이행의 제공이 중지되어 더 이상 그 제공이 계속되지 아니하는 기간 동안에는 상대방의 의무가 이행지체 상태에 빠졌다고 할 수는 없다고 할 것이다. 따라서 그 이행의 제공이 중지된 이후에 상대방의 의무가 이행지체되었음을 전제로 하는 손해배상청구도 할 수 없다.[47]

이행제공은 원칙적으로 현실제공을 말하는 것이지만, 쌍방이 이행기를 도과한 경우에는 별도로 이행기를 따로 정하지 않는 한 현실의 제공 없이 단지 구두제공만으로 족하다. 즉 이때에 부동산 매매계약의 경우 매도인이 매수인을 이행지체에 빠뜨리기 위하여 해야 할 이행제공의 정도는, 소유권이전등기에 필요한 서류등을 준비하여 두되 이 서류 등을 현실적으로 제공할 필요까지는 없다 하더라도, 매수인에게 그 뜻을 통지하고 잔금 지급과 아울러 이를 수령하여 갈 것을 최고함으로 족하다.[48]

이행의 제공 여부에 대한 판단에 있어서, 판례는 처음에는 이를 엄격하게 요구하다가 점점 완화하고 있는 추세이다. 그에 따라 판례[49]는 "쌍무계약에 있어서 당사자의 채무에 관하여 이행의 제공을 엄격하게 요구하면 불성실한 상대당사자에게 구실을 주게 될 수도 있으므로, 당사자가 하여야 할 제공의 정도는 그의 시기와 구체적인 상황에 따라 신의성실의 원칙에 어긋나지 않게 합리적으로 정하여야 하는 것이며, 부동산매매계약에서 매도인의 소유권이전등기절차이행채무와 매수인의 매매잔대금 지급채무가 동시이행관계에 있는 한 쌍방이 이행을 제공하지 않는 상태에서는 이행지체로 되는 일이 없을 것인 바, 매도인이 매수인을 이행지체로 되게 하기 위해서는 소유권이전등기에 필요한 서류 등을 현실적으로 제공하거나 그렇지 않더라도 이행장소에 그 서류 등을 준비하여 두고 매수인에게 그 뜻을 통지하고 수령하여 갈 것을 최고하면 되는 것이어서, 특별한 사정이 없으면 이행장소로 정한 법무사 사무실에 그 서류 등을 계속 보관시키면서 언제든지 잔대금

47 대판 1999. 7. 9, 98다13754,13761【손해배상(기)·매매대금】.

48 대판 1992. 9. 22, 91다25703【소유권이전등기】.

49 대판 2001. 5. 8, 2001다6053【부당이득금·매매대금】.

과 상환으로 그 서류들을 수령할 수 있음을 통지하고 신의칙상 요구되는 상당한 시간 간격을 두고 거듭 수령을 최고하면 이행의 제공을 다한 것이 되고, 그러한 상태가 계속된 기간 동안은 매수인이 이행지체로 된다."라고 한다.

7. 매도인의 담보책임

가. 담보책임 개관

(1) 의의

매도인의 담보책임이란 매매 대상인 재산권 또는 그 재산권의 객체인 물건에 하자가 있는 경우에 매도인이 매수인에 대하여 지는 책임을 말한다. 이러한 책임은 뒤에서 설명하는 바와 같이 매도인의 귀책사유의 유무를 불문하므로, 매매계약의 존재 자체가 급부의 완전성을 '담보'하는 것과 같은 결과가 되기 때문에 담보책임이라고 불리는 것이다. 담보책임은 매매목적이 된 권리 또는 물건의 하자로 인하여 침해된 매매계약의 유상성에 기한 등가성을 유지하기 위하여 인정되는 것이다.

민법은 제569조에서 제584조에 걸쳐 매도인의 담보책임을 규정하고 있지만, 매매에 관한 규정은 다른 유상계약에도 준용되므로(제567조) 민법상의 모든 유상계약에 매도인의 담보책임 규정이 적용된다고 볼 수 있다.

우리 민법은 이외에도 증여(제559조), 공유물분할(제270조), 공동상속재산분할(제1016~1018조)의 법률관계에서도 담보책임의 성립을 명문으로 인정하고 있다.

(2) 법적 성질

(가) 학설

담보책임의 본질론이 실천적으로 의미를 갖는 영역은 주로 다음과 같은 영역이다. 첫째, 담보책임도 일반의 채무불이행책임처럼 하자 없는 권리나 물건을 이행할 급부의무의 존재를 전제로 하는 것인지, 둘째, 이러한 급부의무가 있다면 담보책임을 지기 위해서는 채무불이행책임과 같이 매도인에게 고의나 과실의 귀책사유가 있어야 하는 것인지, 셋째, 담보책임의 일환으로 매도인에게 손해배상의무를 지우는 경우에 그 범위는 이행이익의 배상인지, 아니면 신뢰이익의 배상에 한하는 것인지, 넷째, 담보책임이 성립하는 경우에 채무불이행책임은 배제되는 것인지, 아니면 양자가 경합하는 것인지 등이다.[50]

담보책임의 법적 성질에 관한 학설은 크게, 완전한 급부의무의 존재를 전제로 하지 않고 이를 매매계약의 유상성에 기하여 법률의 규정에 따라 비로소 인정된 법정 무과실책임이라는 견해,[51] 본질적으로는 채무불이행책임이지만 연혁적인 이유로 법정책임이 된 것이라는 견해, 채무불이행책임에 다름 아니라는 견해로 나뉜다.[52]

제1설과 제2설의 경우 담보책임을 일종의 법정책임으로서 매도인의 급부의무를 전제로 하지 않는다는 점과 매도인의 과실을 요하지 않는 무과실책임으로 보지만, 제3설의 채무불이행책임설에 의할 경우 원칙적으로 매도인의 급부의무를 전제로 매도인의 과실을 요한다고 보는 점에서 근본적인 차이점이 있다.[53] 그러나 주의할 것은 법정책임설에 의할 경우에도 타인권리매매에서의 담보책임이나 종

---

50 민법주해 XIV, 220면.

51 이 견해는 우리 민법이 일본 민법과는 달리 종류물매매에서도 하자담보책임을 인정하고 있다는 점을 설명하지 못하는 단점이 있다. 종류물매매의 경우에 매도인이 급부한 물건에 하자가 있으면 채무의 이행이 불완전한 것이 되므로 담보책임은 본질적으로 채무불이행책임의 성질을 띠게 된다.

52 견해의 대립은 송덕수, 채권법각론, 181-183면 참조.

53 채무불이행책임이라고 하면서도 법정책임설과 같이 무과실책임이라는 견해도 있다.

류물매매에서의 담보책임은 그 성질상 당연히 채무불이행책임으로 본다는 점이다. 이는 타인권리매매시에 우리 민법 제569조가 매도인에게 당해 권리를 취득하여 매수인에게 이전할 것을 명하고 있다는 점에서 매도인의 급부의무를 인정하는 것이고, 종류물매매에 있어서는 특정물매매에 있어서와는 달리 특정된 종류물에 하자가 있으면 불완전이행이 있는 것으로 보기 때문에 이도 역시 법정책임이 아닌 채무불이행책임으로 보게 되는 것이다.[54]

채무불이행설에 의할 경우 민법상 매도인의 담보책임 규정은 채무불이행에 관한 규정의 특칙이 되고, 그에 따라 담보책임에 규정되지 않은 사항은 당연히 채무불이행책임의 일반원칙이 적용되어야 한다고 한다.

살피건대, 매도인의 담보책임은 기본적으로 매도인의 기본적 급부의무인 하자없는 완전물 급부의무에 기초하는 것으로 본질상 채무불이행책임의 성질을 갖지만, 우리 민법이 매도인의 과실(유책사유)을 요하지 않고 있다는 점, 매수인이 악의인 경우 매수인은 손해배상청구권을 행사할 수 없는 점과 같이, 일반의 채무불이행책임과는 전혀 다른 규정을 하고 있고, 이러한 점은 로마법 이래의 연혁에 기인한다는 점에 비추어, 연혁상의 이유로 법정책임으로 된 것일 뿐이라고 할 것이다.[55]

판례는 타인의 권리매매에서의 담보책임[56]과 종류물매매에서의 하자담보책임[57]에 있어서는 이를 채무불이행책임으로 보고(그에 따라 배상범위도 이행이익의 배상이라고 본다), 그 이외의 담보책임에서는 이를 법정책임으로 보아 신뢰이익의 배상만

54 민법주해 XIV, 546-547면.

55 송덕수, 채권법각론, 182면 참조.

56 대판 (全) 1967. 5. 18, 66다2618【손해배상】.

57 매수인이 매도인으로부터 매수한 감자종자가 잎말림병에 감염된 것이어서 이를 식재한 결과 거기에서 자란 감자가 같은 병 등에 감염되어 수확량이 예년에 비하여 현저하게 줄은 경우 매수인이 입은 손해는, 감자를 식재, 경작하여 정상적으로 얻을 수 있었던 평균수입금에서 실제로 소득한 금액을 제한 나머지가 되어야 할 것이고, 매수인이 평균수입금을 기준으로 하여 손해액을 산정, 청구하고 있는 사안에서, 그 같은 산정방식에 따르지 않고 실제로 들인 비용에서 소득한 금액을 공제한 금액을 기준으로 하여 손해액을 산정할 것은 아니다(대판 1989. 11. 14, 89다카15298【손해배상(기)】).

을 인정하고 있다.[58]

판례

대법원 1993. 1. 19. 선고 92다37727 판결 【소유권이전등기】

매매의 목적이 된 권리의 일부가 타인에게 속함으로 인하여 매도인이 그 권리를 취득하여 매수인에게 이전할 수 없게 된 때에는 선의의 매수인은 매도인에게 담보책임을 물어 이로 인한 손해배상을 청구할 수 있는바, 이 경우에 매도인이 매수인에 대하여 배상하여야 할 손해액은 원칙적으로 매도인이 매매의 목적이 된 권리의 일부를 취득하여 매수인에게 이전할 수 없게 된 때의 이행불능이 된 권리의 시가, 즉 이행이익 상당액이라고 할 것이어서, 불법등기에 대한 불법행위책임을 물어 손해배상청구를 할 경우의 손해의 범위와 같이 볼 수 없다.

(나) 채무불이행책임과의 관계(병존 가능)

이처럼 매도인의 담보책임은 무과실 법정책임이지만, 그렇다고 하여 일반의 채무불이행책임의 적용이 배제되는 것은 아니므로, 만일 매도인에게 고의나 과실이 있다면(유책사유의 존재시) 매수인은 담보책임을 물을 수도 있고, 채무불이행책임을 물을 수도 있다.

판례[59]도 "타인의 권리를 매매의 목적으로 한 경우에 있어서 그 권리를 취득하여 매수인에게 이전하여야 할 매도인의 의무가 매도인의 귀책사유로 인하여 이행불능이 되었다면, 매수인이 매도인의 담보책임에 관한 민법 제570조 단서의 규정에 의해 손해배상을 청구할 수 없다 하더라도, 채무불이행 일반의 규정(민법 제546조, 제390조)에 좇아서 계약을 해제하고 손해배상을 청구할 수 있다."라고 하여 양자의 경합을 인정한다.

---

58 대판 1992. 12. 22, 92다30580【소유권이전등기】; 대판 1992. 10. 27, 92다21784【손해배상(기)】.

59 대판 1993. 11. 23, 93다37328【손해배상】.

판례

대법원 1993. 11. 23. 선고 93다37328 판결 【손해배상(기)】

타인의 권리를 매매의 목적으로 한 경우에 있어서 그 권리를 취득하여 매수인에게 이전하여야 할 매도인의 의무가 매도인의 귀책사유로 인하여 이행불능이 되었다면 매수인이 매도인의 담보책임에 관한 민법 제570조 단서의 규정에 의해 손해배상을 청구할 수 없다 하더라도 채무불이행 일반의 규정(민법 제546조, 제390조)에 좇아서 계약을 해제하고 손해배상을 청구할 수 있다고 할 것이다(당원 1970.12.29. 선고 70다2449 판결 참조).

이 사건 사실관계가 원심이 인정한 바와 같다면 피고의 소유권이전등기의무의 이행불능은 피고의 귀책사유로 인한 것이라고 보아야 할 것이고, 그 이행불능이 피고의 귀책사유로 인한 것인 이상 피고로서는 민법 제546조, 제390조 소정의 이행불능으로 인한 손해배상책임을 면할 수 없다고 할 것이므로 같은 취지의 원심판결은 정당하고, 거기에 소론과 같은 법리를 오해한 위법이 있다고 할 수 없다.

논지는 이 사건에서의 이행불능은 원・피고들의 공동귀책사유에 기인한다는 것이나, 피고가 내심으로 원고들로부터 잔대금을 지급받아 제3자인 소외 박00에게 잔대금을 지급할 의사를 가지고 있었다 하더라도 위 박00에 대한 잔대금지급의무는 근본적으로 피고에게 있는 것이므로 원고들이 매매의 목적이 된 이 사건 임야의 소유권이전등기가 불가능할 것을 염려하여 피고에 대한 잔대금의 지급을 미룬 사실을 들어 이행불능의 귀책사유가 원고들에게 있다고 할 수 없고, 설사 그 귀책사유가 원・피고들 모두에게 있다고 하더라도 피고의 귀책사유가 인정되는 이상 피고는 그로 인한 책임을 면할 수 없는 것이므로, 받아들일 수 없다.

(3) 담보책임의 발생원인과 책임 내용 개관

민법상 매도인의 담보책임에 관한 규정을 대별하여 정리하면 다음과 같다.

(가) 발생원인

1) 권리에 하자가 있는 경우

- 권리 전부가 타인에게 속하는 경우(제569조~제571조)

- 권리 일부가 타인에게 속하는 경우(제572조~제573조)
- 권리 일부가 전혀 존재하지 않는 경우(일종의 원시적 일부불능, 만일 전부불능이라면 계약체결상의 과실책임만이 문제됨)(제574조)
- 권리가 타인의 권리에 의하여 제한받고 있는 경우(제575조~제577조)

2) 목적물(물건)에 하자가 있는 경우

- 특정물매매의 경우(제580조 · 제582조)
- 종류물매매의 경우(제581조 · 제582조)

3) 채권매매의 경우(제579조)

4) 경매의 경우(제578조)

(나) 책임 내용

1) 분류

매도인의 담보책임에 따라 매수인이 갖는 권리는 크게,
- 계약해제권
- 대금감액청구권(일종의 일부 해제권임)
- 손해배상청구권
- 완전물급부청구권

으로 분류할 수 있다.

이 중 손해배상청구권의 경우 손해배상의 범위가 이행이익의 배상인지, 아니면 신뢰이익의 배상인지 견해가 대립하지만, 담보책임이 본질상 무과실 법정책임이라는 점과 원시적 일부불능의 경우 민법은 원시적 전부불능시에도 신뢰이익의 배상만을 인정하고 있는 점(계약체결상의 과실)에 비추어 균형상, 신뢰이익의 배상이라고 보아야 할 것이고, 그 범위도 이행이익의 그것을 넘지 못한다고 보아야 할 것이다.[60]

다만 타인의 권리의 매매에서의 담보책임에 관하여 판례[61]는 신뢰이익설을 취하던 종전의 견해를 변경하여 "타인의 권리매매에 있어서 매매의 목적이 된 권리가 타인에게 속한 경우에 매도인이 그 권리를 취득하여 매수인에게 이전할 수 없을 때에는, 매매의 목적이 된 권리가 매도인에게 속하지 아니함을 알지 못한 매수인이 매도인에게 대하여 손해배상을 청구함에는, 매도인은 계약이 완전히 이행된 것과 동일한 경제적 이익을 배상함이 상당할 것이므로, 그 손해는 매수인이 입은 손해뿐만 아니라 얻을 수 있었던 이익의 상실도 포함된다고 해석할 것이다."라고 하여 이행이익설을 취하고 있다.[62] 그리고 종류물매매에서의 하자담보책임에 관하여도 이행이익설을 취하고 있음은 앞서 설명한 바와 같다.

판례

대법원 1967. 5. 18. 선고 66다2618 전원합의체 판결 【손해배상】

• 피고 소송대리인의 상고이유 제1점에 대한 판단.

제1심 1966. 3. 16. 변론조서에 의하면 "원고는 이건 계쟁토지의 토지대장은 열람하지 아니하고 피고가 이건 토지의 소유자인 소외 망 원00은 약 10년전에 사망하였으며, 피고의 부가 동 원00이가 생존시인 년월일 미상경에 매수한 것이라 말하므로 피고로부터 이건 토지를 매수하였으나 피고는 제3자의 소유물을 원고에게 매도하였으므로 피고의 원시적 채무이행 불능으로 인한 손해배상을 구하는 것이라"고 석명 진술하고 있음이 명백한바, 상고논지는 원고의 위 진술이 본건 토지매매 당시에 원고가 본건 토지가 제3자 소유이었음을 알았

---

60 송덕수, 채권법각론, 184면 참조.

61 대판 (全) 1967. 5. 18, 66다2618【손해배상】.

62 담보책임을 본질적으로는 채무불이행책임이지만 연혁상의 이유로 무과실 법정책임으로 규정된 것이라고 보면서도 타인권리매매에서의 손해배상은 이행이익의 배상이 아닌 신뢰이익의 배상이라고 보는 견해도 있다(송덕수, 채권법각론, 184면).

다는 진술이므로 원고는 민법 제570조 단서에 의하여 손해배상을 청구할 수 없다고 주장하는바, 원고의 위와 같은 석명 진술만으로는 원고가 매매당시 본건 매매목적물이 매도인 아닌 제3자의 소유임을 알았다는 취지인지 불명확하므로 원심으로서는 원고에게 본건 토지의 매수당시에(당사자 변론 취지에 비추어 구민법 실시 중으로 인정된다) 피고의 부 명의로 소유권 이전등기된 것으로 믿고 매수하였으나 후에 제3자 소유임을 알게 되어 원시불능임이 판명되었다는 취지인지, 그렇지 않으면 피고의 부 명의로 소유권 이전등기가 되지 아니한 사실을 매매당시에 알고 매수한 취지인지를 석명하여 만일 후자와 같은 진술취지라면 원고가 본건 부동산을 매수당시에 동 부동산이 매도인 아닌 제3자의 소유임을 알았다고 못볼바 아니므로 이와 같은 경우에는 논지에 지적하는 민법 제570조 단서의 적용에 의하여 원고의 본건 손해배상 청구는 이유 없음에 돌아갈 것이다. 그럼에도 불구하고 원심이 원고의 위 석명취지가 어떠한 취지인지를 석명하지 않고, 원고가 본건 토지의 매수당시에 매도인 이외의 제3자의 소유에 속하는 사실을 몰랐다는 전제시 재판하였음은 석명권 행사를 게을리 하므로 심리를 다하지 못한 위법이 있다 할 것이다.

•같은 상고이유 제2점에 대한 판단

매매의 목적이 된 권리가 타인에게 속한 경우에 매도인이 그 권리를 취득하여 매수인에게 이전할 수 없을 때에는 매매의 목적이 된 권리가 매도인에게 속하지 아니함을 알지 못한 매수인이 매도인에게 대하여 손해배상을 청구함에는 매도인은 계약이 완전히 이행된 것과 동일한 경제적 이익을 배상함이 상당할 것임으로 그 손해는 매수인이 입은 손해뿐만 아니라 얻을 수 있었던 이익의 상실도 포함된다고 해석할 것이다.

따라서 이 견해에 배치되는 대법원 1960.4.21 선고 1961민상 제385호 사건에 표시된 본원의 견해를 변경한다. 위 경우의 손해액의 산정은 일반 채무불이행으로 인한 손해배상액의 확정시기와 마찬가지로 원칙으로 매매의 목적이 된 권리를 취득하여 이전함이 불능하게 된 때의 시가를 표준으로 하여 결정할 것이고 본건에 있어서 원고가 피고의 매매계약 이행의사 없음이 명백함을 전제로 하는 본건 매매계약 해제를 전제로 이행에 대신하는 전보배상을 청구하는 본건에 있어 매도인이 본건 토지의 소유권을 취득하여 매수인에게 이전하지 못하므로 매매계약이 해제된 경우에는 매수인은 해제시까지는 목적물의 급여청구권을 가지며 해제에 의하여 비로소 이 청구권이 상실되므로 특별한 사정이 없는 한 매수인이 받을 이행에 대신하는 손해배상액은 해제 당시의 목적물의 시가를 표준으로 하여 결정할 것이고 원심과 같이 경제적 일반 추세에 따르는 목적물 시세 앙등사정은 당사자에게 당연 예견 또는 예견가능성이 있다는 전제로 변론종결 당시의 시가에 의하여 손해액을 산정할 것이 아니다.

2) 이하의 담보책임 내용을 이해하기 위한 전제로서, 몇 가지 핵심 내용을 서술하면 다음과 같다.

(ㄱ) 담보책임은 어느 경우에나 재산권이나 그 권리의 목적(물건)의 하자에도 불구하고 계약 자체는 '완전히 유효한' 계약임을 전제로 하여 인정되는 것이다. 즉 계약이 유효함을 전제로 하자 부분에 상응하는 책임을 매도인에게 부과하는 것이다. 이 점에서 계약 자체의 무효를 전제로 하는 원시적 불능(제535조)의 법리적용이 배제되고, 계약의 효력을 소급하여 소멸(무효화)시키는 착오에 기한 취소와도 구별된다.

(ㄴ) 담보책임은 일반적으로 법정책임으로서 무과실책임이다. 즉 매도인의 고의 · 과실의 유무는 묻지 않는데, 이 점에서 채무불이행책임(제390조) 및 계약체결상의 과실책임(제535조)과는 구별되고, 위험부담의 법리와는 공통점을 갖는다.

(ㄷ) 권리 또는 물건의 '하자'의 존재시기와 관련하여, 담보책임은 '원시적 하자', 즉 계약성립 당시에 이미 존재한 하자(이는 불능의 문제와는 개념상 구분되어야 한다)를 문제 삼는다. 그 중에서도 경우에 따라서는(예컨대 목적물의 일부멸실) '원시적 불능'이 문제될 상황도 포함하는데, 이러한 경우에도 계약 자체는 '전적으로' 유효하고, 다만 불능 부분에 상응하는 이를 보충하는 의미로써 (일부해제의 실질을 갖는) 감액청구권 등을 인정한다는 것이 담보책임 법리의 핵심을 이룬다. 이러한 점에서 후발적인 하자를 문제 삼는 채무불이행이나 위험부담과 구별된다.

3) 이와 관련하여 담보책임에서의 '하자'와 '불능'의 개념 구분을 보다 선명하게 하기 위하여 몇 가지의 예를 들어본다.

(ㄱ) 먼저 권리의 하자에 관하여 살펴본다. 타인권리매매의 경우에, 문제되는

권리의 '하자'는, 매매의 목적이 된 권리가 타인에게 속하고 있다는 점으로서, 이는 매매계약의 성립 당시에 이미 존재하는 것이다. 그러나 이러한 하자가 곧 이행의 '불능'을 의미하지는 않으며, 매도인은 여전히 해당 권리를 타인으로부터 취득하여 매수인에게 이전해 줄 의무를 부담하고, 또한 실제로 이를 이전해줄 수도 있다.

이러한 매도인의 의무이행이 별도로 '불능'이 될 때, 즉 매도인이 이를 제3자에게 처분하여 그 앞으로 소유권이전등기를 경료해 준 것과 같이 '매도인이 그 권리를 취득하여 매수인에게 이전할 수 없는 때'에 비로소 매도인의 담보책임이 발생하는 것이다. 이 때 매도인의 의무가 '불능'이 되는 것은 매매계약의 목적권리에 원시적으로 존재한 '하자'로 말미암은 것이지만 양자가 서로 같은 것은 아니다. 즉 하자는 매매계약 성립 당시부터 존재하지만 그 하자로 인한 이행의 불능은 계약 성립 이후에 발생한다는 특징이 있다.

(ㄴ) 제576조 소정의 담보책임의 경우에도 마찬가지이다. 문제되는 권리의 '하자'는, 매매목적인 권리에 저당권 또는 전세권이 설정되어 있다는 점으로서, 이는 매매계약 성립 당시에 이미 존재하는 하자이다(계약 성립 후에 그런 사유가 생긴 경우에는, 경우에 따라 불완전급부로 인한 채무불이행책임 등이 문제될 수 있을 뿐이다). 이에 대하여 매도인은 이러한 제한물권의 부담이 없는 완전한 소유권을 매수인에게 이전해 줄 의무를 여전히 부담하고, 아무런 법적 문제도 발생하지 않는다. 그러나 그 후 저당권자 · 전세권자의 권리실행으로 인하여 매도인의 이러한 권리이전 의무이행이 '불능'이 될 때에 비로소 매도인에게 동조 소정의 담보책임이 발생한다.

이는 결국 계약 성립 당시에는 비록 일정한 하자가 있지만 그 하자가 바로 이행불능이 되어 계약 자체가 무효로 되는 것이 아니라 일정한 하자가 있음에도 불구하고 일응 계약 자체는 유효하게 성립하고, 그 이후에 이행이 불능으로 되는 것으로서 처음부터 무효가 아니라는 점에서 계약 자체가 처음부터 무효인 원시적 불능과 구별되고, 이행불능으로 이끈 하자가 계약 성립 후가 아닌 계약 성립 당시부터 존재하였다는 점에서 계약 성립 이후에 발생한 하자를 문제 삼는 채무불이행책임과 다른 것이다.

(ㄷ) 물건의 하자에 관하여 제580조는 하자담보책임의 성립요건으로서 매도인의 의무이행이 '불능'으로 돌아갈 것을 달리 요건으로 하고 있지는 않다. 그러나 역시 매매계약 성립 당시에 이미 존재하고 있던 '하자'만이 문제되는 것으로 해석된다.

다시 강조할 점은 위의 예들에서 '불능'이 발생한 경우에도 계약은 일단 전적으로 유효로 다루어진다는 전제 위에 서 있는 것이 담보책임이라는 점을 유의하여야 한다.

(4) 타 제도와의 관계

(가) 위험부담

권리의 타인 귀속, 목적물의 일부멸실 등에 있어서 담보책임은 무과실책임이고 위험부담 역시 그렇기 때문에 양자의 관련성이 문제된다. 일반적으로는 급부불능 내지 급부하자의 시점을 기준으로 그 적용을 달리하고 있다. 즉 담보책임은 계약 체결 당시에 존재하는 원시적 급부하자에 관하여 성립되는 반면에, 위험부담은 계약 체결 후에 발생하는 후발적 급부(이행)불능을 대상으로 성립한다는 점에서 차이가 있다.

예를 들어 목적물의 일부 멸실이 계약 성립 전에 이미 발생한 것이라면 담보책임의 법리가 적용되지만, 성립 후에 발생한 것이라면 위험부담의 법리가 적용된다. 이 경우 일부 멸실의 범위 내에서 매도인은 재산권이전의무를 면하고, 매수인도 매매대금지급의무를 면한다. 그리고 일부 멸실에 의하여 계약목적 달성이 불가능한 때에는 매도인은 재산권이전의무 전부를 면하고, 매수인에 대하여 매매대금을 청구할 수 없게 된다.

(나) 원시적 불능에서의 계약체결상의 과실(제535조)

양자는 하자의 존재시기, 즉 급부불능의 발생시기가 모두 계약체결 당시에 존재한다는 점에서, 하자의 존재시기에 있어서는 양자의 차이가 없이 같고, 이 점에서 후발적 하자를 문제 삼는 앞의 위험부담과 구별된다. 그러기에 양자의 경합 여부가 문제 되는바, 양자는 선택적으로 성립한다고 보아야 한다. 즉 담보책임이 성립하는 범위 내에서는 원시적 불능이나 계약체결상의 과실의 법리는 적용되지 않는 것으로, 결국 담보책임은 원시적 일부 불능을, 계약체결상의 과실법리는 원시적 전부 불능을 다루는 제도라고 할 수 있다.

판례

대법원 1971. 6. 22. 선고 71다792 판결 【입목소유권확인】

피고 갑으로부터 입목을 매수하였다가 피고 갑과 피고 을간의 확정판결에 의하여 그 입목매매가 당초부터 이행불능의 목적물에 대한 무효의 것이었으므로 그 입목의 소유권을 취득하지 못하게 되었음을 청구의 원인으로 하는 경우에는 계약체결상의 과실을 이유로 하는 손해배상을 청구할 수 있을지언정 그 계약이 유효하게 성립되었던 것임을 전제로 하는 이행이익에 관한 손해배상청구는 할 수 없다.

원시적 불능에서의 계약체결상의 과실책임과 담보책임 양자의 구체적인 차이점은 다음과 같다.

1) 존재목적

계약체결상의 과실책임은 계약의 목적이 불능이어서 계약이 무효인 경우에 상대방이 그 계약이 유효한 것으로 믿었기 때문에 발생한 손해인 신뢰이익을 배상하려고 하는 제도임에 반하여, 담보책임은 일단 계약 자체는 유효하게 성립하였으나 권리나 목적물에 하자가 있는 경우에 거래상의 균형을 이루기 위하여 매도인에게 책임을 묻게 하는 제도인 점에서 양자는 구별된다. 즉 전자는 계약이 무효임을, 후자는 계약이 유효함을 전제로 한다는 점에서 근본적 차이가 있다.

2) 성립범위

계약체결상의 과실책임은 유상계약이나 무상계약 모두에서 문제되지만, 담보책임은 매매를 비롯한 유상계약에서만 문제된다. 그러므로 무상계약에서는 당연히 계약체결상의 과실책임만이 문제될 뿐 담보책임은 적용될 여지가 없다.

3) 성립요건

(ㄱ) 고의 · 과실

계약체결상의 과실책임은 용어 그 자체에서 잘 나타나는 바와 같이 당사자의 고의나 과실이 있어야 성립되는 것이지만, 담보책임은 매도인의 고의나 과실이 없어도 성립하는 무과실책임이다.

(ㄴ) 하자의 존재시기

계약체결상의 과실책임은 계약 성립시에 목적이 불능이어야 하고, 담보책임도 역시 성립시에 하자가 있어야 한다. 결국 이 점에서는 양자의 차이가 없다. 그러므로 계약체결시에 일부 불능의 사실이 성립시에 이미 존재하고 있었다면 매수인은 계약체결상의 과실책임이나 담보책임을 선택적으로 행사할 수 있다(이때의 선택적이란 담보책임이 성립할 경우 체약상의 과실책임은 성립하지 않는다는 의미임). 그러므로 쌍무, 유상계약으로 담보책임이 성립할 경우 계약체결상의 과실책임은 성립하지 않는다. 즉 담보책임은 계약체결상의 과실책임의 적용을 배제한다.

예를 들어 매매에서 원시적 일부불능의 경우(권리 일부가 멸실되거나 목적물의 일부가 멸실로 존재하지 않는 경우, 즉 제574조의 경우)에는 담보책임이 성립하므로, 그 담보책임이 성립할 경우 어쩔 수 없이 계약체결상의 과실책임은 성립할 수 없다. 다시 말하자면, 원시적 일부불능이 문제되는 경우에 있어 담보책임의 법리는 (1) 일부무효의 법리에 대한 예외이자(즉, 계약은 일부불능에도 불구하고 전면유효로 취급된다), (2) 계약체결상 과실책임의 법리도 배제하는 것이다(즉, 계약체결상의 과실책임 법리는 결국 원시적 전부불능의 경우에만 그 적용이 있고, 일부불능의 경우에는 담보책임이 적용된다고 할 것이다).

그리고 일부불능 사실이 계약의 성립 후에 발생한 것이라면 채무자의 귀책사유 유무에 따라 채무불이행책임이나 위험부담의 문제로 돌아간다.

(ㄷ) 손해배상의 범위

계약체결상의 과실책임은 신뢰이익의 배상을 규정하고 있고, 담보책임의 범위에 관하여는 앞서 설명한 바와 같다.

(다) 담보책임과 착오

1) 문제의 소재

매매 목적물이나 권리에 하자가 있고, 그 하자가 있음을 알지 못한 경우에 매수인은 담보책임 이외에 착오를 이유로 매매계약을 취소할 수 있는가의 문제가 바로 담보책임과 착오의 경합 문제이다.

2) 양자가 경합되는 경우

착오와 담보책임은 언제나 경합되는 것은 아니고, 그 착오가 매매의 객체에 관한 착오여야 하고,[63] 그 하자가 급부의 중요부분인 경우에 한하여 양자의 경합이

63 권리의 객체가 아니다. 다만 객체의 착오 중 객체의 '동일성'에 관한 착오에 관하여는, 담보책임은 매

문제될 수 있다.

3) 경합 여부에 관한 학설

양자의 경합 여부에 관하여는 담보책임을 일종의 착오에 대한 특별규정으로 보아 담보책임이 우선 적용된다고 보는 견해와, 양자의 경합을 인정하는 견해[64]로 나뉜다. 전자가 다수설이다. 다수설의 주된 근거로는, 착오시의 취소권은 장기간(3년, 10년)이 되는바, 이는 담보책임의 추궁에 관하여 1년이나 6월이라는 단기간의 제척기간을 정한 취지에 어긋난다는 점과 담보책임의 내용이 무거운 것이어서 담보책임만으로도 매수인 보호에 충분하다는 점을 들고 있다.[65]

기본적으로 착오에 의한 취소는 계약관계(법률행위관계)를 취소로써 없애는(무효화시키는) 쪽에 치중된 제도인 점에 비하여, 담보책임은 계약 자체는 일단 유효한 것으로 하고 그 하자에 대한 책임만을 매도인에게 부담시키려는 제도라는 점과 착오는 의사표시 내지는 법률행위의 성립 여부에 관한 제도이지만 담보책임은 계약의 성립을 전제로 성립된 계약의 실현(이행)에 관한 제도라는 점[66]에서, 양자는 그 취지 자체가 다르다. 우리 민법이 담보책임을 착오와는 별도로 규정하고 있는 이상 착오에 의한 취소는 그 성립을 부정하는 것이 타당하다고 본다.

4) 매도인의 착오

한편 매수인이 아닌 매도인이 착오를 일으킨 경우, 예를 들어 자신의 소유물인 줄 알고 매도하였으나 실은 타인 소유물인 경우에 매도인 스스로가 착오에 의한

수인에게 이전된 특정의 급부나 물건에 존재하는 하자를 문제 삼는 것으로서 만일 특정의 급부나 물건에 대하여 담보책임을 묻는다면 더 이상 동일성에 관한 착오는 문제 삼을 수 없기 때문에 양자의 경합이 이루어질 여지가 없고, 오직 착오만이 문제된다(민법주해 XIV, 281면).

64 이 견해 중에는 동기의 착오를 착오에 포함시키지 않는다면 양자의 경합은 일어나지 않는다고 하는 입장도 있다.

65 견해의 대립은 송덕수, 채권법각론, 206-207면 참조.

66 민법주해 XIV, 281면.

취소를 할 수 있는지가 문제된다. 그러나 이를 인정하여 매도인이 자신의 하자있는 급부에 대한 책임을 지지 않고서 계약을 무효로 돌릴 수 있도록 허용할 경우 결국 매도인에게 담보책임을 부담시킨다는 법의 취지에 반하는 결과가 되기 때문에 이를 부정하여야 할 것이다.

그리고 이렇게 해석할 때 비로소 제571조의 매도인의 계약해제권과도 통일된 해석이 될 수 있다. 즉 제571조는 타인권리매매시 예외적으로 매도인이 선의인 경우에(즉 매도인이 착오에 빠져 스스로 매매목적물의 소유권이 타인에게 속함을 알지 못한 경우에) 그 매매계약을 해제할 수 있고, 이 때 매수인이 선의라면 매도인은 손해배상책임을 지고, 매수인이 악의인 경우에는 손해배상책임이 없는 바, 선의의 매도인으로 하여금 계약에서 벗어날 수 있는 기회를 주고 있다는 점에서 사실상 착오에 의한 취소와 동일한 효과를 볼 수 있기 때문에 굳이 매도인에게 착오 취소를 인정할 필요는 없다고 할 것이다.

(라) 담보책임과 사기

양자는 그 존재의의가 전혀 다른 것이므로 경합이 인정된다.

판례는 착오에 관하여는 담보책임과의 경합 여부를 직접적으로 판단한 사례는 보이지 않는 반면에 사기에 의한 의사표시의 취소와 담보책임의 경합은 인정한다. 즉 "민법 569조가 타인의 권리의 매매를 유효로 규정한 것은 선의의 매수인의 신뢰이익을 보호하기 위한 것이므로, 매수인이 매도인의 기망에 의하여 타인의 물건을 매도인의 것으로 알고 매수한다는 의사표시를 한 것은 만일 타인의 물건인 줄 알았더라면 매수하지 아니하였을 사정이 있는 경우에는, 매수인은 민법 제110조에 의하여 매수의 의사표시를 취소할 수 있다고 해석해야 할 것이다."라고 한다.[67]

---

67 대판 1973. 10. 23, 73다268【계약금반환】.

판례

대법원 1973. 10. 23. 선고 73다268 판결 【계약금반환】

원심은 그 판결이유에서 원, 피고간의 본건 계약체결당시 본건 매매목적물인 건물과 대지가 피고의 소유명의로 등기되어 있지 아니하였고, 피고가 그것이 자기의 소유라고 말한 사실이 있음은 피고도 이를 인정하고 있는 바이므로 위 계약체결 당시 원고 주장과 같은 피고의 기망행위가 있었음은 명백하나 민법상 타인의 물건의 매매는 매수인이 매매목적물이 타인의 소유라는 것을 알고 있었는가의 여부에 불구하고 유효한 것이므로 다른 사정이 없는 한 매도인은 매매목적물이 타인의 소유라는 사실을 매수인에게 고지할 의무는 없다 할 것이고 또 매도인이 그 목적물의 소유권을 취득하여 매수인에게 이전하여 줄 수 있는 물건에 관하여 매매계약당시 사기의 소유라고 주장하였다 하더라도 그 자체만으로는 매도인의 위 행위를 위법성이 있는 것이라고 할 수 없다 할 것인 바, 원심이 적시한 증거에 의하면 원고의 잔대금 지급일까지는 그 목적물에 관하여 원고의 명의로 소유권 이전등기를 함에 필요한 서류를 갖추어 줄 수 있었던 사실을 인정할 수 있으니 피고의 본건 기망행위는 신의칙에 반하여 위법한 것이라고는 할 수 없으니 원고의 본건 계약이 사기로 인한 의사표시라 하여 이를 취소할 권한이 없다는 취지로 판단하였다.

그러나 민법 569조가 타인의 권리의 매매를 유효로 규정한 것은 선의의 매수인의 신뢰이익을 보호하기 위하여 규정한 것이므로 매수인이 매도인의 기망에 의하여 타인의 물건을 매도인의 것으로 잘못 알고 매수한다는 의사표시를 한 것이고 만일 타인의 물건인줄 알았더라면 매수하지 아니하였을 사정이 있는 경우에는 매수인은 민법 110조에 의하여 매수의 의사표시를 취소할 수 있다고 해석하여야 할 것인 바, 원심은 매수인인 원고가 피고의 기망행위가 없었더라면 원고가 과연 매수 했을 것인가에 대한 심리판단이 없이 그 적시한 증거에 의하여 약정기일까지는 피고가 소유권을 원고에게 이전해 줄 수 있는 사실이 인정된다 하여 피고의 기망행위가 위법성이 없다는 취지로 판단하여 원고의 청구를 배척하였음은 심리미진으로 인한 이유불비가 아니면 민법 110조와 569조의 법리를 오해한 위법이 있다 할 것이므로 논지는 이유 있고 원판결은 파기를 면치 못할 것이다.

(마) 타인권리매매와 지위 혼동

타인권리매매에서의 지위의 혼동은 주로 타인과 매도인 사이에서 발생하는 지위의 혼동이 문제되고, 이는 무권대리에 있어서 본인과 무권대리인의 지위 혼동과도 연계되어 논의된다.

1) 매도인이 타인을 승계한 경우

매도인이 아버지 소유의 재산을 매도한 후 아버지의 사망으로 그 재산을 상속한 경우와 같이 매도 당시에는 타인 소유의 재산권이었으나 그 후 매도인이 상속 등으로 소유자인 타인의 지위를 승계한 경우이다. 그러나 이러한 경우 매도인 입장에서는 본인이 타인의 지위를 승계하여 매매 목적인 권리를 취득하였으므로 단순히 상속 취득한 권리를 이전하는 문제만이 남게 되고 법상 아무런 장애가 없다.

2) 타인이 매도인의 지위를 승계한 경우

위와는 달리 매도인이 타인의 재산을 매도하였으나 그 후 매도인이 사망하여 타인이 매도인의 지위를 승계한 경우와 같이 타인이 매도인의 지위를 승계한 경우 그 처리가 문제된다. 이 경우 타인은 결국 매수인에 대하여 권리이전의무를 부담하고 있는바, 이러한 의무를 부담하고 있는 자가 권리의 이전을 거절하는 것은 신의칙에 반하므로 거절할 수 없다는 견해도 있다.

그러나 타인이 상속에 의하여 매수인에 대한 매도인의 재산권이전의무를 승계하는 것은 맞지만 이는 기본적으로 지위의 승계에 불과하지 타인의 권리 자체가 상속의 대상이 되었던 것은 아니므로 타인은 진정한 소유자로서 여전히 매매 목적인 권리 자체를 보유하고 있으므로 매수인에게 자신의 권리를 이전하는 것을 거부할 권리가 있다고 보아야 할 것이다. 판례는 추인을 거절할 수 있다는 긍정설의 입장에 선 것으로 보인다.[68]

이렇게 해석할 경우 무권대리인과 본인의 지위 혼동시 만일 무권대리인이 본인의 지위를 승계한 경우에는 무권대리인은 신의칙상 무권대리의 추인을 거절할 수 없지만, 반대로 본인이 무권대리인의 지위를 승계한 경우에는 얼마든지 추인을

68 민법주해 XIV, 316-318면.

거절할 수 있다고 보는 것과 같은 결론에 이르게 된다.

판례

대법원 1994. 8. 26. 선고 93다20191 판결 【주권인도】

갑이 을등 명의의 주식에 관하여 처분권한 없이 은행과 담보설정계약을 체결하였다 하더라도 이는 일종의 타인의 권리의 처분행위로서 유효하다 할 것이므로 갑은 을 등으로부터 그 주식을 취득하여 이를 은행에게 인도하여야 할 의무를 부담한다 할 것인데, 갑의 사망으로 인하여 을 등이 갑을 상속한 경우 을 등은 원래 그 주식의 주주로서 타인의 권리에 대한 담보설정계약을 체결한 은행에 대하여 그 이행에 관한 아무런 의무가 없고 이행을 거절할 수 있는 자유가 있었던 것이므로, 을 등은 신의칙에 반하는 것으로 인정할 특별한 사정이 없는 한 원칙적으로는 위 계약에 따른 의무의 이행을 거절할 수 있다.

나. 타인의 권리 매매(제569조)

타인의 물건을 매매하는 경우에 문제될 수 있는 쟁점은 다양하다. ① 형사상으로는 사기 등이 문제될 수 있고, ② 민사상으로는 물건을 이전해 주지 못할 경우의 채무불이행이나, 소유권의 침해로 인한 물권적 청구권(목적물반환청구권), 무권리자의 처분 문제, 소유권 침해로 인한 불법행위책임, 그리고 원시적 불능으로 인한 무효[69](혹은 계약체결상의 과실책임)가 문제될 수도 있다. 그리고 지금부터 살펴보는 타인권리매매로 인한 담보책임이 문제될 수가 있는 것이다.

(1) 매매계약의 유효성과 담보책임

매매목적물에 대한 권리가 매도인에 속하지 않고 타인에 속하는 경우, 그 매매계약은 법률행위 목적의 불능에 해당하여 무효가 되는지 문제되지만, 이를 유효로 볼지는 입법정책의 문제로서, 우리 민법은 제569조에 의하여(재산권을 취득하여 이

---

69 손종학, 강해민법총칙, 276-278면.

전해 줄 의무를 부담한다는 점에서) 비록 타인의 권리에 대한 매매라 할지라도 이를 유효한 것으로 전제하고, 일정한 경우 매도인의 담보책임을 인정하고 있다. 즉 권리가 매도인 본인에게 속하지 않고, 타인에게 속하는 것은 원시적 불능에 해당하여 무효가 아니라는 것으로서, 사실상 타인권리매매에 있어서만큼은 원시적 불능의 법리를 배제하려는 데에 그 취지가 있다.

결국 우리 민법은 타인 소유의 권리에 대한 매매를 원시적 불능으로 보아 당연무효로 보지 말고 일응 유효한 것으로 한 후 그 이후의 사정에 따라 권리이전이 가능하면 그대로 유효로 하되, 만일 당해 권리의 취득과 이전이 불가능한 경우에는 그때 비로소 매도인으로 하여금 담보책임을 지우게 하는 것이 당사자 사이의 거래 의사와도 일치하고 사회, 경제적으로 더 타당하다는 취지에서 입법정책적으로 매매계약의 유효를 전제로 한 담보책임으로 규율하고 있다고 보아야 할 것이다.

판례[70]도 "특정한 매매의 목적물이 타인의 소유에 속하는 경우라 하더라도, 그 매매계약이 원시적 이행불능에 속하는 내용을 목적으로 하는 당연무효의 계약이라고 볼 수 없다."라고 한다.

따라서 매도인은 비록 그 권리가 타인에게 속하여 있다고 하더라도 그 권리를 취득하여 이전하여야 할 의무가 있고, 만일 매도인이 이를 이행할 수 없게 되면 비로소 담보책임을 지게 되는 구조이다.

(2) 책임의 성질

담보책임의 성질을 채무불이행책임이 아닌 법정담보책임이라고 보는 견해도 여기서의 타인권리매매에 있어서만큼은 이를 채무불이행책임으로 보는 것이 통설이다. 그 이유는, 법조항 자체가 매도인에게 "재산권취득 · 이전의무"를 명백하게 규정하여 두고 있기 때문에, 그 의무의 위반은 성질상 채무불이행으로 볼 수밖에 없기 때문이다. 판례도 같은 입장이다.[71] 이러한 점에서, 위에서 담보책임을 이

70 대판 1993. 9. 10, 93다20283【손해배상(기)】.

해하기 위한 전제로서 전술한 '법정책임'이라는 일반론에 대하여 타인권리매매는 중대한 예외를 이룬다.

판례

대법원 1975. 6. 24. 선고 75다456 판결 【손해배상】

매매목적물에 관하여 환지예정지 지정처분이 있는 경우에 매도인이 매매목적물의 소유권을 취득하여 매수인에게 이전할 수 없게 됨으로 인한 손해액은 이행불능당시 현재 환지예정지로 지정된 토지의 위치와 평수에 의하여 산출되는 금액이다.

(3) 성립요건

(가) 타인의 권리

1) 권리의 현존 및 대상

타인의 권리란 목적물인 권리가 매매 당시 객관적으로 존재하지만, 단지 그 권리가 매도인에게 귀속한 것이 아니라 타인에게 귀속된 것을 말한다. 매매 목적물 자체가 계약 성립 당시부터 존재하지 않는 경우와는 달리 목적물 자체가 매매 당시에 존재하고 있기 때문에 일단 계약 자체는 유효로 취급할 수 있게 되는 것이다. 따라서 매매 당시 이미 그 권리가 객관적으로 존재하지 않는다면 이는 타인권리매매가 아니고 원시적 불능에 해당한다.

그리고 여기서 말하는 권리란 일반의 매매에 있어서와 동일하다. 즉 양도 가능한 것이면 무엇이든 가능하다. 그러므로 광업권 같은 권리도 타인권리의 매매가 될 수 있다.

---

71 대판 1975. 6. 24, 75다456【손해배상】. 타인에게 속하는 권리를 매매하는 것 자체가 매도인으로서는 매수인에게 이전해줄 수 없을지도 모른다는 것을 알았거나 알 수 있었을 것이라는 점에서 고의나 과실이 전제되기 때문에 채무불이행책임으로 보는 것이 아닐까?

2) 타인 귀속 여부의 판단과 권리추탈시의 담보책임

권리가 타인에게 속하는지의 여부는 법률적으로 판단하여야 한다. 따라서 물권변동에 있어서 성립요건주의를 취하는 민법의 태도 하에서는, 매매 권리의 대상이 부동산인 경우에는 소유권이전등기의 완료 여부를 기준으로 타인 귀속 여부를 판단하여야 할 것이다.[72]

그러나 외관상으로는 매도인에게 귀속된 권리로 보이지만 실은 매도인의 권리가 아닌 경우에 타인권리매매가 되는 것인지가 문제된다. 즉 甲으로부터 乙 앞으로 소유권이전등기가 경료되어 있고, 乙이 丙에게 이를 다시 처분하였으나, 실은 乙 명의의 등기가 무효여서 丙이 甲으로부터 권리를 빼앗기게 될 경우에, 타인권리매매가 될 것인지가 문제된다.[73]

만일 이 경우 타인권리매매가 인정되지 않는다면(즉, 위의 예에서 목적 부동산이 일응 乙의 소유라고 보게 되는 경우) 乙은 담보책임을 지지 않고, 원시적 불능이 되어 단지 과실이 있는 경우에 한하여 제535조의 체약상의 과실책임만 지게 되거나, 혹은 역시 과실이 있는 경우에 한하여 제390조에 기한 채무불이행책임의 부담만이 문제되는 반면에, 타인권리매매가 인정되면 매도인은 과실이 없어도 담보책임을 부담하게 된다.

판례는 이러한 권리추탈의 경우 제570조에 의한 매도인의 담보책임을 인정한다.[74] 판례에 의할 경우 결국 권리의 타인 귀속 여부는 법률적으로 판단하되 형식

---

72 따라서 매도인이 비록 매수인으로부터 적법하게 매수하였지만 미처 소유권이전등기를 경료하지 않은 상태에서 이를 제3자에게 매도한 경우(소위 미등기전매)에는 타인권리매매가 된다. 판례는 이를 타인권리매매가 아니라고 한 것도 있고(1996. 4. 12. 95다55245【매매대금】), 타인권리매매로 본 것도 있다(대판 1993. 11. 23, 93다37328【손해배상(기)】).

73 이 문제가 바로 권리추탈시의 담보책임의 문제이다.

74 판례에 의하여 인정되는 경우로는, 무권대리인에 의하여 소유권이전이 있었던 경우, 위조한 등기서류에 기한 소유권이전의 경우, 피담보채권이 존재하지 않는 근저당권의 실행에 의하여 경락이 이루어진 경우, 반사회적 법률행위에 기하여 소유권이전등기가 경료된 경우, 무능력자에 의한 취소의 경우, 양도담보권자가 제3자에게 소유권이전등기를 한 경우, 실종선고가 취소된 경우 등을 들 수 있다(자세한

적이 아니라 실질적으로 판단하여야 하는 것으로 된다.

위의 예를 가지고 보면, 乙 명의의 등기에 대하여, 진정한 소유자인 甲은 乙을 상대로 하여 소유권에 기한 방해배제청구권의 행사로서 소유권이전등기말소등기청구권을 행사할 수 있다. 그로써 乙의 등기가 말소되면 乙은 무권리자가 되고, 그로부터의 전득자인 丙 또한, 부동산등기에는 공신력이 없고 부동산의 선의취득도 인정되지 않기 때문에, 그 소유권이전등기를 말소당하게 된다. 이때 丙은 乙을 상대로 책임을 묻게 되는데, 이 때 책임의 근거로서 제569조 위반에 기한 담보책임(이것의 성질이 채무불이행책임임은 전술)을 묻거나, 乙의 귀책사유가 있는 경우에는 제390조에 기한 채무불이행책임을 물을 수도 있는 것이다. 이때 근거 조문은 다르지만, 책임의 성질에 따른 결과는 같게 된다.

여기서 하나 더 논의할 점은 위와 같이 권리추탈에 의한 매도인의 담보책임을 인정할 경우에 순차매매가 이루어졌을 때의 현실적인 권리보호방법이다. 예를 들어 甲 소유의 A 토지에 관하여 아무런 원인 없이 乙 명의의 소유권이전등기가 경료되고, 그에 터 잡아 丙, 丁, 戊 명의의 순차 이전등기가 경료된 경우, 앞서 설명한 바와 같이 진정한 소유자인 甲은 소유권에 기한 물권적청구권의 일환으로 乙 명의의 소유권이전등기의 말소를 구할 수 있고, 乙 명의의 등기가 무효로 되면 그에 따라 丙, 丁, 戊 명의의 등기 역시 말소를 피할 수가 없게 된다. 그에 따라 소유권을 상실한 戊는 과연 누구를 상대로 담보책임을 물을 수가 있는지가 문제되는 것이다.

이 경우 戊는 직전 매도인인 丁을 상대로 타인권리 매매에 따른 담보책임을 묻고, 이에 丁은 다시 丙을 상대로, 丙은 乙을 상대로 각각 담보책임을 물을 수 있을 뿐 戊가 乙이나 丙을 상대로 직접 담보책임을 물을 수는 없다. 이는 이들 사이에는 아무런 채권관계가 없기 때문이다. 다만 戊는 채권자대위권에 기하여 乙 등을 상대로 손해배상청구권을 행사할 수 있지만 이 경우에도 당연히 중간 명의자들의 무자력 요건이 필요하다.[75]

내용은 민법주해 XIV, 309면 참조).

이와 같이 결국 乙은 후순위 등기명의자들로부터 손해배상책임을 부담하게 되는 바, 그때의 손해액은 당연히 패소판결 확정시의 시가에 의하지만 이를 배상한 乙이 불법행위자를 상대로 하는 손해배상청구에서는 본인이 매매계약시에 실제 지출한 매매대금만을 청구할 수 있을 뿐이다.

판례

대법원 1992. 6. 23. 선고 91다33070 전원합의체 판결 【손해배상(기)】

원고 소속 공무원인 소외 1이 피고와 더불어 국유의 이 사건 각 토지에 관하여 매도증서, 위임장 등 관계서류를 위조하여 자기 또는 제3자 명의로 원인무효의 소유권이전등기를 경료하고 다시 이를 다른 사람에게 매도하여 순차로 소유권이전등기가 경료된 후에 원고가 최종 매수인들을 상대로 말소등기청구소송을 제기하여 원고 승소의 판결이 확정된 경우에 있어서, 소외 1 등의 불법행위로 인하여 최종 매수인들이 입은 손해는 무효의 소유권이전등기를 유효한 등기로 믿고 이 사건 각 토지를 매수하기 위하여 출연(출연)한 금액, 즉 매매대금이라고 하겠고, 이는 기존이익의 상실인 적극적 손해에 해당한다(최종 매수인들은 처음부터 이 사건 각 토지의 소유권을 취득하지 못한 것이어서 위 말소등기를 명하는 판결의 확정으로 비로소 이 사건 각 토지의 소유권을 상실한 것이 아니므로 이 사건 각 토지의 소유권상실이 그 손해가 될 수 없음은 두말할 나위도 없다).

(나) 권리이전의무의 내용('이를 이전할 수 없을 것'의 의미)

매도인이 매수인에게 매매 목적 권리를 '이전할 수 없다'는 의미에 관하여 통설과 판례[76]는 "민법 제570조는 타인의 권리매매에 있어서 매수인 보호를 위한 규정으로, 여기서의 이른바 소유권의 이전불능은 채무불이행에 있어서와 같은 정도로 엄격하게 해석할 필요는 없고, 사회통념상 매수인에게 해제권을 행사시키거나 손해배상을 구하게 하는 것이 형평에 타당하다고 인정되는 정도의 이행장애가 있으

---

75 민법주해 XIV, 357-358면.

76 대판 1982. 12. 28, 80다2750【손해배상】.

면 족하고, 반드시 객관적 불능에 한하는 엄격한 개념은 아니다."라고 하여 채무불이행에서의 이행불능보다 넓게 인정하고 있다.

이 때 매도인은 비록 이행불능에 과실이 없어도 일종의 무과실책임으로서의 담보책임을 지지만, 그 이행불능이 오직 매수인의 귀책사유로 인하여 발생한 경우에는 매도인은 담보책임을 부담하지 않는다.[77]

(4) 책임 내용

매수인은 비록 자신이 악의라 할지라도 매도인의 유책사유를 불문하고 매매계약을 해제할 수 있고(제570조 본문), 매수인이 선의인 경우에는 해제와 손해배상을 함께 청구할 수 있다(제570조 단서). 이 경우 배상범위는 앞서 본 대로 판례[78]는 이를 이행이익의 배상으로 보고, 배상액 산정의 기준시점은 이행불능시(예를 들어 원소유자가 매도인을 상대로 소유권이전등기의 말소를 구하는 소송에서 매도인의 패소판결이 확정된 시점)가 된다.

동조는 전형적으로 매도인의 착오로 인한 취소가 문제될 수 있을 것처럼 보이는 상황을 그 요건으로 하고 있지만, 앞에서 설명한 바와 같이 취소를 허용함으로써 스스로 하자를 야기한 매도인이 계약책임으로부터 벗어날 수 있도록 허용하는 것은 부당하다는 점에서, 매도인의 착오에 기한 취소권을 배제하는 것으로 해석된다. 그 근거로는 이외에도, (착오에 빠진) 매도인이 선의인 경우에는 후술하는 제571조에 의하여 충분한 보호를 받을 수 있기 때문에, 굳이 취소권까지 인정할 필요가 없다는 점도 들 수 있다.

---

77 대판 1979. 6. 26, 79다564【손해배상】.

78 대판 (全) 1967. 5. 18, 66다2618【손해배상】: 타인의 권리를 매매한 자가 권리이전을 할 수 없게 된 때에는 매도인은 선의의 매수인에 대하여 불능 당시의 시가를 표준으로 그 계약이 완전히 이행된 것과 동일한 경제적 이익을 배상할 의무가 있다.

(5) 선의의 매도인의 해제권(제571조)

선의의 매도인을 특별히 보호하기 위하여 민법은, 계약 당시에 매매의 목적이 된 권리가 자기에게 속하지 않음을 매도인이 모른 경우에 그 권리를 취득하여 매수인에게 이전할 수 없을 때에는, 매도인은 손해를 배상하고 계약을 해제할 수 있고, 매수인이 악의인 때에는 손해배상 없이 단순히 이전할 수 없다는 뜻의 통지만을 하고 계약을 해제할 수 있도록 하고 있다.

그리고 이 해제권은 특칙으로 예외적인 규정이므로, 반드시 권리의 전부를 이전할 수 없을 때에 한하여 적용되는 것으로, 권리의 일부를 이전할 수 없는 경우는 물론 수개의 권리를 일괄하여 매매의 목적으로 정하였으나 그 중 일부를 이전할 수 없는 경우에도 인정되지 않는다(이들 경우는 뒤에서 설명하는 제572조의 적용을 받게 된다).[79]

판례

대법원 2004. 12. 9. 선고 2002다33557 판결 【매매대금반환등】

[1] 매도인이 그의 명의로 등기된 목장용지와 임야 등을 매수인에게 매도하였으나 그 중 일부 토지의 진정한 소유자가 매도인을 상대로 소유권이전등기말소소송을 제기하여 확정 승소판결을 받음으로써 매수인에게 손해배상책임을 부담하게 된 사안에서, 매수인이 위 토지를 비롯한 그 일대의 토지에 대단위 아파트단지를 건설할 계획을 확정하였고 이를 추진하기 위하여 매도인과 매매계약을 체결하게 되었고 실제로도 그러한 사업을 추진하였다는 점 등과 그 매매대금은 매도인이 원래 매수한 대금의 수십 배에 달하는 액수라는 사정 등을 고려하여 보면, 매도인은 매매계약 체결 당시에 위 토지를 비롯한 그 일대의 토지에 대단위 아파트단지가 건설될 것이라는 사정을 잘 알면서 이로 인한 지가상승을 반영하여 매매대금을 정하였다고 보아야 할 것이고, 따라서 매도인이 매수인에게 배상할 손해액은 위 매매계약 당시 그 토지의 장래 예정되어진 형상이며 이행불능 당시의 형상인 아파트 부지로 조성중인 상태를 기준으로 산정하여야 한다고 한 사례.

[2] 민법 제571조 제1항은 선의의 매도인이 매매의 목적인 권리의 전부를 이전할 수 없는 경우에 적용될 뿐 매매의 목적인 권리의 일부를 이전할 수 없는 경우에는 적용될 수 없고,

79 대판 2004. 12. 9, 2002다33557【매매대금반환등】.

마찬가지로 수 개의 권리를 일괄하여 매매의 목적으로 정하였으나 그 중 일부의 권리를 이전할 수 없는 경우에도 위 조항은 적용될 수 없다.

대법원 1993. 4. 9. 선고 92다25946 판결 【손해배상(기)】

가. 부동산을 매수하고 소유권이전등기까지 넘겨받았지만 진정한 소유자가 제기한 등기말소청구소송에서 매도인과 매수인 앞으로 된 소유권이전등기의 말소를 명한 판결이 확정됨으로써 매도인의 소유권이전의무가 이행불능된 경우, 그 손해배상액 산정의 기준 시점은 위 판결이 확정된 때이다.

나. 민법 제571조의 취지는 선의의 매도인에게 무과실의 손해배상책임을 부담하도록 하면서 그의 보호를 위하여 특별히 해제권을 부여한다는 것인바, 그 해제의 효과에 대하여 특별한 규정은 없지만 일반적인 해제와 달리 해석할 이유가 없다 할 것이므로 매도인은 매수인에게 손해배상의무를 부담하는 반면에 매수인은 매도인에게 목적물을 반환하고 목적물을 사용하였으면 그 사용이익을 반환할 의무를 부담한다 할 것이다(매도인이 목적물에 관하여 사용권한을 취득하지 아니하고 따라서 매수인이 반환한 사용이익을 궁극적으로 정당한 권리자에게 반환하여야 할 입장이라 하더라도 아무런 영향이 없다).

다. 민법 제583조의 취지는 매도인은 같은 조에서 명시한 규정들에 터 잡아 이미 지급받은 대금의 전부나 일부의 반환의무, 손해배상의무, 하자 없는 물건의 지급의무가 있는 반면 매수인은 매도인에게서 수령한 목적물이 있다면 원상회복의무로서 이를 반환할 의무가 있는데, 이러한 쌍방 당사자의 의무는 하나의 쌍무계약에서 발생한 것은 아닐지라도 동일한 생활관계에서 발생한 것으로 서로 밀접한 관계에 있어 그 이행에 견련관계를 인정함이 공평의 원칙에 부합하기 때문에, 일반 해제의 경우와 마찬가지로 이들 경우에도 민법 제536조를 준용한다는 것이다.

라. 민법 제571조에 의한 계약해제의 경우에도 매도인의 손해배상의무와 매수인의 대지인도의무는 발생원인이 다르다 하더라도 이행의 견련관계는 양 의무에도 그대로 존재하므로 양 의무 사이에는 동시이행관계가 있다고 인정함이 공평의 원칙에 합치한다.

(6) 선의취득과의 관계

매매목적물이 동산인 경우에는 선의취득에 관한 규정(제249조 이하)이 적용되므로 매도인의 담보책임이 문제될 수 없지만, 부동산의 경우에는 선의취득이 인정되지 않으므로 매도인의 담보책임이 적용될 수 있다.

(7) 행사기간

제572조의 권리의 일부가 타인에게 속한 경우와는 달리 권리의 전부가 타인에게 속한 경우의 제570조, 제571조에 의한 해제권과 손해배상청구권에 대하여 우리 민법은 아무런 행사기간을 정해놓지 않고 있으므로 일반의 채권과 같이 10년간 존속한다고 할 것이다. 그리고 이는 제척기간이 아닌 소멸시효의 대상이다.[80] 이렇게 해석하는 이유는 무엇보다도 명문의 규정이 없음에도 불구하고 명문의 규정이 되어 있는 제572조에서와 같은 제척기간을 인정할 수는 없기 때문이다.

다. 권리의 일부가 타인에게 속하는 경우(제572조)

(1) 의의 및 성질

이는 권리의 일부가 타인에게 속하는 점만을 제외하면 본질적으로 앞서 설명한 타인권리매매와 같다. 그에 따라 권리가 타인에게 속한다는 것, 그 권리를 이전할 수 없다는 것, 매도인의 귀책사유를 묻지 않는다는 것과 같은 성립요건은 동일하다.

권리의 일부가 타인에게 속하는 경우의 전형적인 예로는, 토지를 매도하였으나 매도 토지의 일부가 타인의 소유에 속하는 경우를 들 수 있다. 보다 구체적으로 예를 들면, 매도 토지의 경계선이 실제의 경계와는 다르게 획정된 때에, 실제의 경계에 따르면 매도 토지 100평 중 20평이 인접 토지 소유자의 소유물인 경우이다.

이와 같은 경우에, 가령 그 20평이 계약목적상 나머지 80평보다도 훨씬 중요한 부분인 경우에는 일부무효의 법리(제137조)를 적용하여 계약을 무효로 볼 수 있을 듯도 하다. 그러나 민법은 매매목적물 전부가 타인권리인 경우에도 해당 매매를 전면유효로 보는 입장을 취하고 있다는 점을 고려할 때, 이러한 경우에도 매매계

---

80 민법주해 XIV, 356면.

약은 전적으로 유효한 것으로 보아야 한다. 즉, '무효'라고 볼 만한 사유가 타인권리귀속인 경우에는, 일부무효의 법리는 전혀 적용될 여지가 없고, -담보책임으로서의 대금감액은 별론으로 하되,- 매매계약은 어디까지나 일단 전면 '유효'가 된다는 점을 유념하여야 한다.

판례는 "민법 제572조는 매매목적물의 일부가 타인에게 속하는데 매도인이 이를 취득하여 매수인에게 이전할 수 없는 경우 매도인의 담보책임에 대하여 규정하고 있다. 그러므로 건물 및 대지의 매매에서 그 대지의 일부만이 타인에게 속하는 경우에 위 규정이 적용됨에는 의문이 없다."라고 판시한 바 있다(대판 2009. 7. 23, 2009다33570【부당이득금】).

위 판결은 매매계약에서 건물과 그 대지가 계약의 목적물인데 건물의 일부가 경계를 침범하여 이웃 토지 위에 건립되어 있는 경우에, 매도인이 그 경계 침범의 건물부분에 관한 대지부분을 취득하여 매수인에게 이전하지 못하고 있는 상태에서, 이에 원고는 피고의 채무불이행이나 불법행위(주위적 청구), 그렇지 않으면 하자담보책임(예비적 청구)을 들어, 위와 같이 피고가 "타인의 토지를 침범하고 있는" 이 사건 토지 및 건물을 매도함으로써 원고가 입은 손해의 배상을 구한 사안이었다.

이에 대하여 원심은, 피고가 위 매매 당시 위와 같이 매매목적 토지 및 위 자동차수리센터 건물의 각 일부가 실제로는 이웃하는 토지에 속하거나 그 이웃 토지 위에 건립되어 있었다는 사실을 알았다거나 알 수 있었다고 볼 수 없다는 이유로 원고의 주위적 청구를 배척하였다.

나아가 원심은 예비적 청구에 관하여, 이 사건 대지 및 건물은 이 사건 대지의 경계옹벽 및 건물의 일부가 이웃 토지를 침범함으로써 통상의 부동산이 갖추어야 할 상태를 갖추지 못한 하자가 있었다고 봄이 상당하다고 하고, 또한 특별한 사정이 없는 한 토지매수인에게 목적 토지가 지적도상의 그것과 정확히 일치하는지의 여부를 미리 확인할 주의의무가 있다고 할 수 없으므로 원고에게 그 하자를 알지 못한 데 대하여 과실이 없다고 하여, 피고가 원고에 대하여 민법 제580조의 하자담보책임을 진다고 판단하였다.

그러나 대법원은, 피고가 고의, 과실이 없어서 채무불이행책임이 성립할 수 없다고 보아 주위적 청구를 기각한 것은 정당하지만, 원심이 이 사건에 적용한 민법 제580조는 매매목적물의 물질적 성상에 흠이 있는 경우에 관한 것으로서 이 사건에서와 같이 매매목적물의 권리상태에 흠이 있는 경우에 쉽사리 적용될 수 없는 바, 그럼에도 원심이 이 사건에 민법 제580조가 적용되는 것을 전제로 하여 피고에게 그 규정상의 하자담보책임이 있다고 판단한 것은 매도인의 담보책임에 관한 법리를 오해한 위법이 있다고 할 것이라고 하면서, 오히려 제572조의 일부 권리의 타인매매에 해당한다고 하였다.[81]

(2) '권리의 일부'의 의미

여기서 말하는 '권리의 일부'란 하나의 권리의 일부만을 의미하는 것이 아니라, 수개의 권리를 편의상 일괄적으로 매매의 목적으로 하는 경우의 일부도 포함한다.[82] 또한 수개의 권리인 경우에도 그 권리들이 반드시 동일한 성질의 권리만으

---

81 위 판결에서 대법원은 다음과 같은 이유를 들었다. "매매계약에서 건물과 그 대지가 계약의 목적물인데 건물의 일부가 경계를 침범하여 이웃 토지 위에 건립되어 있는 경우에 매도인이 그 경계 침범의 건물부분에 관한 대지부분을 취득하여 매수인에게 이전하지 못하는 때에는 매수인은 매도인에 대하여 민법 제572조를 유추적용하여 담보책임을 물을 수 있다고 할 것이다. 그리고 그 경우에 이웃 토지의 소유자가 소유권에 기하여 그와 같은 방해상태의 배제를 구하는 소를 제기하여 승소의 확정판결을 받았으면, 이제 다른 특별한 사정이 없는 한 매도인은 그 대지부분을 취득하여 매수인에게 이전할 수 없게 되었다고 봄이 상당하다.

민법 제572조는 매매목적물의 일부가 타인에게 속하는데 매도인이 이를 취득하여 매수인에게 이전할 수 없는 경우 매도인의 담보책임에 대하여 규정하고 있다. 그러므로 건물 및 대지의 매매에서 그 대지의 일부만이 타인에게 속하는 경우에 위 규정이 적용됨에는 의문이 없다. 그런데 그러한 경우 중에는 건물의 일부도 타인의 토지 위에 건립되어 있는 경우도 있을 것이다. 이 후자의 경우에 매매목적물인 건물의 일부가 그 피침범토지 소유자의 권리행사에 좇아 결국 이를 철거하여야 하는 등 그 존립을 유지할 수 없는 운명에 있다고 하면, 이는 매도인에게 그 건물부분의 존립 자체에 관한 권리가 흠결된 것으로서 종국적으로는 매매목적물을 취득하지 못하게 되는 바의 전형적인 위험요소가 당해 매매계약에 내재하고 있다는 흠이 있어, 앞서 본 대지의 일부만이 타인에게 속하는 경우 또는 나아가 일반적으로 매매목적물인 건물의 일부만이 타인에게 속하는 경우에 준하여 처리되어야 할 것이다."

82 그렇기 때문에 앞서 설명한 바와 같이, 선의의 매도인의 계약해제가 타인의 전부 권리매매에만 적용되고, 일부 타인권리매매나 수개의 권리의 일괄매매시의 일부 권리가 타인에게 속하여도 매도인이 계약해제권을 행사할 수 없는 것이다(전술 대판 2004. 12. 9, 2002다33557【매매대금반환등】참조).

로 한정되는 것이 아니라, 비록 동종의 권리가 아니라도 그 권리들 사이에 객관적으로 가치를 산정할 기준이 존재하거나 그런 평가가 당사자 사이에 이루어진 경우[83]에는 본조에 해당한다고 볼 것이다.[84]

판례[85]도 "수개의 권리를 일괄하여 매매의 목적으로 정한 경우에 그 일부 권리를 이전할 수 없는 때에도 비율에 따른 대금 산출이 불가능한 것과 같은 특별한 사정이 없는 한 제572조를 적용할 것"이라고 하여 같은 입장을 보이고 있다.

(3) 제576조와의 관계(타인의 권리에 의하여 제한받는 권리)

매수인이 취득한 권리의 일부를 추탈당하는 경우에도 제572조에서와 같은 제한이 있다. 즉 타인귀속이 매매목적물에 대한 압류, 가압류, 가처분에 의한 경우에는 제572조가 적용되지 않고 제576조만이 적용된다. 그리고 저당권이나 전세권의 실행에 의하여 매수인이 매매목적물의 일부에 대한 권리를 상실하는 경우에도 제576조만이 적용된다.

(4) 제574조와의 관계(타인 권리귀속과 수량부족)

매매계약이 민법 제574조의 수량지정매매인 때에 매매목적물의 일부가 타인에게 귀속하는 경우에는 필연적으로 목적물의 수량의 일부가 부족한 결과가 발생하게 된다. 여기서 본조와 제574조의 수량부족시의 매도인의 담보책임과의 관련성이 문제된다.[86]

제574조는 제572조를 준용하고 담보책임의 내용도 동일하지만, 그 준용은 매수인이 선의인 경우에 한하므로, 매수인이 악의인 때에는 제572조에서 인정되는 대

---

83 이는 민법 제572조 제1항에 따라 일부불능의 비율에 따른 대금감액 등이 이루어지기 위한 조건이다.

84 예를 들면 하나의 매매계약으로 체결된 매매목적물이 공장용지, 그 지상건물, 기계설비 일체로 되어 있는 경우를 말한다.

85 대판 1989. 11. 14, 88다카13547【손해배상】.

86 일부멸실시는 경합 여부가 문제되지 않고, 당연히 제574조만 적용된다.

금감액청구권 등은 그 준용이 없게 된다.

비록 수량부족이라는 현상이 발생하여도 타인권리의 매매는 그 속성상 악의의 매수인 입장에서도 매도인이 타인으로부터 당해 권리를 이전받아 다시 이를 자신에게 이전시켜줄 수 있다는 기대가 있는 특수성이 있으므로 일부타인권리의 매매를 인정하여 제572조를 적용하는 것이 타당하다고 볼 수 있다.

그러나 우리 판례는 이 경우 일부타인권리매매를 인정하지 않고 제574조의 수량부족시의 매도인의 담보책임만을 적용하고 있다. 즉 판례[87]는 매매계약을 체결함에 있어 토지의 면적을 기초로 하여 평수에 따라 대금을 산정하였는데, 토지의 일부가 매매계약 당시에 이미 도로의 부지로 편입되어 있었고, 매수인이 그와 같은 사실을 알지 못하고 매매계약을 체결한 경우, 매수인은 민법 제574조에 따라 매도인에 대하여 토지 중 도로의 부지로 편입된 부분의 비율로 대금의 감액을 청구할 수 있다고 하여, 제574조의 적용만을 문제 삼고 있다.

판례

대법원 1992. 12. 22. 선고 92다30580 판결 【소유권이전등기】

민법 제574조가 수량을 지정한 매매의 목적물이 부족되는 경우와 매매목적물의 일부가 계약 당시에 이미 멸실된 경우에 매수인이 그 부족 또는 멸실을 알지 못한 때에 매도인의 담보책임을 인정하여 매수인에게 대금의 감액을 청구할 수 있는 등의 권리를 주고 있는 취지는, 그와 같이 매매로 인한 채무의 일부를 원시적으로 이행할 수 없는 경우에 대가적인 계약관계를 조정하여 그 등가성을 유지하려는 데에 있다. 사실관계가 원심이 확정한 바와 같이, 원고와 피고가 매매계약을 체결함에 있어서 이 사건 토지의 면적을 기초로 하여 평수에 따라(평당가액에 면적을 곱하여) 대금을 산정하였는데, 그 토지의 일부가 매매계약 당시에 이미 도로의 부지로 편입되어 있었고, 매수인인 원고가 그와 같은 사실을 알지 못하고 위 매매계약을 체결한 것이라면, 원고는 민법 제574조에 따라 피고에 대하여 이 사건 토지 중 도로의 부지로 편입된 부분의 비율로 대금의 감액을 청구할 수 있다고 봄이 위 법조의 규정취지에 부합된다고 할 것이다(당원 1968.9.17. 선고 68다1390 판결; 1981.5.26. 선고 80다2508

---

87 대판 1992. 12. 22, 92다30580【소유권이전등기】.

판결 등 참조). 이와 취지를 같이한 것으로 보이는 원심의 판단은 정당하고, 원심판결에 소론과 같이 매매목적물의 수량부족 및 일부멸실의 경우의 매도인의 담보책임에 관한 법리를 오해한 위법이 있다고 볼 수 없다.

그러나 다음의 판례에서는 양자를 모두 인정하는 듯한 판시를 하고 있다.

판례

대법원 2002. 4. 9. 선고 99다47396 판결 【손해배상(기)】

부동산매매계약에 있어서 실제면적이 계약면적에 미달하는 경우에는 그 매매가 수량지정매매에 해당할 때에 한하여 민법 제574조, 제572조에 의한 대금감액청구권을 행사함은 별론으로 하고, 그 매매계약이 그 미달 부분만큼 일부 무효임을 들어 이와 별도로 일반 부당이득반환청구를 하거나 그 부분의 원시적 불능을 이유로 민법 제535조가 규정하는 계약체결상의 과실에 따른 책임의 이행을 구할 수 없다.

(5) 책임의 내용

(가) 대금감액청구권(제572조 제1항)

매수인은 선의, 악의에 관계없이 이전받을 수 없는 부분의 비율로 대금의 감액을 청구할 수 있다. 선의는 물론 악의의 매수인도 본 권리를 가진다는 점을 주의하여야 한다. 선악을 불문하는 이유는, 대금액에 상당한 목적물의 등가성이 없게 되는 때에는 어느 경우에나 부당이득반환의 문제가 생길 것이어서 선악을 문제 삼을 필요가 없다는 데에 있다(이 점은, 위의 전부타인권리매매에서의 해제권의 경우에도 마찬가지이다). 대금감액청구권은 매수인의 일방적인 대금감액 의사표시만으로 대금감액의 법률효과가 이루어진다는 점에서 형성권으로서, 사실상 일부해제에 해당한다고 볼 수 있다.

(나) 해제권(전부해제권)(제572조 제2항)

선의의 매수인은 잔존부분만이면 매수하지 않았을 때에는 계약 전부를 해제할 수 있다. 일부해제와는 달리 선의의 매수인에게만 인정된다. 권리 전부가 타인에게 속하는 경우에는 악의의 매수인도 계약 전부를 해제할 수 있는 것과 달리 본조의 해제는 선의의 매수인에게만 인정됨을 주의하여야 한다.

(다) 손해배상청구권(제572조 제3항)

선의의 매수인은 감액청구나 해제 이외에(갈음하는 것이 아닌 병존형이다) 손해배상도 청구할 수 있다. 그리고 판례[88]는 여기서의 배상범위도 타인의 권리 매매에서와 같이 신뢰이익이 아닌 이행이익의 배상이라고 한다.

(라) 권리행사기간

1) 성질

우리 민법은 권리의 일부만이 불능인 경우에는 전부불능의 경우와는 달리, 법률관계를 조속히 확정할 의도로 1년이라는 단기간의 권리행사기간을 두고 있다. 이 기간은 시효기간이 아니라 제척기간이다. 다만 이를 제소기간으로 볼 수는 없고, 재판상 또는 재판외의 권리행사기간이라고 볼 것이다.[89]

2) 소멸시효의 적용 여부

권리행사기간과 관련하여 소멸시효가 적용될지 문제된다. 즉 매수인이 선의인

88 대판 1993. 1. 19, 92다37727【소유권이전등기】.

89 대판 1978. 7. 11, 78다415【손해배상】.

경우 기간의 기산점은 "이전이 불능한 사실을 안 때"인바, 매수인이 이를 모르는 한 제척기간은 끝까지 진행되지 않게 되어, 단기의 권리행사기간을 둔 입법목적에 부합하지 않게 된다. 이 경우 소멸시효기간이 적용될 것인지가 문제되는 것이다. 상법의 경우 제69조에서 특칙을 두고 있다.

3) 상법 제69조와의 관계

상인간의 매매에 있어서는 매수인에게 목적물 수령시 지체 없는 하자검사 및 통지발송의 의무를 부과하여, 이를 게을리 한 경우에는 계약의 해제, 대금감액청구, 손해배상청구를 하지 못하도록 하고 있다(상법 제69조 제1항). 이는 특별법이므로 민법에 앞서 적용된다.

그러므로 상인간의 매매에서 권리의 일부하자가 있는 경우에는 매수인이 이를 즉시 통지한 후에는 다시 민법 제573조가 적용되어, 선의인 경우에는 하자를 발견한 날로부터 1년, 악의인 경우에는 계약일로부터 1년 내에 담보책임에 관한 권리를 행사하여야 한다. 그러나 매도인이 악의인 경우에는 하자를 통지하지 않고서도 1년 내에 자신의 권리를 행사하기만 하면 된다(상법 제69조 제3항).

라. 수량부족 · 일부멸실에 대한 매도인의 담보책임(제574조)

(1) 의의 및 취지

이는 ① 매매계약의 당사자가 수량을 지정하여 매매한 경우, 즉 목적물이 일정한 수량이나 크기를 가지는 것을 전제로 하여 그 수량이나 크기에 따라 매매대금을 정하였음에도 불구하고 목적물의 수량이 부족하거나, 또는 ② 그 일부가 계약 당시에 이미 멸실된 경우에 매도인이 부담하는 담보책임을 말한다.

민법은 이러한 수량부족, 일부멸실에 있어서 매수인이 선의인 경우에 한해, 제572조, 제573조를 준용하여 매도인으로 하여금 권리의 일부가 타인에게 속하여 매수인에게 이전할 수 없는 경우와 동일한 담보책임을 인정하고 있다.

판례도 "민법 제574조가 수량을 지정한 매매의 목적물이 부족되는 경우와 매매 목적물의 일부가 계약 당시 이미 멸실된 경우 매수인이 부족 또는 멸실을 알지 못한 때에 매도인의 담보책임을 인정하여 매수인에게 대금의 감액을 청구할 수 있는 등의 권리를 주고 있는 취지는, 그와 같이 매매로 인한 채무의 일부를 원시적으로 이행할 수 없는 경우에 대가적인 계약관계를 조정하여 등가성을 유지하려는 데에 있다."라고 설시하고 있다.[90]

주의할 것은, 다른 담보책임의 경우와 마찬가지로 본조도 역시 계약 자체는 전부 유효함을 대전제로 하여 매도인의 담보책임을 지운다는 점으로서, 이 점에서 다음의 여러 제도와 차이점을 보인다.

(2) 본조의 법적 의미(법적 기능)

본조의 법적 의미는, 우리 민법은 목적물의 수량부족과 일부멸실에 있어서 일부무효의 법리와 계약체결상의 과실이론의 적용을 배제시킨다는 점에 있다. 이를 자세히 설명하면 다음과 같다.

(가) 일부무효의 법리와의 관계

매매계약 당시에 목적물의 수량이 부족하거나 그 일부가 멸실되어 있으면 그 부분은 법률적으로 원시적으로 이행불능인 경우가 되어 결국 일부무효가 되는바, 민법 제137조의 일부무효의 법리에 의하면 일부무효시 원칙적으로 전부가 무효가 되고, 무효인 부분이 없었다고 하여도 법률행위를 하였을 것이라고 인정될 때에는 나머지 부분은 무효가 되지 않고 유효하게 된다.

이러한 일부무효의 법리를 목적물의 일부부족이나 일부멸실에 적용하면 결국

90 대판 1992. 12. 22, 92다30580【소유권이전등기】.

원칙적으로 계약은 전부에 대하여 효력을 가질 수 없고 예외적으로만 나머지 부분(유효한 부분)에 한하여 효력이 있게 된다. 그런데 앞서 본 대로 본조는 계약의 전부가 유효함을 전제로 부족분에 대한 매도인의 담보책임만을 인정하고 있는 것으로서, 결국 수량부족이나 일부멸실의 경우에는 일부무효의 법리가 적용이 되지 않아 제137조의 적용을 배제시키는 결과가 된다.

이 점은 앞서 밝힌 제572조의 경우와 유사하지만, 그 의미에 있어 보다 강조되어야 할 측면이 있다. 즉, 제572조의 일부타인권리매매는 목적물이 객관적으로 존재할 것을 그 전제로 하는 반면에, 제574조의 경우에는 목적물의 일부 그 자체가 존재하지 않는 경우도 포함하고 있다는 점에서, 일부무효의 법리가 적용된다고 볼 여지는 훨씬 더 큰 것이다. 그럼에도 불구하고 이 경우에도 일부무효의 법리는 배제되고 담보책임만이 문제된다는 점을 깊이 유념하여야 할 것이다.

더 나아가(일부멸실의 경우는 별론으로 하고) 수량부족이 문제되고 있는 매매가 동조 소정의 '수량지정매매'로 인정되지 않는 경우에도, 역시 일부무효의 법리는 그 적용이 없고, 계약은 일단 전면유효로 취급된다. 즉 이 경우에는 제574조에 기한 담보책임도 인정되지 않고, 매도인은 원칙적으로 아무런 책임도 지지 않게 된다(다만 뒤에서 설명하는 바와 같이, 예외적으로 부족부분에 대한 비채변제로 인한 대금반환청구가 문제될 수 있을 뿐이다)는 점을 유의하여야 한다.[91] 이는 제574조가 적용되지 않는 경우에도 일정한 경우 제572조가 적용될 수 있다는 측면에서도 이해할 수 있다.

(나) 계약체결상의 과실책임

민법 제535조의 계약체결상의 과실책임 역시 계약 자체가 전부무효임을 전제로

---

91 이러한 점에서, 전술한 2002. 4. 9. 99다47396 판결이 "(수량지정매매가 인정되지 않는 경우에도) 그 매매계약이 그 미달부분만큼 일부무효임을 들어 이와 별도로 일반 부당이득반환청구를 하거나 그 부분의 원시적 불능을 이유로 민법 제535조가 규정하는 계약체결상의 과실에 따른 책임의 이행을 구할 수 없다."라고 판시한 것이나, 후술할 1977. 6. 28. 77다579 판결이 "(역시 수량지정매매가 인정되지 않는 사안에서) 매매대금의 수령에 관하여 부당이득의 문제가 발생하지 않는다."라고 판시한 것이 이해될 수 있다.

하는 규정임에 비하여, 본조에서는 일응 계약 자체는 전부 유효하고 그 부족분(하자)에 대하여 매도인의 담보책임을 규정하고 있는 것이라는 점에서 구별된다. 결국 본조의 규정에 의하여 수량부족이나 일부멸실에 대하여 일부무효의 법리가 적용되지 않는 결과 일부 불능을 전제로 하는 계약체결상의 과실책임 역시 더 문제되지 않게 된다. 매매 등의 유상계약에서 일부멸실이나 수량부족에 따른 원시적 불능의 경우에는 계약체결상의 과실책임은 문제될 여지가 없고, 오직 담보책임만이 적용된다고 할 수 있다.

더 나아가, 우리 민법은 제574조를 둠으로써, 「계약체결상의 과실책임은 원시적 전부불능의 경우에만 그 적용이 있고, 원시적 일부불능의 경우에는 적용되지 않으며, 이 경우에는 담보책임만이 문제될 따름」이라는 중대한 입법적 결단을 내린 것이다. 즉, 본조는 이러한 해석론의 직접적인 근거규정으로서 작용한다고 볼 수 있다.

(3) 법적 성격

본조의 법적 성격에 있어서는 과연 본조의 담보책임이 권리의 하자에 해당하는지 아니면 물건의 하자에 해당하는지와, 매도인의 담보책임이 법정책임인지 아니면 채무불이행책임인지가 문제된다.

(가) 하자의 성격

본조는 매도인의 담보책임을 권리일부의 타인귀속에 관한 제572조와 제573조를 준용하도록 되어 있는 바, 본조에서 말하는 수량부족과 일부멸실이라는 하자가 과연 권리하자에 해당하느냐, 아니면 제580조의 물건의 하자담보책임의 일종에 해당하는지가 문제된다.

전자에 해당한다는 견해는 본조가 권리하자에 관한 규정을 준용하고 있다는 점을 들고, 후자에 해당한다는 견해는 본조의 담보책임은 특정물에 있어서 원시적으로 존재하는 하자, 즉 물질적 하자로 인한 담보책임으로서의 본질을 갖는 것으로서, 권리의 일부가 타인에게 속한 때에는 매도인이 그 권리를 취득하여 이를 이전시켜줄 수 있지만 본조에 의한 수량부족의 경우에는 매도인이 그 부족분을 구해서 완전물로 이행한다는 것이 실제로는 불가능하다는 점을 든다. 이러한 후자의 견해에 의하면 수량부족이나 일부멸실은 특정물하자의 특수한 형태로서 본조는 제580조(물건하자담보책임)에 대한 특칙이 되어 본조가 우선적으로 적용되고, 그 밖의 물건의 하자에 대하여만 제580조가 적용되게 된다.

이러한 논의의 실익은 무엇보다도, 물건의 하자로 보는 때에는 경매의 경우에는 담보책임이 인정되지 않는다는(제580조 제2항) 점에 있다. 다수설과 판례는 권리의 하자로 보고 있는 듯하다. 즉 경매의 경우에도 제574조에 기한 담보책임이 인정되는 것으로 본다.

(나) 책임의 성격

권리하자에 대하여 채무불이행책임으로 보는 견해와 판례에 의하여 본조의 성격을 앞서 말한 대로 권리하자로 파악하게 되면 본조에 의한 담보책임은 채무불이행책임으로 보게 된다. 반면, 물건의 하자에 대한 책임으로 보면, '매도인은 목적물에 하자가 부착되어 있는 그대로 소유권을 이전해줌으로써 자신의 모든 의무를 다하는 것이지만[92] 유상계약이라는 특수성에 기하여 거래의 안전을 보호하기 위하여 비록 매도인에게 귀책사유가 없다 할지라도 담보책임을 인정하는 법정책임이라고 보게 된다. 앞서 설명한 바와 같이, 판례는 대체로 전자의 견해에 입각한 것으로 보인다.

92 이를 소위 특정물도그마라고 한다.

(4) 성립요건

(가) 목적물의 수량부족

매매목적물의 수량이 부족하다고 하여 언제나 본조의 담보책임이 적용되는 것은 아니고 그 매매가 수량을 지정한 매매(수량지정매매)인 때에만 본조가 적용된다. 만일 수량지정매매가 아니라면 일부 수량의 부족이 있어도 원칙적으로 대금감액 청구 등의 권리를 행사할 수 없고, 예외적으로 부족한 수량이 매우 큰 경우에 한하여 매수인은 그 부족분에 대한 지급대금을 일종의 비채변제로 보아 그 반환을 청구할 수 있다.

1) 수량지정매매

수량을 지정한 매매란, 물건을 매매함에 있어 당사자가 물건이 일정한 수량을 갖고 있다는 점을 중요하게 여기고 그 수량을 기준으로 하여 매매대금을 정한 매매를 말한다. 즉 물건이 개수, 용적, 중량, 척도 등에 의하여 표시되고, 이를 기초로 하여 매매대금을 정한 경우가 바로 수량을 지정한 매매가 된다.[93]

판례[94]도 수량지정매매에 관하여 "부동산 매매계약에 있어서 매수인이 일정한 면적이 있는 것으로 믿고 매도인도 그 면적이 있는 것을 명시적 또는 묵시적으로 표시하며, 나아가 계약당사자가 면적을 가격을 정하는 여러 요소 중 가장 중요한 요소로 파악하고, 그 객관적 수치를 기준으로 가격을 정하는 경우라면, 특정물이 일정한 수량을 가지고 있다는 데에 주안을 두고 대금도 그 수량을 기준으로 하여 정한 경우에 속하므로, 제574조에 정한 '수량을 지정한 매매'에 해당한다."라고 한다.

여기서 주의할 점은, 목적물의 특정을 위한 수량의 표시는 결코 수량지정매매가 아니라는 것이다. 즉 매매계약의 실제에 있어서는 토지의 면적 등을 매매계약

93 민법주해 XⅣ, 403면.

94 대판 2001. 4. 10, 2001다12256【소유권이전등기등】.

서에 기재하는 것이 통례이고, 실제 면적이 그에 부족할 때 본조의 담보책임을 주장하는 경우가 소송에서 왕왕 있지만, 이는 단지 토지라는 목적물의 특정을 위하여 지번과 함께 면적을 기재하는 것일 뿐으로 그 수량에 기하여 매매대금을 산정한 것이 아니어서 수량지정매매가 아니므로, 본조가 적용될 여지가 없다. 판례도 이와 같은 입장이다.

판례가 이러한 태도를 취하는 데에는 다음과 같은 배경이 있다. 즉 제574조 소정의 수량부족이 문제되는 사안은 대부분 토지매매에 관한 것인데, 우리나라의 현실상 측량이 정확하지 않아서 등기부상의 토지면적과 실제경계에 의한 면적이 일치하지 않는 경우가 비일비재하다. 이러한 현실에 비추어, 목적토지의 수량이 부족하다는 주장이 있는 경우에 언제나 제574조에 의한 담보책임을 인정하게 되면 거래의 안전을 심하게 해할 우려가 있다. 그렇기 때문에 법원은 수량지정매매의 해당여부를 엄격하게 판단하고, 대부분의 경우 계약서상의 면적표시는 '목적토지의 특정을 위한 (부차적인) 한 요소'에 불과한 것으로 보고 있는 것이다. 그리고 이러한 경우 매수인으로서는, 전술한 바와 같이 부족분에 대하여 일부무효 내지 부당이득반환청구를 원칙적으로 할 수 없고, 부족분이 매우 큰 경우에 한하여 매우 예외적으로 착오에 기한 취소권을 행사할 수 있을 뿐이다.

이와 같이 거래 실제에서의 대부분의 매매는 수량지정매매가 아닌 특정을 위한 수량표시인 경우에 해당하고, 특히 등기부상의 면적이 실제 면적과 불일치하는 경우가 많은 것이 현실이므로, 수량지정매매로 보호받기 위해서는 그것이 수량지정매매임을 표시(즉 그러한 취지의 문구 기재나 평당 가격을 정하고, 그에 따라 총 매매대금이 얼마라는 식으로의 기재)할 필요가 있다.

수량지정매매를 부정한 판례

대법원 1977. 6. 28. 선고 77다579 판결 【부당이득금반환】

토지를 공매입찰의 방법으로 매각한 경우, 입찰공고와 매매계약상의 평수 표시가 토지등기부상의 평수에 맞추어 표시함으로써 매매목적물의 특정을 위한 것뿐이고 매매대금 역시 평당 얼마씩의 비율로 정하여 책정된 것이 아니라면, 민법 제574조의 수량을 지정한 매매로 보기 어렵고 또한 매매대금의 수령에 관하여 부당이득의 문제가 발생하지 않는다.

대법원 1998. 6. 26. 선고 98다13914 판결 【매매대금반환】

매매계약서에 토지의 면적을 등기부상 기재에 따라 기재하고 그 면적에 평당 가격을 곱한 금액에서 우수리 돈을 감액하는 방법으로 매매대금을 결정하였으나, 그 토지가 도로, 잡목 등으로 인근 토지와 경계가 구분되어 있으며 매수인이 매매계약 체결 전 그 토지를 현장답사하여 현황을 확인한 경우, 그 토지 매매는 '수량을 지정한 매매'가 아니라 구획된 경계에 따라 특정하여 매매한 것이다.

대법원 1993. 6. 25. 선고 92다56674 판결 【매매대금】; 대법원 2003. 1. 24. 선고 2002다65189 판결 【손해배상(기)】

민법 제574조에서 규정하는 "수량을 지정한 매매"라 함은, 당사자가 매매의 목적인 특정물이 일정한 수량을 가지고 있다는 데 주안을 두고 대금도 그 수량을 기준으로 하여 정한 경우를 말하는 것이므로, 토지의 매매에 있어 목적물을 등기부상의 평수에 따라 특정한 경우라도, 당사자가 그 지정된 구획을 전체로서 평가하였고 평수에 의한 계산이 하나의 표준에 지나지 아니하여 그것이 당사자들 사이에 대상토지를 특정하고 대금을 결정하기 위한 방편이었다고 보일 때에는, 이를 가리켜 수량을 지정한 매매라 할 수 없다.

수량지정매매를 인정한 판례

대법원 2001. 4. 10. 선고 2001다12256 판결 【소유권이전등기등】

매매계약당사자가 목적토지의 면적이 공부상의 표시와 같은 것을 전제로 하여 면적을 가격을 정하는 여러 요소 중 가장 중요한 요소로 파악하여 가격을 정하였고, 만약 그 면적이 공부상의 표시와 다르다는 것을 사전에 알았더라면 당연히 그 실제 평수를 기준으로 가격을 정하였으리라는 점이 인정된다면, 그 매매는 '수량을 지정한 매매'에 해당되고, 매매계약서에 평당 가격을 기재하지 아니하였다거나 매매계약의 내용에 부수적으로 매도인이 매수인에게 인근 국유지에 대한 점유를 이전해 주고 이축권(이른바 딱지)을 양도하기로 하는 약정이 포함되어 있었다 하더라도 달리 볼 것은 아니다.

대법원 1986. 12. 23. 선고 86다카1380 판결 【손해배상】

평당 기준가액을 정하지 아니하거나 매매목적물별로 매매대금을 정하지 아니하고 이를 포괄하여 매매대금을 정하였다 하더라도, 그 매매계약을 체결함에 있어 매수인이 일정한 수량이 있는 것으로 믿고 계약을 체결하였고 매도인도 그 일정수량이 있는 것으로 명시적 또는 묵시적으로 표시하였으며, 나아가 매매대금이 그 수량(면적)을 기초로 하여 정하여진 경우에는, 그 매매는 수량을 지정한 매매라고 봄이 타당하다.[95]

대법원 2002. 11. 8. 선고 99다58136 판결 【손해배상(기)】

목적물이 일정한 면적(수량)을 가지고 있다는 데 주안을 두고 대금도 면적을 기준으로 하여 정하여지는 아파트분양계약은 이른바 수량을 지정한 매매라 할 것으로, 아파트 분양시 공유대지면적을 지정한 아파트 분양계약을 수량지정매매로 보아 공유대지면적을 부족하게 이전해 준 경우, 민법 제574조에 의한 대금감액청구권을 인정하였다.[96]

대법원 1996. 4. 9. 선고 95다48780 판결 【매매대금】

매수인이 일정한 면적이 있는 것으로 믿고 매도인도 그 면적이 있는 것을 명시적 또는 묵시적으로 표시하며, 나아가 계약당사자가 면적을 가격을 정하는 여러 요소 중 가장 중요한 요소로 파악하고 그 객관적 수치를 기준으로 가격을 정한 경우, 매매계약서에 토지의 평당 가격을 기재하지 않았다 하더라도 수량을 지정한 매매에 해당한다고 한 원심판결을 수긍한 사례.

2) 수량의 부족과 권리 일부의 타인 귀속

이는 목적물로 특정된 물건이 계약에 정한 수량을 갖고 있지 않은 것을 뜻한다. 수량부족의 원인이 특정된 물건의 일부가 타인의 권리에 속함으로 인한 경우에는, 본조와 앞서 설명한 제572조(권리의 일부가 타인에게 속한 경우의 매도인의 담보책임 규정)와의 경합이 문제된다.

앞서 일부 타인권리매매에서 살펴본 바와 같이 판례는 이 경우 수량지정매매를

95 이 판결은 비록 명문으로 수량지정매매임에 해당한다는 내용을 표시하지 않았어도 그것이 다른 증거방법에 의하여 인정되는 한 수량지정매매로 볼 수 있다는 의미이다.

96 이는 아파트의 특성상 그 평형과 면적에 기하여 분양대금이 산정되는 것이 거래의 관행인 점을 고려한 판결이다.

인정하여 제574조의 적용을 긍정하고 있다. 즉, "매매계약을 체결함에 있어 토지의 면적을 기초로 하여 평수에 따라 대금을 산정하였는데, 토지의 일부가 매매계약 당시에 이미 도로의 부지로 편입되어 있었고, 매수인이 그와 같은 사실을 알지 못하고 매매계약을 체결한 경우, 매수인은 민법 제574조에 따라 매도인에 대하여 토지 중 도로의 부지로 편입된 부분의 비율로 대금의 감액을 청구할 수 있다."라고 하여, 제574조의 적용을 긍정한다.[97]

그러나 한편, 또 다른 판결을 보면 제572조의 (유추)적용을 인정하는 판시를 보이고 있기도 하다(다만 이 판결의 문면상 나타난 사실관계만으로 볼 때에는 수량지정매매가 문제될 수 있는 사안이었는지가 불분명하기 때문에, 제572조와 제574조의 경합문제에 관한 판단이 포함된 것인지가 불명하고, 그러한 판단을 적어도 정면으로 하지는 않았음을 유의해야 한다).[98] 이를 통하여 볼 때, 당사자가 적용 법조를 제572조와 제574조 중 무엇으로 주장하는가에 따라 법원의 판단 방향도 그에 맞추어 달라지는 것은 아닐까 생각되기도 한다. 이 점에 관하여는 판례의 추이를 더 지켜보아야 할 것으로 여겨진다.

(나) 목적물의 일부멸실

이는 목적물의 일부가 계약 당시에 이미 멸실(물리적으로 존재하지 않는 것을 의미)된 경우를 말한다. 일부가 아닌 전부멸실의 경우 이는 이행불능으로 계약 전부가 무효이므로 본조가 적용되지 않고 계약체결상의 과실책임만이 문제된다.

(다) 특정물에의 한정 여부

본조는 수량을 지정한 매매를 특정물의 매매에 한정하여 규정하고 있지 않은 바, 본조가 특정물인 경우에만 적용되는 것인지가 문제된다. 통설은 불특정물의 매매에는 본조가 적용되지 않는 것으로 보고 있다.[99] 그리고 일부멸실에서는 그

97 대판 1992. 12. 22, 92다30580【소유권이전등기】.

98 대판 2009. 7. 23, 2009다33570【부당이득금】.

하자가 특정물매매를 전제로 하는 것임은 논리상 당연하다. 그러므로 결국 본조는 특정물매매에만 적용되고, 불특정물매매에는 적용되지 않는다고 볼 것이다. 그러므로 불특정물, 특히 종류물매매에서는 급부된 물건이 부족하더라도 이는 단순한 채무불이행의 문제로서, 본조는 그 적용이 없다.

(5) 담보책임의 내용

본조는 매수인이 선의인 경우에 한하여 제572조의 권리의 일부가 타인에게 속한 경우의 담보책임을 준용한다. 따라서 제572조와는 달리 매수인이 악의인 경우에는 대금감액청구도 할 수 없다.

(6) 수량초과매매

본조와는 정반대로 수량을 초과한 경우의 법률효과가 문제되는바, 만일 그 매매가 수량을 지정한 매매가 아니라면, 수량부족의 경우와 같이 원칙적으로 매매계약에 아무런 영향을 미치지 않아, 매수인은 수량이 초과된 상태로 목적물의 권리를 취득한다. 판례도 아파트 분양면적이 계약서에 표시된 것보다 다소 넓은 경우에 이를 수량을 지정한 매매가 아니라고 하여, 매수인은 법률상 원인 없이 이득을 얻은 것이 아니라고 한다.[100] 다만 초과된 부분이 과다한 때에는, 매도인은 착오를 이유로 매매계약을 취소할 수 있다고 할 것이다.

그러나 만일 그 매매가 수량지정매매인 경우, 초과부분에 대하여 매도인은 급부의무를 부담하지 않고 매수인은 반대로 급부청구권이 없다고 할 것이다. 여기서 매도인에게 대금증액청구권이 인정될 것인지 문제되는데, 이를 인정할 경우

99 송덕수, 채권법각론, 190면 참조.

100 대판 1991. 3. 27, 90다13888【부당이득금반환】(이 판결에서 아파트 분양계약을 수량을 지정한 매매가 아니라고 한 것은 다른 판례의 그것과 다른 입장으로서 쉽게 이해하기 어렵지만, 초과부분이 부당이득이 아니라고 한 결론은 타당하다고 볼 것이다).

결과적으로 매수인에게 초과부분에 대한 매매계약의 체결을 강제한 것이 되어 부당하므로 이를 인정할 수 없고, 매도인은 단지 이미 이행한 초과부분에 대하여 반환청구권을 행사할 수 있을 뿐이라고 할 것이다.

더 나아가 매도인은 초과부분이 매매계약의 중요부분인 경우에는 착오를 이유로 위 매매계약 전부를 취소할 수 있다.

마. 제한물권(용익적 권리) 있는 경우와 매도인의 담보책임(제575조)

(1) 취지

매수인이 매매계약을 체결하는 것은 목적물에 대한 완전한 권리를 취득하기 위한 것이다. 그런데 목적물 위에 지상권, 지역권, 전세권, 질권, 유치권 또는 등기된 임차권이 존재하는 경우에 매수인은 목적물을 완전하게 사용ㆍ수익할 수 없게 되고, 이를 자유롭게 처분하지도 못하게 된다. 그러므로 매수인의 목적물에 대한 완전한 사용ㆍ수익과 처분을 보장해주기 위하여 매도인의 담보책임을 인정하고 있는 것이다.

(2) 책임의 내용

매수인이 선의인 경우, 용익적 권리로 인하여 계약의 목적을 달성할 수 없는 경우에 계약해제와 함께 손해배상을 청구할 수 있으며, 그렇지 않을 때에는 손해배상만을 청구할 수 있다.

바. 저당권, 전세권의 행사와 매도인의 담보책임(제576조)

(1) 취지

매매 목적 부동산 위에 설정된 저당권이나 전세권이 실행되어 매수인이 그 소유권을 취득할 수 없거나 취득한 소유권을 잃은 경우, 또는 매수인이 어쩔 수 없이 출재하여 자신의 소유권을 보존한 때에는 매도인은 일정한 담보책임을 부담한다.

저당권의 경우 비록 저당권이 설정되어 있다는 사유만으로는 매수인의 용익권능이 제한받지 않으므로 저당권의 설정 그 자체만으로는 매도인은 아무런 담보책임을 지지 않는다.[101] 그러나 그 저당권이 실행된 경우에는 매수인이 권리 자체를 잃어버리게 되므로 매도인에게 담보책임을 지우는 것이고, 전세권의 경우 비록 용익물권이지만 전세권에는 경매청구권과 우선변제권이 있어서 이들 권리가 행사되면 저당권이 실행된 것과 동일한 결과가 되므로 전세권의 실행시에도 역시 매도인에게 담보책임을 지우는 것이다. 그리고 비록 명문규정은 없지만 가등기담보의 경우에도 동일한 결과가 유추된다.[102]

본조와 관련하여 당사자 사이에 매수인이 출재특약을 한 경우 어떻게 처리될지가 문제된다. 즉 부동산매매의 실제에 있어서는, 등기부의 열람 등을 통하여 매수인이 매매부동산 위에 저당권 등이 설정된 사실을 알고서 매매대금에서 저당권 상당금액(피담보채무액)을 미리 공제하고 그 채무를 인수하는 경우가 많다. 이러한 경우에는 채무인수나 이행인수의 특약이 있는 것으로서, 본조가 적용될 여지가 없다.

(2) 책임의 성질

본조는 제570조의 권리하자와 성질상 같은 것으로서, 판례와 학설이 제570조의 권리하자책임을 채무불이행책임으로 보고 그 배상도 이행이익의 배상으로 보고 있으므로, 본조도 같이 새겨야 할 것이다.

---

101 저당권의 존재 자체만으로는 담보책임이 문제되지 않는다는 것일 뿐 저당권의 존재 자체만으로도 저당물의 유통을 저해하거나 가격 저하를 가져올 수 있으므로 채무불이행책임은 얼마든지 문제될 수 있다.

102 대결 1997. 11. 11, 96그64【부동산강제경매】.

(3) 책임의 내용

매수인은 선의, 악의에 관계없이 계약을 해제하면서 동시에 손해배상을 청구할 수 있고, 출재시에는 출재한 것의 상환청구와 손해배상청구를 할 수 있다.

사. 물건의 하자에 대한 담보책임(하자담보책임, 제580조)

(1) 의의

이는 매매목적물인 물건에 하자가 있는 경우 매도인이 부담하는 담보책임을 말한다. 지금까지의 매도인의 담보책임이 권리의 하자에 대한 담보책임이라면, 본조는 권리가 아닌 물건의 하자에 대한 담보책임이라는 점에서 다른 담보책임과 구별된다. 본조의 담보책임은 특정물매매는 물론 불특정물매매에도 적용된다.

우리 민법은 이러한 물건의 하자에 대하여 제575조 제1항의 제한물권 있는 경우의 매도인의 담보책임규정을 준용하고 있다. 그 결과 매수인은 하자로 인하여 계약의 목적을 달성할 수 없을 경우에는 계약을 해제하고 동시에 손해배상을 청구할 수 있지만(다만 종류물매매에 있어서는 완전물급부청구권 인정), 그렇지 않은 경우에는 단순히 손해배상만을 청구할 수 있을 뿐이어서, 과연 매수인에게 다른 담보책임에 인정되는 하자보수청구권이나 대금감액청구권 등이 인정되는지가 문제된다.

(2) 본조의 담보책임의 성격

본조의 담보책임의 성격에 관하여도 역시 법정책임설과 채무불이행책임설이 대립한다. 채무불이행책임설에서는 하자 없는 물건의 급부의무의 불이행으로 보지만, 법정책임설은 (가) 불특정물매매의 경우에는, 완전물을 새로 급부해주는 것은 그렇게 할 의무(채무)의 존재를 이미 전제로 한다는 점에서 채무불이행책임으로 보고, (나) 특정물매매에 있어서는 매도인이 모르는 하자가 원시적으로 있었던 것이므로, 매도인이 하자가 없다는 것을 보증하는 경우가 아닌 한 채무불이행책임으로 볼 수는 없고, 매매계약의 유상성에서 오는 법정책임일 뿐이라고 본다. 전술한 바와 같이 우리 판례는 대체로 이러한 법정책임설의 입장에 서 있는 것으로 보인다.

(3) 본조의 적용범위

본조는 소유권 이외의 재산권 매매에도 그 성질에 반하지 않는 한 유추적용된다. 즉 재산권에 앞서 살펴본 권리하자사유 이외의 권리상 하자가 있는 경우, 예를 들어 영업권 매매에 있어서 목적권리상의 하자가 있는 경우에도 본조에 의한 하자담보책임이 유추적용된다.[103]

(4) 소송 현실

매매의 목적물에 하자가 존재하는 것은 실제 거래에서 얼마든지 발생할 수 있는 것이므로 본조의 하자담보책임은 다른 어느 담보책임보다도 가장 많이 문제될 수 있다. 그리고 지금까지 살펴 본 담보책임의 본질론도 사실 특정물 매매에서의 하자담보책임과 관련되어 논의되는 것이고, 착오, 위험부담, 채무불이행 등 민법의 타제도와 관련하여서도 가장 많이 논의되는 것이 바로 하자담보책임이다.[104]

이처럼 하자담보책임은 매우 중요한 법리임에도 불구하고 실제 소송에서는 많이 문제되지 않고 채무불이행이나 불완전이행의 법리로 해결되는 경우가 많다. 그 이유는 본조에 의한 권리 행사기간이 6월로 짧아 기간도과의 가능성이 높고, 더구나 상사매매의 경우에는 후술하는 상법 제69조의 특칙이 적용되어 담보책임이 배제되는 경우가 많은데다가, 매수인 입장에서는 물건에 관한 전문 지식이 없는 상태에서 하자의 존재를 증명하기가 쉽지 않을뿐더러 해당 법조문도 단 한 조문에 불과하여 법리 적용이 명확하지 않고, 실제상으로도 법리가 확립되지 않아

103 대판 1992. 4. 14, 91다17146,17153【중재판정취소,집행청구】.

104 민법주해 XⅣ, 495-496면.

소송대리인이나 법원도 적용하기가 쉽지 않기 때문으로 보인다.

(5) 성립요건

(가) 목적물 하자의 존재

1) 하자의 개념

하자란 물건의 교환가치나 사용가치를 하락시키는 일체의 불완전성을 말한다. 여기서 무엇을 기준으로 하자의 유무를 판단할 것인지에 대하여는 객관설, 주관설, 병존설이 대립하고 있다.[105]

그러나 본조의 하자는, 당사자 사이에 매매목적물의 성능과 품질에 대하여 합의(묵시적 합의도 포함한다)가 이루어진 경우에는 그에 따라 하자 유무를 판단하여야 하지만(주관설의 입장), 당사자 사이에 그러한 합의가 없는 경우에는 그 종류의 물건이 '일반적으로' 가지는 성질(성능이나 품질)을 기준으로 하자의 존재 여부를 판단하여야 할 것이다(객관설의 입장). 그러므로 매도인이 견본 또는 광고로 목적물의 특별한 성능이나 품질을 표시한 때에는 그 기준에 따라 판단하여야 한다.[106]

판례는 "매매의 목적물이 거래통념상 기대되는 객관적 성질 · 성능을 결여하거나, 당사자가 예정 또는 보증한 성질을 결여한 경우에, 매도인은 매수인에 대하여 그 하자로 인한 담보책임을 부담한다 할 것이고, 한편 건축을 목적으로 매매된 토지에 대하여 건축허가를 받을 수 없어 건축이 불가능한 경우, 위와 같은 법률적 제한 내지 장애 역시 매매목적물의 하자에 해당한다 할 것이나, 다만 위와 같은 하자의 존부는 매매계약 성립시를 기준으로 판단하여야 할 것"이라고 한다.[107]

또한 "매도인이 매수인에게 공급한 부품이 통상의 품질이나 성능을 갖추고 있

---

105 견해의 대립은 송덕수, 채권법각론, 195면 참조.

106 대판 2000. 10. 27, 2000다30554,30561【유체동산인도·손해배상(기)】(매도인이 기계의 카탈로그와 검사성적표를 제시한 경우임); 대판 2002. 4. 12, 2000다17834【구상금】.

107 대판 2000. 1. 18, 98다18506【계약금반환등】.

는 경우, 나아가 내한성이라는 특수한 품질이나 성능을 갖추고 있지 못하여 하자가 있다고 인정할 수 있기 위하여는, 매수인이 매도인에게 완제품이 사용될 환경을 설명하면서 그 환경에 충분히 견딜 수 있는 내한성 있는 부품의 공급을 요구한데 대하여, 매도인이 부품이 그러한 품질과 성능을 갖춘 제품이라는 점을 명시적으로나 묵시적으로 보증하고 공급하였다는 사실이 인정되어야만 할 것"이라고 한다.[108]

2) 하자의 존재시기

이는 담보책임론의 본질론과 연결되어 있다. 즉 법정책임설은 원시적 하자에 대하여만 담보책임을 인정하는 반면에, 채무불이행책임설은 원시적 하자만으로 한정시킬 필요는 없고 매매목적물에 대한 위험이전시기(통제이전시기, 인도시나 이전등기시를 의미)까지의 하자가 포함된다고 한다.[109]

판례는 원시적 하자에 대하여만 본조의 적용을 인정한다.[110]

3) 법률적 장애와 하자

공장부지가 하천법의 적용을 받거나 목적물이 건축금지구역 내의 토지인 경우와 같이, 매수인이 매수한 권리의 행사에 있어서 법률상 제한이나 장애가 있는 경우에 본조의 하자에 해당하는지가 문제된다. 법률적 장애를 권리의 하자로 보는 견해와 물건의 하자로 보는 견해로 나뉜다.

본질적으로 보면 이러한 하자는 목적물 자체에 대한 하자가 아니라 목적물에 대한 권리를 행사함에 있어서의 제한이기에 물질적 하자가 아니어서 하자담보책임이 아닌 일종의 권리의 하자로 보아야 할 것이다. 그러나 우리 민법은 권리하자

108 대판 1997. 5. 7, 96다39455【손해배상(기)】.

109 견해의 대립은 송덕수, 채권법각론, 198면-199면 참조.

110 대판 1958. 2. 13, 4290민상762.

에 대하여 일반적으로 규정하고 있지 않고 단지 타인의 권리매매와 제한물권 등의 부담 있는 하자와 같이 특정한 경우에만 담보책임을 인정하는 것으로 규정하고 있기에 이러한 법률적 장애나 제한(하자)을 권리하자로 보기가 어려운 면이 있어 이를 물건의 하자로 보지 않을 경우 매수인을 보호하지 못할 수가 있다. 결국 이러한 장애를 넓은 의미의 물건에 대한 하자로 보아 본조의 하자담보책임을 적용할 수밖에 없을 것이다. 판례도 이를 물건의 하자로 보아 본조의 적용을 긍정한다.[111]

이에는 다음과 같은 배경을 생각할 수 있다. 이러한 하자의 성격에 관한 논의의 실익은, 이를 물건의 하자로 볼 때에는 담보책임이 경매의 경우에 적용되지 않는다는 점에 있다. 경매는 법원이 주관하는데, 경매 목적 토지상에 있을 수 있는 법령상의 제한은 무수히 많기 때문에, 이러한 사유들을 일일이 '하자'로 볼 경우 경매의 안정성이 침해될 여지가 크기 때문에, 법원은 애초에 이러한 사유를 '물건의 하자'로 보아 경매에의 적용을 배제하고 있는 것으로 볼 수도 있다.

판례

대법원 2000. 1. 18. 선고 98다18506 판결【계약금반환등】

매매의 목적물이 거래통념상 기대되는 객관적 성질 · 성능을 결여하거나, 당사자가 예정 또는 보증한 성질을 결여한 경우에 매도인은 매수인에 대하여 그 하자로 인한 담보책임을 부담한다 할 것이고, 한편 건축을 목적으로 매매된 토지에 대하여 건축허가를 받을 수 없어 건축이 불가능한 경우, 위와 같은 법률적 제한 내지 장애 역시 매매목적물의 하자에 해당한다 할 것이나, 다만 위와 같은 하자의 존부는 매매계약 성립시를 기준으로 판단하여야 할 것이다.

---

111 양자의 구별 필요성은 경매시에 두드러진다. 즉 다음에 살펴보는 바와 같이 경매에서는 권리하자에 대한 담보책임만이 문제되고, 물건의 하자에 대한 담보책임은 인정되지 않는 바, 법률상의 장애를 권리하자로 볼 경우 경매에서도 담보책임을 주장할 수 있지만(제575조 적용), 물건의 하자로 볼 경우 경매에서는 담보책임이 문제되지 않는다. 법률상의 장애로 인한 하자를 물건의 하자로 보아 본조를 적용할 필요성은, 우리 민법이 권리 하자 일반에 대하여 규정하고 있지 않고 단지 몇 개의 사유를 유형화하여 담보책임을 규율하고 있는 관계로, 해당 사안이 권리의 하자로 의율되지 않을 수가 있다는 점에 있다. 이러한 점에서 판례의 태도는 타당하다고 본다.

대법원 1985. 4. 9. 선고 84다카2525 판결 【구상금】

매도인이 불법 운행하여 150일간 운행정지 처분된 차량을 매도한 경우, 매수인이 그 차량을 매수하여 즉시 운행하려 하였다면, 매수인으로서는 다른 차량으로 대체하지 않고는 그 목적을 달할 수 없는 경우도 예상되므로, 매수인이 그런 하자있음을 알지 못하고 또 이를 알지 못한 데에 과실이 없는 때에는 민법 제580조의 매도인에게 하자담보책임이 있는 경우에 해당하여 매수인은 그 매매계약을 해제할 수 있다.

대법원 1979. 7. 24. 선고 79다827 판결 【손해배상】

부부사이인 피고들이 1968.12.20 본건 대지를 소외 1로부터 피고 3 명의로 매수하기 이전부터 본건 대지중 10평이 도로에 편입되어 1968.7.8자로 토지대장상 분할이 되었고, 원고가 현장답사후 1970.6.11 공원지 대지 30평으로서 본건 대지 30평을 피고들로부터 매수한 후 1977.8.25 등기부상 분할등기가 된 사실을 인정하고 나서, 공원지로서의 대지를 매수한 토지의 일부가 도로에 편입되었으므로 이는 매매 목적물의 하자라 할 것이나 이 건과 같은 공원지로서의 대지를 매수하는 자는 부동산등기부의 열람뿐만 아니라 동 대지가 도시계획상 도로에 저촉하는지의 여부 정도는 미리 조사하여 보는 것이 상례라 할 것인 바, 원고가 본건 매매계약을 체결함에 있어 현장을 답사하였음에도 불구하고 30평의 대지중 10평이나 도로로 사용되고 있는 사실을 간과하였다면, 원고는 일반 보통인의 주의를 하였더라면 알 수 있었던 본건 매매목적물에 대한 하자를 부주의로 알지 못한 것이라 할 것이어서 원고에게는 위 하자있음을 알지 못한 데 대하여 과실이 있다 할 것이고, 따라서, 민법 제580조 제1항 단서의 규정에 따라 매수인이 매매목적물에 하자 있음을 알지 못한데 대하여 과실이 있는 경우에는 매도인에 대하여 하자담보책임을 물을 수 없다 할 것이므로 피고들에 대하여 동 매도인의 하자담보책임으로서의 손해배상을 구하고 있는 원고의 피고들에 대한 이 소 청구는 다른 점을 더 나아가 살펴볼 것 없이 이유 없다.

그런데 위와 같이 '법률적 하자'가 문제되는 사안은, 전형적으로 '동기의 착오'를 문제 삼아 이러한 동기가 표시되었다고 인정되는 경우에는 착오를 이유로 하는 취소권을 행사할 수 있을 것처럼도 보인다. 그런데 전술한 바와 같이, 담보책임은 착오취소를 배제한다는 것이 일반적인 견해이다. 그러나 한편, 매매에 관한 수많은 판례들은 이러한 경우에 -많은 경우 하자담보책임이 문제될 수 있었을 것임에도 불구하고- 실제로 동기의 착오에 기한 취소를 인정한 바가 있다.

이러한 점에서, 담보책임과 착오취소의 관계에 관한 법원의 태도에 대하여는 의문이 남는다. 물론 양자의 경합을 인정하는 입장을 취하는 경우라면, 변론주의의 원칙에 따라 당사자의 주장 · 입증의 문제로 환원되는 데 그칠 것이다.

4) 일부멸실이나 수량부족과의 관계

앞서 살펴본 제574조상의 수량지정매매에 있어서의 일부멸실이나 수량부족의 경우, 이는 전형적인 물건의 하자로 볼 수 있지만, 우리 민법은 이를 권리하자로 보아 574조에 따라 제572조만이 적용된다고 할 것이다.

5) 하자의 증명책임

앞서 설명한 바와 같이 매수인이 매도인에게 하자담보책임을 주장하기 위해서는 하자의 존재와 그 발생시기를 증명하여야 한다.

(나) 매수인의 선의 · 무과실

매수인이 악의[112]이거나 선의이더라도 과실이 있는 경우[113] 매도인은 본조의 책임을 지지 않는다. 본조에 의한 담보책임을 묻기 위해서는 매수인이 하자의 존재를 알지 못하였을 때, 즉 매수인이 선의일 때에만 가능하고 만일 매수인이 하자의 존재를 알았거나(악의), 선의라 할지라도 그 선의에 과실이 있는 경우에는 본조에 의한 담보책임을 묻지 못한다.

---

112 대판 2003. 6. 27, 2003다20190【손해배상(기)】: 표고버섯 종균에 하자가 존재하는 사실을 알았다고 하기 위하여는 종균을 접종한 표고목에서 종균이 정상적으로 발아하지 아니한 사실을 알았다는 것만으로는 부족하고, 종균이 정상적으로 발아하지 아니한 원인이 바로 종균에 존재하는 하자로 인한 것임을 알았을 때라야 비로소 종균에 하자가 존재하는 사실을 알았다고 볼 것이다.

113 대판 1979. 7. 24, 79다827【손해배상】.

그러나 매수인이 악의인 경우에 담보책임을 묻지 못하는 것은 담보책임의 본질이나 공평의 원칙상 극히 당연하지만 매수인이 선의임에도 과실이 있다는 이유만으로 담보책임을 물을 수 없다고 보는 것이 타당한지는 의문이다. 무엇보다도 우리 민법이 여타 담보책임에서는 매수인의 무과실을 요구하고 있지 않은 점에서도 유독 하자담보책임에서만 매수인의 무과실을 요구하는 것이 타당한 것인지가 문제된다.

이에 대해서는 권리의 하자보다 물건의 하자는 거래 현장에서 더 빈번히 발생한다는 점, 물건의 하자는 권리의 하자보다 발견하기가 용이하다는 점 등을 고려한 입법정책상의 고려라는 견해가 있다.[114] 이 때 매수인의 악의나 과실에 대한 증명책임은 매도인에게 있다. 판례는 매수인의 과실을 인정하는 데 대체로 소극적인 편으로 이를 통하여 매수인을 보호하려는 입장을 보이고 있다.

과실을 인정한 판례

대법원 1979. 7. 24. 선고 79다827 판결 【손해배상】

공원지로서의 대지를 매수하는 자는 부동산등기부의 열람뿐만 아니라, 동 대지가 도시계획상 도로에 저촉하는지의 여부 정도는 미리 조사하여 보는 것이 상례라 할 것인 바, 원고(매수인)가 본건 매매계약을 체결함에 있어 현장을 답사하였음에도 불구하고, 30평의 대지 중 10평이나 도로로 사용되고 있는 사실을 간과하였다면, 원고에게는 위 하자있음을 알지 못한데 대하여 과실이 있다.

과실을 부정한 판례

대법원 1985. 11. 12. 선고 84다카2344 판결 【손해배상】

토지매매에 있어서 특단의 사정이 없는 한 매수인에게 측량 또는 지적도와의 대조 등 방법으로 매매목적물이 지적도상의 그것과 정확히 일치하는지의 여부를 미리 확인하여야 할 주의의무가 있다고 볼 수 없다.

114 자세한 것은 민법주해 XIV, 512-516면 참조.

(6) 책임의 내용

(가) 계약해제[115]

하자로 계약 목적을 달성할 수 없다면 매수인은 계약을 해제할 수 있다. 목적 달성의 가능여부는 객관적으로 판단하여야 한다. 이 경우 앞서 설명한 대로 매수인은 계약을 해제하면서 동시에 손해배상도 청구할 수 있다.

(나) 손해배상청구[116]

그 이외의 경우에는 손해배상만을 청구할 수 있다. 경미한 하자만 있는 경우나 보수비용이 저렴한 경우 등이 이에 해당한다.

1) 먼저 제580조의 손해배상이 신뢰이익인지, 이행이익인지 다툼이 있으나, 본조가 매도인의 무과실책임이라는 점을 고려하면 신뢰이익의 배상이라고 보아야 할 것이다.

다만 더 나아가 하자로 인하여 발생한 결과손해에 대하여는 일반의 채무불이행책임으로 돌아가 매도인에게 과실이 있는 경우 그 배상을 청구할 수 있다.

판례는 "매매목적물의 하자로 인하여 확대손해 내지 2차 손해가 발생하였다는 이유로 매도인에게 그 확대손해에 대한 배상책임을 지우기 위하여는, 채무의 내용으로 된 하자 없는 목적물을 인도하지 못한 의무위반사실 외에, 그러한 의무위반에 대하여 매도인에게 귀책사유가 인정될 수 있어야만 한다."라고 하면서, 여러 해 동안 완제품을 생산한 매수인이 부품의 재질에 따라 그 등급과 가격 및 용도에 차이가 있다는 사실을 알면서도 부품의 품질과 성능에 대하여 언급하지 아니한

---

115 하자담보법상의 해제 - 특정물: 제580조 제1항 본문, 제575조 제1항 1문; 불특정물: 제581조 제1항, 제580조 제1항 본문, 제575조 제1항 1문.

116 하자담보법상의 손해배상 - 특정물: 제580조 제1항 본문, 제575조 제1항 2문; 불특정물: 제581조 제1항, 제580조 제1항 본문, 제575조 제1항 2문.

채 거래관행에 따라 품명과 수량만을 구두로 발주하고 부품을 공급받아 사용하였고, 또한 그 부품에 대하여 매도인이 어떠한 품질과 성능을 보증하였다고 할 수 없는 사안에서, 부품의 하자가 손해발생의 원인이 되었다고 본 원심판결을 채증법칙 위반과 심리미진을 이유로 파기하였다(대판 1997. 5. 7, 96다39455 【손해배상(기)】; 대판 2003. 7. 22, 2002다35676 【손해배상(기)】).

2) 반면에 종류매매에 관한 제581조가 적용되는 경우의 손해배상은 전술한 바와 같이 담보책임의 성질을 채무불이행책임으로 보기 때문에, 이행이익의 배상이라고 보아야 한다. 판례도 같은 입장이다.[117]

3) 대금감액청구권 등의 인정 여부

우리 민법이 하자담보책임의 내용으로 계약해제와 손해배상청구권만을 인정하고 있는바, 명문의 규정에는 없지만 다른 담보책임에서 인정되는 대금감액청구권이나 하자보수청구권을 인정할 수 있을지가 문제된다. 그러나 명문의 규정이 없는 한 이들 권리를 인정할 수는 없다 할 것이다.

(다) 완전물급부청구권

불특정물의 경우에는 매수인은 해제나 손해배상청구 대신 완전물의 급부를 청구할 수 있다(제581조 제2항).

완전물급부청구권 부정 판례

대법원 2014. 5. 16. 선고 2012다72582 판결 【매매대금반환등】

甲이 乙 주식회사로부터 자동차를 매수하여 인도받은 지 5일 만에 계기판의 속도계가 작동하지 않는 하자가 발생하였음을 이유로 乙 회사 등을 상대로 신차 교환을 구한 사안에서,

117 대판 1989. 11. 14, 89다카15298【손해배상(기)】.

위 하자는 계기판 모듈의 교체로 큰 비용을 들이지 않고서도 손쉽게 치유될 수 있는 하자로서 하자수리에 의하더라도 신차구입이라는 매매계약의 목적을 달성하는 데에 별다른 지장이 없고, 하자보수로 자동차의 가치하락에 영향을 줄 가능성이 희박한 반면, 매도인인 乙 회사에 하자 없는 신차의 급부의무를 부담하게 하면 다른 구제방법에 비하여 乙 회사에 지나치게 큰 불이익이 발생되어서 오히려 공평의 원칙에 반하게 되어 매수인의 완전물급부청구권의 행사를 제한함이 타당하므로, 갑의 완전물급부청구권 행사가 허용되지 않는다고 한 사례.

(라) 경매시의 특칙

경매로 물건을 취득한 경우에는 본조의 하자담보책임을 물을 수 없다(제580조 제2항).

(마) 제척기간

매수인이 그 사실을 안 날로부터 6월 내에 행사하여야 하고, 이는 제척기간이지만 출소기간은 아니다. 판례도 재판상 또는 재판 외의 권리행사기간으로 본다.[118]

(바) 기타 주요 쟁점

1) 채무불이행책임과의 경합

판례[119]는 "토지 매도인이 성토작업을 기화로 다량의 폐기물을 은밀히 매립하고 그 위에 토사를 덮은 다음, 도시계획사업을 시행하는 공공사업시행자와의 사이에서 정상적인 토지임을 전제로 협의취득절차를 진행하여 이를 매도함으로써

118 대판 1997. 5. 7, 96다39455【손해배상(기)】.

119 대판 2004. 7. 22, 2002다51586【손해배상(기)】. 이 판결은 세칭 '시화호 사건'으로 유명한 사건이다. 이 사안에서는, 제582조 소정의 권리행사기간이 도과하였기 때문에 제580조 소정의 하자담보책임을 주장할 수는 더 이상 없었고, 그렇기 때문에 채무불이행책임과의 경합을 주장할 수밖에 없었던 것이다. 또 한편, 착오취소를 하는 경우에는 취소자로서도 계쟁 토지를 사용할 수 없게 된다는 점으로 인하여, 착오 주장을 할 수도 없었다.

매수자로 하여금 그 토지의 폐기물처리비용 상당의 손해를 입게 하였다면, 매도인은 이른바 불완전이행으로서 채무불이행으로 인한 손해배상책임을 부담하고, 이는 하자 있는 토지의 매매로 인한 민법 제580조 소정의 하자담보책임과 경합적으로 인정된다."라고 하여, 동일한 하자가 채무불이행책임과 하자담보책임 양자에 해당할 수 있음을 인정하고 있다.

판례

대법원 2004. 7. 22. 선고 2002다51586 판결 【손해배상(기)】

매도인이 성토작업을 기화로 다량의 폐기물을 은밀히 매립하고 그 위에 토사를 덮은 다음 도시계획사업을 시행하는 공공사업시행자와 사이에서 정상적인 토지임을 전제로 협의취득절차를 진행하여 이를 매도함으로써 매수자로 하여금 그 토지의 폐기물처리비용 상당의 손해를 입게 하였다면 매도인은 이른바 불완전이행으로서 채무불이행으로 인한 손해배상책임을 부담하고, 이는 하자 있는 토지의 매매로 인한 민법 제580조 소정의 하자담보책임과 경합적으로 인정된다고 할 것이다.

한편, 피고가 스스로 법령에 의하여 요구되는 정도와 방법에 부합하도록 폐기물을 처리하여 판시 토지를 정상적으로 복구할 것을 기대하기 어려워 원고가 그 처리비용 상당의 손해배상을 구하는 이 사건에서 원고에게 피고가 스스로 폐기물을 처리할 것만을 청구하거나 손해배상청구에 앞서 이러한 청구를 먼저 행사하여야 할 의무는 없는 것이고, 나아가 폐기물처리비용이 매매대금을 초과한다는 사정은 원고의 손해배상청구권 행사에 아무런 장애가 되지 않는다고 할 것이다.

한편, 폐지 전 공공용지의취득및손실보상에관한특례법에 의하여 공공사업의 시행자가 토지를 협의취득하는 행위는 사경제주체로서 행하는 사법상의 법률행위이므로(대법원 1999. 11. 26. 선고 98다47245 판결 등 참조) 그 일방 당사자의 채무불이행에 대하여 민법에 따른 손해배상 또는 하자담보책임을 물을 수 있다.

2) 적극적 채권침해

하자로 인하여 매수인에게 확대손해가 발생한 경우에는 적극적 채권침해에 해당된다.

3) 상사매매시의 특칙(상법 제69조)

상인간의 매매에서는 매수인은 즉시 검수 및 하자통지발송의무가 있어, 이를 하지 않을 경우 담보책임을 물을 수 없다. 이는 매수인에게 신속한 검사와 통지의무를 지움으로써 하자로 인한 법률관계를 조속히 해결하려는 데에 그 취지가 있다.

위 상법상의 특칙이 적용되기 위해서는 우선 당해 매매가 '상인간의 매매'이어야만 한다. 따라서 당사자 중 일방만이 상인인 경우에는 본 특칙은 그 적용이 없다. 또한 민법상의 하자담보책임은 민법 제567조에 의거 매매 이외의 일반 유상계약에도 준용되지만 상법상의 특칙은 민법과 달리 유상계약에의 준용규정이 없으므로 매매에만 적용되고 일반 유상계약에는 그 적용이 없기에 상인간의 유상계약이라 할지라도 매매 이외의 계약에는 특칙이 적용되지 않고 민법상의 일반 하자담보책임이 적용된다.

판례

대법원 1995. 7. 14. 선고 94다38342 판결 【손해배상(기)】

1. 제1점에 대하여

건물 일부의 임대차계약을 체결함에 있어 임차인이 건물면적의 일정한 수량이 있는 것으로 믿고 계약을 체결하였고, 임대인도 그 일정수량이 있는 것으로 명시적 또는 묵시적으로 표시하였으며, 나아가 임대차보증금과 월임료 등도 그 수량을 기초로 하여 정하여진 경우에는 그 임대차는 수량을 지정한 임대차라고 봄이 타당하다 할 것이다.

원심판결 이유에 의하면 원심은, 그 판결이 들고 있는 증거들을 종합하여, 원고는 1990.1.24.부터 건물임대업자인 피고로부터 소외 방 욱 소유의 원심 판시 별지 기재 건물의 4층 중 일부를 임차하여 점유, 사용하다가 피고와의 합의로 위 임대차계약을 해지하고 1991.12.23. 이를 반환명도한 사실, 원·피고는 위 임대차기간 중 수차에 걸쳐 그 임대차면적을 변경하거나 계약기간을 갱신함으로써 위 임대차기간 중 임대차계약상의 공칭 임대차면적은 원심 판시와 같이 변경되었고, 한편 그 임대차보증금 및 월 임료와 월 관리비는 위 공칭 임대차면적을 기준으로 하여 계산, 지급되었는데 임료는 1991.1.23.까지는 평당

1,550,000원으로, 그 이후부터는 15% 인상된 금 1,782,500원으로 계산한 금액 중 15% 내외의 원심 판시 금액을 임대차보증금으로 하고(단, 1991.1.24.부터 같은 해 2.23.까지 1달간은 종전 금액대로 함), 각 그 나머지 금액의 월 2%에 해당하는 원심 판시 금액을 월 임료로 하였으며, 월 관리비도 위 공칭 임대차면적을 기준으로 계산한 원심 판시 금액(1991.1.24.부터는 평당 5,000원으로 계산)이 지급된 사실 등을 각 인정한 후, 이 사건 임대차계약은 수량을 지정한 임대차라고 판단하였는바, 원심의 위와 같은 인정과 판단은 모두 정당한 것으로 수긍이 가고, 거기에 상고이유에서 지적하는 바와 같은 채증법칙을 위반한 잘못이나, 수량을 지정한 임대차에 관한 법리오해 등의 위법이 있다고 할 수 없다. 그 밖에 단순한 사실오인의 점은 적법한 상고이유가 되지 못한다.

따라서 이 점에 관한 상고이유는 받아들일 수 없다.

2. 제2점에 대하여

상사매매에 관한 상법 제69조는 민법의 매매에 관한 규정이 민법 제567조에 의하여 매매 이외의 유상계약에 준용되는 것과 달리 상법에 아무런 규정이 없는 이상 이 사건에 있어서와 같은 건물의 임대차계약에 준용된다고 할 수 없으므로, 이 점에 관한 상고이유도 받아들일 수 없다.

아. 채권매도인의 담보책임(제579조)

(1) 일반론

만일 매매목적물이 채권인 경우, 그 채권에 하자가 있을 때 당연히 일반 담보책임인 제570조 내지 제576조에 의한 담보책임이 매도인에게 발생한다.

(2) 채무자의 무자력

그러나 더 나아가 채무자가 무자력인 경우(즉 변제자력이 없는 경우)에는 일종의 채권의 물질적인 하자라고 볼 수 있어 민법 제580조의 하자담보책임이 적용될 것인지 문제되지만, 제580조는 유추적용되지 않고, 다만 제579조에 의하여 매도인(채권자)이 채무자의 자력을 담보한 경우에만 매도인이 그 손해를 배상하는 담보책임을 진다.

어느 시점에서의 채무자의 자력을 담보하는 것인지에 관하여, 우리 민법은 먼저 매도 당시 이미 변제기가 도래한 경우에는 매도 당시의 자력을, 변제기가 도래하지 않은 경우에는 매도 후의 변제기의 자력을 담보한 것으로 각 추정한다.

자. 경매에서의 담보책임(제578조)

(1) 일반

경매가 본질적으로 사법상의 매매인지, 아니면 공법상의 처분인지 그 성격에 관하여는, 이를 사법상의 매매라고 보는 사법상 매매설과 집행관이 국가기관으로서 경매처분을 하여 사법상의 권리관계를 설정하는 것이라고 보는 공법상의 처분설로 양분되지만,[120] 사법상 매매설이 통설이고, 판례도 아래의 판결과 같이 매매의 일종으로 보고 있다.

사법상의 매매설을 취할 경우 경락인의 소유권 취득은 승계취득이 되고, 선의취득도 인정된다.

판례

대법원 1993. 5. 25. 선고 92다15574 판결 【부당이득금반환】

민법 제578조 제1항, 제2항은 매매의 일종인 경매에 있어서 그 목적물의 하자로 인하여 경락인이 경락의 목적인 재산권을 완전히 취득할 수 없을 때에 매매의 경우에 준하여 매도인의 위치에 있는 경매의 채무자나 채권자에게 담보책임을 부담시켜 경락인을 보호하기 위한 규정으로서 그 담보책임은 매매의 경우와 마찬가지로 경매절차는 유효하게 이루어졌으나 경매의 목적이 된 권리의 전부 또는 일부가 타인에게 속하는 등의 하자로 경락인이 완전한 소유권을 취득할 수 없거나 이를 잃게 되는 경우에 인정되는 것이고 경매절차 자체가 무효인 경우에는 경매의 채무자나 채권자의 담보책임은 인정될 여지가 없다.

---

120 공법상의 처분설에 의할 경우 경락인의 소유권 취득은 원시취득이 된다.

대법원 1998. 3. 27. 선고 97다32680 판결 【기타(금전)】

채무자 이외의 자의 소유에 속하는 동산을 경매한 경우에도 경매절차에서 그 동산을 경락받아 경락대금을 납부하고 이를 인도받은 경락인은 특별한 사정이 없는 한 소유권을 선의취득 한다고 할 것이지만, 그 동산의 매득금은 채무자의 것이 아니어서 채권자가 이를 배당받았다고 하더라도 채권은 소멸하지 않고 계속 존속한다고 할 것이므로, 배당을 받은 채권자는 이로 인하여 법률상 원인 없는 이득을 얻고 소유자는 경매에 의하여 소유권을 상실하는 손해를 입게 되었다고 할 것이니, 그 동산의 소유자는 배당을 받은 채권자에 대하여 부당이득으로서 배당받은 금원의 반환을 청구할 수 있다고 할 것인바, 이와 같은 이치는 제3자 소유의 기계・기구가 그의 동의 없이 공장저당법 제4조, 제5조의 규정에 의한 저당권의 목적이 되어 같은 법 제7조의 목록에 기재되는 바람에 공장에 속하는 토지 또는 건물과 함께 일괄경매되어 경락되고 채권자가 그 기계・기구의 경락대금을 배당받은 경우에도 경락인이 그 기계・기구의 소유권을 선의취득 하였다면 마찬가지라고 보아야 한다.

이처럼 사법상 매매설을 취할 경우 경매는 일종의 매매로서, 채무자가 매도인, 경락인이 매수인의 지위를 갖는 구조이다. 그러나 한편 (형식상의) 매도인인 채무자 스스로가 원하여 매도하는 것이 아니라 채권자의 주도하에 매매가 이루어지고, 그로 인한 대금도 채권자(배당금수령자)에게 귀속한다는 점에서, 즉 형식상의 매도인과 실질상의 매도인의 지위가 다르다는 점에서, 통상의 매매와는 달리 경매에서만 문제되는 특색이 있다.[121] 그렇기 때문에 민법은 일반적인 매매와는 달리 경매절차에서의 담보책임을 별도로 규정하고 있는 것이다.

즉 경매로 취득한 권리에 하자가 있는 경우에 채무자 이외에 경매로 이득을 본 채권자가 따로 있게 되어, 과연 경락인[122]이 입은 피해를 누가 책임질 것인지와 같은, 경매에서만 문제되는 특수문제에 관하여 우리 민법은 특별한 규정을 두고 있다. 그리고 제578조에서의 경매란 저당권실행이나 강제경매와 같은 공경매만을

121 민법주해 XIV, 454면.

122 다만, '경락인'이라는 명칭은 민법 조문상의 용어이고 현재에도 강학상 관용되지만, 법률상으로는 2002. 1. 26. 제정된 『민사집행법』에 의하여 '매수인'으로 개칭되었음을 주의하여야 한다. 이 역시 경매의 성격을 본질적으로 매매의 일종으로 보는 데에서 유래한다.

의미하는 것이고 사경매는 일반 담보책임규정이 적용되며, 경매에서의 담보책임은 권리의 하자만이 문제되고 물건의 하자인 경우에는 제580조 제2항에 의거하여 담보책임이 발생하지 않는다.

이러한 경매에서의 담보책임의 핵심은,

- 권리의 객체인 목적물(물건)에 대한 하자담보책임이 인정되지 않고, 목적물상의 권리의 하자에 대한 담보책임만이 문제되며,
- 경락인에 대한 책임주체가 1차적으로 채무자가 되고, 그 채무자가 자력이 없는 경우에 한하여 채권자도 책임을 지되,
- 그 내용은 계약해제나 대금감액만이 원칙이고, 손해배상책임은 예외적으로 채무자나 채권자의 반신의행위에 대한 비난가능성이 있을 때에만 적용된다는 점이다.

(2) 무효인 경매와 담보책임의 적용

앞서 누누이 살펴본 바와 같이 담보책임 자체가 계약의 유효를 전제로 유상성에 기인한 등가성 유지의 일환으로 하자에 대하여 담보책임을 인정하는 것과 같이 본조의 담보책임 역시 경매가 유효한 경우에 비로소 문제되는 것으로, 만일 경매 자체가 무효라면 본조의 담보책임도 적용될 여지가 없다.

판례도 "(본조의 담보책임은) 매매의 경우와 마찬가지로, 경매절차는 유효하게 이루어졌으나 경매의 목적이 된 권리의 전부 또는 일부가 타인에게 속하는 등의 하자로 경락인이 완전한 소유권을 취득할 수 없거나 이를 잃게 되는 경우에 인정되는 것이고, 경매절차 자체가 무효인 경우에는 경매의 채무자나 채권자의 담보책임은 인정될 여지가 없다."라고 하면서, 구건물 멸실 후에 신건물이 신축되었고 구건물과 신건물 사이에 아무런 동일성이 없는 경우, 멸실된 구건물에 대한 근저당권설정등기는 무효이며, 이에 기하여 진행된 임의경매절차에서 신건물을 경락받았다 하더라도 경락인은 그 소유권을 취득할 수 없고, 더 나아가 본조에 의한 담보책임

도 물을 수 없다고 한다.[123]

(3) 담보책임자

경매에 있어서 권리에 하자가 있는 경우 제1차적으로는 채무자가, 만일 채무자가 무자력일 때에는 제2차적으로 대금의 배당을 받은 채권자가 경락인에 대하여 담보책임을 진다. 이는 앞서 본 바와 같이, 담보책임과 관련하여 '매도인'을 누구로 볼 것인가와 관련된다.[124]

물상보증인이 있는 경우에 관하여 판례는 민법 제578조 제1항의 채무자에는 임의경매에 있어서의 물상보증인도 포함되는 것이므로, 경락인이 그에 대하여 적법하게 계약해제권을 행사했을 때에는 물상보증인은 경락인에 대하여 원상회복의 의무를 진다고 본다.[125] 그에 따라 물상보증인은 경락인에 대하여 원상회복의무의 한 내용으로 대금반환의무를 부담한다.

판례

대법원 1988. 4. 12. 선고 87다카2641 판결【대여금】

법 제578조 제1항의 채무자에는 임의경매에 있어서의 물상보증인도 포함되는 것이라고 보는 것이 옳으므로 경락인이 그에 대하여 적법하게 계약해제권을 행사했을 때에는 물상보

123 대판 1993. 5. 25, 92다15574【부당이득금반환】. 결국 본조에 의한 담보책임이 성립되지 않으므로, 이 경우 경락인은 경매채권자를 상대로 부당이득반환만을 청구할 수 있을 뿐이다. 그러므로 경락인이 경매채권자를 상대로 부당이득의 반환을 구하는 경우에는, 경매채권자의 '본조에 의하여 채무자가 제1차적 담보책임을 부담하므로, 자신은 부당이득을 반환할 책임이 없다'는 취지의 주장은 이유가 없는 주장이 된다; 대판 2004. 6. 24, 2003다59259【부당이득금】: 경락인이 강제경매절차를 통하여 부동산을 경락받아 대금을 완납하고 그 앞으로 소유권이전등기까지 마쳤으나, 그 후 강제경매절차의 기초가 된 채무자 명의의 소유권이전등기가 원인무효의 등기이어서 경매 부동산에 대한 소유권을 취득하지 못하게 된 경우, 이와 같은 강제경매는 무효라고 할 것이므로 경락인은 경매 채권자에게 경매대금 중 그가 배당받은 금액에 대하여 일반 부당이득의 법리에 따라 반환을 청구할 수 있고, 민법 제578조 제1항, 제2항에 따른 경매의 채무자나 채권자의 담보책임은 인정될 여지가 없다.

124 견해의 대립은 송덕수, 채권법각론, 205면 참조.

125 대판 1988. 4. 12, 87다카2641【대여금】.

증인은 경락인에 대하여 원상회복의 의무를 지는 것이라고 할 것이다.

경매절차에서 채무자는 본인이 원하여 경매절차를 밟은 것이 아니기 때문에 채무자는 원칙적으로 손해배상책임을 지지 않지만, 채무자가 물건 또는 권리의 흠결을 알고도 이를 고지하지 않았거나 채권자가 이를 알고도 경매를 청구한 때에는 경락인은 채무자나 채권자에 대하여 손해배상을 청구할 수 있다. 채무자와 채권자의 양자 모두 귀책사유가 있는 경우에는 연대책임을 진다.

그 책임의 내용은, 경락인은 먼저 제1차적 책임자인 채무자를 상대로 계약의 해제나 대금의 감액을 청구할 수 있고, 만일 채무자가 무자력일 경우에는 제2차적 책임자인 대금의 배당을 받은 채권자를 상대로 그 대금의 전부나 일부의 반환을 청구할 수 있다. 다만 원칙적으로 채무자나 채권자를 상대로 손해배상을 청구할 수는 없지만, 만일 채무자가 물건 또는 권리의 흠결을 알면서도 이를 고지하지 않았거나 채권자가 이를 알고서도 경매를 청구한 때에는 경락인은 채무자나 채권자에게 손해배상도 청구할 수 있는 것이다.

판례

대법원 2003. 4. 25. 선고 2002다70075 판결 【손해배상(기)】

선순위 근저당권의 존재로 후순위 임차권이 소멸하는 것으로 알고 부동산을 낙찰받았으나, 그 후 채무자가 후순위 임차권의 대항력을 존속시킬 목적으로 선순위 근저당권의 피담보채무를 모두 변제하고 그 근저당권을 소멸시키고도 이 점에 대하여 낙찰자에게 아무런 고지도 하지 않아, 낙찰자가 대항력 있는 임차권이 존속하게 된다는 사정을 알지 못한 채 대금지급기일에 낙찰대금을 지급하였다면, 채무자는 민법 제578조 제3항의 규정에 의하여 낙찰자가 입게 된 손해를 배상할 책임이 있다.[126]

대법원 1999. 9. 17. 선고 97다54024 판결 【확인청구】

민법 제578조에 의하여 경매신청 채권자가 경락인에게 부담하는 손해배상책임은 반드시 신청채권자의 경매신청행위가 위법한 것임을 전제로 하는 것은 아니지만, 경매절차에서 소유권이전청구권 가등기가 경료된 부동산을 경락받았으나 가등기에 기한 본등기가 경료되지 않은 경우에는, 아직 경락인이 그 부동산의 소유권을 상실한 것이 아니므로 민법 제578조에 의한 손해배상책임이 성립되었다고 볼 여지가 없다.

대법원 1997. 11. 11.자 96그64 결정 【부동산강제경매】

소유권에 관한 가등기의 목적이 된 부동산을 낙찰받아 낙찰대금까지 납부하여 소유권을 취득한 낙찰인이 그 뒤 가등기에 기한 본등기가 경료됨으로써 일단 취득한 소유권을 상실하게 된 때에는, 매각으로 인하여 소유권의 이전이 불가능하였던 것이 아니므로, 민사소송법 제613조(현행 민사집행법 제96조에 해당한다)에 따라 집행법원으로부터 그 경매절차의 취소결정을 받아 납부한 낙찰대금을 반환받을 수는 없다고 할 것이나, 이는 매매의 목적부동산에 설정된 저당권 또는 전세권의 행사로 인하여 매수인이 취득한 소유권을 상실한 경우와 유사하므로, 민법 제578조, 제576조를 유추적용하여 담보책임을 추급할 수는 있다고 할 것인 바, 이러한 담보책임은 낙찰인이 경매절차 밖에서 별소에 의하여 채무자 또는 채권자를 상대로 추급하는 것이 원칙이라고 할 것이나, 아직 배당이 실시되기 전이라면, 이러한 때에도 낙찰인으로 하여금 배당이 실시되는 것을 기다렸다가 경매절차 밖에서 별소에 의하여 담보책임을 추급하게 하는 것은 가혹하므로, 이 경우 낙찰인은 민사소송법 제613조를 유추적용하여 집행법원에 대하여 경매에 의한 매매계약을 해제하고 납부한 낙찰대금의 반환을 청구하는 방법으로 담보책임을 추급할 수 있다.

126 부동산의 경매절차에 있어서 주택임대차보호법 제3조에 정한 대항요건을 갖춘 임차권보다 선순위의 근저당권이 있는 경우에는, 낙찰로 인하여 선순위 근저당권이 소멸하면 그보다 후순위의 임차권도 선순위 근저당권이 확보한 담보가치의 보장을 위하여 그 대항력을 상실하는 것이지만, 낙찰로 인하여 근저당권이 소멸하고 낙찰인이 소유권을 취득하게 되는 시점인 낙찰대금지급기일 이전에 선순위 근저당권이 다른 사유로 소멸한 경우에는, 대항력이 있는 임차권의 존재로 인하여 담보가치의 손상을 받을 선순위 근저당권이 없게 되므로 임차권의 대항력이 소멸하지 않는다.(대판 2003. 4. 25, 2002다70075【손해배상(기)】).

〈표〉 담보책임의 내용 정리[127]

담 보 책 임 원 인 ※ A는 권리의 하자에 대한 담보책임 ※ B는 물건의 하자에 대한 담보책임		매수인의 선의 · 악의	책임의 내용(매수인의 권리)		
			대금감액청구권	해제권	손해배상청구권
A	전부 타인의 권리 (제570조)	선의		있음	있음
		악의		있음	없음
A	일부 타인의 권리 (제572조)	선의	있음	일정한 경우에만 있음	있음
		악의	있음	없음	없음
A	수량부족 · 일부멸실 (제574조)	선의	있음	일정한 경우에만 있음	있음
		악의	없음	없음	없음
A	용익권에 의한 제한 (제575조)	선의		목적을 달성할 수 없는 경우에 있음	있음
		악의		없음	없음
A	저당권 · 전세권에 의한 제한 (제576조)	선의		일정한 경우에만 있음	일정한 경우에만 있음
		악의		일정한 경우에만 있음	일정한 경우에만 있음
B	하자(특정물의 경우) (제580조)	선의		목적을 달성할 수 없는 경우에 있음	있음
		악의		없음	없음
B	하자(종류물의 경우) (제581조)	선의		목적을 달성할 수 없는 경우에 있음	손해배상청구권 또는 완전물급부청구권
		악의		없음	없음

127 이 표의 내용은, 곽윤직, 채권각론(신정판), 232-233면의 것을 인용한 것이다.

8. 매매계약에 기한 청구사건의 요건사실

가. 매매대금청구의 경우

(1) 매매대금만의 청구

매도인은 매수인을 피고로 하여

- 매매계약의 체결사실만을 요건사실로 청구원인에 기재하면 충분하다.

(2) 매매대금과 지연손해금 청구(소송물이 2개임)

만일 매매대금에 대한 지연손해금을 함께 청구하는 경우에는,

- 매매계약체결사실
- 대금지급기한의 도래(이행기의 도래)사실
- 원고 채무의 이행이나 이행제공(물건의 인도나 소유권이전등기의 이행이나 이행제공)사실
- 손해의 발생사실 및 범위

를 기재하여야 한다.

보기

1. 원고는 수산물도매업을 하는 자이고, 피고는 원고로부터 수산물을 공급받아 이를 소비자에게 판매하는 소매상입니다.[128]

2. 원고는 2007. 4. 20. 피고와 체결한 수산물공급계약에 따라 피고에게 2007. 5. 1.부터 2009. 8. 20.까지 별지 거래내역서 기재와 같이 35,250,000원 상당의 수산물을 공급하였습니다(또는 35,250,000원 상당의 수산물을 공급하였으나, 피고는 그 중 15,000,000원만을 변제하였을 뿐입니다).[129]

3. 그렇다면 피고는 원고에게 32,500,000원(또는 20,250,000원) 및 이에 대한 2009. 8. 21.부터 이 사건 소장 부본 송달일까지는 상법 소정의 연 6%의, 그 다음날부터 다 갚을 때까지는 소송촉진 등에 관한 특례법 제3조 소정의 연 20%의 각 비율에 위한 지연손해금을 지급할 의무가 있다고 할 것입니다. 이에 청구취지 기재와 같은 판결을 구하고자 이 사건 청구에 이른 것입니다.

나. 소유권이전등기청구

이 경우에도 원고인 매수인은 피고와의 매매계약의 체결사실만을 기재하면 충분하고, 더 나아가 본인의 매매대금지급이나 목적물이 매도인 소유라는 사실 등을 기재할 필요는 없다. 다만 실제 소송에서는 소장의 청구원인에 이러한 내용도 모두 기재하는 경우가 많다.

보기

1. 원고와 피고는 2007. 4. 20. 피고 소유의 대전 유성구 궁동 00 대 200㎡에 관하여 매매대금을 2억 원으로 하되, 계약금 2천만 원은 위 계약 당일에, 중도금 8천만 원은 2007. 5. 20.에, 잔금 1억 원은 2007. 6. 20.에 각 지급하기로 하는 매매계약을 체결하였고, 원고는 위 매매대금을 모두 지급하였습니다.

2. 그렇다면 피고는 원고에게 위 토지에 관하여 2007. 4. 20. 매매를 원인으로 한 소유권이전등기절차를 이행할 의무가 있습니다.

3. 이에 청구취지 기재와 같은 판결을 구하고자 이 사건 청구에 이른 것입니다.

---

128 원고와 피고가 모두 상인임을 표시하여 상사법정이율의 적용을 받고자 당사자 지위를 표시한 것이다.

129 일부 변제의 경우 일부 변제사실은 피고의 항변사항으로 굳이 청구원인에 기재할 필요는 없지만 어차피 피고는 답변서 등을 통하여 변제사실을 주장할 가능성이 크고, 그렇게 되면 일부 승소에 불과하여 소송비용의 부담에서 불이익을 받을 수 있고, 법관의 자유심증주의상 원고가 거짓말을 하는 것으로 비춰질 수도 있으며, 인지액수도 늘어나는 등의 불이익을 입을 수 있으므로, 일부 변제 사실이 명백한 경우에는 먼저 변제받은 금액을 공제하고 나머지 미변제금액만을 기재하는 것이 좋다.

제4장

소비대차

1. 서설

가. 의의(제598조)

앞서 설명한 대로 민법상의 계약은 크게 매매형계약(증여, 매매, 교환)과 대차형계약(사용대차, 소비대차, 임대차), 노무공급형계약(고용, 도급, 현상광고, 위임, 임치, 여행)으로 분류할 수 있는바, 소비대차는 이 중 대차형계약의 전형으로서 당사자 일방이 금전 기타의 대체물의 소유권을 상대방에게 이전하고, 상대방은 동종, 동질, 동량의 물건으로 반환할 것을 약정함으로써 성립하는 계약을 말한다.

민법상의 대차형계약으로는 소비대차 이외에 사용대차와 임대차가 있으나, 사용대차와 임대차는 목적물의 소유권이 대주에게 그대로 남아 있고 대차한 물건 그 자체를 반환하는 것임에 비하여, 소비대차는 목적물의 소유권이 차주에게 넘어가고(이것이 곧 '소비'의 전제라고 이해될 수 있다), 차주는 후에 넘겨받은 목적물과 성질상 동일한 다른 목적물을 반환하는 것이라는 점에서 차이를 보인다.

나. 법적 성질

소비대차는 당사자의 합의만으로 성립하는 낙성계약이고, 아무런 형식을 요하지 않는 불요식계약이다. 소비대차는 -기독교문화권에서 과거에 이자를 비윤리적인 것으로 여겼다는 연혁적인 이유로 인하여- 본래 무상계약인 무이자부 소비대차가 원칙이므로 소비대차를 이자부로 하기 위해서는, 소비대차계약 자체와는 별도의 이자부약정이 있어야 한다.[1] 이 경우 이자부 소비대차계약은 당연히 유상

---

1 다만, 상인간의 금전소비대차에 있어서는 이자부(따라서 유상, 쌍무계약) 소비대차가 원칙이다(상법 제55조).

계약이 된다.

이자부 소비대차가 쌍무계약인 점에는 이론이 없지만,[2] 이자 없는 소비대차계약이 편무계약인지에 관하여는 견해가 대립한다. 목적물의 소유권이전의무와 동종 물건으로의 반환의무가 대가적, 쌍무적(즉 상호견련적)이 아니므로 편무계약이라는 견해와, 대주의 목적물 공여의무와 차주의 대체물반환의무가 대가적, 쌍무적 관계에 있지는 않지만 양 당사자가 모두 채무를 부담한다는 점에서 증여와는 달리 순수한 편무계약은 아니라는 견해가 그것이다.[3] 일반적으로는, 무이자부 소비대차계약은 무상계약이자 편무계약으로 이해된다.

이로써 볼 때, (1) 사용대차계약은 무상, 편무계약이고, (2) 임대차계약은 유상, 쌍무계약인 데 반하여, 소비대차계약은 경우를 나누어 (3-1) 이자부인 경우에는 유상, 쌍무계약이고, (3-2) 무이자부인 경우에는 무상, 편무계약이라고 할 수 있다.

다. 목적물

소비대차의 목적물은 대부분 금전이지만 금전 이외에 대체물(예를 들어 쌀과 같은 곡물, 유가증권)은 모두 소비대차의 목적물이 될 수 있다.

2. 소비대차의 효력

가. 대주의 의무

(1) 목적물의 소유권 이전 및 이용하게 할 의무(인도나 유가증권의 교부 등)

2 대판 1966. 1. 25, 65다2337【소유권이전등기말소】.

3 견해의 대립은 송덕수, 채권법각론, 225-226면 참조.

(2) 담보책임(제602조)

이자부 소비대차의 경우 목적물에 하자가 있을 시 제580조 내지 제582조의 규정을 준용하고(제602조 제1항), 무이자소비대차의 경우에는 목적물에 하자 있음을 알면서도 이를 고지하지 않은 경우에만 대주가 위의 담보책임을 부담하며(동조 제2항 2문), 그 외의 경우에는, 차주는 하자있는 물건의 가액을 반환할 수 있음에 그친다(동조 동항 1문).

나. 차주의 의무

(1) 목적물반환의무

(가) 의의(제603조)

차주는 반환시기가 도래하면(반환시기의 약정이 있는 경우에는 그 시기에, 약정이 없는 경우에는 대주가 상당한 기간을 정하여 반환을 최고하여 그 상당시기가 지나간 때에) 대주로부터 받은 것과 동종, 동질, 동량인 것으로 반환하여야 한다. 그러나 차주는 언제든지 반환할 수 있다(동조 제2항 단서). 이자부 소비대차의 경우에도 본래의 반환시기까지의 이자를 붙여서 반환할 수 있다.

(나) 대물변제의 예약(제607조, 제608조)과 『가등기담보 등에 관한 법률』[4]

1) 거래의 실제 모습(금전소비대차→대물변제예약→가등기=가등기담보법 적용)

소비대차에 있어서의 목적물 반환과 관련되어 대물변제의 예약이 논의된다. 대물변제의 예약이란 돈을 빌리면서 채무불이행시 혹은 채무이행대신에 부동산소유권이전에 관한 예약을 하는 것과 같이 채권의 당사자 사이에 본래의 급부에 갈

4 이하에서는 이를 '가등기담보법' 혹은 '가담법'으로도 약칭하기로 한다.

음하여 다른 급부를 하기로 예약하는 것을 말한다. 즉, '다른 급부' 그 자체를 아직 하지는 않고(따라서 요물계약인 대물변제 그 자체는 아니다), 장차 그러한 급부를 하기로(이것이 본계약의 체결이 된다) '변제기 전에' 미리 약정하는 것이다.

이는 본래 예정된 '변제'수단으로서의 모습과는 달리 변칙적으로 활용되는 경향이 있어, 주로 금전소비대차에 있어서 채권담보의 목적으로 행하여지며 가등기의 형식으로 이루어진다. 즉 금전소비대차를 함에 있어 차주가 채무를 불이행할 경우 특정한 물건(주로 부동산)의 소유권을 대주에게 넘겨주기로 하면서, 그에 대한 담보로서 당해 부동산 위에 소유권이전청구권 보전의 가등기를 해두는 방식으로 이루어진다.

이 경우 근본적인 문제는 대물변제가 있게 되는 때에는 그 대물성으로 인하여 반드시 본래의 급부와 대물액과의 사이에 비등가성이 발생하게 되는데, 이를 어떻게 처리할 것인가라는 점이다. 그리고 이러한 문제는 교환 등에서도 발생한다.

2) 적용법리

이처럼 대물변제의 예약은 본래의 채무와 대물 사이의 비등가성을 이용하여 대부분 대주가 폭리를 취하기 위하여 하는 경우가 많아 차주 보호의 필요성에 따라 이를 규제할 필요가 있다. 우리 민법은 제607조와 제608조에서 이를 규율하여, 대물변제로 넘겨주는 재산의 가액이 '차용액 및 이에 붙인 이자의 합산액'을 넘지 못한다고 하고, 이에 위반한 것으로서 차주에게 불리한 것은 효력이 없는 것으로 하고 있으며(편면적 무효이다), 더 나아가 『가등기담보 등에 관한 법률』에서는 엄격한 청산절차를(귀속정산과 처분정산) 밟도록 하여 차주를 보호하고 있다.

이 중 가담법이 적용되는 경우는, ①소비대차계약에 기한 대물변제예약(또는 매매예약)이 채권담보의 목적으로 ②가등기(또는 가등록) 형식으로 이루어져 있고, ③예약 당시의 가액이 차용액 및 이자의 합산액을 넘어서는 경우로서, ④민법 제607조와 제608조에 의하여 그 예약이 무효로 될 때이다. 결국 가담법은 대물변제예약이

민법 제608조에 위반하여 무효인 경우의 절차를 따로 규율하고 있는 특별법이라 할 수 있다.[5]

3) 본조의 적용요건(무효 요건)

가) 소비대차계약 여부

민법 제607조(또는 제608조)는 소비대차나 준소비대차계약에서만 그 적용이 있고, 그 이외의 경우에는 본조의 적용이 없다. 즉 위 조항이 적용되기 위해서는 채권이 소비대차에 기하여 발생한 채권이어야만 한다.

판례도 "민법 제607조, 제608조는 소비대차계약 또는 준소비대차계약에 의하여 차주가 반환할 차용물에 관하여 대물반환의 예약이 있는 경우에 모두 적용되는 것"으로 보고 있으며[6], 경매의 경우[7]나 대물변제의 경우[8], 계의 청산관계로 부담하게 된 채무를 변제하기 위하여 대물변제예약이 이루어진 경우[9] 등에는 본조가 적용되지 않는다고 한다.

가담법도 위와 같아서 소비대차나 준소비대차에 따른 채권액의 담보를 위하여 가등기를 경료한 경우, 즉 가등기담보권에 의하여 담보되는 채권은 소비대차에 기한 것으로 한정되고(학설은 무제한설이 다수설이다), 그 이외의 채권에 대해서는 가담법을 적용할 수 없다고 할 것이다.[10]

판례[11]는 "가등기담보등에관한법률은 차용물의 반환에 관하여 다른 재산권을 이전할 것을 예약한 경우에 적용되므로, 금전소비대차나 준소비대차에 기한 차용금반환채무 이외의 채무를 담보하기 위하여 경료된 가등기나 양도담보에는 위 법

5 송덕수, 물권법, 561면.

6 대판 1992. 10. 9, 92다13790【소유권이전등기】; 대판 1997. 3. 11, 96다50797【부동산가처분】.

7 대결 1980. 3. 21, 80마77【부동산경락허가결정에대한재항고】.

8 대판 1992. 2. 28, 91다25574【부동산소유권이전등기등】.

9 대판 1968. 11. 26 , 68다1468,1469【가옥명도】.

10 송덕수, 물권법, 561면.

11 대판 2004. 4. 27, 2003다29968.

이 적용되지 아니하나, 금전소비대차나 준소비대차에 기한 차용금반환채무와 그 외의 원인으로 발생한 채무를 동시에 담보할 목적으로 경료된 가등기나 소유권이전등기라도, 그 후 후자의 채무가 변제 기타의 사유로 소멸하고 금전소비대차나 준소비대차에 기한 차용금반환채무의 전부 또는 일부만이 남게 된 경우에는, 그 가등기담보나 양도담보에 가등기담보등에관한법률이 적용된다."라고 하여, 가담법도 소비대차나 준소비대차에 한하여 적용되고 매매대금, 공사대금 투자정산금 등의 경우에는 적용이 없음을 분명히 하고 있다.

나) 초과 여부

본조의 적용이 있기 위해서는 대물의 가액이 차용액 및 이에 붙인 이자의 합산액을 넘어야 한다. 이 경우 초과 여부를 판단할 때 대물의 가액은 예약 당시를 기준으로 하여 판단하여야 하지 소유권이전 당시를 기준으로 할 것이 아니며, 채무액은 차용액과 변제기까지의 이자액만이 합산되므로 변제기 이후의 지연 이자액(지연손해금)은 여기에 포함되지 않는다.

판례

대법원 1996. 4. 26. 선고 95다34781 판결【소유권이전등기말소】

[1] 채무자가 그 소유 토지를 차용 원리금에 대한 대물변제조로 채권자에게 양도하기로 약정하고 그 차용 원리금의 담보조로 그 토지에 소유권이전등기청구권 가등기를 하였다가 그 차용 원리금에 갈음한 현실적인 대물변제조로 채권자 앞으로 소유권이전등기를 한 경우, 채무자와 채권자 간의 그 약정은 민법 제607조 소정의 대물반환의 예약이라 할 것이어서 같은 법 제607조, 제608조가 적용되어 그 재산의 가액이 차용 원리금의 합산액을 넘는 경우에는 그 효력이 없고, 여기서 그 재산의 가액이 차용액과 이에 붙인 이자의 합산액을 넘는지의 여부는 예약 당시를 기준으로 할 것이지 소유권이전 당시를 기준으로 할 것은 아니다.

[2] 채무자가 대물반환의 예약에 따라 소유권이전등기를 한 경우, 대물반환의 예약이 유효한지의 여부를 가리기 위하여 그 토지의 예약 당시의 가액이 그 차용 원리금의 합산액을 초과하는지의 여부를 심리하여 보았어야 함에도 불구하고, 단순히 채권자 앞으로 소유

권이전등기를 할 당시의 그 토지의 시가 합산액이 그 때까지의 차용 원리금의 합산액에 미치지 못한다는 사실만을 인정하여 그 토지에 대한 채권자 앞으로의 소유권이전등기가 대물변제로서 유효하다고 판단한 원심판결을 파기한 사례.

대법원 1966. 5. 31. 선고 66다638 판결 【가옥명도】

소위 약한 의미의 양도담보계약과, 대물변제의 예약이 결합되어 있는 경우에, 대물변제의 예약부분이 민법 제607조, 제608조에 저촉되어 무효이라 하더라도, 양도담보계약에 의하여 채권자 앞으로, 소유권이전등기가 경유된 것으로 볼 수 있는 때에는, 채무자가 원리금을 변제하기 전에는 그 소유권이전등기의 말소를 청구할 수 없고, 따라서 그 때까지는 채권자 명의로의 소유권이전등기는, 대외적 관계에 있어서 완전히 유효하다고 판시하고 있는 것으로, 본건에 있어서 원심이 확정하고 있는 바와 같이, 근저당설정계약과 대물변제의 예약을 하였는데, 대물변제의 예약이 무효인 것임에도 불구하고, 채무자가 실기 변제하지 아니하였다하여, 채권자 앞으로 소유권이전등기를 한 경우와는 다르다 할 것이어서, 원판결이 종전 본원판례에 위반된다는 논지는 채용할 수 없다 할 것이다.

그리고, 민법 제607조, 제608조에 의하여, 대물변제의 예약이 무효인 것이 되느냐 아니 되느냐는, 대물변제 예약당시의 대물의 가액과 차용물의 변제기까지의 원리금을 비교하여 정하여야 할 것이지, 변제기 이후의 지연손해금까지 합친 액을 기준으로 할 것은 아니므로, 본건 대물변제의 예약이 차주에게 불이익한 것이 아니라고는 할 수 없고, 본건 대물변제의 예약이 무효인 것인 이상, 피고가 소외 서태만, 동 변동규에게 근저당권설정을 약정하였다 하여, 소외 서태만 앞으로의 본건 소유권이전등기가, 유효한 것이라고는 볼 수 없으므로, 피고는 위 소외인등에게 대한 채무를 변제하지 아니하였다하여 그 등기가 유효하게 되는 것은 아니다.

다) 채권담보 목적 여부

본조는 오직 채권담보를 위한 대물변제예약에만 그 적용이 있고, 채권담보를 위한 대물변제예약이 아닌, 차용물에 갈음한 대물변제에는 본조의 적용이 없다.

판례[12]도 "채무자가 채권자 앞으로 차용물 아닌 다른 재산권을 (이미) 이전한 경

12 대판 1992. 2. 28, 91다25574【부동산소유권이전등기등】.

우에 있어, 그 권리의 이전이 채무의 이행을 담보하기 위한 것이 아니고, 그 채무에 갈음하여 상대방에게 완전히 그 권리를 이전하는 경우 즉 대물변제의 경우에는, 가사 그 시가가 그 채무의 원리금을 초과한다고 하더라도 민법 제607조, 제608조가 적용되지 아니한다."라고 하여 같은 입장을 보이고 있다.

판례

대법원 1992. 2. 28. 선고 91다25574 판결 【부동산소유권이전등기등】

이 사건 부동산에 대하여 1984.11.1. 원고 홍운표로부터 피고 앞으로 소유권이전등기가 된 것은 위 원고가 피고로부터 차용한 금 3천만 원의 담보를 목적으로 경료된 것이라는 원고들 주장을 배척하고, 오히려 위 원고의 피고에 대한 위 차용금채무의 변제와 위 원고의 소외 주식회사 제일은행에 대한 피담보채무 및 소외 대한보증보험주식회사에 대한 채무를 피고가 인수하는 조건으로 이 사건 부동산에 대하여 위와 같이 소유권이전등기를 경료한 사실을 인정하였는바, 위와 같은 원심의 사실인정과 판단은 수긍되고 소론과 같은 채증법칙 위배나 변론주의에 반한 위법이 없다.

그리고 채무자가 채권자 앞으로 차용물 아닌 다른 재산권을 이전한 경우에 있어 그 권리의 이전이 채무의 이행을 담보하기 위한 것이 아니고 그 채무에 갈음하여 상대방에게 완전히 그 권리를 이전하는 경우 즉 대물변제의 경우에는 가사 그 시가가 그 채무의 원리금을 초과한다고 하더라도 민법 제607조, 제608조가 적용되지 아니하므로(당원 1968.1.31. 선고 67다2227 판결 참조) 같은 취지의 원심판결은 정당하고 소론과 같은 법리오해의 위법이 없다.

여기서 채권담보를 위한 (대물변제의 예약에 기한) 이전등기와 대물변제에 의한 이전등기의 구별이 문제되는 바, 대물변제의 경우에는 차용금채무가 없어지는 것에 반하여, 대물변제의 예약에 의한 이전등기에서는 여전히 차용금채무가 존재하게 된다. 따라서 당사자 사이에 이전등기 후에도 차용금을 변제하고 당해 부동산을 다시 찾아올 의사인 경우에는 채권담보를 위한 대물변제의 예약에 기한 이전등기이지만, 당사자 사이에 부동산의 소유권이전등기를 경료하여 주는 대신에 차용금채무를 소멸시키려는 경우(즉 더 이상 차용금채무를 갚지 않겠다는 의사인 경우)에는 대물변제가 된다고 볼 것이다.

결국 채무와 관련하여 채무자 소유의 부동산 소유권을 채권자에게 이전한 경우, 그것이 대물변제인지 종전채무의 담보인지는 당사자의 의사해석의 문제인바, 이 점에 관하여 명확한 증명이 없는 경우에는 우리 판례는 약정 당시의 채무액과 그 당시의 부동산의 가액, 해당 채무를 지게 된 경위와 그 후의 과정, 당시의 상황, 그 이후의 해당 부동산의 지배 및 처분관계 등 여러 사정을 종합하여 그것이 담보목적인지 여부를 가려야 한다고 보고 있다.

판례

대법원 2013. 1. 16. 선고 2012다11648 판결 【소유권이전등기】

채무와 관련하여 채무자 소유의 부동산의 소유권을 채권자에게 이전하기로 약정한 경우에, 그것이 종전 채무의 변제에 갈음하여 대물변제조로 이전하기로 한 것인지, 아니면 종전 채무의 담보를 위하여 추후 청산절차를 유보하고 이전하기로 한 것인지의 문제는 그 약정 당시의 당사자 의사해석에 관한 문제이다. 이 점에 관하여 명확한 증명이 없는 경우에는, 약정 당시의 채무액과 그 당시의 부동산의 가액, 당해 채무를 지게 된 경위와 그 후의 과정, 약정 당시의 상황, 그 이후의 당해 부동산의 지배 및 처분관계 등 여러 사정을 종합하여 그것이 담보목적인지 여부를 가려야 한다.

4) 제607조 위반의 효과

가) 일종의 일부무효

대물변제예약이 제607조에 위반하면 그 예약은 무효로 되는 바(제608조), 여기서 무효라는 의미는 예약 전부가 무효라는 취지가 아니라, 초과부분을 채무자에게 반환하여야 한다는(즉 정산하여야 한다는) 의미로서(즉 일부무효가 된다), 이 경우 채권자는 가담법에서와 같이 귀속정산이나 처분정산의 방식 중 어느 쪽이나 선택할 수 있다.[13]

13 송덕수, 채권법각론, 230면 참조.

판례도 민법 제607조, 제608조에 위반된 대물변제의 약정은 대물변제의 예약으로서는 무효가 되지만 약한 의미의 양도담보를 설정하기로 하는 약정으로서는 유효하다고 본다. 즉 민법 제607조, 제608조 위반으로 대물변제약정이 무효가 되더라도 그에 따라 가등기나 이전등기를 경료하기로 하는 약정까지 무효로 되어 결국 채권자가 가등기나 이전등기설정을 청구할 수 없게 되는 것이 아니라, 비록 대물변제약정이 무효여도 당사자 사이에는 약한 의미의 양도담보를 설정하려는 의사가 있었으므로 결국 이에 따라 채권자는 가등기설정이나 소유권이전등기를 청구할 수 있다는 의미이다.

다만 이때, 가등기담보법의 취지가 여전히 적용되기 때문에 그러한 가등기담보의 실행에는 정산을 요하게 되는 것이고, 이로써 제607조, 제608조의 취지는 관철된다.

그에 따라 대물변제예약이 제607조에 위반하여 그 무효가 되는 경우 아직 채권자가 대물변제예약에 기한 소유권이전등기를 미처 경료하지 아니한 경우에는, 아직 양도담보가 설정되기 이전의 단계이므로 가등기담보등에관한법률 제3조 소정의 담보권 실행에 관한 규정이 적용될 여지가 없는(즉 가담법은 가등기나 소유권이전등기를 경료하여 담보권을 취득하였음을 요하므로 미처 대물변제예약에 의한 가등기 등을 경료하기 전에는 가담법이 적용될 수 없음) 한편, 채권자는 약한 의미의 양도담보를 원인으로(대물변제예약은 무효로 되므로 이를 원인으로 청구할 수는 없음) 가등기나 이전등기를 청구 할 수 있게 된다.

즉 판례는 대물변제예약이 제607조에 위반하여 무효가 되는 경우에, 이미 대물변제예약에 기하여 가등기 등이 경료된 경우에는 정산을 하고, 미처 이전등기 등이 경료되지 아니한 경우에는 비록 예약은 무효이지만 그 예약 속에 약한 의미의 양도담보설정계약을 하기로 당사자 사이에 합의가 있었던 것으로 보아 채권자는 채무자를 상대로 약한 의미의 양도담보 약정을 원인으로 하여 담보목적물에 관하여 소유권이전등기절차의 이행을 청구할 수 있다고 보는 입장이다.

판례

대법원 1999. 2. 9. 선고 98다51220 판결 【소유권이전등기】

원심판결의 이유에 의하면, 원심은 원·피고 사이에 채무액을 넘는 시가의 이 사건 부동산에 관하여 대물변제의 약정이 체결된 사실을 인정하면서도, 그 담보권의 실행을 위하여 피고를 상대로 이 사건 부동산에 관하여 소유권이전등기의 절차이행을 구하는 원고의 청구에 대하여, 원고가 피고에 대하여 이 사건 부동산에 대한 소유권이전등기절차이행을 구하기 위하여는 가등기담보등에관한법률 제3조 제1항 소정에 의한 청산절차를 거쳐야 할 것인데 원고가 위 청산절차를 거쳤다는 점을 인정할 만한 아무런 증거가 없다는 이유로 이를 배척하였다.

그러나 민법 제607조, 제608조에 위반된 대물변제의 약정은 대물변제의 예약으로서는 무효가 되지만 약한 의미의 양도담보를 설정하기로 하는 약정으로서는 유효하되, 다만 그에 기한 소유권이전등기를 미처 경료하지 아니한 경우에는 아직 양도담보가 설정되기 이전의 단계이므로 가등기담보등에관한법률 제3조 소정의 담보권 실행에 관한 규정이 적용될 여지가 없는 한편, 채권자는 양도담보의 약정을 원인으로 하여 담보목적물에 관하여 소유권이전등기절차의 이행을 청구할 수 있다고 할 것인바, 이 사건에 있어서도 원·피고 사이에 양도담보를 설정하기로 하는 약정이 체결된 것으로 보는 이상, 피고로서는 그 양도담보 약정을 원인으로 하여 원고에게 이 사건 부동산에 관한 소유권이전등기절차를 이행할 의무가 있다고 할 것임에도(대법원 1989. 2. 28. 선고 88다카7801 판결 참조), 이와 견해를 달리하여 원고의 이 사건 청구를 배척한 원심 판단에는 양도담보의 약정 및 그 실행방법에 관한 법리오인의 위법이 있다고 할 것이고, 이 점을 지적한 논지는 이유 있다.

나) 가등기담보의 경우

가등기담보와 관련해서는 기본적으로 아래의 법리가 적용된다.

가담법에 의하여 가등기가 경료된 경우에 정산 없이는 가등기에 기한 본등기청구는 불가하고, 이미 가담법 제3조, 제4조에 위반하여 가등기에 기한 본등기가 경료된 경우에는 그 본등기는 무효이며, 이 경우에는 이른바 약한 의미의 양도담보로서 담보목적의 범위 내에서 유효하다고 할 것이 아니라고 하는 것이 판례이다.[14]

---

14 대판 2002. 12. 10, 2002다42001 등.

그에 따라 채무자등은 청산금채권을 변제받을 때까지 채무액을 채권자에게 지급하고 소유권이전등기의 말소를 구할 수 있지만(가담법 제11조 본문), 추후 채권자가 정산절차를 이행하면 그 본등기는 결국 실체관계에 부합하여 유효한 등기로 된다.

이러한 정산절차가 없이 즉 가담법 제3조, 제4조에 위반하여 담보가등기에 기하여 본등기가 경료되어 해당 본등기가 무효인 경우 그 무효 등기에 기하여 제3자 앞으로 소유권이전등기가 경료된 경우에는 제3자의 보호문제가 대두되는바, 우리 가담법은 이를 제3자의 선의와 악의로 나누어, 제3자가 선의시에는 소유권이전등기가 유효하지만, 제3자가 악의인 경우에는 해당 소유권이전등기는 무효인 것으로 본다(가담법 제11조 단서).

한편 악의라도 채무의 변제기가 지난 때로부터 10년이 지난 경우에는 채무자는 더 이상 당해 소유권이전등기의 말소를 구할 수 없고, 이는 제척기간으로서의 성질을 갖는다.

판례

대법원 2002. 12. 10. 선고 2002다42001 판결 【소유권말소등기등】

[1] 가등기담보등에관한법률이 제3조와 제4조에서 가등기담보권의 사적 실행방법으로 귀속정산의 원칙을 규정함과 동시에 제12조와 제13조에서 그 공적 실행방법으로 경매의 청구 및 우선변제청구권 등 처분정산을 별도로 규정하고 있는 점, 위 제4조가 제1항 내지 제3항에서 채권자의 청산금 지급의무, 청산기간 경과와 본등기청구, 청산금의 지급의무와 부동산의 소유권이전등기 및 인도 채무의 동시이행관계 등을 순차로 규정한 다음, 제4항에서 제1항 내지 제3항에 반하는 특약으로서 채무자 등에게 불리한 것은 그 효력이 없다(다만, 청산기간 경과 후에 행하여진 특약으로서 제3자의 권리를 해하지 아니하는 경우는 제외된다.)고 규정하고 있는 점, 나아가 제11조는 채무자 등이 청산금 채권을 변제받을 때까지 그 채무액을 채권자에게 지급하고 그 채권담보의 목적으로 경료된 소유권이전등기의 말소를 청구할 수 있다고 규정하고 있는 점 등을 종합하여 보면, 가등기담보권의 사적 실행에 있어서 채권자가 청산금의 지급 이전에 본등기와 담보목적물의 인도를 받을 수 있다거나 청산기간이나 동시이행관계를 인정하지 아니하는 '처분정산'형의 담보권실행은 가등기담보등에관한법률상 허용되지 아니한다.

[2] 가등기담보등에관한법률 제3조, 제4조의 각 규정에 비추어 볼 때 그 각 규정을 위반하여 담보가등기에 기한 본등기가 이루어진 경우에는 그 본등기는 무효라고 할 것이고, 설령 그와 같은 본등기가 가등기권리자와 채무자 사이에 이루어진 특약에 의하여 이루어졌다고 할지라도 만일 그 특약이 채무자에게 불리한 것으로서 무효라고 한다면 그 본등기는 여전히 무효일 뿐, 이른바 약한 의미의 양도담보로서 담보의 목적 내에서는 유효하다고 할 것이 아니고, 다만 가등기권리자가 가등기담보등에관한법률 제3조, 제4조에 정한 절차에 따라 청산금의 평가액을 채무자 등에게 통지한 후 채무자에게 정당한 청산금을 지급하거나 지급할 청산금이 없는 경우에는 채무자가 그 통지를 받은 날로부터 2월의 청산기간이 경과하면 위 무효인 본등기는 실체적 법률관계에 부합하는 유효한 등기가 될 수 있다.

[3] 가등기담보권자인 채권자가 청산기간이 경과하기 전 또는 가등기담보등에관한법률 제6조 제1항에 의하여 채무자에게 청산통지를 하였다는 사실 등을 후순위권리자에게 통지하지 아니하고, 채무자에게 청산금을 지급한 경우에는 이로써 후순위권리자에게 대항할 수 없는 것이나, 이러한 채권자의 변제 제한의 효력은 후순위권리자에게만 적용되는 상대적인 것이므로, 후순위권리자는 청산금채권이 아직 소멸하지 않은 것으로 보고 채권자에게 직접 권리를 행사할 수 있고 후순위권리자가 채권자에게 청산금을 지급하여 줄 것을 청구하게 되면 채권자로서는 청산금의 이중 지급의 책임을 면할 수 없다는 취지일 뿐이지, 후순위권리자가 존재한다는 사유만으로 채무자에게 담보권의 실행을 거부할 권원을 부여하는 것은 아니다.

(다) 반환시기

반환시기의 약정이 있는 경우에는 차주는 약정시기에 반환하여야 하고, 이를 도과시 지체책임을 부담한다.

반환시기의 약정이 없는 경우에는 대주는 상당한 기간을 정하여 반환을 최고하여야 하고(민법 제603조 제2항), 차주는 상당한 기간 경과시부터 지체책임을 부담한다(민법 제603조 제2항).

일반적으로 이행기와 이행지체에 있어서 확정기한의 경우에는 기한의 도래로부터 지체책임이 있고, 불확정기한의 경우에는 불확정기한의 확정으로 이행기는 도래하지만 지체책임은 채무자가 그 기한의 도래를 안 때로부터 부담하며, 기한의 약정이 없는 경우에는 이행기는 즉시 도래하여 채권자는 언제든지 그 이행을 구할 수 있되, 채무자는 채권자로부터 이행청구를 받은 때로부터 지체책임을 진다(민법 387조). 그러나 소비대차의 경우에는 앞서 본 바와 같이 대주로부터의 상당한 기간을 정한 최고를 받고 그 후 상당한 기간이 경과하였을 때 비로소 지체책임을 부담한다.

(2) 이자지급의무

이자를 지급하기로 한 경우 차주는 이자를 지급하여야 한다. 이율을 이자제한법 등이 정하는 한도 내에서 자유롭게 정할 수 있으며, 이자지급약정만 있고 이율을 정하지 않은 경우에는 법정이율에 의하되, 소비대차계약이 상행위인 경우에는 이자약정이 없어도 연 6%의 상사이자를 지급하여야 한다.

3. 준소비대차(제605조)

가. 의의

당사자 쌍방에게 기왕에 금전 기타 대체물의 지급채무가 있는 경우에, 당사자가 그 목적물을 소비대차의 목적으로 하는 약정을 준소비대차라고 한다. 예를 들어 불법행위로 인한 손해배상채무나 매매계약에 기한 대금지급채무를 당사자 사이의 소비대차에 기한 채무로 하기로 합의하는 경우를 말한다.

이러한 준소비대차는 당사자의 편의를 위하여 존재하는 제도이다. 즉 준소비대차제도를 이용하면 매매의 경우 매수인은 대금을 먼저 변제하고 다시 매도인으로부터 이를 차용해야 하는 번거로움을 피할 수 있거나, 매매대금의 지급시기를 연장받을 수 있다. 또한 수개의 채무가 있는 경우에 이를 하나의 소비대차채무로 묶고, 거기에 보증을 붙이거나 새로운 지급방법 등을 정할 수 있는 이점도 있다.

판례[15]는 "현실적인 자금의 수수 없이 형식적으로만 신규대출을 하여주고 기존채무를 변제하는 대환은 특별한 사정이 없는 한 형식적으로는 별도의 대출에 해당하나 실질적으로는 기존채무의 변제기 연장에 불과한 것"이라고 하여, 이를 준소비대차로 보고 있다.

나. 경개와의 구별

준소비대차는 기존채무를 소멸시키고 새로운 채무를 성립시킨다는 점에서 경개와 유사하나, 경개에서도 얼마든지 채무의 발생원인을 종래의 원인에서 소비대차로 변경할 수 있는 것이므로, 이 점에서는 양자를 구별하기 어렵다. 그러나 양자의 본질적인 차이는 신 · 구채무 사이의 동일성 유무이다. 즉 준소비대차에서는 구채무가 동일성을 갖고 신채무로 전환됨에 비하여, 경개에서는 양자 사이에 아무런 동일성이 없다. 그에 따라 준소비대차에서는 종전의 채무에 붙어 있던 담보나 항변권(예컨대 동시이행의 항변권)이 신채무에서도 그대로 존속되지만, 경개에서는 모두 소멸하게 된다.

준소비대차인지, 경개인지는 당사자의 의사에 따라야 하지만, 그 의사가 분명하지 않을 때에는 특별한 사정이 없는 한 동일성이 유지되는 준소비대차로 보아야 할 것이다.

판례

대법원 1989. 6. 27. 선고, 89다카2957 판결 【대여금】

경개나 준소비대차는 모두 기존채무를 소멸케 하고 신채무를 성립시키는 계약인 점에 있어서는 동일하지만, 경개에 있어서는 기존채무와 신채무와의 사이에 동일성이 없는 반면,

15 대판 2002. 10. 11, 2001다7445【배당이의】; 대판 2012. 2. 23, 2011다76426【사해행위취소등】.

준소비대차에 있어서는 원칙적으로 동일성이 인정된다는 점에 차이가 있는 바, 기존 채권채무의 당사자가 그 목적물을 소비대차의 목적으로 할 것을 약정한 경우 그 약정을 경개로 볼 것인가 또는 준소비대차로 볼 것인가는, 일차적으로 당사자의 의사에 의하여 결정되고, 만약 당사자의 의사가 명백하지 않을 때에는, 의사해석의 문제이나, 특별한 사정이 없는 한 동일성을 상실함으로써 채권자가 담보를 잃고 채무자가 항변권을 잃게 되는 것과 같이 스스로 불이익을 초래하는 의사를 표시하였다고는 볼 수 없으므로 일반적으로 준소비대차로 보아야 한다.[16]

다. 성립요건

(1) 기존채무의 존재

준소비대차가 성립하려면 당사자 사이에 금전 기타 대체물의 급부를 목적으로 하는 채무가 존재하여야 하고, 이 경우 기존채무는 소비대차에 기한 것이라도 관계없다.[17]

만일 기존채무가 부존재하거나 무효라면 신채무는 성립하지 않고, 역으로 신채무가 무효이거나 취소된 때에는 기존채무는 소멸하지 않았던 것으로 된다.[18] 즉 기존채무와 신채무는 존재상의 견련관계에 있다.

(2) 당사자 사이의 합의

기존채무의 당사자 사이에 준소비대차의 합의가 있어야 한다. 여기서 준소비대차의 당사자는 반드시 기존채무의 당사자이어야 하는지가 문제된다.

판례[19]는 "준소비대차는 소비대차에 의하지 아니하고 금전 기타의 대체물을 지

16 대판 2003. 9. 26, 2002다31803【공탁금출급청구권확인】; 대판 2006. 12. 22, 2004다37669【대여금】.

17 대판 1994. 5. 13, 94다8440【손해배상(기)】. 비록 법문에는 "소비대차에 기하지 아니하고"라고 하여 마치 기왕의 채무는 소비대차 이외의 채무여야만 함을 전제로 하고 있는 것처럼 보이지만, 이는 '준' 소비대차라는 의미를 표현하기 위하여 그렇게 규정한 것으로 보아야 할 것이다.

18 대판 2007. 1. 11, 2005다47175【추심금】.

급할 의무가 있는 경우에 당사자가 그 목적물을 소비대차의 목적물로 할 것을 약정함으로써 당사자 사이에 소비대차의 효력이 생기는 것을 말하는 것으로서, 기존 채무의 당사자가 그 채무의 목적물을 소비대차의 목적물로 한다는 합의를 할 것을 요건으로 하므로, 준소비대차계약의 당사자는 기초가 되는 기존채무의 당사자여야 한다."라고 하여, 기존 당사자에 한하여 준소비대차계약을 맺을 수 있다고 한다.

라. 효력

준소비대차는 소비대차의 효력이 생긴다(제605조). 그에 따라 앞서 설명한 것과 같이 기존채무는 소멸하고 신채무가 성립한다. 다만 경개와는 달리 양 채무간의 동일성이 존속하므로, 구채무상의 담보권[20]이나 동시이행의 항변권[21]은 그대로 존속한다.

그러나 소멸시효기간은 그 성질상 채무 자체의 성질에 의하여 결정되는 것이지 당사자의 의사에 의하여 좌우되는 것이 아니므로, 기존 채무가 무엇이든지 관계없이 언제나 신채무인 소비대차를 표준으로 하여 그 기간을 정하여야 하고,[22] 그 진행도 신채권의 변제기 도래와 같이 신채권을 행사할 수 있을 때부터 진행된다.

판례[23]도 "민법 제164조 제3호 소정의 단기소멸시효의 적용을 받는 노임채권이

---

19 대판 2002. 12. 6. 2001다2846【근저당권이전등기절차이행】. 위 판결은 "원심이 인정한 바에 의하더라도 기존의 피고에 대한 임차보증금반환채무는, 박○○과 참가인이 이 사건 부동산의 공유자로서 공동하여 피고에게 이 사건 부동산 중 일부를 임대하면서 수령한 임차보증금을 연대하여 피고에게 반환하기로 약정함에 따른 것으로서, 그 채무자는 박○○과 참가인 2인이라고 할 것인데, 이 사건 대출금에 대한 대출약정은 비록 참가인이 연대보증인이 되기는 하였지만 박○○이 단독으로 피고와 체결한 것으로서 그 대출약정의 당사자는 박○○ 1인이라고 할 것이다. 그러하니 이 사건 대출금에 대한 대출약정의 당사자는 박○○ 1인으로서 기존 채무의 채무자인 박○○ 및 참가인 2인과는 다르므로, 이 사건 대출금에 대한 대출약정으로 피고와 박○○ 및 참가인 사이에 기존의 임차보증금반환채무에 관하여 준소비대차가 성립하였다고 보기 어렵다." 고 판시하였다.

20 대판 1994. 5. 13, 94다8440【손해배상(기)】.

21 대판 2002. 10. 11, 2001다7445【배당이의】.

22 민법주해 XV, 17면.

라도, 채권자인 원고와 채무자인 피고회사 사이에 위 노임채권에 관하여 준소비대차의 약정이 있었다면, 동 준소비대차계약은 상인인 피고 회사가 영업을 위하여 한 상행위로 추정함이 상당하고, 이에 의하여 새로이 발생한 채권은 상사채권으로서 5년의 상사시효의 적용을 받게 된다."라고 하여 같은 입장이다.

판례

대법원 2007. 1. 11. 선고 2005다47175 판결【추심금】[24]

[1] 준소비대차는 기존채무를 소멸하게 하고 신채무를 성립시키는 계약인 점에 있어서는 경개와 동일하지만, 경개에 있어서는 기존채무와 신채무 사이에 동일성이 없는 반면, 준소비대차에 있어서는 원칙적으로 동일성이 인정되는 바, 이 때 신채무와 기존채무의 소멸은 서로 조건을 이루어, 기존채무가 부존재하거나 무효인 경우에는 신채무는 성립하지 않고, 신채무가 무효이거나 취소된 때에는 기존채무는 소멸하지 않았던 것이 되고, 기존채무와 신채무의 동일성이란, 기존채무에 동반한 담보권, 항변권 등이 당사자의 의사나 그 계약의 성질에 반하지 않는 한 신채무에도 그대로 존속한다는 의미이다.

[2] 기존채무에 대하여 채권가압류가 마쳐진 후 채무자와 제3채무자 사이에 준소비대차 약정이 체결된 경우, 준소비대차 약정은 가압류된 채권을 소멸하게 하는 것으로서 채권가압류의 효력에 반하므로, 가압류의 처분제한의 효력에 따라 채무자와 제3채무자는 준소비대차의 성립을 가압류채권자에게 주장할 수 없고, 다만 채무자와 제3채무자 사이에서는 준소비대차가 유효하다.

[3] 가압류채무자가 가압류에 반하는 처분행위를 한 경우 그 처분의 유효를 가압류채권자에게 주장할 수 없지만, 이러한 가압류의 처분제한의 효력은 가압류채권자의 이익보호를 위하여 인정되는 것이므로, 가압류채권자는 그 처분행위의 효력을 긍정할 수도 있다.

[4] 준소비대차에 관한 법리에 비추어 신채권의 성립은 기존채권의 소멸을 전제로 하는 것으로서, 두 채권이 법적 평가에서 완전히 동일한 채권이라고 할 수는 없다고 하더라도 적어도 같은 당사자와의 관계에서 두 채권이 동시에 양립할 수는 없는 바, 가압류채권자가 이미 위 준소비대차가 기존채권에 대한 자신의 가압류의 효력에 반하는 것으로 '가압류채권자에 대한 관계에서는 무효'임을 전제로 하여 신채권이 공제되지 않은 기존채권 전액에 대한 추심을 마친 경우, 가압류채권자가 이번에는 위 준소비대차가 채무자와 제

23 대판 1981. 12. 22, 80다1363【대여금】

3채무자 사이에서는 유효하므로 '가압류채권자에 대한 관계에서도 유효'함을 전제로 하여 신채권에 대한 추심을 주장하는 것은 금반언 내지 신의칙에 반하여 원칙적으로 허용될 수 없다.

대법원 2012. 2. 23. 선고 2011다76426 판결 【사해행위취소등】

현실적인 자금의 수수 없이 형식적으로만 신규 대출을 하여 기존 채무를 변제하는 이른바 대환은 특별한 사정이 없는 한 형식적으로는 별도의 대출에 해당하나 실질적으로는 기존 채무의 변제기 연장에 불과하므로, 그 법률적 성질은 기존 채무가 여전히 동일성을 유지한 채 존속하는 준소비대차로 보아야 하고, 이러한 경우 채권자와 보증인 사이에 사전에 신규 대출 형식에 의한 대환을 하는 경우 보증책임을 면하기로 약정하는 등의 특별한 사정이 없는 한 기존 채무에 대한 보증책임이 존속된다.

---

24 위 판결은 사실상 준소비대차에 관한 중요 쟁점이 망라된 판결이라고 할 수 있어 그 중요성이 높다고 할 수 있다.

제5장

임대차

1. 임대차 전론

가. 임대차의 의의(제618조)

임대차란 당사자 일방이 상대방에게 목적물을 사용 · 수익하게 할 것을 약정하고 상대방이 이에 대하여 차임을 지급할 것을 약정함으로써 성립하는 계약이다. 즉 임대차는 목적물의 사용 · 수익과 그에 대한 대가인 차임의 지급을 핵심요소로 하는 낙성, 쌍무, 유상, 불요식의 계약이다.

임대차는 대차형계약이라는 점에서 매매 등과 구별된다. 그리고 같은 대차형계약 중에서도, 목적물의 사용 · 수익을 내용으로 한다는 점에서는 사용대차와 같으나 그에 대한 대가를 지급한다는(즉 유상 · 쌍무계약이라는) 점에서 양자는 구별된다. 또한 목적물의 소유권이 아닌 사용 · 수익권만이 채권적으로 주어진다는 점에서, 그리고 임대차 종료시 임차목적물 그 자체를 반환하여야 하며, 언제나 유상계약이라는 점에서, 대차 목적물의 소비를 전제로 동종, 동질, 동량의 물건을 반환하기로 하는 계약으로서 무상계약을 원칙으로 하는 소비대차와도 구별된다.

나. 부동산 임차권의 물권화

이처럼 임차권은 임차물을 사용 · 수익하는 권리로서 그 본질은 채권이지만, 임차 목적물이 부동산인 경우, 특히 그 임차권이 등기된 경우에 그 성질이 채권인지 물권인지에 관하여는 견해의 대립이 있는바, 기본적으로 임차권은 채권이지만 등기를 통하여 물권화 되고 있는 권리라고 할 수 있다. 이러한 '물권화'의 문제가 대두되는 이유는, 임차권은 목적물을 사실상 사용 · 수익하는 용익적 기능을 가지고 있고, 그런 점에서 전형적인 채권보다는 물권적인 권능을 가지고 있는 측면이 강하며, 또한 이 용익권을 최대한 보장해 주어야 할 필요성이 있기 때문이다.

우리나라는 임차인을 보호하기 위하여 민법 이외에 특별법으로서 주택임대차보호법과 상가건물임대차보호법을 두고 있다. '임차권의 물권화'와 관련하여 우리 민법전 자체는 그리 큰 배려를 하고 있지 않다는 평가가 가능한 반면에, 이와 같은 특별법들로 인하여, 적어도 동법들 소정의 '주택'이나 '상가'의 임대차에 한해서는, -특히 대항력의 강화나 존속기간의 보장이라는 측면에서- 물권화가 보다 진전되었다고 할 수 있다.

부동산임차권의 물권화(임차권의 강화)의 개념적 징표로는 여러 가지가 있지만, 크게 다음과 같은 것들을 들 수 있다.

(1) 제3자에 대한 대항력의 강화

임대차계약이 존속하는 상태에서 임대인이 목적물을 제3자에게 매도한 때에는, (가) 타인권리의 임대도 일단 유효한 것이고, (나) 타인권리라는 점에 당연히 착오가 있었다고 볼 수도 없으므로 원칙적으로 취소의 대상이 되지도 않으며, (다) 계약의 이행이 불능으로 돌아가지 않으므로 채무불이행책임이 곧바로 발생하지도 않는다. 즉 임차인은 원래의 임대인에 대한 관계에서, 여전히 그에게 차임을 지급하고 사용 · 수익을 계속할 수 있다(다만, 소유자에 대한 부당이득반환관계는 남는다). 그러나 일단 제3자(매수인)가 소유권에 기한 방해배제청구권을 행사하여 임차인의 퇴거 · 임차 목적물의 인도를 청구하게 되면("매매는 임대차를 깨뜨린다"), 그 때에 비로소 임대인의 의무는 사회통념상 이행불능이 되고, 따라서 임차인에게 임대인에 대한 손해배상청구권 및 해지권 등이 발생한다.

그러나 이것만으로는 임차인, 특히 삶의 터전인 주택 등을 임차하는 경제적 약자의 보호에 부족하기 때문에(임대인이 무자력이거나 소재 불명인 경우를 상정해 보라) 이에 더하여 인정되는 것이, 임차 목적물의 소유권자가 변경되어도 여전히 '제3자에 대하여 기존의 임차권의 존속을 주장할 수 있음'을 내용으로 하는 대항력이다. 이처럼 제3자에게도 여전히 임차권을 주장할 수 있다면 임차인의 법적 지위는 매우 안정될 것이고, 이는 채무자만이 아닌 모든 자에게 그 권리를 주장할 수 있는 물권에 매우 가까운 성질을 갖게 된다. 그렇기 때문에 임차인의 대항력은 전형적인 '물권적인' 권능으로서, 물권화의 대표적인 징표 중 하나이다.

이와 같은 대항력은 일단 임차(거주)를 계속할 수 있다는 데에 효용이 있음도 물론이지만, 그 임대차관계가 종료하였을 때 임차인이 신소유자로부터 임차보증금을 회수할 수 있는 권리가 확보될 때에야 비로소 현실적인 것이 된다. 신소유자가 임대인의 지위를 승계하도록 하는 제도의 취지도 바로 여기에 있는 것이다.

한편, 신소유자가 임대인 지위를 승계한다는 취급의 당연한 귀결로서, 차임지급채권도 그에게 귀속하게 된다. 그럼에도 불구하고 임차인이 구소유자(원래의 임대인)에게 차임을 지급한 경우에도, 그 변제는 민법 제470조(준점유자에 대한 변제)의 요건을 갖춘 경우 유효한 것으로 취급될 수 있다.

(2) 존속기간의 보장

임대차관계의 존속기간을 정하는 것도 계약자유의 원칙에 비추어 원칙적으로는 자유일 것이지만, 경제적 약자로서 협상력이 부족한 경우가 많은 임차인을 보호하기 위해서는 이러한 계약자유의 원칙에 제약을 가하여 '최단존속기간'을 법률상 보장해 주는 것도, 물권화 경향의 징표이다. 즉 그 존속기간이 장기일수록, 물권의 항구성에 가까운 보호가 이루어지는 것이다. 주택임대차보호법에서는 임차인 보호를 위하여 2년의 최단기간을 법정하고 있다.

(3) 임차권의 자유처분의 보장

임차인이 임차권을 임대인의 동의 유무에 관계없이 자유롭게 제3자에게 처분할 수 있다면, 이도 임차권이 물권으로서의 성질을 갖는 큰 징표라고 할 수 있다(이는 채권양도시에 제한규정이 있는 반면 물권의 경우 원칙적으로 언제나 자유롭게 처분할 수 있다는 점을 비교하면 명백해진다). 이는 임차인으로 하여금 임차기간의 만료 전에도 임차권의 양도를 통하여 사실상 임차보증금의 회수를 가능하게 하여 자금 융통을 원활하게 할 수 있음은 물론 임차인이 임대차관계의 구속으로부터 벗어날 수 있다는 의의가 있다.

우리 민법은 원칙적으로 소부분을 제외하고는 임차권의 양도나 임차물의 전대에 임대인의 동의를 요하고 있기에, 임차권의 자유처분이라는 점에서는 물권화의 징표가 약하다고 할 수 있다.

(4) 제3자에 의한 침해로부터의 보호

제3자에 의하여 물권이 침해되는 경우에는 물권자는 물권적청구권에 기하여 당해 침해의 배제를 구할 수 있어 보호를 받을 수 있지만, 채권의 경우에는 채권자는 제3자에 대하여 바로 그 침해의 배제를 구할 수는 없다는 점에서 물권과 채권이 구별된다.

부동산임차권이 침해된 경우에, 임차인이 부동산을 점유하고 있다면 점유권에 기하여 방해배제 및 손해배상을 청구할 수 있고(민법 제204조-제206조), 임대인의 소유물반환청구권을 대위행사할 수도 있고, 불법행위로 인한 손해배상을 청구할 수도 있다.

그러나 여기서 더 나아가 과연 부동산임차권 자체에 기하여 방해배제청구를 할 수 있는지가 문제된다. 등기된 임차권과 같이 대항력을 갖춘 경우에는 임차권 자체에 기한 방해배제청구권을 인정할 수 있고, 이 경우 목적물반환청구권도 인정된다고 할 것이다.

그에 따라 등기된 임차권자가 미처 부동산을 인도받지 못해 점유하고 있지 않은 상태에서 임대인이 임대 목적물을 제3자에게 임대하여 제3자가 인도받아 점유하고 있는 경우에 최초의 임차인은 점유권이 없기에 점유권에 기한 보호를 받을 수 없고, 임대인도 제3자에게 반환청구를 구할 수 없기에 임대인을 대위하여 그

반환청구를 받을 수도 없지만, 임차권 자체에 기한 반환청구권으로 그 반환을 구할 수 있게 된다.[1]

2. 임대차의 대상(목적물, 물건)

가. 물건

법문에서는 '목적물'이라고 표현하고 있으나, 위 목적물은 물건에 국한되는 것으로, 권리나 기업을 빌어서 사용 · 수익하는 것은 임대차가 아닌, 임대차 유사의 무명계약이라고 할 수 있다.

나. 비대체물 · 유체물

물건 중에서도 비대체물과 유체물에 한한다. 임대차는 사용 · 수익 후 이를 반환하는 것이므로, 소비 목적의 대체물은 원칙적으로 임대차의 목적물이 되지 못하고(다만 소비 이외의 원물반환이 목적인 경우에는 가능), 전기 기타 관리할 수 있는 자연력도 임대차의 대상이 되지 못한다.

다. 소유권 및 처분권능 유무

임대인은 임차인으로 하여금 목적물을 사용 · 수익하게 하는 것으로 족하므로, 임대인이 반드시 목적물에 대한 소유권이나 처분권한을 갖고 있을 필요는 없다.[2]

다만 타인 소유의 목적물의 임대시 다음과 같은 법률문제가 발생할 수 있다.[3]

---

1 민법주해 XV, 56-57면.

2 대판 1996. 9. 6, 94다54641【건물명도】.

3 자세한 내용은 민법주해 XV, 60면 이하 참조.

(1) 임대차 당사자 사이

임대 목적물이 임대인의 소유가 아닌 제3자의 소유라는 점은 원칙적으로 임대차계약의 성립이나 유 · 무효에 아무런 영향이 없다. 만일 임차인이 착오로 임대인 소유의 것으로 알고 임대차계약을 체결한 경우에도 이는 해지사유가 아니며, 임차인은 원칙적으로 착오를 이유로 계약을 취소할 수 없고, 다만 목적물이 반드시 임대인 소유일 것으로 특약된 경우라야 착오를 이유로 취소할 수 있을 뿐이다.[4]

임대인이 임차인으로 하여금 임차목적물의 사용과 수익을 하게 하는 한 임차인은 차임지급의무가 있고, 임대인이 이를 수령하여도 임차인에 대한 관계에서 부당이득이 되지 않는다. 그러므로 임대인이 임대차목적물에 대한 소유권 기타 이를 임대할 권한이 없다고 하더라도 임대차계약은 유효하게 성립하고, 따라서 임대인은 임차인으로 하여금 그 목적물을 완전하게 사용 · 수익케 할 의무가 있고, 또한 임차인은 이러한 임대인의 의무가 이행불능으로 되지 아니하는 한 그 사용 · 수익의 대가로 차임을 지급할 의무가 있으며, 그 임대차관계가 종료되면 임차인은 임차목적물을 임대인에게 반환하여야 할 계약상의 의무가 있다(대판 1996. 9. 6, 94다54641【건물명도】).

그렇지만 더 나아가 임대인이 이를 사용 · 수익하게 하지 못할 때에는, 임차인은 임대차계약을 해지하고, 손해배상을 청구할 수 있다(즉, 담보책임을 부담한다. 제567조, 제570~572조). 이 경우 기존의 연체차임에 관하여는, 소유자로부터 동액 상당의 부당이득반환청구를 동시에 받고 있는 한, 임차인은 임대인에 대한 지급을 거절할 수 있다. 그렇게 해석하지 않으면 이중지급의 위험이 따르기 때문이다.

---

4 대판 1975. 1. 28, 74다2069【전부금】.

판례

대법원 1996. 9. 6. 선고 94다54641 판결 【건물명도】

임대차는 당사자 일방이 상대방에게 목적물을 사용・수익하게 할 것을 약정하고 상대방이 이에 대하여 차임을 지급할 것을 약정함으로써 성립하는 것으로(민법 제618조 참조) 나아가 임대인이 그 목적물에 대한 소유권 기타 이를 임대할 권한이 없다고 하더라도 임대차계약은 유효하게 성립하고, 따라서 임대인은 임차인으로 하여금 그 목적물을 완전하게 사용・수익케 할 의무가 있고, 또한 임차인은 이러한 임대인의 의무가 이행불능으로 되지 아니하는 한 그 사용・수익의 대가로 차임을 지급할 의무가 있다고 할 것이며, 그 임대차관계가 종료되면 임차인은 임차목적물을 임대인에게 반환하여야 할 계약상의 의무가 있다.

다만 이러한 경우 임차인이 진실한 소유자로부터 목적물의 반환청구나 임료 내지 그 해당액의 지급요구를 받는 등의 이유로 임대인이 임차인으로 하여금 사용・수익케 할 수가 없게 되면 임대인의 채무는 이행불능으로 되고 임차인은 이행불능으로 인한 임대차의 종료를 이유로 그 때 이후의 임대인의 차임지급 청구를 거절할 수 있다 할 것이다(당원 1972. 6. 27. 선고 71다1848 판결, 1978. 9. 12. 선고 78다1103 판결 등 참조).

이 사건의 경우, 기록에 의하여 살펴보더라도 피고가 이 사건 임대차계약의 목적물인 이 사건 부동산의 소유자인 국가로부터 이 사건 부동산의 반환청구 또는 그 변상금 내지는 대부료의 청구를 받게 되어 임대인인 원고가 임차인인 피고로 하여금 이 사건 부동산을 사용・수익케 할 의무가 이행불능이 되었다고 보기에는 부족하고, 소론의 주장처럼 1992. 7. 30.경 위 임대차계약이 임대인인 원고의 이행불능으로 인하여 종료되었음을 인정할 아무런 자료도 없다.

따라서 소론이 지적하는 바와 같이 이 사건 부동산이 원고의 소유가 아니라 국가의 소유라고 하더라도 사실관계가 원심이 확정한 바와 같이 원고와 피고 사이의 이 사건 부동산에 관한 임대차계약이 피고의 차임 연체로 인하여 해지되었다면, 특별한 사정이 없는 한 피고는 원고에게 이 사건 부동산을 명도하고 해지로 인한 임대차 종료시까지의 연체차임 및 그 이후부터 위 명도 완료일까지 이 사건 부동산의 점유・사용에 따른 차임 상당의 부당이득금을 반환할 의무가 있다.

(2) 소유자인 타인과의 사이

임대인에게 임대 목적물에 대한 소유권 등 처분권한이 없는 경우에,

- 임대인은 소유자에 대하여 차임 상당액을 부당이득으로 반환하여야 한다. 다만 임대인이 선의인 경우에는, 다시 말하자면 임대목적물이 자기의 소유인 줄로 믿고서('誤信') 임대를 한 것인 때에는, 선의 점유자로서 과실(果實)수취권을 지니기 때문에 반환의무를 지지 아니한다(제201조 제1항). 다만 선의이지만 과실(過失)이 있는 경우에는 부당이득이 아닌 불법행위로 인한 손해배상책임을 부담한다고 볼 것이다.
- 임차인은 소유자의 명도청구에 대하여 목적물을 인도할 의무가 있으며, 차임상당액을 부당이득으로 반환하여야 한다. 비록 이미 임대인에게 차임을 지급하였다 할지라도 마찬가지이다. 다만 임차인이 임대인에게 처분권한이 있는 것으로 믿은 경우에는 역시 선의의 점유자이므로 반환의무를 면한다(제201조 제1항).[5] 그러나 과실(過失)이 있는 경우에는 역시 불법행위로 인한 손해배상책임을 면할 수 없다.

판례

대법원 1991. 3. 27. 선고 88다카30702 판결 【건물철거등】

임대차는 당사자의 일방이 상대방에게 목적물을 사용, 수익케 할 것을 약정하면 되는 것으로서 나아가 임대인이 그 목적물에 대한 소유권이나 기타 그것을 처분할 권한을 반드시 가져야 하는 것은 아니며, 임대차계약이 일단 유효하게 성립하고 임대인이 목적물을 인도하여 임차인이 이를 사용 수익하고 있었다면 그 후에 임대인의 목적물에 대한 사용수익권의 상실 등으로 그 계약의 목적을 달성할 수 없는 사정이 발생한다 하더라도 특별한 사정이 없는 한 그 계약이 소급하여 무효로 되는 것은 아니고 위와 같은 사정으로 임대차계약이 종료되면 임차인은 임대인이 목적물에 대한 소유권 기타 사용수익권이 있는지 여부와 관계없이 점유하고 있는 임차물을 임대인에게 반환하여야 할 계약상 의무가 있는 것이다.

---

5 이 때, 앞에서 본 임대인의 경우는 간접점유자, 임차인의 경우는 직접점유자이기 때문에, 모두 동조의 적용을 받는다.

라. 리스계약

동산임대차와 유사한 계약 중의 하나로 리스계약을 들 수 있다. 리스계약은 주로 의료기기나 사무기기와 같은 동산이나 설비를 비교적 장기로 대차하는 것으로, 형식적으로는 임대차이지만 실질적으로는 물적 금융으로서, 임대차에 관한 규정이 바로 전면 적용되지는 않고, 현재는 여신전문금융업법에서 규율하고 있다[6].

판례

대법원 1986. 8. 19. 선고 84다카503 판결 【보증금등】

시설대여(리스)는 시설대여회사가 대여시설 이용자가 선정한 특정물건을 새로이 취득하거나 대여받아 그 물건에 대한 직접적인 유지, 관리책임을 지지 아니하면서 대여시설이용자에게 일정기간 사용케 하고 그 기간에 걸쳐 일정대가를 정기적으로 분할하여 지급받으며 그 기간 종료 후의 물건의 처분에 관하여는 당사자간의 약정으로 정하는 계약으로서, 형식에서는 임대차계약과 유사하나 그 실질은 물적금융이고 임대차계약과는 여러 가지 다른 특질이 있기 때문에 시설대여(리스)계약은 비전형계약(무명계약)이고 따라서 이에 대하여는 민법의 임대차에 관한 규정이 바로 적용되지는 아니한다.[7]

---

6 이에 관한 규율입법은 시설대여산업육성법(1973. 12. 31. 제정)에서 출발하여 동법이 1991. 12. 27. 시설대여업법으로 제명을 변경하였다가, 동법 및 신용카드업법이 여신전문금융업법(1997. 8. 28. 제정)으로 통합되어 현재에 이른다.

7 원심은 시설대여계약의 본질을 임대차계약이라고 보고, 민법 제652조, 제627조를 적용하여 이 사건 하자 담보책임면책 특약의 효력을 부인하고, 원고의 계약해지주장을 받아들여서 그 원상회복으로서 피고 개발리스에 보증금의 반환을 명함과 아울러, 계약의 존속을 전제로 하여 원고에게 미지급시설대여료의 지급을 구하는 피고 개발리스의 반소청구를 기각하였으나, 대법원은 이러한 원심판결에는 시설대여계약의 법리를 오해하여 법률의 적용을 그르친 위법이 있다고 한 것이다; 대판 1996. 8. 23, 95다51915【임대보증금반환】.

3. 임차인의 갱신청구권과 매수청구권(제643조)

가. 개관

임차인이 그의 비용으로 임차물에 부가한 것이 독립한 가치를 지니는 때에는 부가물의 소유권은 임차인에게 귀속한다(제256조 단서로 부합의 예외임). 그에 따라 원칙적으로 건물이나 공작물 등의 소유를 목적으로 한 토지 임대차에 있어서는, 임대차 종료시에 원상회복의무(제654조, 제615조)에 따라 이를 철거하거나 회수하여야만 한다. 그러나 이러한 결과는 임차인은 물론 사회 · 경제적으로도 손실이 되기 때문에, 우리 민법은 임차인으로 하여금 먼저 임대차기간의 갱신을 청구할 수 있도록 하고, 만일 임대인이 이에 응하지 않으면 그에 대하여 건물과 같은 그 지상물을 매수하라고 임대인에게 청구할 수 있도록 하고 있다.

이와 같은 토지 임차인의 매수청구권은, 실무적으로 중요도가 클 뿐만 아니라 민사소송법상의 처분권주의 및 소의 변경과도 연관되어 있어서, 임대차와 관련하여 중요한 제도 중 하나이다.

임차인의 매수청구권을 이해하기 위해서는, 우선 부합(제256조)의 법리에 대한 이해가 선행되어야 하므로, 그에 관한 약간의 설명을 하여 보기로 한다.[8]

부동산은 '토지 및 그 정착물'(제99조)이다. 여기서 '정착물'은 그 정착의 정도에 따라 크게 세 종류로 나누어 생각해볼 수 있다.

(1) 토지에 완전히 부착되어 그와 운명을 함께하는 것이 있다. 대표적인 예로는 육교나, 도로의 아스팔트포장을 들 수 있다. 이러한 물건은 사실상 토지의 구성부분이 되어서 언제나 토지의 소유권자에게 그 소유권이 귀속된다.

(2) 다음으로 건물이 있다. 건물은 언제나 토지와는 별개의 물건(부동산)으로 법률상

8 자세한 것은 손종학, 강해민법총칙, 245-246면 참고.

취급된다. 다만, 『집합건물의 소유 및 관리에 관한 법률』상의 집합건물의 경우에는, '대지권'이라는 개념이 매개되어, 토지와 건물 위의 권리가 일체로서 취급되고, 1부동산 1물권주의에도 일정한 예외가 인정된다.

(3) 마지막으로 기타 토지의 정착물로서, 건물 등에 비해서는 그 정착도가 약하여 비교적 쉽게 옮길 수 있는 것이 있다. 대표적인 예로서 (별도로『입목에 관한 법률』 소정의 입목등기가 되지 않은) 수목을 들 수 있다. 이와 같은 물건은 당연히 토지의 구성부분이 되는 것도, 건물처럼 항상 별개의 부동산이 되는 것도 아니다. 바로 이러한 물건이 제256조에 의한 부합의 대상이 되는 것이다.

다만 제256조 단서에 의하여, "타인의 권원에 의하여" 부속된 것은 부합되지 않고, 여전히 그 타인의 소유로 남는다. 토지 임차인의 매수청구권이 문제되는 것도, 위 (2)에 해당하는 건물, 또는 (3)에 해당하는 물건으로서 동조 단서에 의하여 부합되지 않고 임차인의 소유로 남는 물건에 관하여서이다.

나. 임차인의 갱신청구권

(1) 성립요건

(가) 임대차의 목적

갱신청구권과 매수청구권이 인정되는 임대차는 건물 기타 공작물의 소유 또는 식목, 채염, 목축을 목적으로 한 토지임대차이어야만 하고(제643조), 그 외의 임대차에는 매수청구권이 인정되지 않는다.

(나) 임대차 기간의 만료

갱신청구권과 매수청구권은 임대차기간이 정상적으로 만료되어 임대차가 종료된 경우에만 적용이 되고, 차임연체 등과 같은 채무불이행 또는 임차권의 무단양도나 임차물의 무단전대 등으로 계약이 해지된 경우에는 본조의 적용이 없다.[9] 기본적으로 임차인 보호를 위하여 둔 특별규정이기에 채무불이행이 있는 때와 같이 임차인의 보호가치가 없는 경우까지 본조를 적용할 필요는 없기 때문이다.[10]

임대차계약을 합의 해지한 경우에는, 임차인이 갱신청구권이나 매수청구권을 포기한 것이 아닌 한, 예컨대 그런 제도가 있는 것을 모르고 한 경우라 하더라도 이를 인정함이 타당하다고 할 것이다.

(다) 지상시설의 현존

지상시설이 멸실 등으로 존재하지 않으면 갱신청구권이나 매수청구권의 행사가 무의미하므로, 임대차기간 만료시 지상시설이 현존하고 있어야만 한다. 임대차 존속 도중에 지상시설이 멸실하여 임의로 다시 건축하거나 대수선을 하였다는 이유로 임대인이 계약을 해지한 경우에는 본조가 적용되지 않는다.

(2) 갱신청구의 효과

위와 같은 요건이 갖추어진 경우, 임차인은 임대인에 대하여 임대차계약의 갱신을 청구할 수 있지만 이러한 임차인의 갱신청구에 임대인은 응할 의무가 없다. 다만 불응할 경우 임차인은 아래에서 보는 지상물매수청구권을 행사할 수 있다. 즉 임차인의 건물 등 지상물 매수청구권은 임대인이 임차인의 갱신청구에 응하지 않을 경우에 비로소 문제되는 권리이다.

---

9 대판 1972. 12. 26, 72다2013【물품대금등】.

10 다만 기간의 정함이 없는 임대차가 임대인의 해지통고로 종료한 경우에는 본조가 적용될 수 있지만, 해지 통고로 사실상 임대차갱신을 거절한 것이 명백하므로 갱신청구의 유무에 상관없이 바로 매수청구권을 행사할 수 있다(대판 (全) 1995. 7. 11, 94다34265【건물명도등】).

다. 지상시설의 매수청구권

(1) 의의 및 성질

이와 같이 임차인의 계약갱신청구에 임대인이 응하지 않을 경우 임차인은 임대인에게 건물 등 지상시설의 매수를 청구할 수 있다. 매수인의 매수청구만으로, 즉 임차인의 매수청구라는 일방적 의사표시만으로 지상시설에 대한 매매계약이 체결되므로, 이는 일종의 형성권이다. 따라서 그 행사로 임대인 · 임차인 사이에 지상물에 관한 매매가 성립하게 되며, 임차인이 지상물의 매수청구권을 행사한 경우에는 임대인은 그 매수를 거절하지 못한다(대판(全) 1995. 7. 11, 94다34265【건물명도등】).

(2) 성립요건

(가) 갱신청구의 요건 구비(임대차기간의 만료와 지상물의 현존)

이 청구권은 앞서 말한 갱신청구권 행사에 의한 갱신이 거절된 경우에 비로소 문제되는 것이므로, 갱신청구권에 필요한 요건을 모두 갖추어야만 한다. 따라서 임차인의 채무불이행 등으로 임대차가 종료된 경우에는 매수청구권도 성립할 수 없다.[11] 그러나 지상물이 현존하기만 하면 되는 것으로, 그것이 객관적으로 경제적 가치가 있는지 여부나 임대인에게 소용이 있는지 여부가 그 행사요건은 아니다.[12]

(나) 행사의 당사자

이 청구권은 임차인만이 행사할 수 있으므로, 임차인으로부터 지상시설을 양수하거나 임차한 자는 임차인을 대위하여 매수청구권을 행사할 수도 없다. 즉 임차인이 지상시설을 제3자에게 양도한 경우에는, 임차인은 더 이상 지상시설의 소유

---

11 대판 2003. 4. 22, 2003다7685【건물명도등】.

12 대판 2002. 5. 31, 2001다42080【건물철거등】.

자가 아니므로, 매수청구권을 행사할 수 없다.

판례도 "민법 제643조 소정의 지상물매수청구권은 지상물의 소유자에 한하여 행사할 수 있다고 보아야 할 것인 바, 원심이 인정한 바와 같이 위 심○○(토지임차인)이 위 토지에 관한 임대차기간이 만료하기 전인 1990. 11. 26. 이미 위 토지 위에 건립된 이 사건 건물을 피고 성××(지상물의 양수인)에게 양도하였다면, 위 심○○은 위 건물에 대한 소유자가 아니어서 위 건물에 대한 매수청구권을 행사할 수 없다."라고 하여(대판 1993. 7. 27, 93다6386【토지인도등】) 같은 입장을 보이고 있다.

또한 임대인이 임대 토지를 제3자에 양도한 경우에 어떻게 될 것인지가 문제된다. 이런 경우 새로운 토지 소유자에 대하여는 매수청구권을 행사할 수 없고 임차권 소멸 당시의 원래의 임대인에 대하여 행사해야 하지만, 임차인이 지상건물에 관한 소유권등기를 하여 임차권에 대항력이 생긴 경우(제622조 제1항)에는 신소유자가 임대인의 지위를 승계한 것과 같이 되어, 신소유자에 대하여 매수청구를 할 수 있다고 보아야 할 것이다.

판례도 "건물의 소유를 목적으로 하는 토지 임차인의 건물매수청구권 행사의 상대방은 원칙적으로 임차권 소멸 당시의 토지소유자인 임대인이고, 임대인이 임차권 소멸 당시에 이미 토지소유권을 상실한 경우에는 그에게 지상건물의 매수청구권을 행사할 수는 없으며, 이는 임대인이 임대차계약의 종료 전에 토지를 임의로 처분하였다 하여 달라지는 것은 아니다."라고 한다(대판 1994. 7. 29, 93다59717,93다59724【건물철거,건물매매대금등】).

다만 "건물의 소유를 목적으로 한 토지임차인의 건물매수청구권 행사의 상대방은 통상의 경우 기간의 만료로 인한 임차권 소멸당시의 토지소유자인 임대인일 것이지만, 임차권 소멸 후 임대인이 그 토지를 제3자에게 양도하는 등으로 그 소유권이 이전되었을 때에 제3자에 대하여 대항할 수 있는 차지권을 가지고 있던 토지임차인은 그 신소유자에게 대하여도 위 매수청구권을 행사할 수 있다고 봄이 상당하다 할 것"이라고 하여(대판 1977.4.26. 75다348【건물명도등】), 임차인이 지상건물에 대하여 소유권등기를 하여 임차권에 대항력이 생긴 경우(제622조 제1항)에는 신소유자에 대하여 매수청구권을 행사할 수 있는 것으로 보고 있다.

판례

대법원 1977. 4. 26. 선고 75다348 판결 【건물명도등】

건물의 소유를 목적으로 한 토지임차인의 건물매수청구권 행사의 상대방은 통상의 경우 기간의 만료로 인한 임차권 소멸당시의 토지소유자인 임대인일 것이지마는 임차권 소멸 후 임대인이 그 토지를 제3자에게 양도하는 등으로 그 소유권이 이전되었을 때에는 제3자에 대하여 대항할 수 있는 차지권을 가지고 있던 토지 임차인은 그 신소유자에게 대하여도 위 매수청구권을 행사할 수 있다고 봄이 상당하다 할 것인바, 원심 인정사실에 의하면, 피고는 건물의 보존등기를 필함으로써 제3자에 대하여 대항할 수 있는 차지권을 가지고 있던 사람이며, 피고에 대하여 위 기간의 약정이 없는 임대차의 해지의 통고를 한 위 김인원은 달리 특별한 사유 없는 한 임대차계약의 경신을 원하지 아니하는 것으로 일응 보아야 할 것이니 그렇다면 특별한 사정이 없는 한 피고 주장의 원고에 대한 위 건물매수청구권의 행사는 적법유효하다고 보지 않을 수 없다. 그럼에도 불구하고 원심이 그 판시와 같은 이유로 피고의 건물매수청구권을 배척하였음은 위 매수청구권의 법리를 오해하여 심리를 더하지 아니함으로써 판결 결과에 영향을 미친 위법을 저질렀다고 할 것이어서, 이점을 논란하는 논지는 이유 있다.

대법원 1996. 6. 14. 선고 96다14517 판결 【건물철거등】

각 건물에 관한 위 피고들 명의의 소유권이전등기 또는 소유권보존등기는 원고가 이 사건 토지를 취득하기 전에 경료된 것이므로, 위 각 등기가 이 사건에서 철거를 구하고 있는 건물에 관한 등기이고, 위 피고들이 이 사건 토지의 전 소유자인 소외 회사와 건물의 소유를 목적으로 하는 임대차계약을 체결하여 원고가 이 사건 토지를 취득할 당시 그 임대차계약이 유효하게 존재하고 있었다면, 민법 제622조 제1항에 의하여 원고는 위 임대차계약의 임대인의 지위를 승계하고, 따라서 그 임대차계약이 종료한 때에 위 피고들은 위 각 건물에 관하여 민법 제643조, 제283조에 의하여 매수청구권을 행사할 수 있는 것이고, 또한 원고가 이 사건 토지를 취득할 당시에는 위 피고들과 소외 회사 사이에 임대차계약이 존재하지 않고 있었다고 하더라도, 그 이전에 위 피고들이 소외 회사와 건물의 소유를 목적으로 하는 임대차계약을 체결하였다가 그 계약이 종료되어 위 피고들이 소외 회사에 대하여 위 각 건물에 관한 매수청구권을 행사할 수 있었을 때에는, 위 피고들은 이 사건 토지의 취득자인 원고에 대하여도 매수청구권을 행사할 수 있는 것이다.

(다) 매수청구의 대상

판례[13]에 의하면, 매수청구의 대상이 되는 건물 등은 반드시 임대차계약 성립시에 존재할 필요는 없으며, 임대목적에 반하여 축조되었다거나 임대인이 예상할 수 없을 정도의 고가의 것이라는 등의 특별한 사정이 없는 한, 임대차기간 중에 축조된 것도 포함되며, 또한 반드시 임대인의 동의를 얻어 신축한 것에 한정되는 것도 아니다.

이와 같이 '임대인의 동의'를 요하는지의 여부에 관하여는, 두 가지 측면을 모두 생각해보아야 한다. 하나는, 사소한 부속행위 하나하나에 일일이 임대인의 동의를 요한다고 보는 것은 당사자에게 불필요한 번거로움만을 줄 수 있다는 점이고, 또 하나는, 임대목적에 반하거나 임대인이 예상할 수 없는 정도의 부속까지도 임대인의 동의 없이 가능하다고 보는 것은 임대인에게 지나치게 가혹한 것일 수 있다는 점이다.

우리 판례는 임차인 소유 건물이 임대인이 임대한 토지 외에 임차인 또는 제3자

---

13 원심은 원 · 피고 사이의 이 사건 토지에 대한 임대차계약은 기간의 약정이 없는 것으로서 원고의 해지통보에 따라 1992. 4. 24.자로 적법히 해지된 사실을 인정하고, 한편 이 사건 토지상에 피고가 건축한 판시 정미소, 창고 및 주택에 대하여 매수청구권을 행사한다는 피고의 주장에 대하여, 임차인의 매수청구권의 행사대상이 되는 건물은 최초 임대차계약 당시의 기존 지상물과 그 후 임대차계약 종료 전에 임대인의 동의를 얻어 신축한 지상물에 한정되는 것이라고 전제한 다음, 임대차계약 당시부터의 기존 지상물은 판시 (가)부분 정미소와 (바)부분 주택뿐인데, 위 (가)부분 정미소에 판시 (나)부분 창고가, 위 (바)부분 주택에 판시 (사) (아)부분 주택이 각 무단으로 증축되어 부속됨으로써 원래의 정미소 및 주택보다 현저히 면적이 증가되어 기존의 지상물과 동일성을 유지하고 있는 건물로는 보기 어렵게 되었고, 또한 판시 (다) (라) (자)부분 각 창고는 임대차계약 후에 원고의 동의없이 신축된 것이어서, 결국 위 판시부분 모두가 매수청구권의 대상이 되지 않는 것이라고 판단하였지만, 대법원에서 이를 파기한 것이다(대판 1993. 11. 12, 93다34589【건물철거등】).

이 판결과 관련하여, "임대인과 임차인이 토지와 그 지상의 기존 건물에 관하여 임대차계약을 체결한 후 임차인이 임대인의 동의하에 기존 건물을 철거하고 그 지상에 건물을 신축한 경우, 약정 임대차기간이 1년이고 신축 건물 완공 당시의 잔존 임대차기간이 4개월에 불과함에도 임차인이 많은 비용을 들여 내구연한이 상당한 건물을 신축하였고 임대인이 기존 건물의 철거 및 건물신축을 승낙한 점 등에 비추어, 토지와 기존 건물을 임대목적물로 하였던 당초의 임대차계약이 신축 건물의 소유를 목적으로 하는 토지 임대차계약으로 변경되었다"고 본 판결도 있다(대판 2002. 11. 13, 2002다46003,46027,46010【건물명도·건물명도등·지상물매수】).

소유의 토지 위에 걸쳐서 건립되어 있는 경우에는, 임차지 상에 서 있는 건물부분 중 구분소유의 객체가 될 수 있는 부분에 한하여 임차인에게 매수청구가 허용된다고 봄이 상당하다고 보고 있다. 그에 따라서 매수청구권 행사의 대상이 된 임차인 소유의 건물이 임차토지 외에 임차인 또는 제3자의 소유토지에 걸쳐 건립되어 있다면, 임차인으로서는 임차지 상에 있는 건물부분이 구분소유권의 객체이거나 아니면 객체임에 적합한 상태로 만든 후 비로소 매수청구를 할 수 있다고 본다(대판 (全) 1996. 3. 21, 93다42634 【건물철거등】).[14]

그리고 건물에 근저당권이 설정되어 있는 경우에도 토지임차인의 건물매수청구권을 인정하고 있다(대판 2008. 5. 29, 2007다4356 【소유권말소등기등】).

한편 본조의 갱신청구나 매수청구의 대상이 되는 지상시설물은, 본조의 취지상 어느 정도의 정착성을 가질 것이 요구된다고 볼 것이다.

판례

대법원 2002. 11. 13. 선고 2002다46003 판결 【건물명도 · 건물명도등 · 지상물매수】

민법 제643조가 규정하는 매수청구의 대상이 되는 건물에는 임차인이 임차토지상에 그 건물을 소유하면서 그 필요에 따라 설치한 것으로서 건물로부터 용이하게 분리될 수 없고 그 건물을 사용하는 데 객관적인 편익을 주는 부속물이나 부속시설 등이 포함되는 것이지만, 이와 달리 임차인이 자신의 특수한 용도나 사업을 위하여 설치한 물건이나 시설은 이에 해당하지 않는다고 보아야 한다.

따라서 원심이, 임차인의 매수청구권 행사로 인한 이 사건 건물의 매수대금을 산정함에 있어 감정인이 산정한 건물 가격으로부터 간판과 가구 가격만을 공제하였을 뿐 나머지 원고가 다투는 피고의 찜질방 영업용의 제반 시설물의 가격을, 매수청구권의 행사 당시 건물

---

14 위 판결은 이어서, "이 사건의 경우 제1건물은 방, 부엌, 마루로, 제2건물은 대문, 부엌, 방, 주택(구체적인 용도를 알 수 있는 자료는 없다)으로 각 구성되어 있고, 그 중 이 사건 대지상에 건립된 건물 부분은 이 사건 제1건물 74.6㎡ 중 마루와 방들의 가운데를 가로질러 갈라놓은 한쪽인 방, 부엌 및 마루 합계 47㎡와 제2건물 40.1㎡ 중 방의 귀퉁이를 가로질러 갈라놓은 대문, 부엌 및 방 합계 12.5㎡로서 독립한 소유권의 객체가 될 수 없음이 명백하다. 따라서 원심으로서는 위 상태대로라면 마땅히 피고의 매수청구권 행사 주장을 배척하였어야 함에도 이에 이르지 아니한 원심판결에는 매수청구권에 관한 법리오해로 판결에 영향을 미친 위법이 있는 것"이라고 하였다.

이 현존하는 대로의 상태에서 평가하여야 한다는 이유 설시 하에 모두 건물가격에 포함시켜서 계산해 버린 것은 임차인의 건물 등 매수청구권의 대상에 관한 법리를 오해하여 판결에 영향을 미친 위법이 있다고 할 것이다.

대법원 1997. 2. 14. 선고 96다46668 판결 【토지인도등】

피고 회사의 전신인 부산화훼회는 화초의 판매용지로 사용하기로 하여 원고로부터 이 사건 토지를 임차한 후 피고측의 필요에 의하여 그 지상에 비닐하우스(2m 간격으로 지름 50cm, 깊이 80 내지 120cm의 구덩이를 파고 그 안에 철재 기둥을 세워 이를 시멘트 콘크리트로 고정시킨 후 철재파이프로 골격을 만들어 그 위에 비닐을 씌워 만든 것임)를 설치하고서 이를 화훼 판매를 위한 시설로 사용하여 온 사실, 위 비닐하우스는 철재파이프로 만든 기둥 등 주 구조체에 지붕과 벽을 비닐로써 막아 온도와 습도를 유지하고 비바람도 막는 시설로서 지붕 등의 비닐은 노후하여 재사용이 어렵고 철재파이프는 위 토지상에서 쉽게 분리하여 그 자체로서 매도하거나 다른 곳에서도 재사용할 수 있는 사실을 인정한 다음, 위 비닐하우스는 화훼 판매를 위하여 필요한 시설물이라 하더라도 그 자체의 소유가 이 사건 임대차의 주된 목적은 아니었을 뿐 아니라, 비용이 다소 든다고 하더라도 토지상에서 쉽게 분리철거해 낼 수 있는 그 구조에 비추어 이를 철거할 경우 전혀 쓸모가 없어진다거나 사회경제적으로 큰 손실을 초래하지 않는다는 이유로, 피고에게 위 비닐하우스의 매수청구권이 있다는 피고의 주장을 배척하였다.

기록에 비추어 보면, 원심의 위 인정판단은 모두 수긍이 가고, 거기에 소론과 같이 임차인의 매수청구권에 관한 법리오해나 이 사건 임대차계약의 내용을 잘못 해석하여 판결 결과에 영향을 미친 위법이 있다고 할 수 없다.

대법원 2013. 11. 28. 선고 2013다48364 판결 【토지인도및건물철거등 · 매매대금】

민법 제643조가 정하는 건물 소유를 목적으로 하는 토지 임대차에서 임차인이 가지는 지상물매수청구권은 건물의 소유를 목적으로 하는 토지 임대차계약이 종료되었음에도 그 지상 건물이 현존하는 경우에 임대차계약을 성실하게 지켜온 임차인이 임대인에게 상당한 가액으로 그 지상 건물의 매수를 청구할 수 있는 권리로서 국민경제적 관점에서 지상 건물의 잔존 가치를 보존하고, 토지 소유자의 배타적 소유권 행사로 인하여 희생당하기 쉬운 임차인을 보호하기 위한 제도이므로, 특별한 사정이 없는 한 행정관청의 허가를 받은 적법한 건물이 아니더라도 임차인의 지상물매수청구권의 대상이 될 수 있다. 그리고 건물을 매수하여 점유하고 있는 사람은 소유자로서의 등기명의가 없다 하더라도 그 권리의 범위 내에서는 그 점유 중인 건물에 대하여 법률상 또는 사실상의 처분권을 가지고 있다. 위와 같은 지상물매수청구권 제도의 목적, 미등기 매수인의 법적 지위 등에 비추어 볼 때, 종전 임차인으로부터 미등기 무허가건물을 매수하여 점유하고 있는 임차인은 특별한 사정이 없는 한 비록 소유자로서의 등기명의가 없어 소유권을 취득하지 못하였다 하더라도 임대인에 대하여 지상물매수청구권을 행사할 수 있는 지위에 있다.

(3) 편면적 강행규정성

본조는 임차인의 보호와 사회경제적 이익을 위하여 규정된 것으로서 강행규정이다. 그러므로 본조인 제643조의 규정에 위반하는 약정으로 임차인이나 전차인에게 불리한 것은 그 효력이 없다(제652조). 판례도 "이 규정은 강행규정이므로 이에 위반하는 것으로서 임차인에게 불리한 약정은 그 효력이 없다."라고 한다(대판(全) 1995. 7. 11, 94다34265【건물명도등】).

즉, 계약자유의 원칙은 당연히 적용되지만, 그 내용형성에 일정한 제약이 가해지는 것이다. 이때 일부무효에 관한 제137조가 적용된다. 그래서 원칙적으로는 일부의 무효로 인하여 약정 전체가 무효로 되지만(동조 본문), 당사자는 나머지 약정부분이라도 유효로 하겠다는 의사를 가질 것으로 인정되는 경우에는 나머지 부분은 여전히 유효하고(동조 단서), 그런 경우가 보다 일반적일 것이다.

그러므로 "토지 임대인과 임차인 사이에 임대차기간 만료 후 임차인이 지상건물을 철거하여 토지를 인도하고 만약 지상건물을 철거하지 아니할 경우에는 그 소유권을 임대인에게 이전하기로 한 약정은, 민법 제643조 소정의 임차인의 지상물매수청구권을 배제키로 하는 약정으로서 임차인에게 불리한 것이므로, 민법 제652조의 규정에 의하여 무효"이고(대판 1991.4.23. 90다19695【건물철거등】), "토지 임대인과 임차인 사이에 임대차기간 만료시에 임차인이 지상건물을 양도하거나 이를 철거하기로 하는 약정은 특별한 사정이 없는 한, 민법 제643조 소정의 임차인의 지상물매수청구권을 배제하기로 하는 약정으로서 임차인에게 불리한 것이므로, 민법 제652조의 규정에 의하여 무효라고 보아야 한다"(대판 1998. 5. 8, 98다2389【건물명도】).

그러나 이는 임차인 보호를 위한 것이므로, 종합적으로 임차인에게 불리한 것이 없는 경우에는 예외적으로 매수청구권 포기의 특약도 유효하다고 할 것이다.

판례

대법원 1992. 4. 14. 선고 91다36130 판결 【건물명도등】

가. 임차인의 매수청구권에 관한 민법 제643조의 규정은 강행규정이므로 이 규정에 위반하는 약정으로서 임차인이나 전차인에게 불리한 것은 그 효력이 없는바, 임차인 등에게 불리한 약정인지의 여부는 우선 당해 계약의 조건 자체에 의하여 가려져야 하지만 계약체결의 경위와 제반 사정 등을 종합적으로 고려하여 실질적으로 임차인 등에게 불리하다고 볼 수 없는 특별한 사정을 인정할 수 있을 때에는 위 강행 규정에 저촉되지 않는 것으로 보아야 한다.

나. 전임차인인 갑이 그 임차권을 을에게 무단양도하여 임대차계약이 해지됨으로써 갑은 물론 을도 임대차계약 만료시의 건물매수청구권을 주장할 여지가 없게 되었고 당장 지상건물을 철거하여 임차토지를 임대인에게 반환하여야 할 처지였으므로, 임대인이 을의 간청을 받아들여 을과 사이에 기간을 3년으로 한 임대차계약을 체결하고 임대차기간 만료시에 지상건물의 권리를 포기하도록 한 것은 임대인이 전임차인과의 임대차 종료시에 행사하려던 건물의 철거와 토지인도를 을의 이익을 위하여 3년 간 유예하고 그 동안 임차토지를 더 사용수익할 수 있게 해 줌으로써 을은 형식상 새로운 임차인이 되었지만 실질적으로는 매수청구권을 행사할 수 없는 전임차인의 지위를 승계한 것과 다를 바 없는 점 등 임대차계약체결의 경위와 제반 사정을 종합하면 건물매수청구권의 포기약정이 임차인에게 반드시 불리하기만 한 것이 아니라고 한 사례.

대법원 2011. 5. 26. 선고 2011다1231 판결 【매매대금】

[1] 임차인의 매수청구권에 관한 민법 제643조는 강행규정이므로 이를 위반하는 약정으로서 임차인이나 전차인에게 불리한 것은 효력이 없는데, 임차인 등에게 불리한 약정인지는 우선 당해 계약의 조건 자체에 의하여 가려져야 하지만 계약체결 경위와 제반 사정 등을 종합적으로 고려하여 실질적으로 임차인 등에게 불리하다고 볼 수 없는 특별한 사정을 인정할 수 있을 때에는 강행규정에 저촉되지 않는 것으로 보아야 한다.

[2] 갑 지방자치단체와 임차인 을이 대부계약(실질은 식목을 목적으로 하는 토지임대차)을 체결하면서 한 지상물매수청구권 포기 약정이 을에게 불리한 것인지가 문제된 사안에서, 대부계약의 경우 대부료는 엄격히 법이 정한대로 징수하게 할 뿐 아니라 대부료가

저렴한 경우가 일반적인 점, 공유재산은 언제든지 행정목적이 변경됨에 따라 다른 용도로 사용될 수 있기 때문에 대부계약에서는 공용 · 공공용 또는 공익사업에 필요할 때 언제든지 대부계약을 해지할 수 있다는 조항을 두는 것이 통상적이고 대부계약의 해제 및 원상회복의무와 민법 제203조 또는 제626조의 적용 배제에 관한 약정도 그러한 취지에서 포함된 것으로 보이는 점, 수목의 경우 지상 건물과 달리 이식으로 인한 가치 저하가 적고, 을은 이를 이식해 당초 자신의 사업대로 활용할 수 있으나 갑 지방자치단체는 활용하기 어려운 점 등을 종합해 보면 위 지상물매수청구권 포기 약정이 전체적으로 보아 반드시 일방적으로 을에게 불리한 것이었다고 단정할 수 없다고 한 사례.

대법원 1980. 12. 23. 선고 80다2312 판결【가건물철거등】

피고가 그 소유 토지를 원고에게 양도하되 이를 일정기간 원고로부터 임차사용하고 임대차기간 만료일까지 피고가 위 토지를 환매하지 못하면 그 토지상에 건립되어 있는 피고소유 건물을 철거하여 토지를 인도하기로 약정하였다면 피고에게는 민법 제643조의 건물매수청구권이 인정될 수 없고 민법 제652조도 적용될 수 없다.

대법원 1982. 1. 19. 선고 81다1001 판결【점포명도】

가. 건물임차인의 매수청구의 대상이 되는 부속물이란 건물 자체에 부속된 물건으로서 건물의 구성부분으로는 되지 않는 임차인 소유의 물건 중 건물의 사용에 객관적 편익을 가져오는 것에 한한다. 따라서 기존건물과 분리되어 독립한 소유권의 객체가 될 수 없는 증축부분이나 임대인의 소유에 속하기로 한 부속물은 매수청구의 대상이 될 수 없다.

나. 건물임차인인 피고들이 증 · 개축한 시설물과 부대시설을 포기하고 임대차 종료시의 현상대로 임대인의 소유에 귀속하기로 하는 대가로 임대차계약의 보증금 및 월차임을 파격적으로 저렴하게 하고, 그 임대기간도 장기간으로 약정하고, 임대인은 임대차계약의 종료 즉시 임대건물을 철거하고 그 부지에 건물을 신축하려고 하고 있으며 임대차계약 당시부터 임차인도 그와 같은 사정을 알고 있었다면 임대차계약시 임차인의 부속시설의 소유권이 임대인에게 귀속하기로 한 특약은 단지 부속물매수청구권을 배제하기로 하거나 또는 부속물을 대가없이 임대인의 소유에 속하게 하는 약정들과는 달라서 임차인에게 불리한 약정이라고 할 수 없다.

대법원 1996. 8. 20. 선고 94다44705 판결【건물명도등 · 소유권보존등기말소】

건물 임차인이 자신의 비용을 들여 증축한 부분을 임대인 소유로 귀속시키기로 하는 약정은 임차인이 원상회복의무를 면하는 대신 투입비용의 변상이나 권리주장을 포기하는 내용이 포함된 것으로서 특별한 사정이 없는 한 유효하므로, 그 약정이 부속물매수청구권을 포기하는 약정으로서 강행규정에 반하여 무효라고 할 수 없고 또한 그 증축 부분의 원상회복이 불가능하다고 해서 유익비의 상환을 청구할 수도 없다.

대법원 1992. 4. 14. 선고 91다36130 판결 【건물명도등】

가. 임차인의 매수청구권에 관한 민법 제643조의 규정은 강행규정이므로 이 규정에 위반하는 약정으로서 임차인이나 전차인에게 불리한 것은 그 효력이 없는바, 임차인 등에게 불리한 약정인지의 여부는 우선 당해 계약의 조건 자체에 의하여 가려져야 하지만 계약체결의 경위와 제반 사정 등을 종합적으로 고려하여 실질적으로 임차인 등에게 불리하다고 볼 수 없는 특별한 사정을 인정할 수 있을 때에는 위 강행 규정에 저촉되지 않는 것으로 보아야 한다.

나. 전임차인인 갑이 그 임차권을 을에게 무단양도하여 임대차계약이 해지됨으로써 갑은 물론 을도 임대차계약 만료시의 건물매수청구권을 주장할 여지가 없게 되었고 당장 지상건물을 철거하여 임차토지를 임대인에게 반환하여야 할 처지였으므로, 임대인이 을의 간청을 받아들여 을과 사이에 기간을 3년으로 한 임대차계약을 체결하고 임대차기간 만료시에 지상건물의 권리를 포기하도록 한 것은 임대인이 전임차인과의 임대차 종료시에 행사하려던 건물의 철거와 토지인도를 을의 이익을 위하여 3년 간 유예하고 그 동안 임차토지를 더 사용수익할 수 있게 해 줌으로써 을은 형식상 새로운 임차인이 되었지만 실질적으로는 매수청구권을 행사할 수 없는 전임차인의 지위를 승계한 것과 다를 바 없는 점 등 임대차계약체결의 경위와 제반 사정을 종합하면 건물매수청구권의 포기약정이 임차인에게 반드시 불리하기만 한 것이 아니라고 한 사례.

대법원 1997. 4. 8. 선고 96다45443 판결 【토지인도등】

임차인의 매수청구권에 관한 민법 제643조의 규정은 강행규정이므로 이 규정에 위반하는 약정으로서 임차인에게 불리한 것은 그 효력이 없는바, 임차인에게 불리한 약정인지의 여부는 우선 당해 계약의 조건 자체에 의하여 가려져야 하지만 계약체결의 경위와 제반 사정 등을 종합적으로 고려하여 실질적으로 임차인에게 불리하다고 볼 수 없는 특별한 사정을 인정할 수 있을 때에는 위 강행규정에 저촉되지 않는 것으로 보아야 한다(토지를 점유할 권원이 없어 건물을 철거하여야 할 처지에 있는 건물소유자에게 토지소유자가 은혜적으로 명목상 차임만을 받고 토지의 사용을 일시적으로 허용하는 취지에서 토지 임대차계약이 체결된 경우라면, 임대인의 요구시 언제든지 건물을 철거하고 토지를 인도한다는 특약이 임차인에게 불리한 약정에 해당하지 않는다고 한 사례).

(4) 매수청구권 행사의 효과

(가) 매매계약의 성립

이처럼 매수청구권은 형성권이므로, 행사 즉시 당사자 사이에 건물 등 지상시설물에 대한 매매계약이 성립된다(즉 매매계약이 체결된 것이다). 그에 따라 임대인은 이를 거절할 수 없으며 임차인조차도 매수청구권을 행사한 이상 이를 일방적으로 철회하지 못한다.[15]

(나) 매매대금(매수가)

이 경우 매매계약의 대금, 즉 그 건물의 매수가격은, 건물 자체의 가격 외에 건물의 위치, 주변토지의 여러 사정 등을 종합적으로 고려하여 매수청구권 행사 당시 건물이 현재하는 대로의 상태에서 평가된 시가를 말한다(대판 2002. 11. 13, 2002다46003,46027,46010【건물명도 · 건물명도등 · 지상물매수】).

지상건물에 근저당권이 설정된 경우에 관하여 판례는 건물에 근저당권이 설정되어 있는 경우에[16] 건물의 매수가격은 건물 자체의 가격 외에 건물의 위치, 주변토지의 여러 사정 등을 종합적으로 고려하여 매수청구권 행사 당시 건물이 현존하는 대로의 상태에서 평가된 시가 상당액을 의미하고, 여기에서 근저당권의 채권최고액이나 피담보채무액을 공제한 금액을 매수가격으로 정할 것은 아니라고 한다(대판 2008. 5. 29, 2007다4356【소유권말소등기등】).[17]

---

15 민법주해 XV, 150면; 대판 2002. 5. 31, 2001다42080 판결.

16 이 경우에도 매수청구권이 인정됨은 앞서 본 바와 같다.

17 다만 매수청구권을 행사한 지상건물 소유자(임차인)가 위와 같은 근저당권을 말소하지 않는 경우 토지소유자(임대인)는 민법 제588조에 의하여 위 근저당권의 말소등기가 될 때까지 그 채권최고액에 상당한 대금의 지급을 거절할 수 있다.

(다) 동시이행관계

매수청구권을 행사하여 매매계약이 성립된 경우, 임차인은 건물 등 지상시설을 임대인에게 인도할 의무와 소유권이전등기절차이행의 의무가 있고, 임대인은 임차인에게 그에 대한 대금을 지급할 의무가 있는바, 위 양자의 의무는 상호 동시이행의 관계에 있다.[18]

그러나 이처럼 비록 "건물 기타 공작물의 소유를 목적으로 한 토지임대차에 있어서 임차인이 그 지상건물 등에 대하여 민법 제643조 소정의 매수청구권을 행사한 후에 그 임대인인 토지의 소유자로부터 매수대금을 지급받을 때까지 그 지상건물 등의 인도를 거부할 수 있지만, 지상건물 등의 점유 · 사용을 통하여 그 부지를 계속하여 점유 · 사용하는 한 그로 인한 부당이득으로서 부지의 임료 상당액을 반환하여야 할 의무가 있다"(대판 1997. 3. 14, 95다15728【토지인도등】).

이 경우 부당이득액수가 문제되는바, "건물의 소유를 목적으로 한 토지임대차에 있어서 임대차계약이 종료된 이후 임차인이 반환하여야 할 부당이득금의 액수는 임료 상당액이고, 위 임료 상당액이라 함은 부당이득 당시의 실제 임료를 말한다고 할 것이므로, 임차보증금이 남아 있는 한 보증금 없는 경우의 임료 상당액을 기준으로 하여 부당이득금의 액수를 산정할 수 없다"(대판 2002. 11. 13, 2002다46003,46027,46010【건물명도 · 건물명도등 · 지상물매수】).

한편, 이와 같은 지상물 매수청구권의 행사로 인한 지상물에 대한 대금채권은 '매수 목적물에 관한 채권'은 아니고 '목적물에 대한 (대가로서의) 채권'이므로, 이로써 유치권이 성립한다고는 볼 수 없다. 그리고 설령 유치권이 성립한다고 본다 할지라도, 유치권에 기한 사용 · 수익은 성질상 보존행위로 볼 수 없기 때문에, 이 경우에도 역시 부당이득반환의무는 발생한다.

---

18 대판 1991. 4. 9, 91다3260【토지인도등】.

(5) 매수청구권의 행사방법

매수청구권은 주로 소송에서 행사되지만, 반드시 소를 통하여 행사될 필요는 없고 행사시기도 아무런 제한이 없다. 판례도 같은 취지인바, 이에 관한 주요 판례를 보면 다음과 같다.

판례

대법원 1995. 12. 26. 선고 95다42195 판결【대금】

[1] 건물의 소유를 목적으로 하는 토지 임대차에 있어서, 토지 임차인의 지상물매수청구권은 기간의 정함이 없는 임대차에 있어서 임대인에 의한 해지통고에 의하여 그 임차권이 소멸한 경우에도, 임차인의 계약갱신 청구의 유무에 불구하고 인정된다.

[2] 건물의 소유를 목적으로 하는 토지 임대차에 있어서, 임대차가 종료함에 따라 토지의 임차인이 임대인에 대하여 건물매수청구권을 행사할 수 있음에도 불구하고 이를 행사하지 아니한 채, 토지의 임대인이 임차인에 대하여 제기한 토지인도 및 건물철거청구 소송에서 패소하여 그 패소판결이 확정되었다고 하더라도, 그 확정판결에 의하여 건물철거가 집행되지 아니한 이상 토지의 임차인으로서는 건물매수청구권을 행사하여 별소로써 임대인에 대하여 건물매매대금의 지급을 구할 수 있다.

대법원 2002. 5. 31. 선고 2001다42080 판결【건물철거등】

건물의 소유를 목적으로 한 토지 임대차가 종료한 경우에 임차인이 그 지상의 현존하는 건물에 대하여 가지는 매수청구권은 그 행사에 특정의 방식을 요하지 않는 것으로서 재판상으로 뿐만 아니라 재판 외에서도 행사할 수 있는 것이고 그 행사의 시기에 대하여도 제한이 없는 것이므로, 피고들이 자신들의 건물매수청구권을 제1심에서 행사하였다가 철회한 후 원심에서 다시 행사하였다고 하여 그 매수청구권의 행사가 허용되지 아니할 이유는 없는 것이다(매수청구권 행사의 효력으로 매매가 성립하면 그 후 일방의 의사만으로 매수청구를 철회할 수는 없는 것이나, 변론의 전취지에 의하면, 이 사건에서 원고들은 피고들의 제1심에서의 매수청구의 철회를 용인하였던 것으로 보인다). 상고이유는 임차인의 건물매수청구권의 행사가 소송행위임을 전제로 소송행위의 철회 후 재행사는 허용되지 아니한다는 것이라거나, 매수청구권의 행사는 반소에 준하는 것으로서 항소심에서의 행사에는 상대방의 동의를 요한다는 것이나, 그와 같은 주장은 독자적인 견해에 불과하여 받아들일 수 없고, 원심

판결에 상고이유로 주장하는 바와 같은 매수청구권 및 그 철회에 관한 법리를 오해함으로써 판결 결과에 영향을 미친 위법이 있다고 할 수 없다.

(6) 매수청구권을 둘러싼 소송의 실제

토지 임차인의 매수청구권은 실제 소송에서 빈번히 이루어지는 쟁점이다. 일반적으로 매수청구권의 행사는, 토지 소유자인 임대인이 임대차종료를 원인으로 한 토지인도[19] 및 지상시설(주로 건물)철거청구[20](이와 함께, 임료 상당액의 부당이득반환청구를 하는 것이 일반적이다)의 소를 제기하면, 임차인이 항변으로 계약갱신청구와 더불어 지상건물의 매수청구권을 행사하거나, 반소 또는 별소[21]를 통하여 매매대금의 지급을 구하는 형식으로 이루어진다.[22] 그러면서 임차인이 법원에 건물 시가감정을 신청하여, 감정결과가 나오고 그때까지의 재판결과 매수청구권이 인정될 가능성이 있으면, 법원은 원고인 임대인에게 석명권 행사의 방법으로 건물에 대한 부동산이전등기청구나 명도청구 등으로의 청구취지변경 등을 권유한다. 원고가 이에 응하여 청구취지를 변경하면, 그에 따라 법원은 건물명도 등과 매매대금(감정결과에 나온 건물 시가상당액)과의 동시이행을 명하는 판결을 선고한다.

만일 원고가 청구취지를 변경하지 않는다면, "토지임대차 종료시 임대인의 건물철거와 그 부지인도청구에는 건물매수대금 지급과 동시에 건물명도를 구하는 청구가 포함되어 있다고 볼 수 없으므로"(대판 (全) 1995. 7. 11, 94다34265【건물명도등】),

---

19 그 근거는, 소유물반환청구권(제213조)에 기할 수도 있고, 임대차종료의 효과로서의 반환청구권에 기할 수도 있다. 다만, 전자의 경우에는 어차피 임차인은 임대차관계의 존재를 항변으로 주장할 것이기 때문에, 실제상의 구별실익은 그리 크지 않다.

20 이는 소유권에 기한 방해배제청구권(제214조 전단)의 행사로서 이루어지는 것이다.

21 이에 관하여는, 전술한 대판 1995. 12. 26, 95다42195【대금】을 참조.

22 이 때, 반소 또는 별소를 제기한 경우에는 그 인용판결을 받아 이를 집행권원으로 하여 매매대금지급의 강제집행을 청구할 수도 있게 된다. 반면에 이를 단순히 항변으로써만 주장한 경우에는 임대인의 청구를 저지할 수 있을 뿐, 대금지급의 강제집행은 청구할 수 없게 된다. 이 점에서, 양자는 차이를 보인다.

법원은 원고청구를 기각하는 판결을 선고할 수밖에 없다. 왜냐하면 "토지임대인이 그 임차인에 대하여 지상물 철거 및 그 부지의 인도를 청구한 데 대하여 임차인이 적법한 지상물매수청구권을 행사하게 되면, 임대인과 임차인 사이에는 그 지상물에 관한 매매가 성립하게 되므로, 임대인의 청구는 이를 그대로 받아들일 수 없게" 되기 때문이다(대판(全) 1995. 7. 11, 94다34265【건물명도등】). 즉, 매수청구권의 행사로 인하여, 임대차에 기한 원상회복의무(제654조, 제615조)가 없게 되고, 따라서 임대인의 철거청구권 역시 없는 것이 되어, 매매계약의 효력만이 남게 되는 것이다.

이 경우 청구취지의 변경에 관하여 법원에게 석명의무가 있는지 문제되는 바,[23] 분쟁의 1회적 해결과 당사자 보호를 위하여 긍정하여야 할 것이다. 판례도 "이 경우에 법원으로서는 임대인이 종전의 청구를 계속 유지할 것인지, 아니면 대금지급과 상환으로 지상물의 명도를 청구할 의사가 있는 것인지(예비적으로라도)를 석명하고 임대인이 그 석명에 응하여 소를 변경한 때에는 지상물명도의 판결을 함으로써 분쟁의 1회적 해결을 꾀하여야 한다고 봄이 상당하다"고 한다(대판(全) 1995. 7. 11, 94다34265【건물명도등】).[24]

판례

대법원 1995. 7. 11. 선고 94다34265 전원합의체판결【건물명도등】

가. 토지임차인의 지상물매수청구권은 기간의 정함이 없는 임대차에 있어서 임대인에 의한 해지통고에 의하여 그 임차권이 소멸된 경우에도 마찬가지로 인정된다.

나. 지상물매수청구권은 이른바 형성권으로서 그 행사로 임대인·임차인 사이에 지상물에 관한 매매가 성립하게 되며, 임차인이 지상물의 매수청구권을 행사한 경우에는 임대인은 그 매수를 거절하지 못하고, 이 규정은 강행규정이므로 이에 위반하는 것으로서 임차인에게 불리한 약정은 그 효력이 없다.

---

23 이 문제가 등장하는 현실적인 배경은, 패소한 원고가 변호인을 상대로 책임을 추급하는 경우에 있어, 변호인이 자신의 면책을 주장하기 위하여 법원의 석명의무 위반을 주장하는 것이다. 즉, 법원이 석명권을 가지는 것을 넘어 이에 관한 석명'의무'를 짐에도 불구하고 이를 위반하였다는 점을, 판결의 위법사유로서 주장하고자 하는 것이다.

24 이 판결에 따라 종전 이를 부정한 1972. 5. 23, 72다341【건물철거등】 판결은 변경되었다.

다. 토지임대차 종료시 임대인의 건물철거와 그 부지인도 청구에는 건물매수대금 지급과 동시에 건물명도를 구하는 청구가 포함되어 있다고 볼 수 없다.

라. '다'항의 경우에 법원으로서는 임대인이 종전의 청구를 계속 유지할 것인지, 아니면 대금지급과 상환으로 지상물의 명도를 청구할 의사가 있는 것인지(예비적으로라도)를 석명하고 임대인이 그 석명에 응하여 소를 변경한 때에는 지상물 명도의 판결을 함으로써 분쟁의 1회적 해결을 꾀하여야 한다. 그러므로 이와는 달리 이러한 경우에도 법원에게 위와 같은 점을 석명하여 심리하지 아니한 것이 위법이 아니라는 취지의 당원 1972.5.23. 선고 72다341 판결은 이로써 이를 변경한다.

4. 임대차의 효력

가. 임대인의 의무

(1) 사용 · 수익의무(제623조)

(가) 일반

임대인은 임대차계약이 존속하는 동안 임차인이 목적물을 사용 · 수익할 수 있게 할 의무를 부담하고, 그에 기하여 목적물인도의무, 상태유지의무 등이 도출된다.

(나) 목적물인도의무

만일 목적물 인도 전에 이미 제3자에게 양도나 임대를 하였다면, 임대인은 인도의무를 이행할 수 없어 임대인의 의무는 이행불능이 되지만, 임대차 계속중에 제3자에게 양도하는 등으로 소유권을 상실하더라도, 그 자체로 임차인의 사용 · 수익권이 침해되거나 사용 · 수익 등이 불가능한 것은 아니므로 당연히 이행불능이 되지는 않는다. 다만 여기서 더 나아가 임차인이 진실한 소유자로부터 목적물의 반환청구나 임료 내지 그 해당액의 지급요구를 받는 등의 이유로 임대인이 임차인으로 하여금 사용 · 수익케 할 수가 없게 되어야 임대인의 채무는 이행불능으로 되고, 임차인은 이행불능으로 인한 임대차의 종료를 이유로 그때 이후의 임대인의 차임지급청구를 거절할 수 있다(대판 1996. 9. 6, 94다54641【건물명도】).

그러나 만일 임차인이 제3자에게 대항할 수 있는 대항력을 갖춘 경우에는, 임대차관계는 존속하고 이행불능의 문제가 발생하지도 않으므로, 임대인의 채무불이행책임은 생기지 않는다.

(다) 방해제거의무

제3자에 의한 점유침탈 등으로 임차인의 임차 목적물 사용에 방해가 있을 경우에, 임차인은 점유자로서 당연히 제3자에 대하여 점유보호청구권을 갖고 있지만, 이와는 별개로 임대인도 임차인에 대하여 제3자의 방해상태를 제거하여 줄 임대차계약상의 의무를 부담한다.

(라) 수선의무

1) 의의

임대인은 임차인의 임차목적물 사용 · 수익에 필요한 상태를 유지할 의무가 있으므로, 임대인은 임차인의 사용 · 수익에 필요한 목적물수선의무를 부담한다. 이러한 수선의무는 임대인의 유책사유로 파손된 경우뿐만 아니라 임대인의 과실이 아닌 천재 기타 불가항력으로 파손된 경우에도 적용된다. 임차인의 과실로 목적물이 훼손된 경우에도 임대인에게 수선의무가 있는지에 대하여는 신의칙상 이를 인정할 수 없다는 부정설이 있지만,[25] 이 경우에도 임대인의 수선의무는 있다

25 견해의 대립은 송덕수, 채권법각론, 250-251면 참조.

고 볼 것이다.[26]

판례

대법원 2010. 4. 29. 선고 2009다96984 판결 【임차보증금반환】

[1] 임대차계약에 있어서 임대인은 임대차 목적물을, 계약 존속 중 그 사용·수익에 필요한 상태를 유지하게 할 의무(이하 '임대인의 수선의무'라 한다)를 부담하는 것이므로(민법 제623조), 목적물에 파손 또는 장해가 생긴 경우 그것이 임차인이 별 비용을 들이지 아니하고도 손쉽게 고칠 수 있을 정도의 사소한 것이어서 임차인의 사용·수익을 방해할 정도의 것이 아니라면 임대인은 수선의무를 부담하지 않지만, 그것을 수선하지 아니하면 임차인이 계약에 의하여 정하여진 목적에 따라 사용·수익할 수 없는 상태로 될 정도의 것이라면, 임대인은 그 수선의무를 부담한다 할 것이고, 이는 자신에게 귀책사유가 있는 임대차 목적물의 훼손의 경우에는 물론 자신에게 귀책사유가 없는 훼손의 경우에도 마찬가지다.

[2] 임차인의 임대차 목적물 반환의무가 이행불능이 된 경우 임차인이 그 이행불능으로 인한 손해배상책임을 면하려면 그 이행불능이 임차인의 귀책사유로 말미암은 것이 아님을 입증할 책임이 있고, 임차건물이 화재로 소훼된 경우에 있어서 그 화재의 발생원인이 불명인 때에도 임차인이 그 책임을 면하려면 그 임차건물의 보존에 관하여 선량한 관리자의 주의의무를 다하였음을 입증하여야 하는 것이며, 이러한 법리는 임대차의 종료 당시 임차목적물 반환채무가 이행불능 상태는 아니지만 반환된 임차건물이 화재로 인하여 훼손되었음을 이유로 손해배상을 구하는 경우에도 동일하게 적용되고, 나아가 그 임대차계약이 임대인의 수선의무 지체로 해지된 경우라도 마찬가지다.

2) 수선의무의 범위

여기서 임대인에게 어느 범위까지 목적물수선의무가 있는지, 즉 어디까지 임대인에게 수선의무가 있고 나머지는 임차인이 이를 부담할 것인지가 문제된다.

판례는 "임대차계약에 있어서 임대인은 목적물을 계약존속중 사용 · 수익에 필

---

26 다만 이 경우 임대인은 임차인에게 불법행위나 임차목적물 보관의무위반을 원인으로 한 손해배상을 청구할 수 있을 것이다.

요한 상태로 유지하게 할 의무를 부담하는 것이므로, 목적물에 파손 또는 장해가 생긴 경우, 그것이 임차인이 별 비용을 들이지 아니하고도 손쉽게 고칠 수 있을 정도의 사소한 것이어서 임차인의 사용 · 수익을 방해할 정도의 것이 아니라면 임대인은 수선의무를 부담하지 않지만, 그것을 수선하지 아니하면 임차인이 계약에 의하여 정해진 목적에 따라 사용 · 수익할 수 없는 상태로 될 정도의 것이라면 임대인은 그 수선의무를 부담한다."라고 한다(대판 2004. 6. 10, 2004다2151,2168 【계약해지로인한임대차보증금반환 · 임대차보증금반환】).[27]

3) 수선의무 면제 특약의 허부

이에 관하여는 긍정설, 부정설, 제한적 긍정설(긍정하되 대수선시에는 허용되지 않는다는 견해)이 있다.[28]

판례는 원칙적으로 임대인의 수선의무는 특약에 의하여 이를 면제하거나 임차인의 부담으로 돌릴 수 있다고 한다(대판 2004. 6. 10, 2004다2151,2168 【계약해지로인한임대차보증금반환 · 임대차보증금반환). 그러나 특약에서 수선의무의 범위를 명시하고 있는 등의 특별한 사정이 없는 한, 그러한 특약에 의하여 임대인이 수선의무를 면하거나 임차인이 그 수선의무를 부담하게 되는 것은 통상 생길 수 있는 파손의 수선 등 소규모의 수선에 한한다 할 것이고, 대파손의 수리, 건물의 주요 구성부분에 대한

---

27 이 판결은 여관의 몇 개 방실의 천장 및 벽면에서 발생시기와 원인을 알 수 없는 습기와 곰팡이자국을 확인한 사실을 인정한 다음, 이와 같은 사실관계하에서라면 피고가 임대인으로서 임차목적물을 사용 · 수익에 필요한 상태로 유지할 의무를 불이행하였다고 볼 수 없다고 하였다; 대판 2012. 6. 14, 2010다89876 판결【손해배상(기) · 건물명도】: 임차인 갑이 가구전시장으로 임차하여 사용하던 건물 바닥에 결로현상이 발생하자 임대인 을을 상대로 임대목적물 하자에 따른 손해배상을 청구한 사안에서, 감정인의 감정서 등에 비추어 위 건물에는 구조상 바닥 밑 단열과 방습조치가 되어 있지 않은 하자가 있어 여름형 결로현상이 발생할 수밖에 없고, 을은 임대차계약 체결 당시 갑이 건물을 가구전시장으로 임차한 사실을 알고 있었으므로, 갑의 요구에 따라 건물 바닥에 나타난 습기의 발생 원인을 조사하고 이를 제거하기 위하여 제습기 또는 공조시설 등을 설치하거나 바닥 공사를 하여 주는 등 조치를 취함으로써 갑이 사용·수익할 수 있는 상태를 유지하여 줄 의무가 있는데도, 이와 달리 건물이 일반적 용도로 사용하는 데 하자가 없다고 단정하여 위 청구를 배척한 원심판결에 임대차 목적물에 대한 임대인의 수선의무에 관한 법리오해 등 위법이 있다고 한 사례.

28 견해의 대립은 송덕수, 채권법각론, 251면 참조.

대수선, 기본적 설비부분의 교체 등과 같은 대규모의 수선은 이에 포함되지 아니하고 여전히 임대인이 그 수선의무를 부담한다고 해석함이 상당하다고 한다(대판 1994. 12. 9, 94다34692,94다34708【보증금등,건물명도등】).[29] 이는 특약의 내용이 임차인에게 불리한지의 여부를 관건으로 삼는 것으로서, 앞서 살펴본 매수청구권의 포기특약에 관한 판례의 입장과도 맥을 같이하는 것이다.

4) 수선의무의 불이행시 법률관계

임대인이 수선의무를 이행하지 않을 경우, 임차인은 손해배상청구권(제390조)이나 계약해지권(제543조 이하 참조)을 행사할 수 있음은 물론 차임지급거절권[30]이나 차임감액청구권도 행사할 수 있다.

(2) 비용상환의무(필요비 및 유익비 상환청구권, 제626조)

(가) 일반

임차인은 임차물을 사용하면서 그 임차물을 위하여 일정한 비용을 지출하는 경우가 있는데, 이때에는 임대인은 이를 임차인에게 반환하여야 하는바, 이를 임차인의 비용상환청구권이라고 한다. 공평의 관념과 부당이득반환의 견지에서 인정되는 제도이다. 그러므로 임차인의 비용상환청구권의 본질은 부당이득청구권으로서, 본조는 부당이득에 관한 특칙이라고 할 수 있다.

---

29 결국 이 판결에 의하면 특약으로 구체적으로 수선의무의 범위를 명시하기만 하면 비록 대수선 등을 요하는 것이라 할지라도 임대인은 수선의무를 면하게 된다. 개인적으로는, 임차인 보호와 사용 · 수익의무는 임대인의 가장 중요한 의무라는 점을 고려하면, 부정설이 타당하여 이러한 특약은 언제나 무효라고 할 것이다.

30 대판 2009. 9. 24, 2009다41069【임대료등】.

(나) 필요비(제626조 제1항)

임차인이 지출한 비용 중 임차물의 유지나 보존에 관한 비용을 말한다. 앞서 본 바와 같이 임대인은 임대차계약상 임차인으로 하여금 임차물을 정상적으로 사용·수익하게 할 의무가 있는 바, 이러한 상태가 임차인의 비용으로 형성된 경우에 종국적 부담자인 임대인으로 하여금 이를 상환하게 하는 것이다.

필요비는 임차물의 보존을 위한 비용이므로 임대인의 동의나 승낙을 요하지 않으며, 지출 즉시 상환청구를 할 수 있다.

여기서 중요한 것은 무엇을 필요비로 볼 것인지, 즉 보존에 관한 필요비[31]가 무엇을 말하는지와 그 범위이다. 이에 관한 주요 판례를 보면 다음과 같다.

필요비를 부정한 판례

- 임차인이 임차건물에서 영업을 하기 위하여 한 시설개수비용이나 부착한 물건의 비용(대판 1980. 10. 14, 80다1851)
- 다방영업에 필요한 시설비(대판 1968. 12. 17, 68다1923)
- 3층 건물 중 사무실로 사용하던 2층 부분을 임차한 후 삼계탕집을 하기 위하여 보일러, 온돌방, 방문틀, 주방, 가스시설 등을 설치하고 페인트칠을 한 경우(1993. 10. 8, 93다25783)
- 사진영업상 필요하여 한 특수설비(대판 1948. 4. 12, 4280민상352)

결국 필요비 여부에 관한 판단기준은 임차인 개인을 위한 것인지 아니면 임차 목적물 자체를 위한 것인지의 여부 및 통상 점포의 용도를 위한 것인지의 여부가 기준이 된다고 볼 수 있다.

---

31 대판 1980. 10. 14, 80다1851【건물명도등】: 민법 제626조로서 임대인의 상환의무를 규정한 유익비란 임차인이 임차물의 객관적 가치를 증가시키기 위하여 투입한 비용을 말하는 것이고 필요비란 임차인이 임차물의 보존을 위하여 지출한 비용을 일컫는 것임이 동 조의 명문상 뚜렷한 바이므로 이 건에서 피고가 지출한 위 설시 제비용을 임차물의 보존을 위하여 지출한 필요비이거나 임차인이 임차물의 객관적 가치를 증가시키기 위하여 투입한 유익비라고 할 수 없을뿐더러 [···].

(다) 유익비(제626조 제2항 2문)

1) 의의

유익비란 임차인이 임차물의 객관적 가치를 증가시키기 위하여 지출한 비용을 말한다.[32] 그러므로 임차인 개인의 주관적 취미나 특수한 목적을 위하여 지출한 비용은 포함되지 않는다.

다만 임차물의 객관적 가치를 증가시키기 위한 것이라면 비록 건물 자체가 아니라 건물을 위한 도로의 포장비용이라 하더라도 유익비가 될 수 있다.

유익비를 부정한 판례

-영업을 위한 건물의 임대차에서 음식점 영업을 위한 내부공사비[33]

-카페 영업을 위한 내부시설 공사비[34]

-간이음식점 영업을 위한 간판설치비("민법 제626조 제2항에서 임대인의 상환의무를 규정하고 있는 유익비란 임차인이 임차물의 객관적 가치를 증가시키기 위하여 투입한 비용을 말하는 것이므로, 임차인이 임차건물부분에서 간이음식점을 경영하기 위하여 부착시킨 시설물에 불과한 간판은 건물부분의 객관적 가치를 증가시키기 위한 것이라고 보기 어려울 뿐만 아니라, 그로 인한 가액의 증가가 현존하는 것도 아니어서 그 간판설치비를 유익비라 할 수 없다." 대판 1994. 9. 30, 94다20389,20396【손해배상(기),건물명도(반소)】).

-피고가 이 사건 건물을 임차한 후 그곳에서 삼계탕집을 경영하기 위하여 합계 금 9,643,000원을 들여 보일러, 온돌방, 방문틀, 주방내부, 합판을 이용한 점포장식, 가스, 실내전등, 계단전기 등을 설치하고 페인트 도색을 하는 등 공사를 하였고, 그로 인하여 현재에도 금 8,147,000원 정도의 가치가 남아 있는 사실을 인정하면서도, 이 사건 건물의 본래의 용도 및 피고의 이용실태 등에 비추어 피고가 지출한 위 비용은 어디까지나 피고가 위 건물에서 삼계탕집을 경영하기 위한 것이지 건물의 보존을 위한다거나 그 객관적 가치를 증가시키기 위한 것이 아니어서 이를 필요비 또는 유익비라고 할 수 없다고 본 원심의 판단이 정당하다고 인정한 사례(대판 1993. 10. 8, 93다25738,93다25745(반소)【건물명도, 필요비등】).

---

32 대판 1991. 8. 27, 91다15591,15607(반소)【건물명도】.

2) 증가된 가치의 현존

임대차 종료시까지 유익비 지출에 따른 증가된 가액이 현존하여야 한다.

3) 부합과의 관련(임차인의 증 · 개축시)

부합원리에 따르면 임차인이 기존 임차건물을 증 · 개축한 경우 이는 타인이 권원에 기하여 부속한 것이므로 부합되지 않고, 임차인이 그 소유권을 여전히 보유하게 된다.

다만 타인이 권원에 의하여 이를 부합시킨 경우에도, 부동산에 부합된 물건이 사실상 분리복구가 불가능하여 거래상 독립한 권리의 객체성을 상실하고 그 부동산과 일체를 이루는 부동산의 구성부분이 된 경우에는 부합된 것으로 보아, 그 물건의 소유권은 부동산의 소유자에게 귀속된다(대판 1985. 12. 24, 84다카2428 【근저당권설정등기말소등】).

그런데 임차인에 의한 임차건물의 증 · 개축부분은 특별한 사정이 없는 한 건물자체의 구성부분을 이루어, 즉 사실상 분리복구가 어려워 그 부동산과 일체를 이루는 구성부분이 되는 경우가 많다. 그에 따라 제256조 단서가 적용되는 것이 아니어서 임대인의 소유가 되므로, 그것이 현존하는 한 유익비상환청구의 대상이 된다. 즉 본조에 의한 유익비상환청구의 대상이 되는 유익비 지출 부분은 임차인이 그의 비용으로 부가한 물건이 독립한 존재를 가지지 않는 경우에만 인정되는 것으로, 만일 독립한 존재를 갖고 있을 때에는 제256조 단서에 따라 임차인의 소유가 되므로, 이 때에는 유익비상환청구권은 문제되지 않고 임대인의 철거권과 뒤에서 설명할 건물 임차인의 부속물매수청구권만이 문제된다.

앞서 살펴본 토지 임차인의 지상물매수청구권(후술하는 건물 임차인의 부속물매수청구권의 경우도 이 점에서 같다)과 지금 보는 비용상환청구권에 있어, 어느 경우든 임차인

---

33 대판 1991. 8. 27, 91다15591,15607(반소)【건물명도】.

34 대판 1991. 10. 8, 91다8029 판결【건물명도】.

이 어떤 물건을 '새로이 붙인' 상황이 문제된다는 점은 모두 같다. 다만 핵심적인 차이점은, 전자의 경우 부합의 예외로서 물건의 소유권이 임차인에게 남아있는 반면, 후자의 경우에는 부합으로 인해 그 소유권이 일단 임대인에게 귀속된다는 점에 있다. 즉 여기서도 앞서 살펴본 부합의 법리가 불가분적인 연관을 띤다.

타인이 권원에 기하여 물건을 부속시킨 경우에는, "설사 부합이 될 정도(즉 훼손하지 않고는 쉽사리 분리시킬 수 없는 정도)로 결합되었다 할지라도" 부합이 되지 않는다는 것이 제256조 단서의 취지이다. 그런데 이러한 결합에도 두 가지의 종류가 있다. 즉, (1) 아예 물건의 독립성을 상실하여 피부합물의 '구성부분'이 된 정도에 이른 경우와, (2) 독립성을 상실할 정도는 아니되 부합이 될 정도가 된 경우가 그것이다. 여기서 (2)와 같은 경우에는 제256조 단서가 적용되어 그 물건의 소유권은 물건을 부속시킨 타인(즉, 여기서는 임차인)의 소유로 남는 것인 반면, (1)과 같은 경우에는 부합의 예외에 대한 예외, 즉 원칙으로 돌아가 부합이 일어나서, 물건의 소유권은 피부합물의 소유자(즉, 여기서는 임대인)에게 귀속되게 된다.

지금 살펴보는 비용상환청구권이 인정되는 경우는, 위의 (1)과 같이 부합이 일어나 임대인이 부합물의 소유권을 취득하게 되는 경우이다.

4) 유익비의 투입에 임대인의 동의를 요하는지의 여부

앞서 본 바와 같이, 필요비의 경우에는 임대인의 동의나 승낙 없이 투입한 경우에도 그 상환을 청구할 수 있다. 유익비의 경우에도, 이 점에 관하여는 원칙적으로 차이가 없다. 다만, 유익비의 투입이 있는 모든 경우에 임대인이 그 부담을 종국적으로 떠안도록 하는 것은 가혹할 수 있기 때문에, 일정한 구제수단이 인정되어야 할 것이다. 적어도 이론적으로는, '경우에 따라서' 임차인의 채무불이행을 이유로 하는 임대인의 해지권이 인정될 수도 있을 것이다. 그 외에도, 임대인은 아래에서 살펴보는 비용상환청구권의 포기 특약을 통하여 사전에 분쟁의 여지를 줄일 수 있을 것이다.

(라) 상환청구권의 포기 특약

임차인의 비용상환청구권을 규정한 본조는 앞서 설명한 토지임차인의 지상물매수청구권이나 다음에 설명할 건물임차인의 부속물매수청구권과는 달리 강행규정이 아니다. 그렇기 때문에 당사자 사이의 특약으로 비용상환청구권을 포기[35]하거나 제한하는 것은 가능하고, 그 특약은 유효하다. 그리고 이러한 특약의 유효성은, 비록 임대인의 승낙을 받아 임차인이 임대차 목적물을 증 · 개축한 경우에도 마찬가지로 인정된다. 이러한 점은 전술한 매수청구권의 포기특약의 경우에 있어, 매수청구권에 관한 규정은 (편면적) 강행규정이기 때문에 원칙적으로 포기가 인정되지 않고, '임차인에게 불리하지 않다는' 사정이 있는 경우에만 예외적으로 유효로 인정된다는 점과 대비된다.

실제 임대차에서도 '필요비는 임차인의 부담으로 하고 유익비의 지출로 증가된 증 · 개축부분은 임대차종료시에 임차인이 원상회복시킨다'는 약정을 하는 경우가 많고, 이러한 약정은 원칙적으로 유효하다. 판례도 같은 입장이다.

또한 이는 임대차종료시의 임차인의 원상회복의무와도 관련하여 실제 소송에서 자주 쟁점이 된다. 즉 유익비 지출을 하였지만 그 가치가 미약하거나 오히려 임대인이 목적물을 사용함에 방해만 되는 경우에는, 임대인은 임차인에게 원상회복을 구하거나 원상회복에 소요된 비용을 청구하는 경우가 많은바, 이 경우 임차인에게 원상회복의무가 있는지의 여부가 많이 문제된다.

판례는 대체로 매우 예외적으로만 유익비로 인정하여, 이를테면 건물의 본래 용도 자체가 특정 영업용으로 되어 있는 경우에 그 영업을 위한 설비 등을 임차인이 자신의 지출로 한 경우에 한하여, 그것을 "건물 자체의 객관적 가치"를 증가시

35 대판 1996. 8. 20, 94다44705,44712【건물명도등·소유권보존등기말소】; 대판 1995. 6. 30, 95다12927【점유물반환등】: 임대차계약에서 "임차인은 임대인의 승인하에 개축 또는 변조할 수 있으나 부동산의 반환기일 전에 임차인의 부담으로 원상복구키로 한다"라고 약정한 경우, 이는 임차인이 임차 목적물에 지출한 각종 유익비의 상환청구권을 미리 포기하기로 한 취지의 특약이라고 봄이 상당하다.

킨 것으로 보아 유익비로 인정하는 태도를 취하고 있다. 이와 같이 유익비로 인정되지 않게 되는 경우에는, 결국 원상회복의무의 대상이 될 뿐이다.

판례

대법원 1981. 11. 24. 선고 80다320,321 판결 【보증금등】

임차인이 임차건물을 증 · 개축 기타 필요한 시설을 하되 임대인에게 그 투입비용의 변상이나 일체의 권리주장을 포기하기로 특약하였다면, 이는 임차인이 임차건물을 반환시에 비용상환청구 등 일체의 권리를 포기하는 대신 원상복구의무도 부담하지 아니한다는 내용을 포함하는 약정으로 볼 것이므로, 동 임차계약서상에 "임차인은 임대인의 승인하에 가옥을 개축 또는 변조할 수 있으나 차가를 반환할 기일 전에 임차인이 일체의 비용을 부담하여 원상복구키로 함"이라는 인쇄된 부동문구가 그대로 남아있다 하여 이에 기하여 임차인의 원상복구의무를 인정할 수 없다.[36]

대법원 1983. 5. 10. 선고 81다187 판결 【토지인도등】

토지임대차계약을 체결함에 있어서, 임차인이 토지 위에 정구장 시설 및 그 부대시설인 가건물 등을 임차인의 비용으로 설치, 건축하여 정구장을 운영하되 임대차가 종료되었을 때에는 주위시설물 및 가건물을 임대인에게 증여하기로 약정한 사실이 인정된다면, 이는 임차인이 유익비상환청구를 할 수 없다는 취지를 약정한 것으로 볼 것이다.

대법원 1994. 9. 30. 선고 94다20389,20396 판결 【손해배상(기),건물명도(반소)】

임대차계약 체결시, 임차인이 임대인의 승인하에 임차목적물인 건물부분을 개축 또는 변조할 수 있으나 임차목적물을 임대인에게 명도할 때에는 임차인이 일체 비용을 부담하여 원상복구를 하기로 약정하였다면, 이는 임차인이 임차목적물에 지출한 각종 유익비의 상환청구권을 미리 포기하기로 한 취지의 특약이라고 봄이 상당하다.

대법원 1996. 8. 20. 선고 94다44705,44712 【건물명도등 · 소유권보존등기말소】

건물 임차인이 자신의 비용을 들여 증축한 부분을 임대인 소유로 귀속시키기로 하는 약정은, 임차인이 원상회복의무를 면하는 대신 투입비용의 변상이나 권리주장을 포기하는 내용이 포함된 것으로서, 특별한 사정이 없는 한 유효하므로, 그 약정이 부속물매수청구권을 포기하는 약정으로서 강행규정에 반하여 무효라고 할 수 없고, 또한 그 증축부분의 원상회복이 불가능하다고 해서 유익비의 상환을 청구할 수도 없다.[37]

대법원 1998. 5. 2. 선고 98다6497 판결 【보증금반환】

임대차계약서에 "임차인은 임대인의 승인하에 개축 또는 변조할 수 있으나 계약대상물을 명도시에는 임차인이 일체 비용을 부담하여 원상복구하여야 함."이라는 내용이 인쇄되어 있기는 하나, 한편 계약체결 당시 특약사항으로 "보수 및 시설은 임차인이 해야 하며 앞으로도 임대인은 해주지 않는다. 임차인은 설치한 모든 시설물에 대하여 임대인에게 시설비를 요구하지 않기로 한다." 등의 약정을 한 경우, 임차인은 시설비용이나 보수비용의 상환청구권을 포기하는 대신 원상복구의무도 부담하지 않기로 하는 합의가 있었다고 보아, 임차인이 계약서의 조항에 의한 원상복구의무를 부담하지 않는다.

대법원 1998. 10. 20. 선고 98다31462 판결 【토지인도청구등】

임야 상태의 토지를 임차하여 대지로 조성한 후 건물을 건축하여 음식점을 경영할 목적으로 임대차계약을 체결한 경우, 비록 임대차계약서에서는 필요비 및 유익비의 상환청구권은 그 비용의 용도를 묻지 않고 이를 전부 포기하는 것으로 기재되었다고 하더라도, 계약당사자의 의사는, 임대차목적토지를 대지로 조성한 후 이를 임차목적에 따라 사용할 수 있는 상태에서 새로이 투입한 비용만에 한정하여 임차인이 그 상환청구권을 포기한 것이고, 대지 조성비는 그 상환청구권 포기의 대상으로 삼지 아니한 취지로 약정한 것이라고 해석하는 것이 합리적이다.[38]

포기의 특약이 없이 임차인이 유익비를 지출한 경우에도, 임대인에게는 그것이 필요 없는 경우가 얼마든지 있을 수 있다. 이때 임대인은 임차인에게 원상회복의무에 기한 철거를 청구할 수 있는가? 이를 인정하게 되면, 비용상환청구권을 인정

36 이 판결은, 부동문자로 된 계약문구가 있는 경우에도, 이와 상반되는 당사자의 명시적 특약이 있었던 경우에는 그 부동문구를 무시하고 당사자의 특약에 따른다는 취지를 내포하고 있다.

37 이 사건의 경우 건물의 일부분이 구조상으로나 이용상으로 다른 부분과 구분되는 독립성이 있으면 구분소유권의 객체로 될 수 있다 할 것인 바, 건물의 증축 부분이 기존 건물 부분과 벽으로 구분되어 있고 기존 건물 부분과 무관한 용도로 사용되고 있다면, 구조상으로나 이용상으로 독립되어 있어 구분소유권의 객체가 될 수 있어 증개축부분이 제256조 단서에 따라 임차인 소유가 되고, 그에 따라 임차인은 부속물매수청구권을 행사할 수 있으나 특약에 따라 이를 포기한 것으로 보아, 결국 임대인의 소유라고 본 것이다.

38 이는 포기특약 자체는 인정하되 임차인 보호를 위하여 포기대상의 범위를 제한하였다는 점에서 그 의의가 있다.

할 실익은 없게 된다. 따라서 유익비상환청구권이 인정되는 경우에는, 원상회복의무가 배제되는 것이다(전술한 부속물매수청구권이 인정되는 경우에도 원상회복의무가 없게 된다는 점은 같다).

(마) 상환청구권의 행사

1) 행사시기(제654조, 제617조)

본 권리는 목적물을 반환받은 날로부터 6개월 이내에 행사하여야 하고, 본 기간은 제척기간이다. 필요비의 경우에는 즉시 청구할 수 있으므로, 본 제척기간과는 별도로 지출시부터 소멸시효 또한 진행된다. 반면 유익비의 경우에는 임대차의 종료시에 비로소 청구권이 발생하는 것이고, 따라서 위의 제척기간의 적용만을 받게 된다. 또한 같은 이유에서, 유익비상환청구권은 임대차존속 중에 상계의 대상이 될 수 없다(이 점에 관하여는 후술 4)의 나),다)를 참조).

2) 상환청구액

(ㄱ) 필요비

필요비는 현존여부에 관계없이 지출액 전부를 청구할 수 있다.

(ㄴ) 유익비

임차인이 지출한 금액과 현존하는 증가액 중 임대인이 선택한 것을 상환하여야 한다. 즉 제626조 제2항에 의하여 일종의 선택채권이 성립하게 된다.

판례

대법원 2002. 11. 22. 선고 2001다40381 판결【유익비등】

유익비상환청구에 관하여 민법 제203조 제2항은 점유자가 점유물을 개량하기 위하여 지출한 금액 기타 유익비에 관하여는 그 가액의 증가가 현존한 경우에 한하여 회복자의 선택에 좇아 그 지출금액이나 증가액의 상환을 청구할 수 있다고 규정하고 있고, 민법 제626조 제2항은 임차인이 유익비를 지출한 경우에는 임대인은 임대차종료시에 그 가액의 증가가 현존한 때에 한하여 임차인의 지출한 금액이나 그 증가액을 상환하여야 한다고 규정하고 있으므로, 유익비의 상환범위는 점유자 또는 임차인이 유익비로 지출한 비용과 현존하는 증가액 중 회복자 또는 임대인이 선택하는 바에 따라 정하여진다고 할 것이고, 따라서 유익비상환의무자인 회복자 또는 임대인의 선택권을 위하여 그 유익비는 실제로 지출한 비용과 현존하는 증가액을 모두 산정하여야 할 것이다 (대법원 1987. 4. 14. 선고 86다카2342 판결 등 참조).

그럼에도 불구하고, 원심은 옹벽 부분의 성토에 따른 원고의 실제 지출비용에 대하여는 아무런 심리 · 판단을 하지 아니한 채 이 사건 토지 가치의 현존 증가액만을 산정하여 461,004,000원이 피고가 상환하여야 할 유익비에 해당한다고 판단하였는바, 이러한 원심판결에는 유익비 상환의무의 범위에 관한 법리를 오해하고 필요한 심리를 다하지 아니함으로써 판결 결과에 영향을 미친 위법이 있다고 하지 않을 수 없고, 이 점을 지적하는 상고이유의 주장은 정당하다.

3) 상환청구의 상대방

(ㄱ) 새로운 소유자에 대한 청구

임차인의 비용지출 후 임대목적물에 대한 소유자의 변동이 있는 경우에, 임차인은 누구를 상대로 비용상환을 청구할 수 있는지 문제된다. 이는 대항력의 유무를 기준으로 판단할 것으로서, 만일 임차인에게 대항력이 있다면 신소유자는 종전 임대인의 지위를 승계한 것이므로 임차인은 신소유자를 상대로 청구할 수 있지만, 대항력이 없는 경우에는 임대차관계를 주장할 수 없으므로 상환청구를 할 수 없다. 다만 이 경우 임차인은 후술하는 바와 같이 유치권을 행사하여 신소유자에 대하여 상환을 사실상 강제할 수는 있다.

(ㄴ) 전차인의 임대인에 대한 청구

임대인의 동의를 받아 적법하게 전대차가 이루어진 경우에 전차인이 전대인에 대하여 비용상환청구를 할 수 있는 것은 당연하지만, 이 경우 전차인이 임대인에 대하여도 할 수 있는지가 문제된다. 그러나 기본적으로 전차인은 후술하는 바와 같이 임대인에 대하여는 전대차에 따른 의무만을 부담할 뿐 권리를 가지는 것이 아니므로 행사할 수 없다고 보아야 한다. 이 경우 점유자와 회복자에 관한 제203조의 일반론에 따라 비용상환청구를 하는 것은 별론이다.[39]

4) 행사 효과

(ㄱ) 유치권과 부당이득의 성립

임차인은 비용상환청구권에 관하여 유치권을 갖는다. 즉 전술한 매수청구권에 기한 대금채권과는 달리, 이는 '목적물에 관한 채권'으로 인정되는 것이다. 후술 (ㄴ)의 동시이행항변권이 채권적인 권리로서 상대적인 것과는 달리, 유치권은 물권으로서 절대성을 갖는다. 그러므로 임차인은 임대인은 물론 신소유자의 명도청구에 대하여도 상환받기까지 그 명도를 거부할 수 있고, 경매시에도 마찬가지이다.

그러나 유치권을 행사할 수 있다는 것과 계속 사용시 임료상당액이 부당이득이 된다는 것은 별개이므로, 원칙적으로 임차인은 임료 상당액을 부당이득액으로 임대인이나 제3취득자에게 반환하여야 한다.

다만 임대차보증금이 있는 경우에는 임대인에게 귀속되는 보증금의 이자상당액은 사용 · 수익으로 인한 임차인의 이득과 사실상 상계되므로, 별도의 부당이득이 성립하지 않게 된다. 한편 보증금과 차임이 결합한 경우(예컨대, 보증금 1억원에 월차임 50만원으로 하는 경우)에는, 보증금에 상당하는 부분은 공제하고 부당이득액을 계산하여야 할 것이다.

그렇다면 임차인이 보증금을 반환받지 못하고 있는 상태에서, 예컨대 임차건물의 문을 걸어 잠그고 다른 곳에 가서 동종의 영업을 하고 있는 경우는 어떻게 취급되어야 할 것인가? 앞서의 원칙을 따른다면, 역시 유치권은 있되 부당이득반환의

39 민법주해 XV, 100면.

무는 있다고 할 것이다. 그러나 판례에 따르면, 위와 같은 경우에 점유는 여전히 임차인이 하고 있지만 임대차 본래의 목적에 따른 사용·수익이 있다고 볼 수는 없다. 따라서 부당이득반환의무는 인정될 수 없게 된다.[40]

(ㄴ) 동시이행의 항변 및 상계

필요비를 지출한 경우 임차인은 차기의 차임지급에 관하여 동시이행을 주장할 수 있고, 대등액에서 상계할 수도 있다(물론 임대인도 이를 할 수 있다). 반면 위에서 본 바와 같이 유익비를 지출한 경우 그 상환청구권은 임대차종료시에 비로소 발생하기 때문에 목적물반환청구에 대하여 동시이행을 주장할 수는 있지만 차임채권과 대등액에서 상계할 수는 없다.

(ㄷ) 임대차계약의 해지와의 관계

임대인이 차임연체를 이유로 임대차계약 해지의 의사표시를 한 경우에 임차인이 해지 전에 가지고 있던 유익비상환청구권과 차임채무를 대등액에서 상계한 결과 차임채무가 전부 소멸한 때에는 계약해지의 의사표시 이전에 상계적상에 있었기 때문에 계약해지의 효과는 없게 되는지가 문제된다. 그러나 유익비상환청구권은 위의 필요비상환청구권을 지출 즉시부터 행사할 수 있음과는 달리, 계약의 해지로 임대차가 종료되어야 비로소 발생하여 행사할 수 있는 것이다. 따라서 상계적상이 계약해지의 의사표시 이전에 있었다는 논리는 성립할 수 없으므로, 계약은 적법하게 해지된 것으로 보아야 하고, 다만 그 후의 정산과정에서 연체차임과 유익비가 서로 상계될 따름이라고 보아야 한다.[41]

---

40 대판 1989. 10. 27, 89다카4298 판결【전부금】은 전형적으로 위와 같은 사안에 관한 것이다. 동 판결은 이 외에도, 동시이행의 항변권에 기한 임차인의 계속점유는 불법점유를 구성하지 않기 때문에, 불법행위로 인한 (역시 임료 상당액에 해당하는) 손해배상청구권 또한 성립하지 않는다는 판시를 하고 있다.

41 민법주해 XV, 102면.

나. 임차인의 권리와 의무

(1) 임차권

(가) 의의

임차권은 임대차에 기하여 임차인이 임대인에게 임차물을 사용·수익하게 할 것을 요구할 수 있는 권리로서, 본질적으로는 채권이지만 앞서 본 바와 같이 부동산임차권의 경우 물권화하는 경향을 보이고 있다.

(나) 대항력

1) 일반

임차권은 기본적으로 채권이기에 임대인 이외의 자에게 임차권을 주장할 수 없다. 그렇기 때문에 만일 임차목적물이 제3자에게 양도되었다면 임차인은 임차권으로 제3자에게 대항할 수가 없다("매매는 임대차를 깬다"). 그 결과 부동산임차인의 지위가 매우 불안정해질 우려가 높으므로, 임차인의 보호를 위하여 일정한 조건하에 임차인에게 대항력을 인정하고 있다(제621조, 제622조).

2) 임대차의 등기(제621조)

부동산 임차인은 당사자간에 반대의 특약이 없으면 임대인에 대하여 임대차등기절차에 협력할 것을 청구할 수 있고, 등기시에는 그때부터 제3자에 대하여 효력(대항력)이 생긴다.

그러나 절차의 번거로움과 임대인의 반대특약 등으로 본조는 활용되지 않아 사실상 사문화되어 있다고 해도 과언이 아니며, 주택임대차보호법이나 상가건물임대차보호법 등에 의하여 임차인이 보호되는 경향이 강하다.

3) 임대차등기의 효력

(ㄱ) 대항력

임차권의 대항력이란 임차인이 임차권을 제3자에 대하여 주장할 수 있는 것을 말하는바, 그 내용은 주로 임차목적부동산에 대한 제3취득자(신소유자), 제한물권취득자 및 임차권침해자와의 관계에서 문제된다.

(ㄴ) 제3취득자와의 관계

① 임차권의 주장

임차인은 임차부동산의 제3취득자에 대하여 자기의 임차권을 주장할 수 있다. 제3자의 취득이 매매나 교환, 증여, 상속, 경매 등 어떤 원인에 의한 것이든지 관계없다.[42]

② 임대차의 승계

제3자에 대하여 임차권을 주장할 수 있다는 것은, 종래의 임대차가 신소유자인 제3취득자와 임차인 사이에 그대로 존속된다는 의미이다.

그에 따라 임대차의 존속기간, 차임액, 지급시기 등 모든 것이 그대로 승계되며, 연체차임은 제3취득자가 소유권을 취득한 시점을 기준으로, 이미 연체되어 있는 부분은 별도의 채권양도절차가 없는 한 종전 임대인만이 청구할 수 있고, 제3취득자에게 그 청구권이 이전되지 않는다.

임차인이 양도 후의 차임을 종전 임대인에게 지급한 경우, 수령권한 없는 자에 대한 지급이므로 변제의 효과가 발생하지 않지만, 임차인이 양도사실을 모른 채 지급하였다면 제470조의 채권의 준점유자에 대한 변제로 보아 변제의 효력이 발

42 다만 임차권등기에 앞서는 선순위근저당권이 설정되어 있거나 선순위의 가압류등기가 되어 있는 부동산에 대하여 경매절차가 진행되어 제3자가 목적물의 소유권을 취득한 때에는, 저당권등기는 물론 임차권등기도 말소되기 때문에(민사집행법 제91조 제3항), 임차인은 경락인에 대하여 임차권을 주장할 수 없다.

생한다.

보증금도 그대로 승계되어 신소유자가 보증금반환의무를 지게 된다. 연체차임이 있는 경우 통설은, 비록 승계 전에 발생한 연체차임이라 할지라도 연체차임은 당연히 보증금에서 공제되고 나머지 잔액만이 제3취득자에게 승계되는 것으로 보고 있다.

(ㄷ) 제한물권취득자와의 관계

등기된 임차권자와 제한물권취득자와의 관계는 등기의 선 · 후에 따라 결정된다.

저당권의 경우 용익물권적 성격이 없으므로 저당권이 실행될 때까지는 임차권과의 충돌문제가 발생하지 않고, 저당권이 실행된 경우에는 결국 경락인과 임차인 간의 문제가 되어 앞서 말한 제3취득자에 대한 관계의 문제로 돌아간다.

전세권자, 지상권자, 또 다른 임차권등기권자와의 사이에는 등기의 순위나 일자에 의하여 우선적 지위에 있는 임차권자는 후순위자의 용익권을 부인하고 자기의 사용 · 수익을 주장할 수 있다.

(ㄹ) 임차권 침해자에 대한 관계

제3자에 의하여 임차권이 침해받는 경우, 임차인이 부동산을 점유하고 있는 때에는 그 점유권의 침해를 이유로 방해배제 및 손해배상을 청구할 수 있고(제204조 이하), 제3자에 의한 채권침해로서 불법행위가 되는 경우에는 이에 기한 손해배상청구도 할 수 있다. 등기된 임차권자는 더 나아가 임차권 자체에 의하여 방해배제를 청구할 수 있다.

이와 관련하여 주의할 것은 등기된 임차권자는 비록 임대차기간이 종료된 후라 하더라도 침해에 대한 방해배제를 청구할 수 있다는 점이다.

판례도 "등기된 임차권에는 용익권적 권능 외에 임차보증금반환채권에 대한 담보권적 권능이 있고, 임대차기간이 종료되면 용익권적 권능은 임차권등기의 말소등기 없이도 곧바로 소멸하나 담보권적 권능은 곧바로 소멸하지 않는다고 할 것이어서, 임차권자는 임대차기간이 종료한 후에도 임차보증금을 반환받기까지는 임대인이나 그 승계인에 대하여 임차권등기의 말소를 거부할 수 있다고 할 것이고, 따라서 임차권등기가 원인 없이 말소된 때에는 그 방해를 배제하기 위한 청구를 할 수 있다."라고 한다(대판 2002. 2. 26, 99다67079【선박가등기등말소】).

4) 동산임차권의 대항력

임차인이 점유 중인 동산의 소유권을 임대인이 반환청구권의 양도(제190조)에 의한 방법으로 이전한 경우, 명문의 규정이 없는 우리나라에서는 임차인은 신소유자에 대하여 대항할 수 없다.

(다) 건물등기 있는 차지권의 효력(제622조)

1) 의의

비록 임차권 자체를 등기하지 않았다 하더라도, 건물의 소유를 목적으로 한 토지임대차에서 당해 건물을 등기한 때에는 대항력이 있어 제3자에 대하여 임대차의 효력이 생긴다.

2) 요건

(ㄱ) 건물 소유 목적의 토지임대차

건물의 소유를 목적(주요목적을 의미함)으로 하여야 하므로, 소유 이외의 목적으로 임차한 토지에 건물을 신축하여 등기를 한 경우에는 본조의 적용이 없다.

판례는 "갑이 대지와 건물의 소유자였던 을로부터 이를 임차하였는데, 그 후 갑이 그 건물을 강제경매절차에서 경락받아 그 대지에 관한 위 임차권은 등기하지 아니한 채 그 건물에 관하여 갑 명의의 소유권이전등기를 경료하였다면, 갑과 을 사이에 체결된 대지에 관한 임대차계약은 건물의 소유를 목적으로 한 토지임대차계약이 아님이 명백하므로, 그 대지에 관한 갑의 임차권은 민법 제622조에 따른 대항력을 갖추지 못하였다."라고 한다(대판 1994. 11. 22, 94다5458 【지료】).

(ㄴ) 지상건물의 등기

대항력이 생기기 위해서는 지상건물에 관하여 소유권등기(보존이든 이전이든 관계없음, 예를 들어 신축 후 보존등기를 하는 경우나, 토지상에 임대인 소유의 건물이 있고 토지임차인이 그 건물을 양수하여 소유권이전등기를 한 경우)를 하여야 한다.

건물등기상의 지번과 토지등기상의 지번이 상이한 경우, 판례는 "민법 제622조 제1항의 규정은, 그 차지상에 임차인이 소유하는 건물의 등기라고 볼 만한 등기가 있으면 임차인은 그 차지권을 가지고 제3자에게 대항할 수 있다는 것으로서, 건물등기의 지번이 반드시 토지등기의 지번과 일치할 것을 요구하고 있다고는 해석되지 아니하므로, 설사 그 표시가 다르다 하더라도, 그 지상건물이 등기부상의 건물표시와 사회통념상 동일성이 있고 그것이 임차한 토지위에 건립되어 있어서 쉽게 경정등기를 할 수 있는 경우라면, 경정등기 전이라 하더라도 동조 소정의 대항력을 갖추었다."라고 본다(대판 1986. 11. 25, 86다카1119 【건물철거등】).

(ㄷ) 건물의 존속

지상건물이 임대차기간 동안 계속 존속하여야 하고, 중간에 건물이 멸실되거나 후폐(썩어서 소용없게 됨)한 때에는 대항력을 상실한다.

3) 대항력의 내용

본조에 의한 대항력도 기본적으로는 앞서 본 등기된 임차권의 대항력과 같다.

다만 본조의 대항력은 토지임대차가 존속되는 경우에 한하여 인정되는 것이므로, 만일 임대차가 종료되면 그 후의 임차인의 토지점유는 불법점유가 되어, 임차인이 제643조의 지상물매수청구권을 행사하는 것은 별론으로 하고, 토지소유자의 건물철거 및 대지인도 청구를 거부할 수 없다.

본조에 의한 대항력을 주장할 수 있는 자는, 임차인과 그로부터 건물을 양수하고 임대인의 동의를 얻어 토지임차권을 적법하게 양수한 자이다. 다만 임차권의 양도가 적법하여야 하므로 임차권의 양도에 구 토지소유자인 임대인의 동의가 있어야 하며[43] 건물을 양수한 것만으로는 부족하고 반드시 건물에 관한 소유권이전등기를 마쳐야 한다.

제3자에의 대항력 유무는 등기의 선후에 의한다. 그러므로 토지임차인이 대항력을 갖추기 전에 임대인이 토지를 제3자에게 양도하여 제3자가 소유권이전등기를 갖춘 경우에는, 임차인이 비록 그 후에 건물에 관한 등기를 할지라도 양수인에 대하여는 임대차의 효력이 발생하지 않는다.[44]

1필의 토지 일부분에 건물이 존재하더라도 지상건물의 등기에 의한 대항력은 그 토지 전부에 미친다. 그러므로 토지임차인이 1필지의 토지 위에 수개의 건물을 소유하더라도 그 중 하나에만 등기를 마치면 미등기건물이 위치한 토지부분에도 대항력이 생긴다.

---

43 판례도 "민법 제622조 제1항은 건물의 소유를 목적으로 한 토지임대차는 이를 등기하지 아니한 경우에도 임차인이 그 지상건물을 등기한 때에는 토지에 관하여 권리를 취득한 제3자에 대하여 임대차의 효력을 주장할 수 있음을 규정한 취지임에 불과할 뿐, 건물의 소유권과 함께 건물의 소유를 목적으로 한 토지의 임차권을 취득한 사람이 토지의 임대인에 대한 관계에서 그의 동의가 없이도 임차권의 취득을 대항할 수 있는 것까지 규정한 것이라고는 볼 수 없다" 고 한다(대판 1993. 4. 13, 92다24950【건물철거】).

44 민법 제622조 제1항은 '건물의 소유를 목적으로 하는 토지임대차는 이를 등기하지 아니한 경우에도 임차인이 그 지상건물을 등기한 때에는 제3자에 대하여 임대차의 효력이 생긴다.' 고 규정하고 있는 바, 이는 건물을 소유하는 토지임차인의 보호를 위하여 건물의 등기로써 토지임대차 등기에 갈음하는 효력을 부여하는 것일 뿐이므로, 임차인이 그 지상건물을 등기하기 전에 제3자가 그 토지에 관하여 물권취득의 등기를 한 때에는, 임차인이 그 지상건물을 등기하더라도 그 제3자에 대하여 임대차의 효력이 생기지 아니한다(대판 2003. 2. 28, 2000다65802,65819【건물등철거·매매대금】).

(2) 부속물매수청구권(제646조)

(가) 일반

본조는 앞서 설명한 토지임차인의 지상물매수청구권과 궤를 같이하는 조항이다. 즉 임차인이 그의 비용으로 임차물에 부가한 것이 독립한 존재가치를 갖는 경우, 제256조 단서에 따라 그 부가물은 임차인의 소유에 속한다. 그에 따라 임대차 종료시 임대인은 임차인에게 원상회복의무로서 그 철거를 구할 수 있는바, 이는 임차인은 물론 사회경제적으로도 바람직하지 않다. 이러한 부속물은 보통 본체에 부속되어 있을 때 본체의 사용가치를 높일 수 있는 것이지 본체와 분리하여서는 그 가치는 거의 없게 되기 때문이다. 이를 방지하기 위하여 민법은 건물임차인이 임대인에게 부속물의 매수를 청구할 권리를 부여한 것이다.

이러한 부속물매수청구권에 관한 법리는 전술한 지상물매수청구권(제643조)과 대동소이하다. 즉, 후자는 '토지'임차인이 '건물, 수목 기타 지상시설'로서 토지로부터 완전히 독립된 물건이라고 볼 수 있는 것을 부속한 경우를 그 대상으로 하는 데 반하여, 전자는 '건물 기타 공작물'의 임차인이 그와 완전히 독립된 정도는 아니나 구성부분이 될 정도도 아닌 물건을 부속한 경우를 그 대상으로 한다는 점에서 차이가 있을 뿐, 그 외에는 많은 공통점을 지니고 있는 것이다. 그렇기 때문에 앞서의 설명과 비교 · 대조하면서 살펴볼 필요가 있다.

(나) 요건

1) 건물 기타 공작물의 임대차

지상물매수청구권과는 달리 부속물매수청구권은 건물 기타 공작물의 임차인에게 인정되는 권리이다.

2) 임차인이 건물 기타 공작물의 사용편익을 위하여 부가시켰고, 그 부속물이

독립성을 가질 것

수도, 전기, 가스 등의 설비와 같이 건물 등의 사용의 편익에 이바지함으로써 건물 등의 객관적 이용가치를 증대시켰어야 한다. 여기서 주의할 것은 부속물이 독립적 가치를 가진 경우에 한하여 본조가 적용된다는 점이다. 만일 독립성을 상실하여 이미 건물 등의 구성부분이 되었다면, 그때는 제256조 단서가 적용되지 않고 건물에 부합되므로 본조가 적용될 여지가 없고, 제256조 본문으로 돌아가 부합에 의하여 임대인의 소유가 되고 임차인은 단지 앞서 살펴본 유익비상환청구를 할 수 있을 뿐이다.

판례도 "민법 제646조가 규정하는 건물임차인의 매수청구권의 대상이 되는 부속물이라 함은, 건물에 부속된 물건으로 임차인의 소유에 속하고, 건물의 구성부분이 되지 아니한 것으로서 건물의 사용에 객관적인 편익을 가져오게 하는 물건이라 할 것이므로, 부속된 물건이 오로지 임차인의 특수목적에 사용하기 위하여 부속된 것일 때는 이를 부속물매수청구권의 대상이 되는 물건이라 할 수 없을 것이나, 이 경우 당해 건물의 객관적인 사용목적은 건물 자체의 구조와 임대차계약 당시 당사자 사이에 합의된 사용목적, 기타 건물의 위치, 주변의 환경 등 제반 사정을 참작하여 정하여지는 것이라 할 것"이라고 한다(대판 1993. 2. 26, 92다41627 【건물명도】).

판례

대법원 1993. 2. 26. 선고 92다41627 판결 【건물명도】

이 사건 건물의 등기부등본(갑 제1호증), 건축물관리대장(갑 제4호증)에는 이 사건 건물 전체는 지하 1층, 지상 5층으로서 피고가 임차한 1,2층뿐만 아니라 지하층은 그 용도가 음식점으로 되어 있고, 원 · 피고간의 임대차계약서(갑 제2호증)에도 그 용도가 대중음식점으로 되어 있으며, 원심증인 김○○의 증언과 1심법원의 현장검증결과에 의하면 피고가 임차한 이 사건 건물부분은 당초 상 · 하수도, 화장실, 전기배선 등 기본시설만 되어 있는 것을 피고가 임차 후 이를 식당으로 사용하기 위하여 그 주장과 같은 각종 시설을 하였고 현재 그 바로 옆에는 ○○갈비라는 음식점이 붙어 있는 사실이 인정되는 바, 이러한 사실관계에 비추어 보면 이 사건 건물의 객관적인 사용목적은 대중음식점이라고 봄이 상당하다고 할 것이다.

따라서 피고가 한 각종 시설물 중 음식점영업의 편익을 위한 것은 이 사건 건물의 사용에 객관적인 편익을 가져오게 하는 것이라고 할 것이다.

대법원 1983. 2. 22.선고 80다589 판결 【건물명도】

건물 자체의 수선 내지 증 · 개축부분은 특별한 사정이 없는 한 건물자체의 구성부분을 이루고 독립된 물건이라고 보이지 않으므로 임차인의 부속물 매수청구권의 대상이 될 수 없다.

대법원 1982. 1. 19. 선고 81다1001 판결 【점포명도】

가. 건물임차인의 매수청구의 대상이 되는 부속물이란 건물 자체에 부속된 물건으로서 건물의 구성부분으로는 되지 않는 임차인 소유의 물건 중 건물의 사용에 객관적 편익을 가져오는 것에 한한다. 따라서 기존건물과 분리되어 독립한 소유권의 객체가 될 수 없는 증축부분이나 임대인의 소유에 속하기로 한 부속물은 매수청구의 대상이 될 수 없다.

나. 건물임차인인 피고들이 증 · 개축한 시설물과 부대시설을 포기하고 임대차 종료시의 현 상대로 임대인의 소유에 귀속하기로 하는 대가로 임대차계약의 보증금 및 월차임을 파격적으로 저렴하게 하고, 그 임대기간도 장기간으로 약정하고, 임대인은 임대차계약의 종료 즉시 임대건물을 철거하고 그 부지에 건물을 신축하려고 하고 있으며 임대차계약 당시부터 임차인도 그와 같은 사정을 알고 있었다면 임대차계약시 임차인의 부속시설의 소유권이 임대인에게 귀속하기로 한 특약은 단지 부속물매수청구권을 배제하기로 하거나 또는 부속물을 대가없이 임대인의 소유에 속하게 하는 약정들과는 달라서 임차인에게 불리한 약정이라고 할 수 없다.

결국 부가물이 독립성을 갖추었을 때에는 본조의 부속물매수청구권이, 독립성을 상실하여 본체의 구성부분이 되었을 때에는 유익비상환청구권이 적용된다고 할 것이다. 그러나 실제 부속물이 독립성을 구비하였는지의 여부를 판단하는 일은 결코 쉬운 일이 아니다. 그렇기 때문에 비록 어느 정도 독립성을 갖고 있다 할지라도 임차인으로서는 임대인의 동의를 얻은 경우에는 본조의 부속물매수청구권을 행사할 수 있지만, 동의를 받지 못하였거나 또는 동의를 받았다 할지라도 본조가 아닌 앞의 유익비상환청구권도 선택적으로 행사할 수 있다고 보아야 할 것이다.

3) 임대인의 동의 등

임차인이 임대인의 동의를 얻어 부속물을 부가하였거나(제646조 제1항) 임대인으로부터 부속물을 매수하여야 한다(제646조 제2항).

본조가 강행규정이므로 임차인이 임의로 부가시킨 부속물에 대하여도 매수청구권을 인정할 경우 임대인의 이익이 크게 침해되고 임차인에 의하여 본조가 남용될 우려가 있기 때문에 임대인의 동의를 요구하고 있는 것이다.

제646조는 전술한 토지임차인의 지상물매수청구권에 관한 제643조(에 의하여 준용되는 제283조 제2항)와는 달리 '동의'를 명문으로 요구하고 있다는 점에서 양자간에 차이점이 있는 것처럼 보인다. 그러나 후자는 "건물 기타 공작물의 소유 ..."를 목적으로 하는 토지임대차가 있는 경우에만 적용이 있다는 점에서, 대지상에 지상물을 부속시키는 데 대한 임대인의 동의가 전제되고 있다고 보아야 할 경우가 많을 것이다. 따라서 양자의 차이는 그 외견에 불구하고 실질적으로는 그리 크지 않은 것이라고 볼 수 있다.

4) 임대차가 종료하였을 것

제643조의 매수청구권과는 달리 기간만료로 인한 경우뿐만 아니라 차임연체에 따른 계약해지시에도 본조가 적용된다고 보는 것이 통설이다. 그러나 판례는 "임대차계약이 임차인의 채무불이행으로 인하여 해지된 경우에는 임차인은 민법 제646조에 의한 부속물매수청구권이 없다"고 하여(대판 1990. 1. 23, 88다카7245,7252 【건물명도】) 임대차계약이 임차인의 채무불이행으로 해지된 경우에는 본조에 의한 매수청구권을 부정한다.

(다) 매수청구권의 행사 및 그 효과

1) 매매계약의 성립

본조의 매수청구권도 형성권이므로 임차인이 매수청구권을 행사하면 임대인의 승낙과 관계없이 곧바로 매매계약이 성립하고, 대항력 있는 임차인은 임차목적물의 양도인에 대하여도 매수청구권을 행사할 수 있다.

매매계약이 성립되면 매매대금의 지급과 부속물의 인도가 동시이행의 관계에 있게 되고, 건물 기타의 공작물의 명도와도 동시이행의 관계가 성립한다.

그러나 부속물매수대금청구권은 건물 기타 공작물 자체에 관하여 생긴 권리라고 볼 수 없으므로 매매대금을 지급받기 위한 유치권의 성립은 부정된다.[45] 이 점 역시 앞서 본 지상물매수청구권의 경우와 같고, 유익비상환청구권과 다른 점이다.

2) 강행규정(제652조)

본조에 반하여 임차인의 매수청구권을 배제 또는 제한함으로써 임차인에게 불리한 특약은 효력이 없다. 그러나 임대차종료 후에 부속물매수청구권을 포기하는 약정을 하는 것은 관계없다. 임대차 종료 후의 약정은 임대차 존속 중에 미리 그런 약정을 하는 경우와는 달리 임차인의 이익을 부당하게 해할 염려가 없기 때문이다.

본조도 토지 임차인의 건물매수청구권과 마찬가지로 임차인의 보호를 위한 편면적 강행규정이므로, 임차인에게 실질적인 불이익이 없는 경우에는 포기약정이 무효로 되는 것은 아니다.

판례도 "갑이 을에게 건물부분을 임대할 때 그 임차보증금과 임료를 시가보다 저렴하게 해 주고, 그 대신 을은 임대차가 종료될 때 그가 설치한 부속물에 대한 시설비나 필요비, 유익비, 권리금 등을 일체 청구하지 아니하기로 약정하였고, 병

45 학설은 긍정설과 부정설로 양분되나, 판례는 부정설을 취하고 있다(대판 1977. 12. 13, 77다115【건물명도등】).

등이 을로부터 위 임차권을 양수할 때에도 갑에게 위 시설비 등을 일체 청구하지 아니하기로 약정하였다면, 을이나 병 등은 매수청구권을 포기하였다 할 것이고, 또 위와 같은 약정이 임차인에게 일방적으로 불리한 것이라고 볼 수도 없다"고 하였고(대판 1992. 9. 8, 92다24998,92다25007【건물명도,매매대금】), "건물임차인이 자신의 비용을 들여 증축한 부분을 임대인 소유로 귀속시키기로 하는 약정은, 임차인이 원상회복의무를 면하는 대신 투입비용의 변상이나 권리주장을 포기하는 내용이 포함된 것으로서 특별한 사정이 없는 한 유효하므로, 그 약정이 부속물매수청구권을 포기하는 약정으로서 강행규정에 반하여 무효라고 할 수 없고, 또한 그 증축부분의 원상회복이 불가능하다고 해서 유익비의 상환을 청구할 수도 없다."라고 한다(대판 1996. 8. 20, 94다44705,44712【건물명도등 · 소유권보존등기말소】).

(3) 임차물반환의무

(가) 임차물반환의무의 상대방

임대차 종료시에 임차인이 부담하는 가장 중요한 의무는 임차목적물의 반환의무이다. 반환의 상대방은 원칙적으로 원래의 임대인이고, 임차물의 양도가 있다고 하여 그 양수인에게 반환하여서는 안 된다.

이 점은 현실적으로 다음과 같은 측면에서도 중요하다. 임차물의 양도과정에서 전 · 후 소유자 간에 분쟁이 발생하는 경우에(예컨대, 매매대금을 완제받기 전에 소유권부터 넘겨준 경우), 구소유자인 원래의 임대인이 계약의 해제 등 구제절차를 밟기 전에 임차목적물의 점유가 이미 양수인에게 넘어가 있게 되는 경우에는 구제절차의 경료 전에 신소유자가 이를 제3자에게 처분하여 분쟁이 확산될 수 있는 것이다.

다만 임차권이 대항력을 갖는 경우에는 임차물의 양수인이 임대인의 지위를 승계한 것으로 취급되므로 그가 상대방이 된다.

그러나 대항력이 없는 일반적인 경우에는, "임대차는 당사자의 일방이 상대방에게 목적물을 사용 · 수익케 할 것을 약정하면 되는 것으로서, 나아가 임대인이 그 목적물에 대한 소유권이나 기타 그것을 처분할 권한을 반드시 가져야 하는 것은 아니며, 임대차계약이 일단 유효하게 성립하고 임대인이 목적물을 인도하여 임차인이 이를 사용 · 수익하고 있었다면, 그 후에 임대인의 목적물에 대한 사용수익권의 상실 등으로 그 계약의 목적을 달성할 수 없는 사정이 발생한다 하더라도, 특별한 사정이 없는 한 그 계약이 소급하여 무효로 되는 것은 아니고, 위와 같은 사정으로 임대차계약이 종료되면 임차인은 임대인이 목적물에 대한 소유권 기타 사용수익권이 있는지 여부와 관계없이 점유하고 있는 임차물을 임대인에게 반환하여야 할 계약상 의무가 있는 것이다."(대판 1991. 3. 27, 88다카30702【건물철거등】).

(나) 이행불능(보존의무와의 관계)

임차물의 반환이 불능인 경우(예컨대 임차목적물이 화재로 멸실된 경우) 이행불능으로 임차인은 손해배상의무를 부담하지만, 그 이행불능이 임차인의 유책사유에 의하지 않은 경우에는 그 의무를 면한다(제390조 단서). 다만 임차인이 그 책임을 면하려면 그 이행불능이 임차인의 유책사유에 기하지 않았음을 그가 입증하여야 한다. 이때, 반환불능이 임대인의 유책사유에 의한 경우 임차인은 '사용 · 수익케 할 의무'(제623조)의 이행불능을 이유로 임대차계약을 해지하거나 손해배상을 청구할 수 있을 것이다.[46]

한편, 불능이 임차인의 과실에 기한 경우에는, 그의 보존의무(제374조에 기한, 특정물 인도채무자의 선관의무) 위반을 이유로 그 채무불이행책임을 물을 수 있게 되는 것이다.

판례

대법원 2009. 5. 28. 선고 2009다13170 판결【구상금】

[1] 임차인은 임차건물의 보존에 관하여 선량한 관리자의 주의의무를 다하여야 하고, 임차

46 이때, 임차인의 차임지급에 대한 대가가 되는 임대인의 급부는 임차인으로 하여금 목적물을 사용 · 수익케 하는 것이었으므로, 그것이 불능으로 돌아간 터에 제538조 제1항에 의한 채권자위험부담을 문제 삼는 것은 무의미하다.

인의 목적물반환의무가 이행불능이 됨으로 인한 손해배상책임을 면하려면 그 이행불능이 임차인의 귀책사유로 인한 것이 아님을 입증할 책임이 있다. 그러나 그 이행불능이 임대차목적물을 임차인이 사용 · 수익하기에 필요한 상태로 유지하여야 할 임대인의 의무위반에 원인이 있음이 밝혀진 경우에까지 임차인이 별도로 목적물보존의무를 다하였음을 주장 · 입증하여야만 그 책임을 면할 수 있는 것은 아니다.

[2] 주택 기타 건물 또는 그 일부의 임차인이 임대인으로부터 목적물을 인도받아 점유 · 용익하고 있는 동안에 목적물이 화재로 멸실된 경우, 그 화재가 건물소유자 측이 설치하여 건물구조의 일부를 이루는 전기배선과 같이 임대인이 지배 · 관리하는 영역에 존재하는 하자로 인하여 발생한 것으로 추단된다면, 그 하자를 보수 · 제거하는 것은 임대차목적물을 사용 · 수익하기에 필요한 상태로 유지할 의무를 부담하는 임대인의 의무에 속하는 것이므로, 그 화재로 인한 목적물반환의무의 이행불능 등에 관한 손해배상책임을 임차인에게 물을 수 없다.

대법원 2009. 6. 25.선고 2008다55634 판결 【추심금】

임대차관계가 종료된 후 임차인이 목적물을 임대인에게 반환하였으면 임대인은 보증금을 무조건으로 반환하여야 하고, 임차인으로부터 목적물의 인도를 받는 것과의 상환이행을 주장할 수 없다. 그리고 이는 종전의 임차인이 임대인으로부터 새로 목적물을 임차한 사람에게 그 목적물을 임대인의 동의 아래 직접 넘긴 경우에도 다를 바 없다. 그 경우 임차인의 그 행위는 임대인이 임차인으로부터 목적물을 인도받아 이를 새로운 임차인에게 다시 인도하는 것을 사실적인 실행의 면에서 간략하게 한 것으로서, 법적으로는 두 번의 인도가 행하여진 것으로 보아야 하므로, 역시 임대차관계 종료로 인한 임차인의 임대인에 대한 목적물반환의무는 이로써 제대로 이행되었다고 할 것이기 때문이다.

(다) 원상회복의무와의 관계

임차인이 목적물을 반환할 때에는 이를 원상에 회복하여야 하고, 부속시킨 물건은 이를 철거할 수 있다(제654조, 제615조 1문).

원상회복이란 임차인이 임차물을 인도받았을 때의 상태로 회복시켜야 된다는 의미이다.[47] 이러한 원상회복의무는 단순히 점유이전만이 아니라, 임대 당시의

47 대판 1990. 10. 30, 90다카12035【임차보증금】(그러므로 전 임차인이 시설한 것까지 원상회복할 의

목적물의 용도에 맞게 다시 사용할 수 있는 상태를 만드는데 협력할 의무를 포함한다.

이 점을 현실에서 종종 문제되는 예로써 설명해 보기로 한다. 타인 소유의 건물을 임차하여 노래방 · 주점 등을 운영하다가 위법행위 등으로 영업허가를 취소당하게 되는 경우가 있는데, 이와 같은 취소처분은 대물적인(즉, 그 건물 자체에 대한) 효력을 갖는다. 그렇기 때문에 영업소를 임대하여 수익을 내야 하는 건물주의 입장에서는 다른 점포로 임대할 수조차도 없는 상황이 되어, 단순히 건물 내부가 훼손되는 등의 경우에 비하여 훨씬 더 막대한 손실을 입을 수도 있다. 이와 같은 경우에 임차인은 영업허가의 재취득에 협력해 주어야 할 의무를 지게 되는데, 그 근거가 바로 임대차에 기한 원상회복의무이다.

판례

대법원 2002. 12. 6. 선고 2002다42278 판결 【임대차보증금】

[1] 임대차계약이 중도에 해지되어 종료하면 임차인은 목적물을 원상으로 회복하여 반환하여야 하는 것이고, 임대인의 귀책사유로 임대차계약이 해지되었다고 하더라도 임차인은 그로 인한 손해배상을 청구할 수 있음은 별론으로 하고 원상회복의무를 부담하지 않는다고 할 수는 없다.

[2] 임차인이 자신의 영업을 위하여 설치한 시설에 관한 비용을 임대인에게 청구하지 않기로 약정한 사정만으로 원상복구의무를 부담하지 아니하기로 하는 합의가 있었다고 볼 수 없고, 임대차계약서상 기재된 임차인의 원상복구의무에 관한 조항이 단지 부동문자로 남아 있는 무의미한 내용에 불과하다고 볼 수 없다.[48]

대법원 2008. 10. 9. 선고 2008다34903 판결 【건물명도】

임대차종료로 인한 임차인의 원상회복의무는, 임차인이 사용하고 있던 부동산의 점유를 임대인에게 이전하는 것은 물론, 임대인이 임대 당시의 부동산 용도에 맞게 다시 사용할 수 있도록 협력할 의무도 포함한다. 따라서 임대인 또는 그 승낙을 받은 제3자가 임차건물 부분에서 다시 영업허가를 받는 데 방해가 되지 않도록 임차인은 임차건물 부분에서의 영업

무는 없다).

허가에 대하여 폐업신고절차를 이행할 의무가 있다. 위와 같은 법리에 비추어 원심판결 이유를 살펴보면, 원심이 피고로 하여금 원고들에게 위 영업허가에 관하여 폐업신고절차를 이행할 것을 명한 판단은 정당한 것으로 수긍할 수 있다.

다. 임차권의 양도와 임차물의 전대[49]

(1) 개관

(가) 의의

1) 임차권의 양도

임차권의 양도란 임차권을 그 동일성을 유지한 채로 제3자에게 이전하는 것을 말한다. 이러한 임차권의 양도의 성질에 관하여는, 지명채권의 양도로서 준물권계약의 성질을 갖는다는 견해와, 단순한 채권의 양도가 아니라 임차인의 임대차계약상의 권리 · 의무를 양수인에게 이전시키는 일종의 계약인수라고 하는 견해가 대립한다.[50] 생각해 보면, 임차권은 일반채권과는 달리 목적물의 용익권 등 각종의 '물권적'인 요소를 갖고 있다는 점에서 그 양도는 단순한 지명채권양도가 있는 경우와는 달리, 임차인지위 그 자체를 이전하는 면을 상당부분 띠고 있으므로 오히려 계약인수설이 타당하다고 볼 여지도 많다. 그러나 이하에서는, 일반적인 학설에 따라, 채권양도설의 견지에서 서술을 하고자 한다.

---

48 이 판결은, 전술한 대판 1981. 11. 24, 80다320,321【보증금등】 판결과 '원상회복에 관한 부동문구'의 효력이 문제되고 있다는 점에서 유사해 보이는 사안임에도 결론이 상반되고 있어, 잘 비교하여 살펴볼 필요가 있다. 구체적인 사안에서 문제된 합의의 내용(당사자의 의사)해석에 따른 차이로 보면 될 것이다.

49 용어 자체가 '임차권의' 양도와 '임차물의' 전대라는 점에서, 양자간에 많은 근본적 차이점들이 도출된다. 이는 아래에서 설명이 진행되면서 확인될 것이다.

50 견해의 대립은 송덕수, 채권법각론, 263면 참조.

2) 임대물의 전대

임차인이 임차인의 지위를 유지하는 동시에 임대인(전대인이라고 함)이 되어 임차물을 제3자(전차인이라고 함)에게 임대하는 것을 말한다.

임차권의 양도시에는 종래의 임차인은 임차권이 더 이상 없게 되어 결국 임대차관계에서 탈퇴함에 비하여(일종의 승계적 이전으로 기능한다), 전대의 경우에는 종래의 임차인이 여전히 임차권을 갖고 임차인의 지위를 그대로 유지한 채 그와는 별도로 전차인과의 사이에서는 임대인의 지위를 동시에 갖는 것을 말한다(일종의 설정적 이전으로서 기능한다). 전차는 전대인과 전차인 사이의 관계가 임대차(유상인 경우)인 것이 보통이나, 사용대차(무상인 경우)나 일부분의 전대도 가능하다.

임차권의 양도와 임차물의 전대는 이와 같이 관념상으로 준별되기는 하나, 실제 사안에 포섭할 때의 경계구분은 쉽지 않은 경우가 많다.

또한 실제의 사안은, 경우에 따라 그 자체로서 양도 · 전대가 아니라고 인정될 경우도 있고(이 경우에는 후술하는 바와 같이 임대인의 동의 유무가 문제될 여지도 없이 완전히 유효한 행위가 된다), 혹은 양도 · 전대이기는 하지만 역시 후술하는 배신행위가 아니기 때문에 임대인의 동의를 요하지 않는 것이라고 볼 경우도 있을 수 있다. 어느 경우에나 임차인을 구제할 수단은 마련되어 있다고 할 수 있다.

(나) 민법의 입장

임차권의 양도나 임차물의 전대가 이루어지는 목적은 무엇보다도, 임차인이 임차물 내지는 임차 그 자체에 투하한 자본을 회수하는 데에 있다. 따라서 이를 인정하는 폭의 광협에 따라 사회경제 차원의 자본유동성에도 영향을 주게 된다. 또한 같은 맥락에서, 이를 널리 인정하는 것은 '임차권의 물권화'의 중요 징표 중 하나이기도 하다.

그러나 민법은 원칙적으로 임차권의 양도나 임차물의 전대를 금지하고, 임대인의 동의가 있을 때에만 허용한다(제629조 제1항, 제629조는 강행규정이 아니며, 임대인의 동의가 불필요하다는 특약도 할 수 있음). 임대차계약이 당사자의 신뢰를 중시하는 계약(임차인이 누구인지에 따라 임료의 성실한 지급, 임차물의 보관, 사용시의 주의의 정도가 달라진다)이라는 점과, 임대인의 보호필요성이라는 취지가 반영된 결과이다. 다만 '물권화'라는 관점에서는 우리 민법의 규율태도가 미진하다는 평가도 가능할 것이다.

(다) 성질과 당사자

양자 모두 낙성, 불요식 계약으로서, 비록 임대인의 동의가 있어야 임대인 등 제3자에 대한 관계에서 유효하지만, 앞서 본 바와 같이 채권양도설을 취하는 한 임대인은 임차권의 양도나 임차물의 전대계약의 당사자는 아니다.

(라) 임대인의 동의

1) 대항요건으로서의 동의

제629조가 명문으로 규정하고 있지는 않지만, 임대인의 동의가 없는 경우에 양도 또는 전대로써 임대인 기타 제3자에게 대항할 수 없을 뿐으로서, 임대인의 동의는 양도 또는 전대의 효력발생요건이 아니라 대항요건이라고 할 수 있다. 즉 동의를 대항요건으로 하는 정도로도 임대인에 대한 보호가 충분히 이루어질 수 있다는 판단하에 이는 대항요건에 불과한 것으로 해석되는 것이다. 그리고 채권양도설의 입장에 의할 경우, 임대인의 동의는 임차권의 승계적 이전 또는 설정적 이전을 가능하게 하는 권능을 임차인에게 부여하는 의사표시이다.[51]

2) 동의 없는 양도와 전대에 따른 임대인의 계약해지와 배신행위

만일 임대인의 동의 없이 임차인이 임차권을 양도하였다면, 임대인은 계약을

51 반면 계약인수설에 의할 경우 세 당사자의 합의가 있어야 하므로, 임대인의 동의는 계약인수의 의사표시로서, 단순히 임대인에 대한 대항요건이 아니라 계약인수계약 자체의 성립요건이나 효력요건이 된다.

해지할 수 있다(제629조 제2항). 이처럼 임차권의 양도나 임차물 전대시 임대인의 동의를 요구하는 것은 임대인의 보호를 위한 것으로서, 임차인의 임대인에 대한 배신행위를 문제 삼는 것이다.

판례도 "민법 제629조는 임차인은 임대인의 동의 없이 그 권리를 양도하거나 전대하지 못하고, 임차인이 이에 위반한 때에는 임대인은 계약을 해지할 수 있다고 규정하고 있는 바, 이는 민법상의 임대차계약은 원래 당사자의 개인적 신뢰를 기초로 하는 계속적 법률관계임을 고려하여 임대인의 인적 신뢰나 경제적 이익을 보호하여 이를 해치지 않게 하고자 함에 있으며, 임차인이 임대인의 승낙 없이 제3자에게 임차물을 사용 · 수익시키는 것은 임대인에게 임대차관계를 계속시키기 어려운 배신적 행위가 될 수 있는 것이기 때문에 임대인에게 일방적으로 임대차관계를 종지시킬 수 있도록 하고자 함에 있다"고 하여, 같은 입장을 보이고 있다(대판 1993. 4. 27, 92다45308【건물철거등】).

그러므로 사실상 임대인의 보호에 영향을 주지 않아 배신행위로 볼 수 없는 경우에는 굳이 임대인의 동의를 요구하여 임대차계약을 해지하게 할 필요가 없다. 판례도 이와 같은 취지를 고려하여, 일정한 경우 임대인의 동의가 없이 양도된 경우에도 임대인의 해지권을 부인하고 있다.

판례

대법원 2007. 11. 29. 선고 2005다64255 판결【배당이의】

임차인이 비록 임대인으로부터 별도의 승낙을 얻지 아니하고 제3자에게 임차물을 사용 · 수익하도록 한 경우에 있어서도, 임차인의 당해 행위가 임대인에 대한 배신적 행위라고 할 수 없는 특별한 사정이 인정되는 경우에는, 임대인은 자신의 동의 없이 전대차가 이루어졌다는 것만을 이유로 임대차계약을 해지할 수 없으며, 전차인은 그 전대차나 그에 따른 사용 · 수익을 임대인에게 주장할 수 있다 할 것이다.[52]

대법원 1993. 4. 13. 선고 92다24950 판결【건물철거】

임차인의 변경이 당사자의 개인적인 신뢰를 기초로 하는 계속적 법률관계인 임대차를 더 이상 지속시키기 어려울 정도로 당사자간의 신뢰관계를 파괴하는 임대인에 대한 배신행위가 아니라고 인정되는 특별한 사정이 있는 때에는, 임대인은 자신의 동의 없이 임차권이 이전되었다는 것만을 이유로 민법 제629조 제2항에 따라서 임대차계약을 해지할 수 없고, 그와 같은 특별한 사정이 있는 때에 한하여 경락인은 임대인의 동의가 없더라도 임차권의 이전을 임대인에게 대항할 수 있다고 봄이 상당한 바, 위와 같은 특별한 사정이 있는 점은 경락인이 주장 · 입증하여야 한다.[53]

대법원 1993. 4. 27. 선고 92다45308 판결 【건물철거등】

본래의 임차인인 위 이○ ○과 동일한 사업을 수행하면서 그 형식적인 사업주체의 인격만 변경된 것뿐이고, 더구나 피고는 위 이○ ○과 부부간으로서 한 세대를 구성하고 이 사건 건물에서 동거하면서 함께 가구점을 경영해 오고 있었던 터이었고, 그 후 다시 위 이○ ○과 혼인하여 같은 건물에 동거하고 있는 바여서, 실질적으로 임대인인 원고의 인적 신뢰나 경제적 이익을 해치는 것도 아니고, 이와 같은 경우에는 임대차관계를 계속시키기 어려운 배신적 행위라고 인정할 수 없는 특별한 사정이 있는 경우에 해당한다고 봄이 상당하므로, 원고에게는 계약해지권이 발생하지 아니하고, 피고는 위 임차권의 양수나 이에 터 잡은 사용 · 수익을 임대인인 원고에게 주장할 수 있다고 보는 것이 옳을 것이다.[54]

대법원 2010. 6. 10. 선고 2009다101275 판결 【배당이의】

민법상 임차인은 임대인의 동의 없이 그 권리를 양도하거나 임차물을 전대하지 못하고 임차인이 이에 위반한 때에는 임대인은 계약을 해지할 수 있으나(민법 제629조), 이는 임대차계약이 원래 당사자의 개인적 신뢰를 기초로 하는 계속적 법률관계임을 고려하여 임대인의 인적 신뢰나 경제적 이익을 보호하여 이를 해치지 않게 하고자 함에 있고, 임차인이 임대인의 동의 없이 제3자에게 임차물을 사용 · 수익시키는 것은 임대인에게 임대차관계를 계속시키기 어려운 배신적 행위가 될 수 있는 것이기 때문에 임대인에게 일방적으로 임대차관계를 종료시킬 수 있도록 하고자 함에 있다.

---

52 임대인인 ○○주택건설은 원고와의 약정 임대차기간이 종료할 무렵인 1997년경 이미 부도가 난 이래 그 임직원들의 소재파악이나 연락이 전혀 불가능한 상태에 있었고, 이 때문에 원고는 임차보증금을 돌려받지 못한 채 수년간 이 사건 아파트에 계속 거주할 수밖에 없었던 점, 그러다가 원고는 2000년 초경 진주시에서 음식점을 운영하기 위하여 이사를 가야할 사정이 생겼고, ○○주택건설의 주소지로 "임대기간 만료에 따른 보증금반환 청구"의 내용증명우편을 발송하였으나 그에 대한 아무런 회신을 받지 못한 점, 이에 원고는 2000. 3. 11. 평소 알고 지내던 소외인에게 이 사건 아파트를 자신의 임차보증금보다 적은 1,000만 원의 전세보증금에 전대하였고, 그 후 원고는 2000. 3. 29. 자신이 보관하던 ○○주

3) 임차인의 동의절차 협력의무

임차권의 양도인과 임차물의 전대인은 임차권 양수인이나 전차인에게 임대인의 동의를 받아 줄 의무가 있고, 그에 따라 양수인이나 전차인은 임차인을 상대로 협력절차의무의 이행을 소로써 구할 수 있으며,[55] 만일 그 의무를 이행하지 못할 경우 임차인은 권한 없이 타인의 물건을 임대한 것과 마찬가지의 담보책임을 부담한다(제567조 참조).

판례

대법원 1986. 2. 25. 선고 85다카1812 판결 [건물임차권명의변경]

원심은 이에 대하여 판단하기를 위 임대아파트의 임대인인 서울특별시가 원고주장의 임차인명부라는 것을 작성, 보관하고 있다 하더라도 이는 서울특별시가 위 아파트의 임대차관계를 명백히 함으로써 그 자신의 재산관리의 편의를 도모할 목적으로 임의로 작성, 비치하고 있는 것에 지나지 아니한 것으로서 그 임차인명부상의 명의변경자체가 어떠한 권리변

택건설과의 임대차계약서상에 확정일자를 받은 다음 아파트에서 퇴거하여 진주시로 주민등록을 옮겼으며, 전차인 소외인은 그 무렵 이 사건 아파트를 인도받아 점유 · 거주하면서 그곳에 주민등록을 하여 이를 유지해 오고 있는 점, 이와 같이 원고가 ○○주택건설의 동의를 받지 아니하고 아파트를 전대한 이후에도 ○○주택건설의 소재가 명확하지 않을 뿐만 아니라 원고의 전대를 문제 삼아 임대차계약을 해지한다는 등의 사정은 전혀 찾아볼 수 없는 점을 들어 배신적 행위가 아니라고 본 것이다.

53 위 판결은 "건물의 소유를 목적으로 하여 토지를 임차한 사람이 그 토지 위에 소유하는 건물에 저당권을 설정한 때에는, 민법 제358조 본문에 따라서 저당권의 효력이 건물뿐만 아니라 건물의 소유를 목적으로 한 토지의 임차권에도 미친다고 보아야 할 것이므로, 건물에 대한 저당권이 실행되어 경락인이 건물의 소유권을 취득한 때에는 특별한 다른 사정이 없는 한 건물의 소유를 목적으로 한 토지의 임차권도 건물의 소유권과 함께 경락인에게 이전되고, 그러나 이러한 경우에도 민법 제629조가 적용되기 때문에, 토지의 임대인에 대한 관계에서는 그의 동의가 없는 한 경락인은 그 임차권의 취득을 대항할 수 없다고 할 것인 바, 민법 제622조 제1항은 건물의 소유를 목적으로 한 토지임대차는 이를 등기하지 아니한 경우에도 임차인이 그 지상건물을 등기한 때에는 토지에 관하여 권리를 취득한 제3자에 대하여 임대차의 효력을 주장할 수 있음을 규정한 취지임에 불과할 뿐, 건물의 소유권과 함께 건물의 소유를 목적으로 한 토지의 임차권을 취득한 사람이 토지의 임대인에 대한 관계에서 그의 동의가 없이도 임차권의 취득을 대항할 수 있는 것까지 규정한 것이라고는 볼 수 없다"는 전제하에 나온 판결이다.

54 부부간의 임차권양도는 현실적으로 많이 이루어지는데, 그 동기 중 대표적인 것으로는, 임차권을 담보로 하여 융자를 받으려는 경우를 들 수 있다.

55 대판 1986. 2. 25, 85다카1812【건물임차권명의변경】.

동이나 대항요건 구비라는 법률상의 효력을 발생하는 것이 아니므로 원고가 구하는 이 사건 임차권명의변경절차이행의 청구는 재판상 청구함에 적합한 어떠한 권리관계의 확정을 위한 청구라 할 수 없어 그 권리보호의 이익 또는 필요가 없다 할 것이고(피고로서는 서울특별시가 작성, 보관하고 있는 위 임차인명부상의 임차인명의를 변경할 수 있는 지위에 있지도 아니하다), 나아가 원고의 이 사건 소를 임차권양도통지절차이행의 소로 본다 하더라도 임차권의 양도에 있어서 양도인의 양도통지가 임차권양도의 효력발생요건 내지는 대항요건이 되는 것도 아니므로(임차권의 양도는 당사자간의 계약만으로 그 효력이 발생하고 이를 임대인에게 대항하기 위하여는 임대인의 동의를 얻어야 한다), 원고로서는 피고에 대하여 위 임차권양도통지절차의 이행을 구할 이익도 없다 할 것이라고 하고 원고의 소를 각하한 제1심판결을 유지하였다.

그러나 임대인의 동의를 받지 아니하고 임차권을 양도한 계약도 이로써 임대인에게 대항할 수 없을 뿐 임차인과 양수인 사이에는 유효한 것이고 이 경우 임차인은 양수인을 위하여 임대인의 동의를 받아줄 의무가 있다 할 것이다. 이 사건에서 원고가 피고에게 서울특별시에서 보관하고 있는 임차인명부상의 명의변경을 구하는 것은 적절하지 아니하나 이는 임대인인 서울특별시의 동의를 받아 달라는 취지로 보아야 할 것이고, 또한 원심판시와 같이 이를 임차권의 양도통지를 구하는 취지로 보는 경우에도 임대인이 이에 동의하면 양수인은 양수의 목적을 이룰 수 있는 것이어서 양도통지의 이행을 구할 필요가 없는 것도 아니다.

결국 이 사건 소는 임차권을 양수한 원고가 임대인인 서울특별시의 동의를 받기 위한 것이라는 점에서 원 · 피고사이의 분쟁을 해결하는데 필요하고 또한 판결에 의하여 실지로 분쟁이 해결될 수도 있는 경우이어서 소의 이익이 있다고 할 것인데도 원심이 그 판시와 같은 이유로 원고의 소를 각하하였음은 심리를 다하지 아니하였거나 소의 이익에 관한 법리를 오해하여 판결에 영향을 미쳤다 할 것이고 이는 소송촉진등에 관한 특례법 제12조가 정하는 파기사유에 해당한다 할 것이므로 논지는 이유 있다.

아래에서는 임대인의 동의 유무에 따른 양도 · 전대시의 법률관계를 살펴보되, 현실적으로는 임대인의 동의 있는 경우가 훨씬 많을 것이므로, 이를 먼저 설명하기로 한다.

(2) 임대인의 동의 있는 양도 · 전대시의 법률관계

(가) 양도시

임차권은 동일성을 유지하면서 양수인에게 이전하고, 임차인은 임대차관계에서 탈퇴한다. 다만 연체차임지급의무나 손해배상의무, 임대차보증금반환채권은 특약이 없는 한 이전되지 않는다. 임차보증금은 임대차의 핵심요소 내지 성립요소는 아니기 때문에, 임차권의 양도로 인하여 당연히 이전되지는 않고, 일단은 양도인인 원 임차인에게 여전히 귀속되는 것이다. 따라서 이를 양수인에게 이전하기 위해서는 별도의 채권양도 내지는 3자간 합의가 있어야 한다.

판례

대법원 1998. 7. 14. 선고 96다17202 판결 【전부금】

임대차보증금반환채권이 가압류 또는 압류된 후 임차권이 양도된 경우에 임대인이 위 임차권의 양도를 승낙하였다면, 임대인과 구 임차인과의 임대차관계는 종료되어 구 임차인은 임대차관계로부터 이탈하게 되고, 구 임차인의 임대차보증금반환채권은 구 임차인과 임대인과의 임대차관계의 종료로 인하여 임대인의 임차권 양도승낙시에 이행기에 도달하게 된다고 보아야 한다. 이 경우, 임대차보증금에 관한 구 임차인의 권리의무관계는, 구 임차인이 임대인과 사이에 임대차보증금을 신 임차인의 채무불이행의 담보로 하기로 약정하거나 신 임차인에 대하여 임대차보증금반환채권을 양도하기로 하는 등의 특별한 사정이 없는 한, 신 임차인에게 승계되지 아니하며, 구 임차인이 임대인과 사이에 임대차보증금을 신 임차인의 채무의 담보로 하기로 약정하거나 신 임차인에 대하여 임대차보증금반환채권을 양도하기로 한 때에도, 그 이전에 임대차보증금반환채권이 제3자에 의하여 가압류 또는 압류되어 있는 경우에는 위와 같은 합의나 양도의 효력은 압류권자 등에게 대항할 수 없으므로, 신 임차인이 차임지급을 연체하는 등 새로운 채무를 부담하게 되었다고 하여 그 연체차임 등을 구 임차인에게 반환할 임대차보증금에서 공제할 수는 없다.

(나) 전대시(제630조, 제631조)

1) 전대인(임차인)과 전차인 사이

기본적으로는 전대인과 전차인 사이의 전대차계약의 내용에 따라 결정된다. 유상인 때에는 임대차, 무상인 때에는 사용대차가 된다.

전대차에서는 전차인은 임대인에 대하여 직접 의무를 부담하지만(제630조 제1항 전단), 일종의 임차권의 설정적 양도라는 점에서 임차인인 전대인과의 법률관계가 없어지는 것도 아니어서, 전대인에 대하여도 임차인으로서의 의무를 지며, 임차인으로서의 권리는 전대인에 대하여만 갖고, 원임대인에 대하여는 아무런 권리가 없다.

다만 전차인이 임대인에게 차임을 지급하면 그 한도에서 전대인에 대하여는 의무를 면하고, 임대차, 전대차가 동시에 종료하여 전차인이 목적물을 임대인에게 반환하면 전대인에 대한 반환의무를 면한다. 판례는 "임차인이 임차물을 전대하여 그 임대차 기간 및 전대차 기간이 모두 만료된 경우에는, 그 전대차가 임대인의 동의를 얻은 여부와 상관없이 임대인으로서는 전차인에 대하여 소유권에 기한 반환청구권에 터 잡아 목적물을 자신에게 직접 반환해 줄 것을 요구할 수 있고, 전차인으로서도 목적물을 임대인에게 직접 명도함으로써 임차인(전대인)에 대한 목적물 명도의무를 면한다."라고 한다(대판 1995. 12. 12, 95다23996 【청구이의】).

또한 임대인이 임대차가 종료한 후 전차인에 대하여 목적물의 반환과 차임 상당의 손해배상을 청구한 때에는, 그 청구 이후에는 전차인은 전대인에게 차임 상당의 부당이득을 반환할 의무가 없다. 판례도 "소유자들이 2004. 5. 4. 차임연체를 이유로 원고에 대하여 임대차계약을 해지하고, 같은 날 피고에 대하여 이 사건 건물부분의 명도를 요구함과 동시에 2004. 5. 4. 이후의 차임 상당 손해배상금을 청구할 것임을 통지하고, 2004. 7. 23. 이 사건 지하상가 중에서 원고가 점유중인 부분에 대하여 명도집행을 한 사정이 엿보이는 바, 이와 같이 소유자들의 임대차계약 해지의 의사표시에 의하여 소유자들과 원고 사이의 임대차계약이 종료되고 소유자들이 전차인이던 피고에 대하여 목적물의 반환과 차임 상당 손해배상을 청구하였다면, 소유자들이 피고에 대하여 위와 같은 청구를 한 2004. 5. 4. 이후에는 피고는 원고에 대한 관계에서 더 이상 차임 상당 부당이득을 반환할 의무가 있다고 할 수는 없다"고 한 바 있다(대판 2005. 5. 26, 2005다4048,4055 【건물명도등 · 임대차보증금등】).

2) 임대인과 임차인(전대인) 사이

임대인과 임차인 사이의 법률관계는 전대차에 의하여 영향을 받지 않는다. 그러므로 임대인은 전차인에 대하여 직접 권리를 행사할 수 있지만 임차인에 대하여도 권리를 행사할 수 있다(제630조 제2항). 다만 양자 중 1인으로부터 권리의 만족을 얻으면 나머지 1인에 대한 권리는 소멸한다.

애초에 전대에 대하여 임대인이 동의를 하였다는 것의 의미는, ① 전차인의 사용 · 수익을 인정한다는 의미와, ② 전차인에 대하여도 권리는 주장할 수 있으나 의무는 부담하지 않겠다는 의미를 내포하고 있는 것이다.

여기서 다음의 두 가지가 문제된다.

(ㄱ) 임대인의 차임청구의 상대방

임대인은 차임을 전차인과 임차인 모두에게 청구할 수 있지만, 임대차와 전대차 사이의 혼란을 피하기 위하여, 임대인은 우선 임차인에 대하여 차임의 지급을 구하고 임차인이 지급하지 않을 시에 비로소 전차인에게 청구할 수 있다고 보아야 할 것이다.[56]

(ㄴ) 전차인의 과실로 인한 목적물 훼손시의 임차인의 책임

임차인은 임대인에 대하여 임차물의 보관의무를 지므로, 만일 전차인의 과실로

56 즉 전차인에게 일종의 보증인의 최고의 항변권과 같은 권리를 부여한 것이다. 여기서 주의할 점으로서, 이는 일종의 항변권이기 때문에, 전차인이 이를 행사하지 않고서 차임을 임대인에게 지급한 경우에는, 임대인이 부당이득한 것으로 되지 않는다는 점이다.

목적물이 훼손된 경우에는 그 책임을 지는지가 문제된다. 전차인을 임차인의 이행보조자로만 본다면 임차인은 당연히 책임을 지게 된다(제391조). 그러나 임대인의 동의에 의한 전대라는 점에서 전차인을 임차인의 단순한 이행보조자로만 볼 수는 없으므로,[57] 임차인이 전차인의 선임 · 감독에 과실이 없으면 책임을 면한다고 보아야 할 것이다.[58]

3) 임대인과 전차인 사이

(ㄱ) 일반

전차인의 임차권이나 사용차권은 임대인에 대하여도 적법한 것이지만, 임대인과 전차인 사이에는 아무런 임대차관계도 없다. 따라서 전차인은 임대인에 대하여 임대차상의 어떠한 권리도 없고, 단지 임대인에 대하여 직접의무를 부담할 뿐이다(제630조 제1항 1본문). 그에 따라 전차인은 임대인에 대하여 사용 · 수익에 필요한 수선을 요구하거나 필요비나 유익비의 상환을 청구할 수도 없고, 전대인에게 지급한 보증금의 반환을 임대인에 대하여 청구할 수도 없다.

즉, 전차인은 임대인에 대하여 아무런 권리가 없지만 임대인은 전차인에 대하여 권리를 갖기 때문에, 전차인으로서는 권리는 없고 의무만 부담하는 일방적인 의무부담관계가 성립되는 것이다.

(ㄴ) 전차인의 의무

임대인의 보호를 위하여 민법은 전차인으로 하여금 임대인에 대하여 직접 의무를 부담하도록 하고 있다(제630조 제1항 전문).

전차인의 주요의무로는 차임지급의무, 목적물보관의무, 손해배상의무, 임대차 종료시의 목적물반환의무 등이 있다.

---

57 전차인은 임대인에 대하여 독립적으로 채무자로서의 보관의무를 지는 자이므로, 전차인을 임차인의 단순한 이행보조자나 이용보조자로 볼 수는 없다.

58 견해의 대립은 송덕수, 채권법각론, 268면 참조.

임차인과 전차인이 임대인에 대하여 부담하는 각각의 차임지급의무는 부진정 연대채무관계에 있으므로, 어느 한 사람이 변제하면 다른 사람은 그 범위에서 면책된다.

그 결과 전차인은 임대인과 임차인 모두에 대하여 의무를 부담하게 된다. 이때 전차인은 임대인이나 전대인(임차인) 중 어느 일방에 대하여 의무를 이행하면 그 범위 내에서 다른 일방에 대한 의무는 면하게 된다. 그러나 이 원칙을 모든 경우에 관철할 경우, 임차인과 전차인이 서로 짜고 차임의 지급을 면탈하거나 임차인에게 정해진 전대차계약상의 차임지급시기보다 미리 지급함으로써 임대인의 전차인에 대한 차임채권을 무용지물로 만들 수 있기 때문에, 우리 민법은 제630조 제1항 후문에서 "전차인은 전대인에 대한 차임의 지급으로써 임대인에게 대항하지 못한다."고 규정하였다. 따라서 비록 전차인이 전대인에게 이미 차임을 지급하였다고 할지라도 임대인의 차임청구시 전차인은 이를 지급할 의무가 있으며, 단지 전대인에게 부당이득의 반환을 구할 수 있을 뿐이다.

여기서 전차인이 임대인에게 대항할 수 없는 선차임지급의 범위가 문제된다. 판례는 "민법 제630조 제1항은 임차인이 임대인의 동의를 얻어 임차물을 전대한 때에는 전차인은 직접 임대인에 대하여 의무를 부담하고, 이 경우에 전차인은 전대인에 대한 차임의 지급으로써 임대인에게 대항할 수 없다고 규정하고 있는 바, 위 규정에 의하여 전차인이 임대인에게 대항할 수 없는 차임의 범위는, 전대차계약상의 차임지급시기를 기준으로 하여 그 전에 전대인에게 지급한 차임에 한정되고, 그 이후에 지급한 차임으로는 임대인에게 대항할 수 있다"고 한다(대판 2008. 3. 27, 2006다45459【임대차보증금등】).

판례

대법원 2008. 3. 27. 선고 2006다45459 판결【임대차보증금등】

민법 제630조 제1항은 임차인이 임대인의 동의를 얻어 임차물을 전대한 때에는 전차인은 직접 임대인에 대하여 의무를 부담하고, 이 경우에 전차인은 전대인에 대한 차임의 지급으로써 임대인에게 대항할 수 없다고 규정하고 있는바, 위 규정에 의하여 전차인이 임대인에게 대항할 수 없는 차임의 범위는 전대차계약상의 차임지급시기를 기준으로 하여 그 전에 전대인에게 지급한 차임에 한정되고, 그 이후에 지급한 차임으로는 임대인에게 대항할 수 있다고 봄이 상당하다.

한편, 부동산 임대차에 있어서 수수된 보증금은 차임채무, 목적물의 멸실·훼손 등으로 인한 손해배상채무 등 임대차관계에 따른 임차인의 모든 채무를 담보하는 것으로서 그 피담보채무 상당액은 임대차관계의 종료 후 목적물이 반환될 때에 특별한 사정이 없는 한 별도의 의사표시 없이 보증금에서 당연히 공제된다(대법원 2005. 9. 28. 선고 2005다8323, 8330 판결 등 참조).

같은 취지에서 이 사건 전대차계약 종료와 전대차목적물의 반환 당시 피고의 연체차임은 전대차보증금에서 당연히 공제되어 소멸되었고, 이는 이 사건 전대차계약상의 차임지급시기 이후에 발생한 채무소멸사유로서 전차인은 위와 같은 사유로 임대인에게 대항할 수 있다고 본 원심의 판단은 정당한 것으로 수긍할 수 있고, 거기에 상고이유로 주장하는 바와 같은 전대차에 관한 법리오해 등의 위법이 있다고 할 수 없다.

(ㄷ) 전차인의 보호책

이처럼 전차인은 임대인에 대하여 의무만 부담할 뿐 아무런 권리도 갖지 못하므로 전차인을 보호할 필요가 있는바, 민법은 전차인 보호를 위한 특별한 규정을 두고 있다.

① 第631조(전차인 권리의 확정)

전차인의 전차권은 전대인의 임대인에 대한 임차권에 기하여 이루어진 것이므로, 기간만료나 채무불이행에 의한 해지 등으로 임대차가 종료하면 전대차도 당연히 종료한다.[59] 그러나 모든 경우에 이 원칙을 적용할 경우 전차인은 예기치 못

59 대판 1990. 12. 7, 90다카24939【건물명도】: 건물매수인 최00는 아직 건물의 소유권을 취득하지 못하고 원고들에 대하여 매수인으로서 그 건물을 사용수익할 수 있는 채권적 권리가 있음에 불과한 것으로 보아야하고 원고들의 동의을 얻어 그 건물을 매수인으로부터 임차한 피고는 원고들에 대한 관계에서 건물의 전차인의 지위와 흡사하다 할 것인바, 임대인의 동의 있는 전차인도 임차인의 채무불이행으로 임대차계약이 해지되면 특단의 사정이 없는 한 임대인에 대해서 전차인의 전대인에 대한 권리를 주

한 손해를 보게 된다. 이에 민법은, 동의에 의한 전대에서는 비록 임대인과 임차인이 합의해지하더라도 전차권은 존속되는 것으로 하고 있다(제631조, 제652조에 따르면 강행규정임). 그리고 합의해지가 아닌 임차인의 임차권 포기의 경우에 관하여는 아무런 명문규정이 없지만, 본조의 입법취지에 의할 때 역시 전차권이 소멸하지 않는 것으로 보아야 한다.

이처럼 전대차가 존속하는 경우 그 존속범위는, 본래의 임대차는 합의해지에 의하여 종료되고, 다만 전차인은 본조에 의하여 전차권을 임대인 또는 임차인에 대하여 주장할 수 있다.

② 그밖에 전차인보호 특별규정으로 제638조, 제644조, 제645조, 제647조 등이 있으며,[60] 이들 규정은 전차인 보호를 위한 것이기에 편면적 강행규정으로 되어 있다(제652조).

장할 수가 없고, 또 피고가 매매계약목적물에 대하여 직접임차권을 취득했다고 보더라도, 대항력을 갖추지 아니한 상태에서는, 그 매매계약이 해제되어 소급적으로 실효되면 그 권리를 보호받을 수가 없다는 점에 비추어 볼 때, 위에 본 두 의무를 동시이행관계에 두는 것은 오히려 공평의 원칙에 반한다 할 것이므로 위 각 의무를 동시이행관계에 있다고 판단한 원심은 동시이행의 항변권에 관한 법리를 오해하여 판결결과에 영향을 미친 위법이 있다할 것이다.

60 대판 2012. 10. 11, 2012다55860 판결【건물인도등】: 민법 제638조 제1항, 제2항 및 제635조 제2항에 의하면 임대차계약이 해지 통고로 인하여 종료된 경우에 그 임대물이 적법하게 전대되었을 때에는 임대인은 전차인에 대하여 그 사유를 통지하지 아니하면 해지로써 전차인에게 대항하지 못하고, 전차인이 통지를 받은 때에는 토지, 건물 기타 공작물에 대하여는 임대인이 해지를 통고한 경우에는 6월, 임차인이 해지를 통고한 경우에는 1월, 동산에 대하여는 5일이 경과하면 해지의 효력이 생긴다고 할 것이지만 민법 제640조에 터 잡아 임차인의 차임연체액이 2기의 차임액에 달함에 따라 임대인이 임대차계약을 해지하는 경우에는 전차인에 대하여 그 사유를 통지하지 않더라도 해지로써 전차인에게 대항할 수 있고, 해지의 의사표시가 임차인에게 도달하는 즉시 임대차관계는 해지로 종료된다.

(3) 임대인의 동의 없는 양도 및 전대시의 법률관계(제629조)

(가) 양도

1) 양도인과 양수인 사이

기본적으로 양도계약은 임차인과 양수인 사이의 계약일 뿐이므로, 비록 임대인의 동의가 없다 할지라도 당사자 사이에서는 유효하다. 그에 따라 임차인은 양도인으로서 양수인에게 임대인의 동의를 받아 줄 의무를 부담하고,[61] 이를 이행하지 못할 경우 임차인은 제567조상의 담보책임을 부담한다(제567조, 유상계약에 준용).

2) 임대인과 양수인 사이

적법한 임대차로서 임대인에게 대항할 수 없으므로, 양수인의 점유는 임대인에 대한 관계에서 불법점유가 된다. 그러나 이 경우 비록 임대인이 소유권에 기한 인도청구를 하더라도, 임차인과의 임대차계약을 해지하지 않는 한 임대차의 효력에 기해 어차피 임차인에게 목적물의 점유를 넘겨주어야 할 것이므로, 양수인에 대하여 직접 자기에게 목적물을 인도할 것을 청구할 수는 없고, 단지 임차인에게 반환할 것만을 청구할 수 있을 뿐이다. 다만, 만일 임차인이 그 수령을 거부할 경우에는 자기에게 반환할 것을 청구할 수 있다(제207조 제2항 후단).

또한 임차인과의 임대차를 해지하지 않는 한, 임대인은 임차인에 대하여 여전히 차임청구권을 가지므로 그 한도 내에서는 손해가 없기 때문에, 양수인에게 불법점유를 원인으로 한 차임상당의 손해배상청구나 부당이득반환청구를 할 수도 없다.

---

61 대판 1986. 2. 25, 85다카1812【건물임차권명의변경】.

판례

대법원 1985. 2. 8. 선고 84다카188 판결 【점포명도】

임대인의 동의 없는 임차권의 양도는 당사자 사이에서는 유효하다 하더라도 다른 특약이 없는 한 임대인에게는 대항할 수 없는 것이고, 임대인에 대항할 수 없는 임차권의 양수인으로서는 임대인의 권한을 대위행사할 수 없다 할 것인 바, 원심은 원고의 임차권양수를 임대인인 위 건물주회가 동의하였다거나 또는 다른 특약이 있었다는 점에 대하여는 아무런 심리판단도 없이(오히려 을 제3호증의 1내지 6 기재 및 증인 이○ ○의 증언에 의하면, 위 건물주회는 아직까지 원 임차인인 이××을 정당한 임차권자로 보고 있어, 원고의 임차권양수를 승인하고 있지 아니하고 있는 사실이 엿보인다) 임차권의 양수인인 원고가 임대인을 대위하여 이 사건 점포의 명도청구를 할 수 있다고 판시하였음은, 필경 임차권의 양도 및 채권자대위에 관한 법리를 오해함으로써 판결에 영향을 미쳤다고 할 것이다.

반면에 임대인이 목적물보관의무의 위반으로 인한 채무불이행을 이유로 임대차계약 자체를 해지한 때에는, 양수인뿐만 아니라 임차인(양도인)의 점유 자체도 그 때로부터 불법점유가 되기 때문에, 임대인은 양수인을 상대로 하여 자신에게 목적물을 반환할 것을 청구할 수 있게 된다.

3) 임대인과 임차인 사이

비록 임차인이 임차권을 무단양도하더라도 임대인은 임차인의 채무불이행으로 인한 임대차계약해지권만을 가질 뿐(제629조 제2항), 임대인이 해지하지 않는 한 임대차계약은 그대로 존속한다.

위 임대인의 해지권과 관련하여 임차인의 양도행위가 배신행위로 취급되지 않는 한 임대인의 해지권 행사가 제한된다는 점은 앞서 설명한 바와 같다.

임대인이 계약을 해지하지 않는 한 임대인과 임차인 사이에는 임대차관계가 계속 유지되므로, 임차인은 임대인에 대하여 여전히 차임지급의무를 부담하며 목적물보관의무도 부담하므로, 양수인의 행위로 임대인에게 손해가 발생하면 임차인이 채무불이행으로 인한 손해배상책임을 부담한다.

(나) 전대

1) 전대인(임차인)과 전차인 사이

전대차계약도 양도와 같이 양 당사자 사이에서는 유효하다. 그러므로 전차인은 전대인에 대한 관계에서는 전차권(임차권)을 취득하고 전대인의 차임청구권도 인정된다. 그리고 전대인은 전차인에 대하여 임대인의 전대차에 관한 동의를 받아 줄 의무가 있다.

2) 임대인과 전차인 사이

전차인은 그의 임차권을 가지고 임대인에게 대항할 수 없다. 그러므로 전차인의 점유는 불법점유가 되고 임대인은 소유권에 기하여 인도청구를 할 수 있으나, 원칙적으로 임차인과의 임대차계약을 해지하지 않는 한 전대인에게 인도할 것을 청구할 수 있을 뿐이다. 앞의 양도의 경우에서와 같이, 임대차계약의 효력상 어차피 임대인은 임차인에게 목적물의 점유를 넘겨주어야 하기 때문이다.

반면에 임대인이 목적물보관의무의 위반을 이유로 임대차계약 자체를 해지한 때에는, 전차인뿐만 아니라 임차인(전대인)의 점유 자체도 그 때로부터 불법점유가 되기 때문에, 임대인은 전차인을 상대로 하여 자신에게 목적물을 반환할 것을 청구할 수 있게 된다.

3) 임대인과 임차인 사이

비록 임차인이 임차물을 무단전대하더라도 임대인은 임차인의 채무불이행으로 인한 임대차계약 해지권만을 가질 뿐(제629조 제2항), 임대인이 해지하지 않는 한 임대차계약은 그대로 존속한다.

위 임대인의 해지권과 관련하여 임차인의 전대행위가 배신행위로 취급되지 않는 한 임대인의 해지권 행사가 제한된다는 점은 앞서 설명한 바와 같다.

임대인이 계약을 해지하지 않는 한 임대인과 임차인 사이에는 임대차관계가 계속 유지되므로, 임차인은 임대인에 대하여 여전히 차임지급의무를 부담하며, 목적물보관의무도 부담한다.

전차인의 과실로 임대인에게 손해가 발생하면 임차인이 책임을 부담할 것인지가 문제되지만, 전차인은 일종의 이행대행자이므로, 전차인의 과실을 불문하고 손해배상책임을 부담한다.

라. 기타 문제

(1) 임차인의 원상회복의무와 철거권간의 관계(제615조)

임대차 종료시 임차인은 임대인에 대한 목적물반환의무로서 목적물을 원상대로 회복할 의무가 있는 반면, 자신이 부속시킨 물건은 이를 철거할 권리를 갖고 있다. 즉 의무로서의 면과 권리로서의 면이 함께 존재하기 때문에 양자의 관계가 문제된다.

그러나 원상회복의무는 임차인이 부속시킨 물건을 철거하여 반환하라는 임대인의 청구의 형태로 문제될 것이므로, 원칙적으로는 사실상 임차인의 철거권은 문제될 수 없다. 그러나 만일 임대인이 현상대로의 반환을 요구하더라도, 임차인은 이에 응할 수 있는 반면(원상회복의무의 면제이므로 이익이 될 수 있음), 임차인은 이에 응하지 않고 철거하여 자신이 가져갈 수 있다는 점에 철거권의 존재의의가 있다. 즉, 이와 같은 경우에 임차인은 선택권을 가지고, 설사 원상회복의무를 면제하는 특약이 있는 경우라 하더라도, 그로써 이와 같은 선택권을 박탈할 수는 없는 것이다.

그런데 부속물철거권도, 토지임대차에서의 임차인의 매수청구권이나 건물임대차에서의 임차인의 부속물매수청구권을 행사하는 경우에는 인정되지 않으므로, 결국 임차인이 원상회복을 위하여 철거할 수 있는 대상은 임대인의 동의 없이 건물 기타 공작물에 임의로 부가시킨 부속물에 한하는 셈이 된다. 물론 여기서도 부속물이 독립성을 가질 때에 한하여 철거가 인정되는 것으로, 만일 독립성이 없어서 임차물의 일부분이 되었다면 임차인의 철거권은 부인되고, 대신 필요비나 유익비의 상환청구의 대상이 될 뿐이다.

임차인에게 매수청구권이 인정되는 경우, 임차인이 매수청구권을 행사하든, 이를 행사하지 않고서 손해를 감수하고 철거권을 행사하여 부속물을 스스로 철거하든, 이는 임차인의 선택에 달려 있다.

(2) 공동임차인의 연대의무(제654조, 제616조)

수인이 공동하여 물건을 임차한 때에는 특별한 규정이 없다 하더라도 임차인은 연대하여 의무를 부담한다.

이는 다수당사자의 채권관계에 관하여 분할채권관계를 원칙으로 하고 있는 민법의 규정(제408조)의 중대한 예외로서, 민법이 이를 연대채무로 규정한 것은 임대인의 보호를 위하여 둔 특별규정이다. 그러나 이는 강행규정이 아니므로, 당사자 사이의 특약으로 공동임차인 각자의 의무를 달리 정하는 것은 상관없다.

공동임차인의 연대의무에 따라 임대인은 차임지급의무에 관하여 공동임차인 중 어느 1인에게라도 그 전액을 청구할 수 있고, 그 1인의 차임지급으로 다른 임차인은 차임지급의무를 면한다.

5. 보증금과 권리금

가. 보증금

(1) 개관

(가) 의의

보증금은 부동산, 특히 건물의 임대차에 있어서 임차인의 채무(차임지급채무나 손해배상의무 등)를 담보하기 위하여 임차인 또는 제3자가 임대인에게 교부하는 금전 기타의 유가물을 말한다.

부동산 임대차의 경우 임차인 보호를 위한 여러 규정이 적용되지만, 임대인 보호를 위한 제도는 많지 않다. 그러나 임대차기간의 장기화로 인하여 임대인의 임차인에 대한 차임채권을 장기간에 걸쳐 확보할 필요가 있다. 특히 장기간의 임대차기간 동안에 임차물이 훼손될 우려가 있으므로 이에 대한 대비책을 강구할 필요가 있다. 이러한 필요로 인하여 관습상 생겨난 제도가 바로 보증금의 수수이다.[62]

근래에 들어서는 금리가 낮아지면서 보증금으로부터 얻는 이자상당의 이익보다는 월차임 수익이 더 높은 것이 되기 때문에 보증금이 수반되던 기존의 임대차관계가 다시 월차임을 수수하는 본래의 형태로 돌아가는 경향이 있지만 주택임대차계약에서는 채권적 전세의 형태로 여전히 보증금 수수가 많이 이루어지고 있다.

(나) 성질

보증금은 '임대차 종료 후 임차인이 목적물을 인도한 때에 임차인의 채무불이

62 그렇기 때문에 보증금에 관하여 민법에는 아무런 규정이 없고, 주택임대차보호법 등에서 일부 규정되어 있을 뿐이다.

행이 없었을 것'을 정지조건으로 하는 정지조건부 반환채무를 수반하는 금전소유권의 이전으로 정의된다.[63][64]

판례에 의하면, 위와 같이 조건성취(따라서 반환채권의 성립) 여부의 판단 시기는 임대차 종료시가 아니라 실제 임대물 반환시를 기준으로 한다는 점을 주의할 필요가 있다. 그러므로 임대차 종료 후 목적물 반환시까지 발생한 채무까지도 보증금에서 공제된다.

피담보채무 상당액은 특별한 사정이 없는 한 임대차관계의 종료 후 목적물이 반환될 때에 별도의 의사표시 없이 보증금에서 당연히 공제되는 것이지만, 임대차소송에서 임대차보증금으로부터 그 피담보채무 등을 공제하려면 임대인으로서는 그 피담보채무인 연체차임, 연체관리비 등을 임대차보증금에서 공제하여야 한다는 주장을 하여야 하고, 나아가 그 임대차보증금에서 공제될 차임채권, 관리비채권 등의 발생원인에 관하여 주장 · 증명을 하여야 하는 것이며, 다만 그 발생한 채권이 변제 등의 이유로 소멸하였는지에 관하여는 임차인이 주장 · 증명책임을 부담한다.

즉 상계 항변과는 달리 연체 차임 등은 별도의 공제 주장이 없다 할지라도 임대차 종료 후 보증금에서 당연히 공제되지만, 변론주의원칙에 따른 주장 및 증명책임에 따라 임대인은 소송에서 차임 등의 연체사실과 그에 따른 임대차보증금에서 이를 공제한다는 주장을 하여야만 재판부로서는 공제 여부를 판단할 수 있는 것이다. 결국 임대인에 의한 상계의 의사표시로서의 항변이나 주장이 필요 없다는 의미로서 마치 소멸시효에 있어서와 같이, 변론주의로 인하여 적어도 당사자의 공제주장은 필요한 것일 뿐이다.

---

63 이에 대하여, 임대차 종료시에 임대인의 반대채권의 존재를 해제조건으로 하여 반환된다는 견해도 있다.

64 견해의 대립은 송덕수, 채권법각론, 271면 참조.

판례

대법원 1999. 12. 7. 선고 99다50729 판결 【구상금】

부동산 임대차에 있어서 수수된 보증금은 임료채무, 목적물의 멸실·훼손 등으로 인한 손해배상채무 등 임대차관계에 따른 임차인의 모든 채무를 담보하는 것으로서 그 피담보채무 상당액은 임대차관계의 종료 후 목적물이 반환될 때에 특별한 사정이 없는 한 별도의 의사표시 없이 보증금에서 당연히 공제된다.

대법원 2005. 9. 28. 선고 2005다8323,8330 판결 【점포명도등·임대차관계존재확인】

[1] 임대차계약에 있어 임대차보증금은 임대차계약 종료 후 목적물을 임대인에게 명도할 때까지 발생하는, 임대차에 따른 임차인의 모든 채무를 담보하는 것으로서,[65] 그 피담보채무 상당액은 임대차관계의 종료 후 목적물이 반환될 때에, 특별한 사정이 없는 한, 별도의 의사표시 없이 보증금에서 당연히 공제되는 것이므로, 임대인은 임대차보증금에서 그 피담보채무를 공제한 나머지만을 임차인에게 반환할 의무가 있다.

[2] 임대차계약의 경우 임대차보증금에서 그 피담보채무 등을 공제하려면 임대인으로서는 그 피담보채무인 연체차임, 연체관리비 등을 임대차보증금에서 공제하여야 한다는 주장을 하여야 하고 나아가 그 임대차보증금에서 공제될 차임채권, 관리비채권 등의 발생원인에 관하여 주장·입증을 하여야 하는 것이며, 다만 그 발생한 채권이 변제 등의 이유로 소멸하였는지에 관하여는 임차인이 주장·입증책임을 부담한다.

그에 따라 보증금반환청구 소송에서는 통상 다음과 같은 순서로 소송이 진행된다.

임차인에 의한 임대차보증금반환청구[66]

⬇

임대인의 피담보채무의 발생 및 공제 주장(항변)

⬇

피담보채무가 변제나 면제 등으로 이미 소멸하였다는 임차인의 항변(재항변)

---

65 이와 같은 판례가 정립되기 전까지는 보증금의 손해담보범위에 관하여, 임대차종료시까지의 손해를 담보한다는 설과 목적물반환시까지의 손해를 담보한다는 설이 나뉘었었다.

(2) 보증금계약

(가) 종된 계약

보증금계약은 임대차계약과는 별도로 체결되는 임대차계약에 종된 계약이다. 그러므로 임대차계약이 유효하여야 보증금계약도 유효하다.

(나) 낙성계약

보증금계약은 계약금계약과는 달리, 요물계약이 아닌 낙성계약이다.

(다) 당사자

임차인 이외에 제3자도 보증금계약의 당사자가 될 수 있다.[67]

(3) 보증금의 효력

(가) 담보적 효력

보증금은 차임채권, 임차물의 멸실, 훼손 기타의 원인에 의한 손해배상채권 등

66 임차인이 보증금반환청구의 소를 제기함에 있어서는, (1) 임대차계약이 있은 사실, (2) 보증금을 지급한 사실, (3) 임대차가 종료한 사실을 요건사실로서 주장하면 된다. 이 중에서, 임대차기간의 만료는 임차인이 주장할 것이 아니라, 그 미도래가 임대인의 항변사유라는 설도 있지만 대차형계약에서는 임대차기간의 종료는 요건사실이라고 할 것이다.

67 갑이 을과의 사이에 을에 대하여 부담하는 채무를 담보할 목적으로, 갑이 병으로부터 임차하여 사용하고 있던 건물에 관한 임대차계약상의 임차인의 명의를 을로 변경하기로 약정하고, 이에 따라 갑, 을, 병 3자의 합의에 의하여 임대차계약상의 임차인의 명의를 변경하였다면, 달리 특별한 사정이 없는 한 을과 병 사이에 있어서, 병은 임대차계약관계의 종료시에 을에게 임대차보증금을 지급할 의무를 부담하되, 만약에 피담보채무인 갑의 을에 대한 채무가 소멸한 경우라면 적어도 을로서는 신의칙상 병에 대하여 임대차보증금의 반환을 구할 수 없고, 따라서 병으로서도 피담보채무의 소멸을 이유로 을의 임대차보증금반환청구에 대하여 이를 거절할 수 있다(대판 1994. 8. 23, 94다18966【임대보증금】).

임대인의 모든 채권을 담보한다. 임대차가 성립한 이상 보증금이 교부되기 전이라도 이들 채무가 발생하면 피담보채권에 포함된다. 또한 앞서 본 바와 같이 임대차 종료 후라도 임차목적물의 반환시까지 생긴 채무는 보증금에 의하여 담보된다. 이와 같은 담보적 효력은 보증금의 가장 핵심적인 효력이라고 할 수 있다.

한편, 임차권과 임차보증금채권은 전혀 별개의 것이다. 따라서 임차권과는 별개로 보증금채권만을 양도할 수도 있고 담보로 제공할 수도 있다. 이때 임대인(채무자)의 동의를 요하지 않으며, 다만 지명채권양도의 대항요건을 갖추는 것으로써 족하다. 즉 임차인은 임대인의 동의 여부와 관계없이 임대인에 대한 임차보증금채권을 제3자에게 양도할 수 있으며, 이때의 양도는 일종의 지명채권의 양도와 같은 성질의 것이므로 단지 대항요건으로서 임대인의 동의 등이 필요할 뿐이다.

이에 따라 임차보증금반환채권이 압류나 전부 또는 양도된 경우, 임대차 종료 후에도 임차인이 목적물을 반환하지 않을 경우, 임대인은 이로써 자신의 보증금반환채무의 동시이행을 채권양수인에 대하여 주장할 수 있다. 양수인과는 직접적인 (쌍무)계약관계가 없지만, 공평의 관념에 의하여 인정되는 것이다. 이와 같이 임대인이 동시이행항변권을 행사하고 있는 동안에도 임차인은 목적물을 점유할 수 있고, 다만 그 사용 · 수익에 대한 차임 상당의 부당이득반환의무만이 남을 따름이다. 그런데 차임 상당의 부당이득반환채무가 다름 아닌 보증금에서 공제되는 까닭에, 결국 임대인이나 임차인 모두 사실상 손해를 볼 바는 없게 되는 한편, 압류 · 전부채권자 혹은 채권양수인은 사실상 명목뿐인 채권을 압류 · 양수한 결과가 된다.

이러한 불합리를 제거하기 위하여 판례는, "채권자가 자기채권을 보전하기 위하여 채무자의 권리를 행사하려면 채무자의 무자력을 요건으로 하는 것이 통상이지만, 임대차보증금반환채권을 양수한 채권자가 그 이행을 청구하기 위하여 임차인의 가옥명도가 선이행되어야 할 필요가 있어서 그 명도를 구하는 경우에는, 그 채권의 보전과 채무자인 임대인의 자력유무는 관계가 없는 일이므로, 무자력을 요건으로 한다고 할 수 없다"고 하여(대판 1989.4.25. 88다카4253,4260 【양수금】), 보증금반환청구권의 양수인은 임대인을 대위하여 임차인에게 임차물의 반환을 청구할 수 있다고 한다.

즉, 위와 같은 문제를 실무적으로 어떻게 해결할 것인가라는 난제를 해결함에 있어, 법원은 종래 '채무자의 무자력'을 요건으로 해석하고 있었던 채권자대위제도에 관한 입장을 위 판결로써 수정하여 이에 대응했던 것이다. 후술하는 채권자대위권의 '전용'과 관련해서도, 이 판결은 그 출발점을 이룬 것으로서 매우 중요하다.

또한 주택임차인으로부터 임차보증금채권을 양수받았다 할지라도 임차권과 분리된 단순 임차보증금채권 양수인은 임차인의 지위를 승계받은 것이 아니기에 비록 임차인이 우선변제권을 가진 임차인이라 할지라도 경매절차 등에서 우선변제권을 행사할 수는 없고 일반 채권자로서 배당절차에 참가할 수 있을 뿐이다.

판례

대법원 2010. 5. 27. 선고 2010다10276 판결 【배당이의】

주택임대차보호법의 입법목적과 주택임차인의 임차보증금반환채권에 우선변제권을 인정한 제도의 취지, 주택임대차보호법상 관련 규정의 문언 내용 등에 비추어 볼 때, 비록 채권양수인이 우선변제권을 행사할 수 있는 주택임차인으로부터 임차보증금반환채권을 양수하였다고 하더라도 임차권과 분리된 임차보증금반환채권만을 양수한 이상 그 채권양수인이 주택임대차보호법상의 우선변제권을 행사할 수 있는 임차인에 해당한다고 볼 수 없다. 따라서 위 채권양수인은 임차주택에 대한 경매절차에서 주택임대차보호법상의 임차보증금 우선변제권자의 지위에서 배당요구를 할 수 없고, 이는 채권양수인이 주택임차인으로부터 다른 채권에 대한 담보 목적으로 임차보증금반환채권을 양수한 경우에도 마찬가지이다. 다만, 이와 같은 경우에도 채권양수인이 일반 금전채권자로서의 요건을 갖추어 배당요구를 할 수 있음은 물론이다.

(나) 임대인을 위한 우선변제권

1) 임대차 계속 중

임대인은 임대차 계속 중에도 보증금에서 연체차임 등을 공제할 수 있지만, 이는 임대인의 선택에 달린 것으로서, 임대인은 보증금 공제가 아닌 연체차임의 지급을 구할 수 있고, 임차인이 이를 지급하지 않으면 임대차계약을 해지하거나 강제집행을 할 수도 있다. 이 경우 임차인은 보증금의 존재를 이유로 차임지급을 거절하거나 보증금에서 충당할 것을 주장할 수 없다.

그렇기 때문에 임대차 존속 중 임차인의 차임 연체시 연체차임은 임대차 종료 후 목적물 인도시에 일괄 공제하는 방식에 의하여 정산하기로 약정하는 등의 특약이 없는 한 연체 차임채권의 소멸시효는 임대차계약에서 정한 차임 지급기일부터 진행한다.

판례

대법원 2016. 11. 25. 선고 2016다211309 판결 【건물명도】

[1] 임대인에게 임대차보증금이 교부되어 있더라도 임대인은 임대차관계가 계속되고 있는 동안에는 임대차보증금에서 연체차임을 충당할 것인지를 자유로이 선택할 수 있다. 따라서 임대차계약 종료 전에는 공제 등 별도의 의사표시 없이 연체차임이 임대차보증금에서 당연히 공제되는 것은 아니고, 임차인도 임대차보증금의 존재를 이유로 차임의 지급을 거절할 수 없다.

[2] 소멸시효는 법률행위에 의하여 이를 배제, 연장 또는 가중할 수 없다(민법 제184조 제2항). 그러므로 임대차 존속 중 차임을 연체하더라도 이는 임대차 종료 후 목적물 인도 시에 임대차보증금에서 일괄 공제하는 방식에 의하여 정산하기로 약정한 경우와 같은 특별한 사정이 없는 한 차임채권의 소멸시효는 임대차계약에서 정한 지급기일부터 진행한다.

[3] 임대차보증금은 차임의 미지급, 목적물의 멸실이나 훼손 등 임대차 관계에서 발생할 수 있는 임차인의 모든 채무를 담보하는 것이므로, 차임의 지급이 연체되면 장차 임대차 관계가 종료되었을 때 임대차보증금으로 충당될 것으로 생각하는 것이 당사자의 일반적

인 의사이다. 이는 차임채권의 변제기가 따로 정해져 있어 임대차 존속 중 소멸시효가 진행되고 있는데도 임대인이 임대차보증금에서 연체차임을 충당하여 공제하겠다는 의사표시를 하지 않고 있었던 경우에도 마찬가지이다. 더욱이 임대차보증금의 액수가 차임에 비해 상당히 큰 금액인 경우가 많은 우리 사회의 실정에 비추어 보면, 차임 지급채무가 상당기간 연체되고 있음에도, 임대인이 임대차계약을 해지하지 아니하고 임차인도 연체차임에 대한 담보가 충분하다는 것에 의지하여 임대차관계를 지속하는 경우에는, 임대인과 임차인 모두 차임채권이 소멸시효와 상관없이 임대차보증금에 의하여 담보되는 것으로 신뢰하고, 나아가 장차 임대차보증금에서 충당 공제되는 것을 용인하겠다는 묵시적 의사를 가지고 있는 것이 일반적이다.

한편 민법 제495조는 "소멸시효가 완성된 채권이 그 완성 전에 상계할 수 있었던 것이면 그 채권자는 상계할 수 있다."라고 규정하고 있다. 이는 당사자 쌍방의 채권이 상계적상에 있었던 경우에 당사자들은 채권 · 채무관계가 이미 정산되어 소멸하였다고 생각하는 것이 일반적이라는 점을 고려하여 당사자들의 신뢰를 보호하기 위한 것이다. 다만 이는 '자동채권의 소멸시효 완성 전에 양 채권이 상계적상에 이르렀을 것'을 요건으로 하는데, 임대인의 임대차보증금 반환채무는 임대차계약이 종료된 때에 비로소 이행기에 도달하므로, 임대차 존속 중 차임채권의 소멸시효가 완성된 경우에는 소멸시효 완성 전에 임대인이 임대차보증금 반환채무에 관한 기한의 이익을 실제로 포기하였다는 등의 특별한 사정이 없는 한 양 채권이 상계할 수 있는 상태에 있었다고 할 수 없다. 그러므로 그 이후에 임대인이 이미 소멸시효가 완성된 차임채권을 자동채권으로 삼아 임대차보증금 반환채무와 상계하는 것은 민법 제495조에 의하더라도 인정될 수 없지만, 임대차 존속 중 차임이 연체되고 있음에도 임대차보증금에서 연체차임을 충당하지 않고 있었던 임대인의 신뢰와 차임연체 상태에서 임대차관계를 지속해 온 임차인의 묵시적 의사를 감안하면 연체차임은 민법 제495조의 유추적용에 의하여 임대차보증금에서 공제할 수는 있다.

2) 임대차 종료 후

임대차 종료 후에 임차물의 반환시까지 임차인의 채무가 존재하는 때에는 보증금에서 당연히 공제된다. 이는 앞서 설명한 대로 임대인에 의한 상계의 의사표시가 따로 필요 없다는 의미이다. 공제에 대한 주장과 입증책임은 앞서 설명한 것과 같다. 또한 '당연히' 공제되므로, 위에서 본 임대차계속중인 때에서와 같은 선택권은 없게 된다는 점도 유의하여야 한다.

임대인이 연체차임채권을 제3자에게 양도한 후에 임대차가 종료하더라도, 임대인은 이를 보증금에서 공제할 수 없다고 봄이 상당하다.

임대차보증금채권이 임대차 종료 전에 제3자에게 양도되고 양수인에 의한 임대인에게로의 양도통지가 이루어진 경우에, "임대인이 임대차보증금반환청구채권의 양도통지를 받은 후에는, 임대인과 임차인 사이에 임대차계약의 갱신이나 계약기간 연장에 관하여 명시적 또는 묵시적 합의가 있더라도, 그 합의의 효과는 보증금반환채권의 양수인에 대하여는 미칠 수 없다"(대판 1989. 4. 25, 88다카4253,4260【양수금】).

(4) 보증금의 승계

부동산임대차가 등기되어 있거나(제621조), 건물 소유를 목적으로 한 토지임차인이 그 지상 건물을 등기한 때(제622조)에는, 임차인은 토지의 양수인에 대하여도 임차권을 가지고 대항할 수 있고, 그 경우에 보증금에 대한 권리 · 의무도 신소유자에게 당연히 이전된다. 다만 구 소유자에게 보증금으로 담보된 채권이 있는 때에는 그것이 공제된 나머지만 승계된다.[68]

(5) 보증금의 반환

(가) 반환시기

이를 보증금의 반환범위와 일치시킬 필요는 없으므로, 보증금반환시기는 임대차 종료 후로서, 임대차가 종료하면 임차인은 당연히, 즉 임차물의 반환 없이도 언제든지 보증금의 반환을 청구할 수 있다.

---

68 자세한 것은 등기된 임차권의 효력 부분 참조.

(나) 동시이행

1) 원칙

이와 같이 임대인의 반환의무 자체는 임대차종료시에 발생하지만, 임대인을 보호하기 위한 취지에서, 임대인의 보증금반환의무는 임차인의 임차물반환의무와 동시이행의 관계에 있는 것으로 본다. 따라서 임대차 종료 후 임차인이 임차보증금의 반환을 청구하면, 임대인은 임차물을 반환받지 못하고 있음을 이유로 임차물의 반환과 동시에 이행할 것을 구하는 동시이행의 항변권을 행사할 수 있다.[69]

판례

대법원 1977. 9. 28. 선고 77다1241,1242 전원합의체 판결 【가옥명도】

원심은 원고의 본소청구중 건물 명도청구에 대한 피고의 임차보증금 3,500,000원의 반환청구권과의 동시이행의 항변과 피고의 반소청구중 임차보증금 반환청구에 대하여 임대차계약이 종료된 경우에 임차인의 임차건물명도의무는 임대인의 보증금 반환의무에 앞선 선이행관계에 있다는 이유로 피고의 위 항변과 반소청구를 모두 배척하였다.

그러나 임대차 계약의 기간이 만료된 경우에 임차인이 임차목적물을 명도할 의무와 임대인이 보증금 중 연체차임 등 당해 임대차에 관하여 명도시까지 생긴 모든 채무를 청산한 나머지를 반환할 의무는 모두 이행기에 도달하고 이들 의무 상호간에는 동시이행의 관계가 있다고 보는 것이 상당하다.

따라서 원판결에는 임대차계약종료시 임차목적물 명도청구권과 보증금 반환청구권과의 상호관계에 관한 법리를 오해한 위법이 있다고 할 것이므로 이점 논지는 이유있다. 그리고 이에 반대되는 당원 1962.3.29. 선고 4294민상939 판결에 표시된 견해는 이 판결로서 이를 폐기하기로 한다.

대법원 2002. 2. 26. 선고 2001다77697판결 【임대차보증금】

임차인의 임차목적물 명도의무와 임대인의 보증금반환의무는 동시이행의 관계에 있다

---

69 비록 보증금은 임차목적물의 반환시까지 발생한 모든 손해를 담보하는 것이므로 이론상으로는 목적물반환의무가 선이행의무인 것처럼 보이나, 임차인 보호를 위한 형평의 관념상 동시이행관계로 본 것이다.

하겠으므로, 임대인의 동시이행의 항변권을 소멸시키고 임대보증금반환 지체책임을 인정하기 위해서는, 임차인이 임대인에게 임차목적물의 명도의 이행제공을 하여야만 한다 할 것이고, 임차인이 임차목적물에서 퇴거하면서 그 사실을 임대인에게 알리지 아니한 경우에는 임차목적물의 명도의 이행제공이 있었다고 볼 수는 없다.

2) 불법행위 및 부당이득과의 관계

동시이행의 항변에 기하여 비록 보증금을 반환받을 때까지 임차인은 임차목적물을 반환할 필요는 없다. 그 결과 임차인이 목적물을 계속 사용 · 수익하는 경우가 많지만, 이는 적법한 점유로서 불법행위를 이루지는 않는다. 그러나 임차인은 이로 인하여 차임 상당의 부당이득을 받는 것이고, 이러한 점유가 보존행위의 성격을 띠는 것도 아니므로, 차임 상당의 부당이득을 반환할 책임은 있다. 그러나 임차인에 실질적인 사용 · 수익의 이득이 없는 경우에는, 이를 이득이라고 할 수 없으므로 이를 반환할 필요도 없다.

채권적 전세의 경우에는 전세금의 이자상당액과 점유사용에 따른 임료상당액이 서로 대가관계에 있으므로, 전세금반환시까지 계속 사용하여도 부당이득이 되지 않는다.

판례

대법원 1993. 11. 23. 선고 92다38980판결 【건물명도】

임차인이 임대차계약종료 이후에도 동시이행의 항변권을 행사하는 방법으로 목적물의 반환을 거부하기 위하여 임차건물부분을 계속 점유하기는 하였으나 이를 본래의 임대차계약상의 목적에 따라 사용 · 수익하지 아니하여 실질적인 이득을 얻은 바 없는 경우에는 그로 인하여 임대인에게 손해가 발생하였다 하더라도 임차인의 부당이득반환의무는 성립되지 않는다.

대법원 1976. 10. 26. 선고 76다1184 판결 【임대보증금】

채권적 전세권에 있어서는 그 건물의 시가의 절반상당 정도의 금액이 전세금으로써 일시에 교부되고 그 전세금의 이자는 그 임대료와 상계되고 있음이 특단의 사정이 없는 한 인정 시행되어 오고 있고, 당사자 일방이 목적물 명도채무와 다른 일방의 전세금반환채무는 특단의 사정이 없는 한 동시이행관계에 있으므로, 전세계약기간 종료 후 전세금을 반환치 않고 있는 동안의 본건 건물부분의 점유를 불법점유라 할 수 없고, 점유사용에 따른 임료상당액과 전세금에 대한 이자상당액은 서로 대가관계에 있다고 봄이 상당하다.

대법원 1979. 9. 25. 선고 79다762 판결【손해배상】

원 · 피고 간의 이건 임대차계약은, 피고가 원고에게 임차보증금만을 교부하고 월차임은 없이 소정 기간중 피고는 본건 건물을 점유 사용 · 수익하고 원고는 위 임차보증금의 이식을 차임으로 이득할 것을 내용으로 하는 채권적 전세계약으로 보이므로, 임대차기간이 만료된 경우에 임차인이 목적물을 명도할 의무와 임대인이 보증금을 반환할 의무와는 동시이행의 관계에 있다고 할 것이므로, 원고가 위 보증금을 피고에게 반환한 시기를 고려함이 없이는 피고의 부당이득 발생기간을 정할 수 없다 할 것이다.

3) 명도지연시의 약정 지연손해금

비록 명도지연시의 지연손해금의 지급약정이 있다 할지라도, 임차인이 임차건물을 명도할 의무와 임대인이 임대보증금 중 미지급 월임료 등을 공제한 나머지 보증금을 반환할 의무가 동시이행관계에 있는 이상, 임대인이 임차인에게 위 보증금반환의무를 이행하였다거나 그 현실적인 이행의 제공을 하여 임차인의 건물명도의무가 지체에 빠졌다는 사실이 인정되지 않는다면, 임차인은 임대차기간 만료 후 명도를 지연할 경우 지급키로 한 약정지연손해금을 지급할 의무가 없다(대판 1988. 4. 12, 86다카2476【건물명도】).

4) 목적물보관의무와의 관계

동시이행의 항변권에 기하여 임차물의 인도를 거절하는 경우에도 임차인은 목적물보관의무를 진다.

(다) 유치권의 가부

보증금반환채권은 전술한 바와 같이 목적물의 반환과 동시이행의 관계에 있는데, 보증금반환채권을 '임차목적물에 관하여 생긴 채권'으로 보아 제320조에 의하여 임차인의 유치권도 인정할 것인지가 문제된다. 학설은 대립하지만, 판례는 이를 부정한다. 즉, '목적물에 관한 채권'이라기보다는 '목적물에 대한 채권'으로 보고 있는 것이다.

이 인정여부는 임차목적물이 제3자에게 양도된 경우에 더욱 문제된다. 유치권을 인정할 경우, 임차인은 제3자(신소유자)에 대하여도 목적물의 인도와 보증금의 반환을 상환이행할 것을 주장할 수 있게 된다. 반면에 그렇지 않은 경우, 임차인은 신소유자에 대하여는 원칙적으로 상환이행을 주장할 수 없고, 동시이행도 주장할 수가 없기 때문에, 결국 신소유자의 인도청구를 거절할 수 없게 되어 보증금반환을 확보하기 어렵게 될 것이다.

주택임대차보호법은 이런 관점에서 제4조 제2항에 특칙을 두어, 임대차 종료 후에도 임차인이 보증금을 반환받을 때까지는 임대차관계가 존속하는 것으로 하고 있다. 제4조 제2항의 이와 같은 의미에 관하여는, 주택임대차보호법에 관한 설명에서 후술하기로 한다.

판례

대법원 1976. 5. 11. 선고 75다1305 판결 【건물명도】

건물의 임대차에 있어서 임차인의 임대인에게 지급한 임차보증금반환청구권이나 임대인이 건물시설을 아니하기 때문에 임차인에게 건물을 임차목적대로 사용 못한 것을 이유로 하는 손해배상청구권은 모두 민법 제320조 소정 소위 '그 건물에 관하여 생긴 채권'이라 할 수 없다. 따라서 보증금반환채권과 손해배상채권에 관한 피고의 유치권 주장을 배척한 조치는 정당하다.

나. 권리금

(1) 의의

토지나 건물(주로 도심건물)의 임대차에 부수하여 임차물이 가지는 장소적 이익(소위 목), 거래선 확보이익, 설비나 개축 등의 비용이익, 장소와 결부된 허가권의 이용이익 등의 대가로서 임차인이 임대인에게 지급하는 금전 기타의 유가물이다. 즉, 임대차와는 일단 구별되는 일종의 매매의 실질을 가진다. 그러므로 권리금계약은 임대차계약 등에 수반되어 체결되지만 양자는 별개의 계약이라고 할 수 있다.

판례

대법원 2013. 5. 9. 선고 판결【권리양도금】

[1] 영업용 건물의 임대차에 수반되어 행하여지는 권리금의 지급은 임대차계약의 내용을 이루는 것은 아니고 권리금 자체는 거기의 영업시설·비품 등 유형물이나 거래처, 신용, 영업상의 노하우(know-how) 혹은 점포 위치에 따른 영업상 이점 등 무형의 재산적 가치의 양도 또는 일정 기간 동안의 이용대가라고 볼 것인바, 권리금계약은 임대차계약이나 임차권양도계약 등에 수반되어 체결되지만 임대차계약 등과는 별개의 계약이다.

[2] 여러 개의 계약이 체결된 경우에 그 계약 전부가 하나의 계약인 것과 같은 불가분의 관계에 있는 것인지는 계약체결의 경위와 목적 및 당사자의 의사 등을 종합적으로 고려하여 판단하여야 하고, 각 계약이 전체적으로 경제적, 사실적으로 일체로서 행하여진 것으로 그 하나가 다른 하나의 조건이 되어 어느 하나의 존재 없이는 당사자가 다른 하나를 의욕하지 않았을 것으로 보이는 경우 등에는, 하나의 계약에 대한 기망 취소의 의사표시는 법률행위의 일부무효이론과 궤를 같이하는 법률행위 일부취소의 법리에 따라 전체 계약에 대한 취소의 효력이 있다.

[3] 임차권의 양수인 갑이 양도인 을의 기망행위를 이유로 을과 체결한 임차권양도계약 및 권리금계약을 각 취소 또는 해제한다고 주장한 사안에서, 임차권양도계약과 권리금계약의 체결 경위와 계약 내용 등에 비추어 볼 때, 위 권리금계약은 임차권양도계약과 결합하여 전체가 경제적·사실적으로 일체로 행하여진 것으로서, 어느 하나의 존재 없이는 당사자가 다른 하나를 의욕하지 않았을 것으로 보이므로 권리금계약 부분만을 따로 떼어 취소할 수 없는데도, 임차권양도계약과 분리하여 권리금계약만이 취소되었다고

본 원심판결에 임차권양도계약에 관한 판단누락 또는 계약의 취소 범위에 관한 법리오해 등 위법이 있다고 한 사례.

(2) 권리금 수수시의 법률관계(권리금의 반환청구의 가부)

권리금은 위와 같이 장소적 이익 등에 대한 대가로 지급되는 것이기 때문에, 임대차가 종료되었다고 하여도 그 반환을 청구할 수 없다. 그러나 임대인의 사정으로 임대차계약이 중도에 해지되는 것과 같은 특별한 사정이 있는 때에는, 권리금 중 잔존기간에 상응하는 금액 부분은 반환청구를 할 수 있다.[70]

다만 실거래에서는 임차인은 제3자에게 임차권을 양도하거나 임차물을 전대하는 경우에 그로부터 권리금을 받아 투하자본을 회수하고 있고, 이 경우 판례는 이를 인정한다.

상가건물임대차보호법에 따라 위 법의 적용을 받는 일정 임대차에서는 일정 부분 권리금을 보호하고 있다. 즉 임대인은 임차인이 주선한 신규임차인이 되려는 자로부터 권리금을 지급받는 것을 방해해서는 원칙적으로 안 되고, 이러한 의무위반행위로 인하여 임차인이 손해를 입은 경우에는 그 손해를 배상할 책임이 있다(제10조의4).

판례

대법원 2000. 4. 11. 선고 2000다4517,4524 판결【건물명도 · 임대차보증금등】

통상 권리금은 새로운 임차인으로부터만 지급받을 수 있을 뿐이고 임대인에 대하여는 지급을 구할 수 없는 것이므로, 임대인이 임대차계약서의 단서 조항에 권리금액의 기재 없이 단지 '모든 권리금을 인정함'이라는 기재를 하였다고 하여 임대차 종료시 임차인에게 권리금을 반환하겠다고 약정하였다고 볼 수는 없고, 단지 '임차인이 나중에 임차권을 승계한 자로부터 권리금을 수수하는 것을 임대인이 용인하고, 나아가 임대인이 정당한 사유 없이 명

70 대판 2002. 7. 26, 2002다25013【전세보증금반환등】.

도를 요구하거나 점포에 대한 임대차계약의 갱신을 거절하고 타에 처분하면서 권리금을 지급받지 못하도록 하는 등으로 임차인의 권리금 회수 기회를 박탈하거나 권리금 회수를 방해하는 경우에 임대인이 임차인에게 직접 권리금 지급을 책임지겠다'는 취지로 해석해야 할 것이다.

대법원 2001. 11. 13. 선고 2001다20394,20400 판결 【매매대금반환 · 임대차보증금】

기간의 정함이 있는 전대차계약에 있어 권리금이 지급되고, 그 권리금이 영업시설 · 비품 등의 유형물이나 거래처, 신용 또는 점포 위치에 따른 장소적 이익 등의 무형적 이익을 이용하는 대가로서의 성질을 가지는 경우에는, 계약기간 중에 전대차계약이 해지되어 종료되면, 특별한 사정이 없는 한, 지급된 권리금을 경과기간과 잔존기간에 대응하는 것으로 나누어, 전대인은 전차인으로부터 수령한 권리금 중 전대차계약이 종료될 때까지의 기간에 대응하는 부분을 공제한 잔존기간에 대응하는 부분만을 반환할 의무를 부담한다고 봄이 공평의 원칙에 합치된다고 할 것이다.

6. 주택임대차보호법의 주요 내용

가. 민법과의 관계

우리나라는 주택 임차인을 보호하기 위하여 주택임대차보호법을 두고 있다. 주택임대차보호법은 민법에 대한 특별법이므로, 주택의 임대차에 관한 한 주택임대차보호법이 우선 적용되고, 주택임대차보호법에 규정이 없는 사항에 한하여 민법이 보충적으로 적용된다.

나. 적용범위

본법은 주거용 건물의 임대차에 관하여만 적용되며, 비록 임차 주택의 일부가 주거 외의 목적으로 사용되는 경우에도 동일하다(주택임대차보호법 제2조). 따라서 영업용 건물 등에는 당연히 그 적용이 없고, 그 경우에는 뒤에 설명하는 상가건물임대차보호법이 적용된다.

(1) 주거용 여부의 판단

건물의 현황, 용도 등에 비추어 실질적으로 판단하는 것으로, 등기부나 건축물 관리대장 등 공부상의 표시에 의하여 형식적으로 판단할 일이 아니다.

판단시점은 원칙적으로 임대차계약 체결시로 보아야 한다. 따라서 비주거용건물을 임차하여 사용 중에 임차인이 임의로 개조하여 주거용으로 사용하는 경우에는 본법의 적용대상이 아니다. 다만 임대인과의 합의에 따라 주거용으로 개조하여 사용하기로 합의하고 실제로도 개조 사용하였다면 주거용 건물로 보아야 한다. 역으로, 주거용을 비주거용으로 개조 사용하기로 합의한 경우에는 주거용 건물로 볼 수 없다.

(2) 건물의 전부 또는 일부

건축허가의 유무나 등기 여부는 문제되지 않는다. 건물 전부뿐만 아니라 그 일부에 대한 임대차에도 본법이 적용된다.

이때 그 일부분이 반드시 독립성을 가질 필요는 없다.

(3) 겸용건물

(가) 개정법 내용

임대주택의 일부가 거주 이외의 목적으로 사용되는 경우에도 본법의 적용대상이 된다(1차 개정시 추가).

(나) 판단기준

임차주택을 전체적으로 보아 주거용부분이 주가 되고 비주거용부분을 부수적으로 사용하는 경우에는, 이를 주거용 건물로 보아 본법을 적용하여야 한다. 만일 주거용 여부의 주종을 구별하기 힘들 정도라면, 임차인 보호의 견지에서 본법의 적용을 긍정할 것이다.

(4) 임대차

(가) 사용대차

본법은 임대차에 한하여 적용되고 사용대차에는 적용이 없다. 임대차나 사용대차의 여부는 대가관계의 유무로 판단하므로, 비록 반대급부가 제공되더라도, 그것이 건물에 대한 공조공과금을 부담하는 정도에 불과한 것이라면 대가로서의 의미가 없으므로 임대차로 보기 어렵다.

(나) 일시사용 임대차

일시사용을 위한 임대차에는 본법의 적용이 없다(위 법 제11조).

(다) 채권적 전세

본법은 주택의 등기하지 아니한 전세계약인 채권적 전세(미등기전세)에 준용되고, 이때의 전세금은 보증금으로 본다(위 법 제12조).

(라) 법인인 임차인

임차인이 법인인 경우에는 본법의 적용이 없다.[71] 회사가 직원들의 사옥으로 사용하기 위하여 법인인 회사 명의로 임대차계약을 체결할 경우가 종종 있을 수 있는바, 주의를 요한다.

다만, 대통령령으로 정하는 일정 범위의 국민주택기금을 재원으로 하여 저소득층 무주택자에게 전세임대주택을 지원하는 경우에 한해서는 그 법인에게 대항력과 우선변제권을 부여하였으므로, 이런 법인은 일정 부분 보호된다(위 법 제3조 제2항, 제3조의2 제2항, 제3조의3 제2항, 제5항).

주택임대차보호법과는 달리 후술하는 상가건물 임대차에서는 법인도 보호받을 수 있다.

판례

대법원 2002. 1. 8. 선고 2001다47535 【건물명도】

주택임차인이 대항력을 갖는지 여부는, 법 제3조 제1항에서 정한 요건, 즉 임대차계약의 성립, 주택의 인도, 주민등록의 요건을 갖추었는지 여부에 의하여 결정되는 것이므로, 당해 임대차계약이 통정허위표시에 의한 계약이어서 무효라는 등의 특별한 사정이 있는 경우는 별론으로 하고, 임대차계약 당사자가 기존 채권을 임대차보증금으로 전환하여 임대차계약을 체결하였다는 사정만으로 임차인이 법 제3조 제1항 소정의 대항력을 갖지 못한다고 볼 수는 없다.

대법원 2001. 5. 8. 선고 2001다14733 판결 【배당이의】

채권자가 채무자 소유의 주택에 관하여 채무자와 임대차계약을 체결하고 전입신고를 마친 다음 그곳에 거주하였다고 하더라도, 실제 임대차계약의 주된 목적이 주택을 사용수익하려는 것에 있는 것이 아니고, 실제적으로는 소액임차인으로 보호받아 선순위담보권자에 우선하여 채권을 회수하려는 것에 주된 목적이 있었던 경우에는, 그러한 임차인을 주택임대차보호법상 소액임차인으로 보호할 수 없다.

대법원 2003. 7. 25. 선고 2003다2918 판결 【채무부존재확인】

법인에게 주택을 임대한 경우에는, 법인은 주택임대차보호법 제3조 제1항 소정의 대항요건의 하나인 주민등록을 구비할 수 없으므로, 임대인이 위 임대주택을 양도하더라도 그 양

71 대판 1997. 7. 11, 96다7236【부당이득금반환】.

수인이 주택임대차보호법에 의하여 임대인의 지위를 당연히 승계하는 것이 아니고, 따라서 임대인의 임차보증금반환채무를 면책시키기로 하는 당사자들 사이의 특약이 있다는 등의 특별한 사정이 없는 한, 임대인의 법인에 대한 임차보증금반환채무는 소멸하지 아니한다.

대법원 1996. 3. 12. 선고 95다51953 판결 【배당이의】

주택임대차보호법 제2조 소정의 주거용 건물에 해당하는지 여부는 임대차목적물의 공부상의 표시만을 기준으로 할 것이 아니라 그 실지용도에 따라서 정하여야 하고, 건물의 일부가 임대차의 목적이 되어 주거용과 비주거용으로 겸용되는 경우에는, 구체적인 경우에 따라 그 임대차의 목적, 전체 건물과 임대차목적물의 구조와 형태 및 임차인의 임대차목적물의 이용관계 그리고 임차인이 그 곳에서 일상생활을 영위하는지 여부 등을 아울러 고려하여 합목적적으로 결정하여야 한다.

방 2개와 주방이 딸린 다방이 영업용으로서 비주거용 건물이라고 보여지고, 설사 그 중 방 및 다방의 주방을 주거목적에 사용한다고 하더라도, 이는 어디까지나 다방의 영업에 부수적인 것으로서 그러한 주거목적 사용은 비주거용 건물의 일부가 주거목적으로 사용되는 것일 뿐, 주택임대차보호법 제2조 후문에서 말하는 '주거용 건물의 일부가 주거 외의 목적으로 사용되는 경우'에 해당한다고 볼 수 없다.

대법원 1986. 1. 21. 선고 85다카1367 판결 【건물명도】

주택임대차보호법이 적용되려면, 먼저 임대차계약 체결당시를 기준으로 하여 그 건물의 구조상 주거용 또는 그와 겸용될 정도의 건물의 형태가 실질적으로 갖추어져 있어야 하고, 만일 그 당시에는 주거용 건물부분이 존재하지 아니하였는데 임차인이 그 후 임의로 주거용으로 개조하였다면, 임대인이 그 개조를 승낙하였다는 등의 특별한 사정이 없는 한 위 법의 적용은 있을 수 없다.

대법원 1996. 6. 1. 선고 96다7595 판결 【배당이의】

건물의 임대차에는 당연히 그 부지 부분의 이용을 수반하는 것인 점 등을 종합하여 보면, 주택임대차보호법 제2조에서 같은 법의 적용대상으로 규정하고 있는 '주거용 건물'의 임대차라 함은 임차목적물 중 건물의 용도가 점포나 사무실 등이 아닌 주거용인 경우의 임대차를 뜻하는 것일 뿐이지, 같은 법의 적용대상을 대지를 제외한 건물에만 한정하는 취지는 아니다.

다가구용 단독주택의 대지 및 건물에 관한 근저당권자가 그 대지 및 건물에 관한 경매를 신청하였다가 그 중 건물에 대한 경매신청만을 취하함으로써 이를 제외한 대지 부분만이 낙찰되었다고 하더라도, 그 주택의 소액임차인은 그 대지에 관한 낙찰대금 중에서 소액보증금을 담보물권자보다 우선하여 변제받을 수 있다.

대법원 2007. 6. 21. 선고 2004다26133 전원합의체판결【배당이의】

주택임대차보호법은 주택의 임대차에 관하여 민법에 대한 특례를 규정함으로써 국민의 주거생활의 안정을 보장함을 목적으로 하고 있고, 주택의 전부 또는 일부의 임대차에 관하여 적용된다고 규정하고 있을 뿐, 임차주택이 관할관청의 허가를 받은 건물인지, 등기를 마친 건물인지 아닌지를 구별하고 있지 아니하므로, 어느 건물이 국민의 주거생활의 용도로 사용되는 주택에 해당하는 이상, 비록 그 건물에 관하여 아직 등기를 마치지 아니하였거나 등기가 이루어질 수 없는 사정이 있다고 하더라도, 다른 특별한 규정이 없는 한 같은 법의 적용대상이 된다.

대항요건 및 확정일자를 갖춘 임차인과 소액임차인에게 우선변제권을 인정한 주택임대차보호법 제3조의2 및 제8조가 미등기주택을 달리 취급하는 특별한 규정을 두고 있지 아니하므로, 대항요건 및 확정일자를 갖춘 임차인과 소액임차인의 임차주택 대지에 대한 우선변제권에 관한 법리는 임차주택이 미등기인 경우에도 그대로 적용된다. 이와 달리 임차주택의 등기 여부에 따라 그 우선변제권의 인정 여부를 달리 해석하는 것은 합리적 이유나 근거 없이 그 적용대상을 축소하거나 제한하는 것이 되어 부당하고, 민법과 달리 임차권의 등기 없이도 대항력과 우선변제권을 인정하는 같은 법의 취지에 비추어 타당하지 아니하다. 다만, 소액임차인의 우선변제권에 관한 같은 법 제8조 제1항이 그 후문에서 '이 경우 임차인은 주택에 대한 경매신청의 등기 전에' 대항요건을 갖추어야 한다고 규정하고 있으나, 이는 소액보증금을 배당받을 목적으로 배당절차에 임박하여 가장임차인을 급조하는 등의 폐단을 방지하기 위하여 소액임차인의 대항요건의 구비시기를 제한하는 취지이지, 반드시 임차주택과 대지를 함께 경매하여 임차주택 자체에 경매신청의 등기가 되어야 한다거나 임차주택에 경매신청의 등기가 가능한 경우로 제한하는 취지는 아니라 할 것이다. 대지에 대한 경매신청의 등기 전에 위 대항요건을 갖추도록 하면 입법취지를 충분히 달성할 수 있으므로, 위 규정이 미등기 주택의 경우에 소액임차인의 대지에 관한 우선변제권을 배제하는 규정에 해당한다고 볼 수 없다.

다. 대항력(제3조)

주택 임차인이 일정한 요건을 갖춘 경우에 제3자에 대하여 대항할 수 있다는 대항력은, 후술하는 우선변제력과는 전혀 별개의 효력임을 주의해야 한다. 또한 대항력은 기본적으로 임대차관계의 존속을 그 전제로 한다는 점에서, 우선변제력이 임대차종료 후에 보증금의 회수를 확보하기 위해 인정되는 것임과는 근본적으로 구별된다는 점 또한 유의하여야 한다.

(1) 요건

주택의 인도와 주민등록(전입신고)만으로 등기 없이도 임차인은 임차권의 대항력을 취득한다.

(가) 인도

현실의 인도 이외에 간이인도, 목적물반환청구권의 양도에 의한 점유, 점유개정의 방법에 의한 인도 모두를 포함한다.

(나) 주민등록상의 전입신고

주민등록을 요구하므로, 주민등록의 대상이 되지 않는 자(대한민국 국민 중에서 해외이주를 포기하지 아니한 해외이주자, 법인 등)는 대항력을 취득할 수 없다. 외국인은 주민등록의 대상은 아니지만 출입국관리법에 의한 거류신고로서 주민등록의 신고에 갈음하므로, 거류신고 및 외국인등록을 한 자는 주민등록을 한 것과 같은 보호를 받는다.

주민등록은 판례에 의하여 대항력의 취득요건 및 존속요건으로 해석되므로, 가령 임차인이 은행융자 등의 목적으로 일시적으로나마 주민등록을 이전한 경우에도 대항력을 상실하고, 다시 전입신고를 한 때로부터 새로이 대항력이 발생할 뿐이다.[72] 이와 같이 전입신고 및 인도의 계속이 없는 경우 대항력은 상실되고, 우선

---

72 대판 1998. 12. 11, 98다34584【배당이의의소】: 주택의 임차인이 그 주택의 소재지로 전입신고를 마

변제권의 존부 문제만이 남게 된다.

주택의 인도와 주민등록이라는 요건이 계속 유지되어야 할 최종시점은, 임차목적물이 결국은 경매되는 상황과 관련하여, 민사집행법상 배당요구시가 아니라 배당요구의 종기인 매각기일까지이며, 만일 매각허가결정이 취소된 경우에는 배당금의 기초가 되는 매각대금을 납부한 매수인에 대하여 매각허가결정을 한 마지막 매각기일을 말한다.

한편, 대항력 취득요건으로서의 주민등록은 임차인 본인만이 아니라 그 배우자나 자녀 등 가족의 주민등록을 포함하고, 임차인이 가족과 함께 그 주택에 대한 점유를 계속하고 있으면서 가족의 주민등록은 그대로 둔 채 본인만 주민등록을 옮긴 경우에도, 이를 주민등록의 이탈이라고 볼 수 없어서 임차인은 대항력을 잃지 않는다.

주택임대차보호법 제3조 제1항에 의한 대항력을 갖춘 주택임차인이 임대인의 동의를 얻어 적법하게 임차권을 양도하거나 전대한 경우에 있어서, 양수인이나 전차인이 임차인의 주민등록퇴거일로부터 주민등록법상의 전입신고기간내에 전입신고를 마치고 주택을 인도받아 점유를 계속하고 있다면, 비록 위 임차권의 양도나 전대에 의하여 임차권의 공시방법인 점유와 주민등록이 변경되었다 하더라도, 원래의 임차인이 갖는 임차권의 대항력은 소멸되지 아니하고 동일성을 유지한 채로 존속한다고 보아야 한다(따라서, 주택의 임차인이 제3자에게 전대한 이후에도 그의 임차권의 대항력이 소멸되지 아니하고 그대로 존속하고 있다면, 임차인은, 그의 임차권의 대항력을 취득한 후에 경료된 근저당권의 실행으로 소유권을 취득하게 된 자에 대하여 임대보증금반환청구권에 기한 동시이행항변권을 행사하여 그 반환을 받을 때까지는 위 주택을 적법하게 점유할 권리를 갖게 되는 것이고, 따라서 그로부터 위 주택을 전차한 제3자 또한 그의 동시이행항변권을 원용하여, 위 임차인이 보증금의 반

치고 입주함으로써 임차권의 대항력을 취득한 후 일시적이나마 다른 곳으로 주민등록을 이전하였다면 그 전출 당시 대항요건을 상실함으로써 대항력은 소멸하고, 그 후 임차인이 다시 그 주택의 소재지로 주민등록을 이전하였다면 대항력은 당초에 소급하여 회복되는 것이 아니라 재전입한 때로부터 새로운 대항력이 다시 발생하며, 이 경우 전출 이전에 이미 임대차계약서상에 확정일자를 갖추었고 임대차계약도 재전입 전후를 통하여 그 동일성을 유지한다면, 임차인은 재전입시 임대차계약서상에 다시 확정일자를 받을 필요 없이 재전입 이후에 그 주택에 관하여 담보물권을 취득한 자보다 우선하여 보증금을 변제받을 수 있다.

환을 받을 때까지 위 주택을 적법하게 점유, 사용할 권리를 갖게 된다. 대판 1988. 4. 25, 87다카2509【건물명도】).

이와 같은 예외는, 주민등록의 계속을 지나치게 엄격하게 요구하는 경우 임차인에게 가혹한 결과가 될 수 있다는 점에서 나오는 것이다.

(2) 대항력의 내용

인도와 주민등록을 마친 때에는 그 다음날 0시부터(전입신고일이 아님을 유의) 제3자에 대하여 효력이 생긴다(제3조 제1항).[73] 그러므로 대항력이 생긴 이후에 이해관계를 맺은 자에 대하여는 인도요구를 거절할 수 있고, 계속 사용 · 수익할 수 있다. 그러나 대항력 구비 전에 이해관계를 맺은 자에 대하여는 대항하지 못한다.[74] 저당권이 여러 개 있는 경우 대항력의 유무는 경매청구 저당권이 아닌 최선순위 저당권과의 선후로 판단한다.

임차인이 대항력을 가진 경우에 임차주택이 양도되면 양수인은 임대인의 지위를 승계한 것으로 본다(제3조 제3항). 그에 따라 양수인은 보증금반환채무도 승계하므로, 임차인은 양수인을 상대로 보증금반환을 구할 수 있다. 여기서 임대인(양도인)의 보증금반환채무가 문제되는 바, 특약이 없는 한 임대인은 위 채무를 면한다고 보아야 한다. 즉 일종의 면책적 채무인수가 되는 것이다. 그에 따라 임대인인 양도인에 대한 보증금반환청구의 소는 기각된다.

판례

대법원 1999. 5. 25. 선고 99다9981 판결【건물명도】

주택임대차보호법 제3조의 임차인이 주택의 인도와 주민등록을 마친 때에는 그 '익일부터' 제3자에 대하여 효력이 생긴다고 함은 익일 오전 영시부터 대항력이 생긴다는 취

73 0시부터 대항력이 발생하므로 동일자에 접수된 타 권리자에 항상 앞서게 되는 결과가 된다.

74 예를 들어 전입신고에 따른 수리 전에 임차주택에 저당권설정등기나 가압류등기가 행해진 경우 등을 들 수 있다.

지이다.

원심이 적법히 확정한 사실에 의하면 피고 선정자 원00이 1996. 8. 16. 이 사건 부동산을 보증금 51,000,000원에 임차하여 1996. 8. 27. 주민등록상 전입신고를 마쳤으므로 위에서 본 법리에 따라 익일인 1996. 8. 28. 00:00시부터 대항력이 있어 그 후 1996. 8. 28.자로 주간에 경료된 이 사건 저당권에 기한 경낙인인 원고에게 대항할 수 있다고 할 것이므로 같은 취지의 원심 판단은 정당하고, 이를 다투는 논지는 모두 이유 없다.

(3) 존속의 보장

(가) 2년 보장

당사자가 존속기간을 정하지 않았거나 2년 미만으로 정한 때에도 존속기간은 2년으로 본다(제4조 1항 본문). 그러나 이는 임차인을 보호하기 위한 편면적 규정이므로, 임차인은 이보다 짧은 약정기간을 존속기간으로 주장할 수 있다(제4조 제1항 단서). 예를 들어 임대차기간을 1년으로 정한 경우, 임차인은 2년을 주장할 수도 있고 1년을 주장할 수도 있지만, 임대인은 1년을 주장할 수 없다는 의미이다.

(나) 임대차 종료 후의 임대차관계의 존속

임대차 종료 후에도 임차보증금을 지급받을 때까지는 임대차관계가 존속하는 것으로 본다. 이는 임차인의 보증금반환채권을 보호하기 위한 특칙이다.

임대차가 종료하였는데 임대인이 보증금을 반환하지 않은 채 주택의 명도를 구하면, 임차인은 동시이행의 항변으로서 대항할 수가 있다. 그러나 임대차 종료 후에 임대인이 임차주택을 제3자에게 양도한 경우에는, 본법 제3조 제3항이 적용되지 않아 임대인 지위가 승계되지 않으므로, 임차인은 양수인의 명도청구에 대하여 동시이행의 항변권을 행사할 수가 없고, 또한 보증금반환채권은 '목적물에 대한 채권'에 불과한 것이 되어 유치권도 성립하지 않아서, 임차인은 결국 보증금을 반환받지 못한 채 주택을 명도하여야만 한다. 이는 임차인 보호의 취지를 해하고

(특히, 임대차 존속중에 임대인이 목적물을 제3자에게 양도한 경우에 제3조 제3항이 적용되는 것과 비교해보면 더욱 그러하다), 임대인과 양수인이 서로 통모하여 양도하는 것을 방지할 수도 없게 된다. 이에 본법은 임대차 종료 후에도 보증금을 반환받을 때까지는 임대차 관계가 존속하는 것으로 보아(의제하여) 임차인을 보호하는 것이다.

이처럼 임대차관계가 임대차 종료 후에도 존속하므로 임차인은 계속 거주할 수 있고, 차임지급의무를 부담하지만 만일 계속 거주하지 않을 시에는 차임지급의무를 부담하지 않는다.[75] 또한 임대차관계가 계속되므로, 비록 임대차기간이 종료되거나 해지된 뒤에 제3자가 이를 양수하였다 하더라도, 양수인은 임대인의 지위를 승계하는 관계로, 양수인이 임차인을 상대로 주택 명도를 구하는 경우에 임차인은 보증금을 반환받을 때까지 그 명도를 거부할 수 있다.

(다) 계약의 묵시적 갱신(제6조)

임대인이 임대차기간이 끝나기 6개월 전부터 1개월 전까지 임차인에게 갱신거절의 통지를 하지 않거나 계약조건을 변경하지 않으면 갱신하지 않겠다는 뜻의 통지를 하지 않은 경우 및 임차인이 임대차기간이 끝나기 1개월 전까지 통지하지 않은 경우에는, 그 기간이 끝난 때에 전 임대차와 동일한 조건으로 다시 임대차한 것으로 본다.

이 경우 임대차기간은 종전에는 존속기간을 정하지 않은 것으로 보았으나, 2009년 법 개정으로 현재는 2년으로 본다(제6조 제2항). 다만 이 경우 임차인은 언제든지 계약해지를 할 수 있고, 해지통보 후 3개월이 지나면 해지의 효력이 발생하지만(제6조의2), 임대인은 해지를 할 수 없다.

(라) 차임 등의 증감청구권(제7조)

차임이나 보증금이 임차주택에 관한 조세, 공과금, 그 밖의 경제사정의 변경 등

75 이 점에서 계약기간 중에는 거주 여부와 상관없이 차임을 지급하여야 하는 본래의 임대차와 다르다.

으로 적절하지 않게 된 때에는, 당사자는 장래에 대하여 그 증감을 청구할 수 있고, 증액시에는 대통령령이 정하는 기준을 초과할 수 없다.

그러나 본조는 어디까지나 임대차기간 존속중의 증감청구로서, 임대차 종료 후 재계약을 하거나 임대차계약 종료 전이라도 당사자의 합의로 차임 등이 증액된 경우에는 적용되지 않는다.[76]

본조의 청구권은 형성권으로서 재판 외에서도 행사할 수 있다. 따라서 증감청구의 의사표시가 상대방에게 도달하는 순간 바로 '객관적으로 상당한 범위'로 증감된다. 다만 현실적으로는 당사자 사이에 증감액이 합의되지 않을 경우에는 결국 법원이 그 상당액을 확정할 수밖에 없지만, 이 경우에도 판결확정시가 아니라 증감청구의 의사표시가 상대방에게 도달한 때부터 증감의 효력이 발생한다.

(4) 보증금의 효력(제8조)

(가) 보증금의 우선변제(제3조의2)

1) 의의 및 취지

주택 임차인이 대항력의 발생요건을 갖추고, 더 나아가 임대차계약증서에 확정일자까지 받은 경우[77]에는, 민사집행법에 따른 경매 또는 국세징수법에 따른 공매를 할 때에 임차주택(건물 대지를 포함함)의 환가대금에서 후순위권리자나 그 밖의 채권자보다 우선하여 보증금을 변제받을 권리가 있다.

보증금반환채권은 기본적으로 채권이므로 담보물권자에 앞설 수 없고, 채권자 평등의 원칙에 따라 타 채권자와 채권액에 따라 균분하여 배당을 받지만, 보증금을 회수하지 못할 경우 주거까지도 위협받을 수 있게 되는 임차인을 보호하기 위하여 후순위담보권자나 타 채권자보다 앞서 우선적으로 변제받을 수 있도록 우선

---

76 대판 1993. 12. 7, 93다30532【건물명도】.

77 즉, 대항요건은 물론 확정일자까지도 받아야만 우선변제력을 갖게 되고, 대항요건을 갖추지 못한 채 확정일자만을 받았다 하더라도 우선변제력은 없다.

변제력을 인정한 것이다.

2) 배당요구의 필요

임차인이 경매절차 등에서 우선변제를 받기 위해서는 경매법원에 배당요구를 하여야 하고,[78] 만일 이를 하지 않아서 그가 받을 수 있었던 금액이 후순위 채권자에게 배당되었다고 하여 이를 부당이득이라고 할 수 없다.[79]

주택 임차인이 대항력과 우선변제력의 요건을 모두 갖춘 상태에서 임차인이 스스로 원고가 되어 보증금반환청구의 소를 제기, 승소 확정판결을 받아 이를 집행권원으로 하여 임차주택에 대하여 스스로 강제경매를 신청한 경우에도 임차인은 별도로 배당요구를 하여야 할 것인지가 문제되나 이러한 경우에는 경매절차에서 임차인에게 배당요구를 요하는 취지에 비추어 배당요구를 할 필요가 없다고 보아야 할 것이다.

판례

대법원 2013. 11. 14. 선고 2013다27831 판결 【배당이의】

주택임대차보호법상의 대항력과 우선변제권을 모두 가지고 있는 임차인이 보증금을 반환받기 위하여 보증금반환청구 소송의 확정판결 등 집행권원을 얻어 임차주택에 대하여 스스로 강제경매를 신청하였다면 특별한 사정이 없는 한 대항력과 우선변제권 중 우선변제권을 선택하여 행사한 것으로 보아야 하고, 이 경우 우선변제권을 인정받기 위하여 배당요구의 종기까지 별도로 배당요구를 하여야 하는 것은 아니다. 그리고 이와 같이 우선변제권이 있는 임차인이 집행권원을 얻어 스스로 강제경매를 신청하는 방법으로 우선변제권을 행사하고, 그 경매절차에서 집행관의 현황조사 등을 통하여 경매신청채권자인 임차인의 우선변제권이 확인되고 그러한 내용이 현황조사보고서, 매각물건명세서 등에 기재된 상태에서 경매절차가 진행되어 매각이 이루어졌다면, 특별한 사정이 없는 한 경매신청채권자인 임차인은 배당

---

78 이 점에서, 배당요구 없이 당연히 배당받을 수 있는 채권자인 가압류채권자, 저당권자, 전세권자 등과 구별된다.

79 대판 1998. 10. 13, 98다12379【부당이득금】.

절차에서 후순위권리자나 일반채권자보다 우선하여 배당받을 수 있다고 보아야 한다.

수원지방법원 1997. 10. 16. 선고 97가단34880 판결(확정)

[1] 임차인이 주택에 대하여 근저당권설정등기일에 앞서 임대차계약을 체결하고 주택에 입주하여 확정일자를 받고 전입신고를 마친 경우 근저당권자에 우선하여 임차보증금을 변제받을 수 있고, 비록 임차인이 임대차기간 만료를 원인으로 한 전세금반환청구소송을 제기하여 확정판결을 받았다 할지라도 실제로 임차보증금을 돌려받지 못하였다면 주택임대차보호법 제4조 제2항에 의하여 임대차관계는 종료되지 아니하고 존속하고 있다고 볼 것이어서 이로써 임차인의 임차보증금반환청구권이 그 성질을 달리하거나 변화되어 우선변제청구권이 소멸된다고 볼 수 없으므로 임차인은 여전히 우선변제청구권을 가진다.

[2] 대항력 있는 임차권자로서 확정일자를 갖춘 자가 배당기일에 우선변제를 받기 위하여는 경매법원에 배당기일까지 배당요구를 하여야 할 것이지만, 임차인이 스스로 청구채권이 전세금반환청구권에 따른 집행력 있는 판결정본임을 밝히면서 확정일자를 받은 전세계약서 사본을 첨부하여 임차 부동산에 대하여 경매신청을 하고, 경매법원에 임차 부동산에로의 전입신고가 되어 있는 임차인의 주민등록등본을 제출한 경우에는 별도로 경매신청의 청구권원과 같은 권원으로 다시 임차인으로서 배당요구를 할 필요는 없다 할 것이므로 임차인은 집행신청만으로도 임차권자로서 우선배당을 받을 수 있다.

[3] 위 [2]항의 경우에도 우선배당을 받기 위하여는 집행신청 이외에 경매법원에 별도로 배당요구를 하여야 한다고 해석하더라도 배당요구는 채무자의 재산에 대하여 변제를 받을 수 있는 권리를 가지게 된 법률관계, 즉 채권의 종류와 구체적인 내용, 액수 등을 명시하여 경매법원에 신고하는 것으로서 신고의 방식은 법정된 바가 없으므로 서면 또는 구술로도 가능하다 할 것이고 반드시 배당요구신청서라는 서면을 제출할 필요는 없다 할 것인바, 임차인 스스로 임차 부동산인 주택에 대한 경매를 신청하면서 청구채권이 바로 경매 부동산인 주택에 대한 전세금반환청구권에 따른 집행력 있는 판결정본임을 밝히고 확정일자를 갖춘 전세계약서 사본을 첨부하였으며 그 후 경매법원의 요구에 따라 임차인의 주민등록등본을 제출한 이상 임차인이 경매법원에 배당요구신청서라는 서면을 제출하지는 않았지만 임차인은 임차권자로서 경매법원에 배당요구를 하였다고 봄이 상당하다.

3) 우선변제의 순위

임차인이 우선변제권을 갖는 경우, 그 지위는 일종의 담보권자(저당권자)와 같은 것으로서, 우선변제권이 없는 일반채권이나 우선변제권은 있되 항상 열후에 있는 채권(의료보험채권 등)에 대하여는 항상 우선하는 반면, 최종 3개월분의 임금 및 퇴직금채권이나 당해세인 국세 등의 최우선변제권 있는 채권보다는 언제나 후순위이다.

(ㄱ) 저당권자나 전세권자, 가등기담보권자와 같은 담보물권자들과의 사이에서는, 임차인이 대항요건과 확정일자를 모두 갖춘 최종시점과 담보물권을 등기한 시점의 전후에 의하여 우선순위가 결정된다.

(ㄴ) 임차인과 가압류채권자 사이에서는, 임차인이 우선변제의 요건을 모두 갖춘 최종시점과 가압류등기를 한 시점의 전후에 의하여, 전자가 앞서면 임차인이 우선하고, 후자가 앞서거나 같은 날이면 동순위가 된다. 즉 임차인이 앞서면 임차인이 우선변제를 받지만, 가압류채권자는 비록 임차권보다 앞서더라도 우선변제를 받는 것이 아니라, 임차권자를 포함한 여타 압류채권자 등과 동등한 순위가 되어 안분배당을 받을 수 있을 뿐이다. 이렇게 된다 하더라도, 임차권자는 가압류의 존재를 알고서 우선변제력을 취득한 것이기 때문에, 임차인을 부당하게 해할 염려는 없게 된다고 할 수 있다.

판례

대법원 1992. 10. 13. 선고 92다30597 판결 【배당이의】

가. 주택임대차보호법 제3조의2 제1항은 대항요건(주택인도와 주민등록전입신고)과 임대차계약증서상의 확정일자를 갖춘 주택임차인은 후순위권리자 기타 일반채권자보다 우선하여 보증금을 변제받을 권리가 있음을 규정하고 있는바, 이는 임대차계약증서에 확정일자를 갖춘 경우에는 부동산담보권에 유사한 권리를 인정한다는 취지이므로, 부동

산담보권자보다 선순위의 가압류채권자가 있는 경우에 그 담보권자가 선순위의 가압류 채권자와 채권액에 비례한 평등배당을 받을 수 있는 것과 마찬가지로, 위 규정에 의하여 우선변제권을 갖게 되는 임차보증금채권자도 선순위의 가압류채권자와는 평등배당의 관계에 있게 된다.

나. 가압류채권자가 주택임차인보다 선순위인지 여부는, 주택임대차보호법 제3조의2의 법문상 임차인이 확정일자 부여에 의하여 비로소 우선변제권을 가지는 것으로 규정하고 있음에 비추어, 임대차계약증서상의 확정일자 부여일을 기준으로 삼는 것으로 해석함이 타당하므로, 대항요건을 미리 갖추었다고 하더라도 확정일자를 부여받은 날짜가 가압류일자보다 늦은 경우에는 가압류채권자가 선순위라고 볼 수밖에 없다.

(ㄷ) 대항요건과 확정일자 사이의 관계

- 임차인의 대항요건 구비일자와 확정일자가 상이한 경우

대항력은 대항요건을 갖춘 다음날부터 효력을 갖게 됨에 비하여, 우선변제력은 단순히 대항요건과 확정일자를 구비하면 바로 효력이 생긴다고 규정하고 있어 문제가 발생하는바, 확정일자를 먼저 받은 후 후에 전입신고 등으로 대항요건을 늦게 갖춘 경우에는 전입신고일의 다음날에 비로소 우선변제력이 발생한다고 할 것이고, 역으로 대항요건을 구비한 후에 확정일자를 받은 경우에는 확정일자부터 우선변제력을 갖는다고 할 것이다. 만일 전입신고와 확정일자 구비가 같은 날에 이루어졌다면 대항력과 우선변제력을 달리 규율할 필요가 없으므로 우선변제력도 대항력과 마찬가지로 전입신고 다음날(즉 확정일자 다음날)부터 발생한다고 할 것이다.

따라서 만일 임차인이 2011. 5. 6. 확정일자를 받고, 인도와 주민등록이 2011. 5. 10.인데 저당권등기가 경료된 날이 2011. 5. 10.이라면, 대항력이 2011. 5. 11.부터 발생하므로 그보다 하루 앞선 저당권자에 앞서 우선변제를 받을 수 없고, 저당권자가 우선변제를 받게 된다.

판례

대법원 1997. 12. 12. 선고 97다22393 판결【배당이의】

주택임대차보호법(이하 '법'이라고만 한다) 제3조 제1항은, 임대차는 등기가 없는 경우에도 임차인이 주택의 인도와 주민등록을 마친 때에는 그 익일부터 제3자에 대하여 효력이 있고, 이 경우 전입신고를 한 때에 주민등록이 된 것으로 본다고 규정하고, 법 제3조의2 제1항은, 법 제3조 제1항의 대항요건과 임대차계약증서상의 확정일자를 갖춘 임차인은 경매 등에 의한 환가대금에서 후순위 권리자 기타 채권자보다 우선하여 보증금을 변제받을 권리가 있다고 규정하고 있는바, 법 제3조 제1항이 인도와 주민등록을 갖춘 다음날부터 대항력이 발생한다고 규정한 것은 인도나 주민등록이 등기와 달리 간이한 공시 방법이어서 인도 및 주민등록과 제3자 명의의 등기가 같은 날 이루어진 경우에 그 선후관계를 밝혀 선순위 권리자를 정하는 것이 사실상 곤란한 데다가, 제3자가 인도와 주민등록을 마친 임차인이 없음을 확인하고 등기까지 경료하였음에도 그 후 같은 날 임차인이 인도와 주민등록을 마침으로 인하여 입을 수 있는 불측의 피해를 방지하기 위하여 임차인보다 등기를 경료한 권리자를 우선시키고자 하는 취지라고 할 것이고, 법 제3조의2 제1항에 규정된 우선변제적 효력은 대항력과 마찬가지로 주택임차권의 제3자에 대한 물권적 효력으로서 임차인과 제3자 사이의 우선순위를 대항력과 달리 규율하여야 할 합리적인 근거도 없으므로, 법 제3조의2 제1항에 규정된 확정일자를 입주 및 주민등록일과 같은 날 또는 그 이전에 갖춘 경우에는 우선변제적 효력은 대항력과 마찬가지로 인도와 주민등록을 마친 다음날을 기준으로 발생한다고 보아야 할 것이다.

원심이 같은 취지에서, 피고가 1994. 9. 15. 원심 판시 아파트에 관하여 그 소유자인 소외 삼보건설 주식회사와 임대차계약을 체결한 후 같은 달 16일 입주 및 전입신고를 함과 아울러 임대차계약서에 법 소정의 확정일자를 받았고, 같은 날 원고가 원심 판시 아파트에 관하여 근저당권설정등기를 경료한 이 사건에서, 피고의 우선순위는 입주 및 전입신고를 한 다음날인 같은 달 17일을 기준으로 결정하여야 한다고 보아, 원고는 피고보다 선순위 권리자로서 경매대금에서 우선배당받아야 한다고 판단한 것은 정당하고, 거기에 상고이유에서 주장하는 바와 같은 법 제3조의2 제1항 규정에 관한 법리오해의 위법이 있다고 할 수 없다.

대법원 1999. 3. 23. 선고 98다46938 판결【배당이의】

구 주택임대차보호법(1999. 1. 21. 법률 제5614호로 개정되기 전의 것. 이하 법이라고 한다) 제3조 제1항은 임대차는 그 등기가 없는 경우에도 임차인이 주택의 인도와 주민등록을 마친 때에는 그 익일부터 제3자에 대하여 효력이 생긴다고 규정하고 있고, 법 제3조의2 제1

항(1999. 1. 21. 법률 제5614호로 개정된 현행법에서는 제3조의2 제2항)은 법 제3조 제1항의 대항요건과 임대차계약증서상의 확정일자를 갖춘 임차인은 경매 등에 의한 환가대금에서 후순위권리자 기타 채권자보다 우선하여 보증금을 변제받을 권리가 있다고 규정하고 있는바, 주택의 임차인이 주택의 인도와 주민등록을 마친 당일 또는 그 이전에 임대차계약증서상에 확정일자를 갖춘 경우 법 제3조의2 제1항에 의한 우선변제권은 법 제3조 제1항에 의한 대항력과 마찬가지로 주택의 인도와 주민등록을 마친 다음날을 기준으로 발생한다.

대법원 1992. 10. 13. 선고 92다30597 판결【배당이의】

가압류채권자가 주택임차인보다 선순위인지 여부는, 주택임대차보호법 제3조의2의 법문상 임차인이 확정일자 부여에 의하여 비로소 우선변제권을 가지는 것으로 규정하고 있음에 비추어, 임대차계약증서상의 확정일자 부여일을 기준으로 삼는 것으로 해석함이 타당하므로, 대항요건을 미리 갖추었다고 하더라도 확정일자를 부여받은 날짜가 가압류일자보다 늦은 경우에는 가압류채권자가 선순위라고 볼 수밖에 없다.

- 임차인이 대항요건과 확정일자를 구비한 같은 날에 저당권이 설정된 경우

이는 예를 들어 임차인이 우선변제의 요건을 모두 갖춘 날이 2011. 5. 10.인데 같은 5. 10.에 2번 저당권과 3번 저당권이 모두 설정된 경우 3자 사이의 우열의 문제이다.

저당권 상호간에는 비록 동일자라 하더라도 접수번호에 따라 우열이 가려지지만, 임차인의 우선변제력과는 명문의 규정이 없어 문제된다. 그러나 임차인의 대항력이 전입신고 다음날 0시부터 발생하는 점에 비추어 저당권자가 우선한다고 할 것이다. 그러나 만일 전입신고 다음날 저당권이 설정되었다면 우선변제력에 있어서도 비록 전입신고 다음날 저당권설정등기가 경료되어 동일자 사이이지만 대항력이 0시부터 발생하는 것에 비추어 임차인이 우선하여 변제받을 수 있다고 보아야 할 것이다.

따라서 결국 임차인이 인도와 전입신고 및 확정일자를 모두 갖춘 날과 동일한 날에 저당권이 설정되면 임차인은 저당권자에 대항할 수도 없고, 우선변제를 받을 수도 없지만 저당권등기가 전입신고 다음날(익일)에 이루어졌다면 임차

인의 대항력 및 우선변제효력이 0시부터 발생하여 그 어떤 동일자 저당권등기보다 앞서므로 임차인은 대항력을 구비함은 물론 경매절차에서 저당권자에 앞서 우선변제를 받을 수 있다.

- 임대차의 갱신

임차인이 임대차계약을 체결하고 우선변제요건을 모두 구비한 후 임대차기간 만료로 다시 임대차계약이 갱신된 경우에는, 최초의 우선변제요건 구비일을 기준으로 저당권자 등과의 우열을 가려야 한다. 이 경우 보증금이 증액된 경우에는, 증액 부분에 대한 우선변제는 갱신된 임대차의 우선변제요건 구비일을 기준으로 한다.

판례

대법원 1990. 8. 14. 선고 90다카11377 판결 【건물명도】

대항력을 갖춘 임차인이 저당권설정등기 이후에 임대인과 보증금을 증액하기로 합의하고 초과부분을 지급한 경우, 임차인이 저당권설정등기 이전에 취득하고 있던 임차권으로 선순위로서 저당권자에게 대항할 수 있음은 물론이나, 저당권설정등기 후에 건물주와의 사이에 임차보증금을 증액하기로 한 합의는, 건물주가 저당권자를 해치는 법률행위를 할 수 없게 된 결과 그 합의 당사자 사이에서만 효력이 있는 것이고, 저당권자에게는 대항할 수 없다고 할 수 밖에 없으므로, 임차인은 위 저당권에 기하여 건물을 경락받은 소유자의 건물명도청구에 대하여 '증액 전 임차보증금을 상환받을 때까지 그 건물을 명도할 수 없다'고 주장할 수 있을 뿐이고, 저당권설정등기 이후에 증액한 임차보증금으로써는 소유자에게 대항할 수 없는 것이다.

4) 우선변제를 받는 대상(제3조의2 제2항)

주택은 물론 주택의 부지인 대지를 포함한 환가대금으로부터 우선변제를 받는다. 이는 대지점유를 수반하지 않는 주택임대차는 있을 수 없다는 점에 기인한 것이다. 그리고 이러한 법리는 대지와 주택이 동시에 경매되는 경우뿐만 아니라 대지만 홀로 경매될 경우에도 같다고 할 것이다. 다만 이 점에서는 건물전세권자와도 다를 바는 없으나, 건물만의 전세권자는 건물대금으로부터만 우선변제를 받음에 비하여, 주택임차권자는 대지의 환가대금으로부터도 우선변제를 받으므로 결과적으로는 물권보다 우월한 보호를 받는 결과가 된다.

5) 임차인의 주택인도(제3조의2 제3항)

임차인은 임차주택을 양수인에게 인도하지 않으면 보증금을 받을 수 없다. 즉, 임차인의 주택인도의무를 동시이행의무가 아닌 선의무로 하는 것으로서, 양수인 보호를 위한 규정이다.

본래 임대인의 보증금반환과 임차인의 목적물 인도는 동시이행의 관계에 있으나, 경매 등에서는 경매법원이 매각대금을 보관하고 있다가 그 중에서 보증금채권에 배당된 금원을 임차인에게 지급하는 것이므로, 임차인이 보증금반환채권을 확보하기 위하여 인정되는 동시이행의 항변권을 이 경우까지 인정할 필요가 없기 때문이다. 경매실무에서는 임차인으로부터 매수인 명의의 명도확인서를 받아 제출하게 하고 있다.

6) 임차인의 경매청구

임차인은 비록 우선변제력을 갖추어도 스스로 경매를 신청할 수는 없다.[80] 임차인이 경매를 신청하기 위해서는 확정판결 등의 집행권원[81]을 받아 강제집행을 신청하는 수밖에 없다.

임차인이 보증금반환청구소송을 제기하는 경우, 임대인인 피고는 보통 임차목

---

80 이 점에서 전세권자와 구별된다.

81 집행권원은, 과거 '채무명의'라고 불리던 것을 2002. 1. 26. 제정 『민사집행법』에서 개칭하여 현재에 이르는 것이다. 동법 제정 전의 판결례를 읽을 때에는 이 점을 염두에 두어야 할 것이다.

적물과의 동시이행의 항변권을 행사하는 결과 상환이행판결이 나오게 된다. 상환이행판결을 가지고 강제집행을 하기 위해서는 임차인이 먼저 자기의 급부의무인 임차목적물의 인도를 하여야만 한다(민사집행법 제41조). 그러나 임차목적물의 점유는 대항력의 구비요건이자 존속요건이므로, 강제집행을 신청하기 위하여 임차주택을 임대인에게 인도할 경우 임차인은 더 이상 대항력을 갖고 있지 못하게 되어, 결국 임차인은 정작 자신이 신청한 경매절차에서는 우선변제력이 없이 일반채권자로 전락하게 되는 모순이 발생한다.

이러한 불합리를 제거하기 위하여 본법은 제3조의 제1항을 신설하여, "임차인이 임차주택에 대하여 보증금반환청구소송의 확정판결이나 그 밖에 이에 준하는 집행권원에 따라서 경매를 신청하는 경우에는 집행개시요건에 관한 민사집행법 제41조에도 불구하고 반대의무의 이행이나 이행의 제공을 요건으로 하지 아니한다."라고 규정하였다. 결국 임차인은 본인이 강제집행을 신청한 경우에도 집행신청단계에서 임차주택을 인도할 필요는 없고, 배당단계에서 매수인에게 임차목적물을 인도하면 족하게 되었다. 즉, 배당금을 받을 때에 목적물반환에 관한 매수인 명의의 확인서를 임대인으로부터 받아다가 법원에 제출하고(이로써 임대인도 불이익을 받지 않게 된다) 이와 상환으로 법원으로부터 배당금을 수령하는 것이다.

7) 우선변제력과 대항력의 경합 및 충돌

임차목적물이 임대차 계속중에 경매되는 등으로 제3자가 이를 양수한 경우에, 대항력 있는 임차인은 양수인에게 임대차관계로써 대항할 수 있고, 양수인이 임대인의 지위를 승계하므로, 임대차기간이 남아있는 경우에는 원칙적으로 남은 기간 동안 임차인과 양수인 사이에 임대차가 그대로 존속한다. 따라서 임차인은 경매절차에서 보증금반환채권으로써 배당요구를 할 수 없어 우선변제를 받을 수 없고, 남은 임대차기간이 경과하여야 비로소 양수인에게 보증금의 반환을 구할 수 있게 된다.[82]

이 경우 임차인이 대항력을 포기하고, 우선변제권을 행사할 수 있는지가 문제된다. 즉 임대차기간이 남아있어도 우선변제를 청구하는 경우에 어떻게 처리할지의 문제이다.

임차인은 임대인의 지위승계를 원하지 않을 경우 이의를 제기함으로써 임대차관계의 구속력으로부터 벗어날 수 있다고 보는 것이 일반적인 해석이므로, 임차인이 배당요구, 즉 우선변제를 청구하면 그것으로써 임대차관계를 종료시킬 의사를 표시한 것으로 보아 임대차관계가 종료된 것으로 하여 배당을 하는 것이 타당하다.

판례

대법원 1996. 7. 12. 선고 94다37646 판결 【배당이의】

[1] 임차주택의 양수인에게 대항할 수 있는 임차권자라도 스스로 임대차관계의 승계를 원하지 아니할 때에는 승계되는 임대차관계의 구속을 면할 수 있다고 보아야 하므로, 임차주택이 임대차기간의 만료 전에 경매되는 경우 임대차계약을 해지함으로써 종료시키고 우선변제를 청구할 수 있다. 그 경우 임차인에게 인정되는 해지권은 임차인의 사전동의 없이 임대차목적물인 주택이 경락으로 양도됨에 따라 임차인이 임대차의 승계를 원하지 아니할 경우에는 스스로 임대차를 종료시킬 수 있어야 한다는 공평의 원칙 및 신의성실의 원칙에 근거한 것이므로, 해지통고 즉시 그 효력이 생긴다.

[2] 임대차의 목적물인 주택이 경매되는 경우에 대항력을 갖춘 임차인이 임대차기간이 종료되지 아니하였음에도 경매법원에 배당요구를 하는 것은, 스스로 더 이상 임대차관계의 존속을 원하지 아니함을 명백히 표명하는 것이어서, 다른 특별한 사정이 없는 한 이를 임대차해지의 의사표시로 볼 수 있고, 한편 민사소송법 제606조 제1항은 배당요구 사실을 경매법원이 채무자에게 통지하도록 규정하고 있고 제728조가 담보권실행을 위한 경매에도 준용하고 있으므로, 경매법원이 위 법조에 정한 바에 따라 임대인에게 배당요구 사실의 통지를 하면 결국 임차인의 해지의사가 경매법원을 통하여 임대인에게 전달되어 그 때 해지통지가 임대인에게 도달된 것으로 볼 것이니, 임대차관계는 그 배당요구 통지의 임대인에 대한 도달 즉시 해지로 종료된다. 따라서 임차주택이 임대차기간의 만

82 보증금반환채권은 임대차 종료 후 목적물반환을 그 효력발생의 정지조건으로 하는 채권이기 때문이다.

료 전에 경매되는 경우에 대항력 있는 임차인이 배당요구를 하고 그 배당요구의 통지가 임대인에게 도달하였다면 임대차관계는 이로써 종료되어 주택임대차보호법 제3조의2 제1항 단서에 해당하지 않게 되므로, 임차인에게 같은 법조 제1항 본문 또는 제8조 제1항에 의한 우선변제권을 인정하여야 한다.

한편, 전술한 바와 같이 원칙적으로 대항력은 임대차 계속 중에만 문제되는 것인 반면에 우선변제력은 임대차종료 후에 비로소 문제되는 것이기 때문에, 양자간에 경합이 발생할 여지는 없는 것이 원칙이다. 그러나 앞서 본 바와 같이, 임대차가 일단 종료한 경우에도, 임차인이 보증금을 반환받기 전까지는 임대차관계가 존속(따라서 대항력도 존속)하는 것으로 의제되는 때가 있다. 이러한 때에는 양자가 경합한다고 해석할 여지가 생기게 된다. 반면에, 이와 같은 존속의제가 강제되는 것이라고 해석하게 되면, 양자가 경합할 여지가 없이 대항력의 문제만이 남는다고 보게 될 것이다.

판례는 이와 같은 경우에, 임차인이 대항력과 우선변제권의 두 가지 권리를 겸유하여, 어느 쪽을 행사할지에 관한 선택권을 가진다고 본다. 즉, 우선변제권을 행사하여 보증금을 회수하여 임차주택으로부터 퇴거할 수도, 또는 대항력을 주장하여 계속 거주할 수도 있는 것이다. 후자의 경우 경매에서의 매수인은 임차권의 부담을 안고 매수를 하는 것인데, 이는 어차피 매각대금에 반영되므로, 매수인에게 특별히 불리할 바도 없다.

다만, 이와 같이 양 권리를 겸유하는 상태에서 임차인이 우선변제권을 선택하여 행사한 때에도, 가령 선순위권리자가 많은 경우에는 자신의 보증금채권액 전액을 우선변제 받지 못할 수도 있다. 이러한 경우에, 임차인은 -이미 우선변제권을 행사한 마당에- 새삼 다시 대항력을 주장할 수 있을지가 문제되는바, 판례에 따르면, 변제받지 못한 액수에 대하여만 임대차가 존속하는 것으로 본다는 점을 유의하여야 한다.

판례

대법원 1998. 6. 26. 선고 98다2754 판결【배당이의】

[1] 주택임대차보호법상의 대항력과 우선변제권의 두 가지 권리를 겸유하고 있는 임차인이 먼저 우선변제권을 선택하여 임차주택에 대하여 진행되고 있는 경매절차에서 보증금 전액에 대하여 배당요구를 하였으나 그 순위가 늦은 까닭으로 보증금 전액을 배당받을 수 없었던 때에는, 보증금 중 경매절차에서 배당받을 수 있었던 금액을 뺀 나머지에 관하여 경락인에게 대항하여 이를 반환받을 때까지 임대차관계의 존속을 주장할 수 있고, 이 경우 임차인의 배당요구에 의하여 임대차는 해지되어 종료되며, 다만 같은 법 제4조 제2항에 의하여 임차인이 보증금의 잔액을 반환받을 때까지 임대차관계가 존속하는 것으로 의제될 뿐이어서, 경락인은 같은 법 제3조 제2항에 의하여 임대차가 종료된 상태에서의 임대인의 지위를 승계하고, 임차인의 우선변제권은 경락으로 인하여 소멸하는 것이다.

[2] 대항력과 우선변제권을 가진 임차인이 임차주택에 관한 경매절차에서 보증금에 대하여 배당요구를 함으로써 임대차계약이 해지되어 종료되고 그 주택이 경락된 이상, 그 경락인이 마침 임대인의 지위에 있던 종전 소유자이고 임차인은 후순위 권리자여서 전혀 배당을 받지 못한 채 계속하여 그 주택에 거주하고 있었다고 하더라도, 그 후 그 주택에 관하여 새로이 경료된 근저당권설정등기에 기한 경매절차에서 그 낙찰대금으로부터 우선변제를 받을 권리는 없고, 다만 경락인에 대하여 임차보증금을 반환받을 때까지 임대차관계의 존속을 주장할 수 있을 뿐이다.[83]

대법원 2006. 2. 10. 선고 2005다21166 판결【배당이의】

[1] 주택임대차보호법상의 대항력과 우선변제권의 두 가지 권리를 함께 가지고 있는 임차인이 우선변제권을 선택하여 제1경매절차에서 보증금 전액에 대하여 배당요구를 하였으나 보증금 전액을 배당받을 수 없었던 때에는 경락인에게 대항하여 이를 반환받을 때까지 임대차관계의 존속을 주장할 수 있을 뿐이고, 임차인의 우선변제권은 경락으로 인하여 소멸하는 것이므로 제2경매절차에서 우선변제권에 의한 배당을 받을 수 없는 바, 이는 근저당권자가 신청한 1차 임의경매절차에서 확정일자 있는 임대차계약서를 첨부하거나 임차권등기명령을 받아 임차권등기를 하였음을 근거로 하여 배당요구를 하는 방법으로 우선변제권을 행사한 것이 아니라, 임대인을 상대로 보증금반환청구 소송을 제기하여 승소판결을 받은 뒤 그 확정판결에 기하여 1차로 강제경매를 신청한 경우에도 마찬가지이다.

[2] 보증금이 전액 변제되지 아니한 대항력 있는 임차권은 소멸하지 아니한다는 내용의 주택임대차보호법 제3조의5 단서를 신설한 입법 취지가 같은 법 제4조 제2항의 해석에 관한 종전의 대법원판례(대법원 1997. 8. 22. 96다53628 판결 등)를 명문화하는 데에 있는 점 등으로 보아, "임대차가 종료된 경우에도 임차인이 보증금을 반환받을 때까지 임대차 관계는 존속하는 것으로 본다."라고 규정한 같은 법 제4조 제2항과 동일한 취지를 경락에 의한 임차권 소멸의 경우와 관련하여 주의적 · 보완적으로 다시 규정한 것으로 보아야 하므로, 소멸하지 아니하는 임차권의 내용에 대항력뿐만 아니라, 우선변제권도 당연히 포함되는 것으로 볼 수는 없다.

8) 소액임차인의 보호(보증금 중 일정액의 보호, 제8조)

임차인이 주택에 대한 경매신청의 등기 전에 제3조 제1항의 대항요건(인도와 주민등록)을 갖춘 경우에는, 임차주택(대지 포함) 가액의 2분의 1 범위 내에서 시행령이 정한 기준에 따라 보증금 중 일정액을 다른 담보물권자보다(즉 선순위 담보물권자보다도) 우선하여 변제받을 권리가 있다. 즉, 일종의 최우선변제권을 갖는다. 이러한 소액임차인 보호 역시 우선변제권의 특수한 경우이지만, 그 요건과 효과에 있어 약간의 차이가 있다. 특히 요건과 관련해서는, 일반적인 우선변제권의 성립요건과는 달리, 확정일자를 요하지 않고 대항력의 성립요건을 갖추는 것으로써 족하다는 점을 들 수 있다.

우선변제를 받을 수 있는 임차인은 모든 임차인이 아니라 대통령령으로 정하는 일정 보증금액 이하의 임차인에 한한다. 한도 내인지의 여부에 대한 판단시점은 배당시이다.

그러므로 예컨대 한도가 60,000,000원인데 보증금이 61,000,000원인 경우에는, 단 한 푼도 우선변제를 받을 수 없게 된다.

시행령이 개정된 경우에 소액임차인인지의 여부 판단은, 현재의 시행령으로는 소액임차인이지만 종전 시행령으로는 소액임차인이 아닌 경우, 시행령 개정 전

83 즉, 임대차의 존속을 주장할 수 있으므로, 동시이행의 항변도 할 수 있게 된다.

에 설정된 담보물권자에 대하여는 담보물권 설정 당시의 시행령을 기준으로 소액임차인 여부를 판단한다.

소액임차인이 최우선변제를 받기 위해서는,

- 보증금이 일정액 이상일 것
- 경매개시결정 기입등기 전까지 대항요건(인도와 주민등록)을 갖추고, 이를 배당요구종기일이나 임차권등기시까지 계속 유지할 것(우선변제권과는 달리 확정일자를 요구하지 않고 있음을 주의)
- 배당요구종기일까지 배당요구신청을 할 것
- 임차주택이 경매 또는 공매에 의하여 매각될 것

과 같은 요건을 갖추어야 한다.

판례

대법원 2007. 6. 21. 선고 2004다26133 판결 【배당이의】

1. 주택임대차보호법(이하 '같은 법'이라 한다) 제3조의2 제2항은, 제3조 제1항의 대항요건과 임대차계약증서상의 확정일자를 갖춘 임차인에 대하여 민사집행법에 의한 경매 또는 국세징수법에 의한 공매시 그 환가대금에서 후순위권리자 기타 채권자보다 우선하여 보증금을 변제받을 권리가 있다고 규정하면서, 그 환가대금에는 주택뿐 아니라 대지의 환가대금도 포함된다고 규정하고 있고, 같은 법 제8조 제1항은, 대항요건을 갖춘 임차인에 대하여 보증금 중 일정액(이하 '소액보증금'이라 한다)에 관하여 다른 담보물권자보다 우선하여 변제받을 권리를 인정하는 한편, 같은 조 제3항은 우선변제를 받을 임차인(이하 '소액임차인'이라 한다)과 소액보증금의 범위와 기준을 대통령령으로 정하도록 위임하면서, 소액보증금의 범위와 기준은 주택뿐 아니라 대지를 포함한 가액의 2분의 1의 범위 안에서 정하도록 규정하고 있다.

   따라서 대항요건 및 확정일자를 갖춘 임차인과 소액임차인은, 임차주택과 그 대지가 함께 경매될 경우뿐만 아니라 임차주택과 별도로 그 대지만이 경매될 경우에도, 그 대지의 환가대금에 대하여 우선변제권을 행사할 수 있고(대법원 1996. 6. 14. 96다7595 판결, 1999. 7. 23. 99다25532 판결 등 참조), 이와 같은 우선변제권은 이른바 법정담보물권의 성격을 갖는 것으로서, 임대차 성립시의 임차목적물인 임차주택 및 대지의 가액을 기초로 임차인을 보호하고자 인정되는 것이므로, 임대차 성립 당시 임대인의 소유였던 대지가 타인에게 양도되어 임차주택과 대지의 소유자가 서로 달라지게 된 경우에도 마찬가지라 할 것이다.

2. 같은 법은 주택의 임대차에 관하여 민법에 대한 특례를 규정함으로써 국민의 주거생활의 안정을 보장함을 목적으로 하고 있고(제1조), 주택의 전부 또는 일부의 임대차에 관하여 적용된다고 규정하고 있을 뿐, 임차주택이 관할관청의 허가를 받은 건물인지, 등기를 마친 건물인지 아닌지를 구별하고 있지 아니하므로(제2조), 어느 건물이 국민의 주거생활의 용도로 사용되는 주택에 해당하는 이상, 비록 그 건물에 관하여 아직 등기를 마치지 아니하였거나 등기가 이루어질 수 없는 사정이 있다고 하더라도, 다른 특별한 규정이 없는 한 같은 법의 적용대상이 된다고 해석함이 상당하다(미등기무허가 건물의 양수인에 대한 대항력을 인정한 대법원 1987. 3. 24. 86다카164 판결 참조).

그런데 대항요건 및 확정일자를 갖춘 임차인과 소액임차인에게 우선변제권을 인정한 같은 법 제3조의2 및 제8조가 미등기주택을 달리 취급하는 특별한 규정을 두고 있지 아니하므로, 위에서 본 대항요건 및 확정일자를 갖춘 임차인과 소액임차인의 임차주택 대지에 대한 우선변제권에 관한 법리는 임차주택이 미등기인 경우에도 그대로 적용된다고 보아야 할 것이다.

이와 달리 임차주택의 등기 여부에 따라 그 우선변제권의 인정 여부를 달리 해석하는 것은 합리적 이유나 근거 없이 그 적용대상을 축소하거나 제한하는 것이 되어 부당하고, 민법과 달리 임차권의 등기 없이도 대항력과 우선변제권을 인정하는 같은 법의 취지에 비추어 타당하지 아니하다.

다만, 소액임차인의 우선변제권에 관한 같은 법 제8조 제1항이 그 후문에서 '이 경우 임차인은 주택에 대한 경매신청의 등기 전에' 대항요건을 갖추어야 한다고 규정하고 있으나, 이는 소액보증금을 배당받을 목적으로 배당절차에 임박하여 가장 임차인을 급조하는 등의 폐단을 방지하기 위하여 소액임차인의 대항요건의 구비시기를 제한하는 취지이지, 반드시 임차주택과 대지를 함께 경매하여 임차주택 자체에 경매신청의 등기가 되어야 한다거나 임차주택에 경매신청의 등기가 가능한 경우로 제한하는 취지는 아니라 할 것이다. 대지에 대한 경매신청의 등기 전에 위 대항요건을 갖추도록 하면 입법취지를 충분히 달성할 수 있으므로, 위 규정이 미등기주택의 경우에 소액임차인의 대지에 관한 우선변제권을 배제하는 규정에 해당한다고 볼 수 없다.

따라서 종전에 미등기주택 대지의 환가대금에 대한 소액임차인의 우선변제권에 관하여 이와 견해를 달리한 대법원 2001. 10. 30. 2001다39657 판결은 이를 변경하기로 한다.

3. 같은 취지에서 원심이, 이 사건 미등기 다세대주택의 임차인인 원고들은 피고가 이 사건 대지에 대한 근저당권을 설정받기 전에 대항요건 및 확정일자를 갖추었으므로, 피고의 근저당권에 기하여 신청된 이 사건 대지에 관한 경매절차에서 원고들이 그 대지의 환가대금으로부터 피고의 채권에 우선하여 보증금을 배당받을 수 있다고 판단한 것은 정당하고, 거기에 상고이유에서 주장하는 바와 같은 대항요건 및 확정일자를 갖춘 임차인의 우선변제권 행사 요건에 관한 법리오해의 위법은 없다.

(나) 임차권등기명령(제3조의3)

임차인이 대항요건 등을 구비하였어도 우선변제를 받기 위해서는 임대차종료 후에도 계속 점유하여야 하므로, 임차인은 이사를 가지도 못하는 불상사가 발생한다. 이러한 문제점을 해소하기 위하여, 임차인이 임차권을 등기하면 그때부터 임차인은 대항력 및 우선변제력을 취득함은 물론 이사 등으로 대항요건을 상실하더라도 이미 취득한 대항력이나 우선변제권을 상실하지 않는다. 이때 임차권등기 후에 새로 임대차계약을 체결한 임차인은 비록 소액임차인이라 할지라도 소액보증금의 우선변제권을 가질 수 없다.

임대인의 임차보증금반환의무는 임차권등기명령에 의한 임차권등기의 말소의무보다 먼저 이행되어야 하고, 동시이행관계가 아니다.[84]

84 대판 2005. 6. 9, 2005다4529【구상금】.

7. 상가건물 임대차보호법

가. 의의

상가건물의 임차인을 보호하기 위하여 입법된 민법에 대한 특별법으로서 상가건물 임대차보호법이 있다.

나. 적용범위

사업자등록의 대상이 되는 상가건물의 임대차에 적용되지만, 그 중에서도 모든 경우에 적용되는 것이 아니라, 대통령령으로 정하는 보증금액을 초과하는 임대차에는 적용되지 않는다.

한편, 주택임대차보호법의 경우와는 달리, 원칙적으로 법인인 임차인도 동법에 의한 보호를 받을 수 있다(제3조 제1항, 제4조 제1항 제1호).

판례

대법원 2011. 7. 28. 선고 2009다40967 판결【임대차보증금】

[1] 상가건물 임대차보호법의 목적과 같은 법 제2조 제1항 본문, 제3조 제1항에 비추어 보면, 상가건물 임대차보호법이 적용되는 상가건물 임대차는 사업자등록 대상이 되는 건물로서 임대차 목적물인 건물을 영리를 목적으로 하는 영업용으로 사용하는 임대차를 가리킨다. 그리고 상가건물 임대차보호법이 적용되는 상가건물에 해당하는지는 공부상 표시가 아닌 건물의 현황 · 용도 등에 비추어 영업용으로 사용하느냐에 따라 실질적으로 판단하여야 하고, 단순히 상품의 보관 · 제조 · 가공 등 사실행위만이 이루어지는 공장 · 창고 등은 영업용으로 사용하는 경우라고 할 수 없으나 그곳에서 그러한 사실행위와 더불어 영리를 목적으로 하는 활동이 함께 이루어진다면 상가건물 임대차보호법 적용대상인 상가건물에 해당한다.

[2] 임차인이 상가건물의 일부를 임차하여 도금작업을 하면서 임차부분에 인접한 컨테이너 박스에서 도금작업의 주문을 받고 완성된 도금제품을 고객에 인도하여 수수료를 받는

등 영업활동을 해 온 사안에서, 임차부분과 이에 인접한 컨테이너 박스는 일체로서 도금 작업과 더불어 영업활동을 하는 하나의 사업장이므로 위 임차부분은 상가건물 임대차 보호법이 적용되는 상가건물에 해당한다고 보아야 하는데도, 그와 같은 사정은 고려하지 않고 임차의 주된 부분이 영업용이 아닌 사실행위가 이루어지는 공장으로서 상가건물 임대차보호법의 적용대상이 아니라고 본 원심판단에는 법리오해의 위법이 있다고 한 사례

다. 대항력

임차권 등기가 없어도 건물의 인도와 부가가치세법 등의 규정에 의한 사업자등록[85]을 신청한 때에는 그 다음날부터 제3자에 대하여 효력이 생긴다. 그에 따라 대항력을 갖춘 경우에는 임차건물의 양수인은 임대인의 지위를 승계한다(제3조 제1항).

라. 보증금의 효력

(1) 보증금의 우선변제

앞의 대항요건과 관할 세무서장으로부터 임대차계약서상의 확정일자를 받은 자는 경매 등의 절차에서 후순위권리자 그 밖의 채권자보다 우선하여 보증금을 변제받을 권리가 있다(제5조 제2항).

(2) 임차권등기명령

임대차 종료 후에도 임차보증금이 반환되지 않으면 임차인은 임차권등기명령을 신청할 수 있다(제6조 제5항 본문). 임차권등기가 마쳐지면 임차인은 비록 앞의 대항요건을 상실하더라도 대항력과 우선변제력을 그대로 유지하게 된다(제6조 5항 단서). 그에 따라 임차인은 임대차 종료 후 타곳으로의 이사 등을 자유롭게 할 수 있

85 이것은 주택임대차보호법에서의 주민등록(전입신고)에 상당하는 것이라 할 수 있다.

는 이로움이 있다.

(3) 보증금 중 일정액의 보호

인도와 사업자등록신청을 갖춘 경우 일정 범위내의 보증금 중 일부를 다른 담보물권자보다 우선하여 변제받을 권리가 있다(제14조 제1항).

(4) 존속 보호

기간의 정함이 없거나 기간이 1년 미만인 경우에는 그 기간을 1년으로 본다. 다만 이는 앞의 주택 임대차에서와 마찬가지로 임차인 보호를 위한 일종의 편면적 강행규정이므로 임차인은 1년 미만을 주장할 수 있다. 또한 임대차 종료 후에도 임차인이 보증금을 반환받을 때까지는 임대차관계가 존속된다(제9조 제2항).

또한 임대인은 임차인이 기간 만료 6개월 전부터 1개월 전까지 사이에 계약갱신을 요구할 경우에 일정한 예외사유에 해당하지 않는 한 이를 거절하지 못하고, 임차인은 이 갱신요구권을 최초의 임대차기간을 포함한 전체 임대차기간이 5년을 초과하지 않는 범위 내에서 행사할 수 있다. 이러한 요구를 받은 임대인이 임차인에게 갱신거절의 통지나 조건변경의 통지를 하지 않는 한 그 기간이 만료된 때에 전 임대차와 동일한 조건으로 다시 임대차한 것으로 보고, 이때 임대차 존속기간은 1년으로 보는바(제10조 제4항), 이를 묵시의 갱신이라고 한다.

다만 이러한 묵시의 갱신이 이루어진 경우에는 전체 임대차기간을 5년으로 제한하는 제10조 제2항의 규정이 적용되지 않기 때문에 임차인의 주도로 임대차계약의 갱신을 이루려는 앞의 제10조 제1항과 달리 제10조 제4항의 묵시의 갱신은 임대인의 적극적인 조치를 요구하는 것과는 그 취지를 달리하기 때문이다.

판례

대법원 2006. 1. 13. 선고 2005다64002 판결【배당이의】

상가건물의 임차인이 임대차보증금 반환채권에 대하여 상가건물 임대차보호법 제3조 제1항 소정의 대항력 또는 같은 법 제5조 제2항 소정의 우선변제권을 가지려면, 임대차의 목적인 상가건물의 인도 및 부가가치세법 등에 의한 사업자등록을 구비하고, 관할세무서장으로부터 확정일자를 받아야 하며, 그 중 사업자등록은 대항력 또는 우선변제권의 취득요건일 뿐만 아니라 존속요건이기도 하므로, 배당요구의 종기까지 존속하고 있어야 한다.

… 부가가치세법 제5조 제4항, 제5항의 규정취지에 비추어 보면, 상가건물을 임차하고 사업자등록을 마친 사업자가 임차건물의 전대차 등으로 당해 사업을 개시하지 않거나 사실상 폐업한 경우에는, 그 사업자등록은 부가가치세법 및 상가건물 임대차보호법이 상가임대차의 공시방법으로 요구하는 적법한 사업자등록이라고 볼 수 없고, 이 경우 임차인이 상가건물 임대차보호법상의 대항력 및 우선변제권을 유지하기 위해서는 건물을 직접 점유하면서 사업을 운영하는 전차인이 그 명의로 사업자등록을 하여야 한다.

원심이 같은 취지에서, 이 사건 점포의 임차인인 피고가 사업자등록 후인 2003. 5. 27. 송○○에게 이 사건 점포를 전대하고 그 무렵 스넥코너 영업을 그만두어 사실상 스넥코너 영업을 폐업함으로써, 사업자등록은 부가가치세법 및 상가건물 임대차보호법이 상가건물임대차의 공시방법으로 요구하는 적법한 사업자등록으로 볼 수 없게 되었고, 한편 위 점포를 전차하여 스넥코너 영업을 한 송○○는 그 명의로 이 사건 점포에 대하여 사업자등록을 한 바 없으므로, 피고는 이 사건 점포에 대하여 대항력 및 우선변제권을 상실하였다고 판단한 것은 정당하다.

대법원 2007. 6. 28. 선고 2007다25599 판결【건물명도등】

매도인이 매매대금을 모두 지급받기 전에 매수인에게 매매목적물에 관한 소유권이전등기를 경료하면서 매수인과 사이에, 매매계약이 해제될 경우 매수인이 매도인에게 매매목적물에 관한 소유권이전등기를 하여 주기로 하는 별도의 약정을 하였다면, 매도인은 매수인에 대하여 그 약정 자체에 의한 소유권이전등기절차의 이행을 청구할 수 있고, 매도인의 이와 같은 소유권이전등기청구권 역시 소유권의 이전을 목적으로 하는 청구권이라 할 것이므로 부동산등기법 제3조 소정의 가등기에 의하여 보전될 수 있다고 할 것이다(대법원 1982. 11. 23. 81다카1110 판결 참조).

또한, 소유권이전등기청구권을 보전하기 위하여 가등기를 경료한 자가 그 가등기에 기하여 본등기를 경료한 경우에 가등기의 순위보전의 효력에 의하여 중간처분이 실효되는 효과를 가져오므로, 가등기가 경료된 후 비로소 상가건물 임대차보호법 소정의 대항력을 취득한 상가건물의 임차인으로서는 그 가등기에 기하여 본등기를 경료한 자에 대하여 임대차의 효력으로써 대항할 수 없다.

대법원 2008. 9. 25. 선고 2008다44238 판결 【배당이의】

[1] 상가건물임대차보호법 제3조 제1항에서 건물의 인도와 더불어 대항력의 요건으로 규정하고 있는 사업자등록은 거래의 안전을 위하여 임차권의 존재를 제3자가 명백히 인식할 수 있게 하는 공시방법으로서 마련된 것이므로, 사업자등록이 어떤 임대차를 공시하는 효력이 있는지 여부는, 일반 사회통념상 그 사업자등록으로 당해 임대차건물에 사업장을 임차한 사업자가 존재하고 있다고 인식할 수 있는지 여부에 따라 판단하여야 한다.

[2] 상가건물임대차보호법 제4조와 그 시행령 제3조 및 부가가치세법 제5조와 그 시행령 제7조(소득세법 및 법인세법상의 사업자등록에 준용)에 의하면, 건물의 임대차에 이해관계가 있는 자는 건물의 소재지 관할 세무서장에게 임대차와 사업자등록에 관한 사항의 열람 또는 제공을 요청할 수 있고, 사업자가 사업장을 임차한 경우에는 사업자등록신청서에 임대차계약서 사본을 첨부하도록 하여, 임대차에 관한 사항의 열람 또는 제공은 첨부한 임대차계약서의 기재에 의하도록 하고 있으므로, 사업자등록신청서에 첨부한 임대차계약서상의 임대차목적물 소재지가 당해 상가건물에 대한 등기부상의 표시와 불일치하는 경우에는, 특별한 사정이 없는 한 그 사업자등록은 제3자에 대한 관계에서 유효한 임대차의 공시방법이 될 수 없다. 또한 위 각 법령의 위 각 규정에 의하면, 사업자가 상가건물의 일부분을 임차하는 경우에는 사업자등록신청서에 해당 부분의 도면을 첨부하여야 하고, 이해관계인은 임대차의 목적이 건물의 일부분인 경우 그 부분 도면의 열람 또는 제공을 요청할 수 있도록 하고 있으므로, 건물의 일부분을 임차한 경우 그 사업자등록이 제3자에 대한 관계에서 유효한 임대차의 공시방법이 되기 위해서는, 사업자등록 신청시 그 임차 부분을 표시한 도면을 첨부하여야 한다.

대법원 2016. 6. 9. 선고 2013다215676 판결 【건물명도】

[1] 구 상가건물 임대차보호법(2013. 6. 7. 법률 제11873호로 개정되기 전의 것) 제3조 제1항에서 건물의 인도와 더불어 대항력의 요건으로 규정하고 있는 사업자등록은 거래의 안전을 위하여 임대차의 존재와 내용을 제3자가 명백히 인식할 수 있게 하는 공시방법으로서 마련된 것이므로, 사업자등록이 어떤 임대차를 공시하는 효력이 있는지는 일반 사회통념상 사업자등록을 통해 건물에 관한 임대차의 존재와 내용을 인식할 수 있는가에 따라 판단하여야 한다.

[2] 사업자등록신청서에 첨부한 임대차계약서와 등록사항현황서(이하 '등록사항현황서 등'이라 한다)에 기재되어 공시된 임대차보증금 및 차임에 따라 환산된 보증금액이 구 상가건물 임대차보호법(2013. 6. 7. 법률 제11873호로 개정되기 전의 것, 이하 '구 상가임대차법'이라 한다)의 적용대상이 되기 위한 보증금액 한도를 초과하는 경우에는, 실제 임대차계약의 내용에 따라 환산된 보증금액이 기준을 충족하더라도, 임차인은 구 상가임대차법에 따른 대항력을 주장할 수 없다.

이러한 법리는 임대차계약이 변경되거나 갱신되었는데 임차인이 사업자등록정정신고를 하지 아니하여 등록사항현황서 등에 기재되어 공시된 내용과 실제 임대차계약의 내용이 불일치하게 된 경우에도 마찬가지로 적용된다.

대법원 2010. 6. 10. 선고 2009다64307 판결 【손해배상(기)】

[1] 구 상가건물 임대차보호법(2009. 1. 30. 법률 제9361호로 개정되기 전의 것) 제10조 제1항에서 정하는 임차인의 계약갱신요구권은 임차인이 임대차기간이 만료되기 6개월 전부터 1개월 전까지 사이에 계약의 갱신을 요구하면 그 단서에서 정하는 사유가 없는 한 임대인이 그 갱신을 거절할 수 없는 것을 내용으로 하여서 임차인의 주도로 임대차계약의 갱신을 달성하려는 것이다. 이에 비하여 같은 조 제4항은 임대인이 위와 같은 기간 내에 갱신거절의 통지 또는 조건변경의 통지를 하지 아니하면 임대차기간이 만료된 때에 임대차의 갱신을 의제하는 것으로서, 기간의 만료로 인한 임대차관계의 종료에 임대인의 적극적인 조치를 요구한다. 이와 같이 이들 두 법조항상의 각 임대차갱신제도는 그 취지와 내용을 서로 달리하는 것이므로, 임차인의 갱신요구권에 관하여 전체 임대차기간을 5년으로 제한하는 같은 조 제2항의 규정은 같은 조 제4항에서 정하는 법정갱신에 대하여는 적용되지 아니한다.[86]

[2] 임대인은 일반적으로 임차인에 대하여 임대차목적물을 임차인에게 인도하고 계약이 존속하는 동안 그 사용・수익에 필요한 상태를 유지하게 할 의무를 부담한다. 그리고 건물부분의 임대차에서 별도의 약정이 있는 경우에는 거기서 더 나아가 임대인은 그 소유 건물의 다른 부분에서 제3자가 임차인이 임대차목적물에서 행하는 영업 등 수익활동을 해할 우려가 있는 영업 기타 행위를 하지 아니하도록 할 의무를 임차인에 대하여 부담할 수 있음은 물론이다. 그러한 약정은 다른 계약의 경우와 마찬가지로 반드시 계약서면의 한 조항 등을 통하여 명시적으로 행하여질 필요는 없고, 임대차계약의 목적, 목적물 이용의 구체적 내용, 임대차계약관계의 존속기간 및 그 사이의 경과, 당사자 사이의 인적 관계, 목적물의 구조 등에 비추어 위와 같은 내용의 약정이 인정될 수도 있다.

86 위와 같은 이유로 위 대법원 판결은 원심이 합의갱신에 기하여 5년 이상 존속되어 온 이 사건 임대차계약은 2005. 7. 31.에 그 약정기간이 만료되나 임대인인 피고가 적시에 갱신거절 등의 통지를 하지 아니함으로써 구 상가건물임대차보호법 제10조 제4항에 기하여 갱신된 것으로 간주되어, 결국 이 사건 임대차계약은 2007. 7. 31.에 이르러서야 종료되었다고 판단한 것은 앞에서 본 법리에 좇은 것으로서 그 정당성을 수긍할 수 있다고 판시하고 있다.

제6장

도급

1. 일반

가. 도급의 의의 및 구별 개념

도급은 토목공사나 건축공사와 같이 당사자 일방이 어느 일을 완성할 것을 약정하고, 상대방이 그 일의 결과에 대하여 보수를 지급할 것을 약정함으로써 성립하는 계약으로서, 낙성 · 쌍무 · 유상 · 불요식[1]의 계약이다(제664조).

앞서 설명한 바와 같이 민법상의 계약은 크게 매매형계약, 대차형계약, 노무공급형계약으로 유형화할 수 있는데, 우선 전 2자가 물건에 대한 계약이라면, 후자는 사람의 일을 계약내용으로 한다는 점에서 구별된다. 도급은 고용, 위임, 현상광고, 임치와 더불어 노무공급계약의 일종으로서, [일의 완성]을 목적으로 한다는 점에서 위임 등 다른 노무공급계약과는 구별되는바, 이를 자세히 설명하면 다음과 같다.[2]

고용은 노무자 자신에 의한 노무의 공급 그 자체를 목적으로 하는 계약으로서, 제공되는 노무에 의한 어떤 일의 완성 또는 어떤 통일적인 [사무의 처리]와 같은 일정한 결과의 달성 여부는 고려되지 않는다.

현상광고도 노무에 의하여 이루어진 결과인 일정한 행위, 즉 [광고로 지정된 행위의 완료]를 목적으로 하는 점에서 도급과 유사하나, 청약을 불특정 다수인에 대한 광고의 방법으로 하는 점에서 도급과 구별된다.

위임은 특정한 병의 치료나 특정사건의 처리와 같은 일정한 사무를 처리하기 위한 통일적인 노무를 목적으로 하는 계약으로서, 어디까지나 신임을 기초로 하

1 건설업법은 일정한 사항을 서면으로 하도록 규정하고 있지만, 이는 행정적 목적이나 분쟁의 방지를 위한 규정이므로, 설사 서면이 아닌 구두로 건설공사를 계약하더라도 그 계약이 무효인 것은 아니다.

2 자세한 내용은 민법주해 XV, 429-430면 참조.

여 부탁한 사무를 처리한다는 점에 주안점이 있고, 사무처리에 따른 일의 완성을 목적으로 하지 않는다는 점에서 도급과 구별된다. 또한 위임은 일의 완성을 요하지 않는다는 점에서는 고용과 유사하나, 일을 하는 자의 독립성(즉 지휘관계의 유무)에 있어서 차이를 보인다.

이러한 점에서 도급은 위임과 고용의 중간쯤에 위치한다고 볼 수 있다. 즉 통일적인 사무처리를 한다는 점에서 고용에 비해서는 지휘관계가 약하지만, 위임에 비해서는 지휘관계가 강하다고 할 수 있다.

그러나 도급계약에 의한 일의 완성이 무형의 일인 경우에는, 위임과 도급의 구별은 용이하지 않다. 예를 들어 변호사에게 소송사건을 의뢰하여 일의 처리를 맡긴 경우에, 승소에 주안점이 있다면 승소라는 일의 완성을 요구하는 것이 되어 도급이 될 것이지만, 그렇지 않은 일반적인 경우에는 위임이 되고, 환자와 의사의 관계도 일반적으로는 위임으로 보아야 할 것이지만, 질병의 치료를 목적으로 한다면(더 극단적으로는 치료가 이루어지지 않으면, 일이 완성되지 않은 것으로 보아) 도급이 되어, 치료되지 않았을 때에는 보수를 지급하지 않아도 된다.

임치는 타인의 물건을 보관한다는 한정된(특수한) 노무를 목적으로 한다는 점에서, 계약의 목적이 따로 정해지지 않은 도급과 구별된다.

한편 2015년 민법 개정시에 여행계약이 신설되어(민법 제3편 제2장 제9절의 2) 새로운 전형계약이 되었다. 여행계약은 당사자 일방인 여행주최자가 상대방인 여행자에게 운송, 숙박, 관광 또는 그 밖의 여행 관련 용역을 결합하여 제공하기로 약정하고 상대방이 그 대금을 지급하기로 약정함으로써 성립하는 계약이다(민법 제674조 이하). 이러한 여행계약의 법적 성질에 대하여 종전에는 도급계약이라는 견해, 도급과 유사하지만 독립된 계약이라는 견해 등이 대립하고 있었으나 이제 새로운 독립된 전형계약으로 규정되었기에 그 논의에 큰 의미가 없지만 그 본질은 역시 도급계약에 가깝다고 할 수 있다.[3]

---

3 송덕수, 채권법각론, 344면.

나. 도급의 작용 및 사례

각종 토목이나 건축공사, 선박의 건조, 출판계약, 예술인의 출연계약, 연구용역계약 등이 주로 이용되고 있는 도급계약의 모습이다. 또한 판례에 의하면 세차의뢰[4], 차량의 엔진오일 교환 의뢰[5], 물품운송계약[6], 토석채취계약 등도 도급계약이다.

다. 제작물공급계약

도급과 유사한 계약으로 제작물공급계약이 있다. 이는 특별한 설비에 의한 기계 제작이나 가구의 제작과 같이, 당사자 일방인 제작자가 주문자인 상대방에게 주문에 따라서 전적으로 또는 주로 자기의 재료를 사용하여(여기에 그 특유성이 있다) 제작한 물건을 공급하기로 하고, 이에 대하여 상대방이 보수를 지급하기로 하는 계약이다.

이러한 제작물공급계약은 물건의 제작이라는 면과 제작된 물건의 공급(판매)이라는 두 요소를 가지고 있는 바, 전자는 도급과(일의 완성이라는 면에서), 후자는 매매와(판매라는 점에서) 유사한 성질을 띠고 있어서, 과연 제작물공급계약이 도급인지 아니면 매매나 기타 계약인지가 문제된다.

이에 관하여는 매매와 도급이라는 견해, 제작물이 대체물일 때에는 매매이고 부대체물일 때에는 도급이라는 견해, 제작물이 대체물일 때에는 제작물공급계약

---

4 대판 1976. 10. 26, 76다517【손해배상】: 세차를 의뢰하는 법률관계는 세차작업의 완료를 목적으로 하는 도급계약 관계이므로 세차작업중의 차량의 지배권은 세차업자에게 있다할 것이니 특단의 사정이 없는 한 세차작업중의 차량으로 인하여 야기된 사고에 의한 책임은 세차업자에게 있다.

5 대판 1987. 7. 7, 87다카449【손해배상】: 엔진오일교환업자에게 차량의 엔진오일교환을 의뢰하는 법률관계는 엔진오일교환작업의 완료를 목적으로 하는 도급계약이므로 엔진오일교환작업중인 차량의 지배권은 특단의 사정이 없는 한 위 엔진오일교환업자에게만 있다.

6 대판 1983. 4. 26, 82누92【소득세부과처분취소】: 물품운송계약이란 당사자의 일방이 물품을 한 장소로부터 다른 장소로 이동할 것을 약속하고 상대방이 이에 대하여 일정한 보수를 지급할 것을 약속함으로써 성립하는 계약을 말하며, 일의 완성을 목적하는 것이므로 도급계약에 속한다.

이 아니고 주문판매계약(실질에서는 매매)이라고 하면서 제작물공급계약(즉 제작물이 부대체물인 경우에 한하여)은 도급과 매매의 성질을 함께 가지는 혼합계약이라고 보는 견해 등이 대립한다.[7]

이러한 법적 성질에 관한 논의가 중요한 이유는 구체적인 분쟁의 해결시 과연 어느 규정을 적용할 것인지의 문제로 귀착되기 때문이다. 즉 매매에 관한 규정을 적용할 것인지, 아니면 도급에 관한 규정을 적용할 것인지의 문제이다. 특히 이 중 물건이 부대체물이어서 계약의 성질을 도급으로 보게 되는 경우에는, 후술할 '완성물의 소유권귀속'의 문제와도 밀접한 연관을 가지게 된다.

판례는 제작물이 대체물일 때에는 매매로, 부대체물일 때에는 도급으로 보는 입장에 서있다.

판례

대법원 2006. 10. 1. 선고 2004다21862 판결 【물품대금】

당사자의 일방이 상대방의 주문에 따라 자기 소유의 재료를 사용하여 만든 물건을 공급하기로 하고 상대방이 대가를 지급하기로 약정하는 이른바 제작물공급계약은, 그 제작의 측면에서는 도급의 성질이 있고 공급의 측면에서는 매매의 성질이 있어, 대체로 매매와 도급의 성질을 함께 가지고 있으므로, 그 적용법률은 계약에 의하여 제작 공급하여야 할 물건이 대체물인 경우에는 매매에 관한 규정이 적용되지만, 물건이 특정의 주문자의 수요를 만족시키기 위한 부대체물인 경우에는 당해 물건의 공급과 함께 그 제작이 계약의 주목적이 되어 도급의 성질을 띠게 된다.

대법원 1987. 7. 2. 선고 86다카2446 판결 【약속어음금】

당사자의 일방이 상대방의 주문에 따라서 자기의 소유에 속하는 재료를 사용하여 만든 물건을 공급할 것을 약정하고 이에 대하여 상대방이 대가를 지급하기로 약정하는 이른바 제작물공급계약은 그 제작의 측면에서는 도급의 성질이 있고 공급의 측면에서는 매매의 성질이 있다. 이러한 계약은 대체로 매매와 도급의 성질을 함께 가지고 있는 것으로서 이를 어떤 법에 따라 규율할 것인가에 관하여는 민법 등에 특별한 규정이 없는바, 계약에 의하여 제작

---

7 견해의 대립은 송덕수, 채권법각론, 323-324면 참조.

공급하여야 할 물건이 대체물인 경우에는 매매로 보아서 매매에 관한 규정이 적용된다고 하여도 무방할 것이나, 이와는 달리 그 물건이 특정의 주문자의 수요를 만족시키기 위한 불대체물인 경우에는 당해 물건의 공급과 함께 그 제작이 계약의 주목적이 되어 도급의 성질을 강하게 띠고 있다 할 것이므로 이 경우에도 매매에 관한 규정이 당연히 적용된다고 할 수는 없을 것이다.

매매에 있어 그 목적물의 수량부족이나 하자가 있는 경우 매도인에게 담보책임을 물어 매수인에게 계약해제권 등을 인정하고 있는 민법의 규정과는 별도로 상법 제69조 제1항에서 상인간의 매매에 있어 매수인에게 목적물의 수령 후 지체 없이 하자 또는 수량의 부족을 발견하여 즉시 매도인에게 그 통지를 하지 아니하면 이로 인한 계약해제 등을 청구하지 못하도록 규정하고 있는 취지는 상인간의 매매에 있어 그 계약의 효력을 민법규정과 같이 오랫동안 불안정한 상태로 방치하는 것은 매도인에 대하여는 인도당시의 목적물에 대한 하자의 조사를 어렵게 하고 전매의 기회를 잃게 될 뿐만 아니라, 매수인에 대하여는 그 기간 중 유리한 시기를 선택하여 매도인의 위험으로 투기를 할 수 있는 기회를 주게 되는 폐단 등이 있어 이를 막기 위하여 하자를 용이하게 발견할 수 있는 전문적 지식을 가진 매수인에게 신속한 검사와 통지의 의무를 부과함으로써 상거래를 신속하게 결말짓도록 한 것이라고 보여진다.

기록에 의하면, 이 사건 포장지는 피고의 주문에 따른 일정한 무늬와 규격으로 인쇄되어 있고 더구나 그 포장지에는 피고회사 이름까지 인쇄되어 있어 피고만이 이를 사용할 수 있고 원고나 피고로서는 이를 타에 매각처분하기가 곤란하거나 불가능한 사실이 엿보이는바, 이러한 사정하에서라면 원고가 공급한 이 사건 포장지는 불대체물에 해당할 것이고, 이러한 경우 상법 제69조 제1항에 따라 그 거래관계를 보다 신속하게 결말지을 필요가 절실히 요구된다고 할 수도 없을 것이다.

2. 수급인의 의무

가. 일의 완성의무

(1) 일반

수급인은 적당한 시기에 계약의 목적인 일에 착수하여 계약에서 정해진 내용의 일을 완성할 의무가 있다. 이 의무를 제대로 이행하지 못할 경우 수급인은 뒤에서 살펴보는 담보책임을 지게 되어(제667조~672조), 도급인은 계약을 해제할 수 있다.

(2) 일의 지체와 해제

그러나 도급계약은 기본적으로 일의 완성에 그 목적이 있으므로, 일의 착수를 조금 지체하더라도 약정기일까지 완성하는 것이 가능한 경우에는, 원칙적으로 신의칙상 해제권은 발생하지 않는다.[8]

그렇기 때문에 건설공사와 같은 도급계약에서는 당사자 사이에 이행지체시 수급인이 도급인에 대하여 지급하여야 할 손해배상액으로서 지체상금에 관하여 약정해 놓는 경우가 종종 있게 된다. 이러한 지체상금특약은 손해배상액의 예정과 위약벌로서의 두 가지 성격이 있는바, 구체적으로 어디에 해당하는지는 특약의 내용에 대한 해석의 문제로 귀결된다. 손해배상액의 예정으로 볼 경우 그 금액이 부당할 정도로 과다할 때에는 이를 감액할 수 있다.

지체상금을 정하는 방식으로는 일정 금액을 일시금으로 정하는 방식과 지연기간과 비례하여 배상금을 정하는 방식이 있는바, 일반적으로는 후자의 방식이 경

---

8 대판 1996. 10. 25, 96다21393【손해배상(기)·공사대금】: 공사도급계약에 있어서 수급인의 공사중단이나 공사지연으로 인하여 약정된 공사기한 내의 공사완공이 불가능하다는 것이 명백하여진 경우에는 도급인은 그 공사기한이 도래하기 전이라도 계약을 해제할 수 있지만, 그에 앞서 수급인에 대하여 위 공사기한으로부터 상당한 기간 내에 완공할 것을 최고하여야 하고, 다만 예외적으로 수급인이 미리 이행하지 아니할 의사를 표시한 때에는 위와 같은 최고 없이도 계약을 해제할 수 있다.

험칙에 부합하는 방식이라고 할 수 있다.

판례

대법원 1986. 2. 25. 선고 85다카2025,2026 판결【물품대금등】

지체상금이라 함은 일반적으로 채권자가 계약상의 채무를 이행받는 자체보다도 그 채무를 일정한 시기까지는 이행받아야만 할 필요성, 즉 이행시기가 더 중요하여 채무자로 하여금 이행기를 준수케 하고 지체되는 일이 있더라도 가능한 한 조속한 기간내에 이행을 완료하도록 강제할 필요성이 있는 경우에 그 위약벌로 정하는 것이 일반거래의 관행이므로 그 액수는 지체기간의 장단에 정비례함이 성질상 당연하다 할 것이고 당사자가 지체기간의 장단에 관계없이 일정액을 지체상금으로 정한다는 것은 특단의 사정이 없는 한 경험칙에 반한다.

대법원 2002. 9. 4. 선고 2001다1386 판결【공사대금】

[5] 천재지변이나 이에 준하는 경제사정의 급격한 변동 등 불가항력으로 인하여 목적물의 준공이 지연된 경우에는 수급인은 지체상금을 지급할 의무가 없다고 할 것이지만, 이른바 IMF 사태 및 그로 인한 자재 수급의 차질 등은 그와 같은 불가항력적인 사정이라고 볼 수 없다.

[6] 일반적으로 수급인이 공사도급계약상 공사기간을 약정함에 있어서는 통상 비가 와서 정상적으로 작업을 하지 못하는 것까지 감안하고 이를 계약에 반영하는 점에 비추어 볼 때 천재지변에 준하는 이례적인 강우가 아니라면 지체상금의 면책사유로 삼을 수 없다.

[7] 수급인이 완공기한 내에 공사를 완성하지 못한 채 완공기한을 넘겨 도급계약이 해제된 경우에 있어서 그 지체상금 발생의 시기(시기)는 완공기한 다음날이다.

[8] 지체상금에 관한 약정은 수급인이 그와 같은 일의 완성을 지체한 데 대한 손해배상액의 예정이므로, 수급인이 약정된 기간 내에 그 일을 완성하여 도급인에게 인도하지 아니하여 지체상금을 지급할 의무가 있는 경우, 법원은 민법 제398조 제2항의 규정에 따라 계약 당사자의 지위, 계약의 목적과 내용, 지체상금을 예정한 동기, 실제의 손해와 그 지체상금액의 대비, 그 당시의 거래관행 및 경제상태 등 제반 사정을 참작하여 약정에 따라 산정한 지체상금액이 일반 사회인이 납득할 수 있는 범위를 넘어 부당하게 과다하다고 인정하는 경우에 이를 적당히 감액할 수 있다.

(3) 도급인의 관여 정도

수급인은 기본적으로 자신의 판단과 능력에 따라 일을 완성하는 것이지만, 특별한 약정이 없더라도 도급인은 수급인에게 큰 부담을 주지 않는 범위 안에서 적당한 지시나 감독을 할 수 있다고 보아야 한다(제669조의 해석을 통한 결과임). 다시 말하자면, 위임에 비해서는 덜하지만 도급인의 관여가 일정수준에서 인정된다. 그렇다고 하여 지휘관계인 고용관계가 되는 것도 아니고, 따라서 사용자책임을 묻는 것은 원칙적으로 불가능하다. 이는 다시, 도급인에 대하여 사용자책임뿐만 아니라, 공작물책임, 점유자책임 등을 판례가 원칙상 인정하지 않는 태도와도 연관된다. 결국 원칙적으로는 일의 완성은 수급인의 전속적인 지배하에 있다는 것이 민법의 규율태도라고 할 수 있다.

(4) 하수급인 등의 사용

도급은 노무의 결과인 일의 완성에 초점을 둔 계약이므로 일이 완성만 된다면 그 일을 누가 수행하였는지가 크게 문제되지 않는다. 따라서 특약이 있거나 일의 성질상 수급인 자신이 하지 않으면 채무의 본지에 따른 이행이 될 수 없다는 등의 특별한 사정이 있는 경우 외에는, 수급인은 자신 아닌 노무자나 이행보조자는 물론, 제3자인 하수급인(이행대행자)을 사용하여 일을 완성하더라도 무방하다.[9] 물론 이들의 과실에 대하여는 수급인이 책임을 져야 한다.

판례

대법원 2002. 4. 12. 선고 2001다82545,82552 판결 【채무부존재확인 · 소유권이전등기】

공사도급계약에 있어서, 당사자 사이에 특약이 있거나 일의 성질상 수급인 자신이 하지 않으면 채무의 본지에 따른 이행이 될 수 없다는 등의 특별한 사정이 없는 한, 반드시 수급인

9 이러한 점에서 신임관계가 강조되는 위임에서 위임인의 승낙이나 부득이한 사유가 있을 때에만 예외적으로 복위임을 인정하는 것과 구별된다(민법 제682조 제1항).

자신이 직접 일을 완성하여야 하는 것은 아니고, 이행보조자 또는 이행대행자를 사용하더라도 공사도급계약에서 정한 대로 공사를 이행하는 한 계약을 불이행하였다고 볼 수 없다.

따라서 피고가 ○○중공업을 이용하여 평탄화작업을 하더라도 이 사건 공사약정에서 정한 내용대로 그 공사를 이행하는 한 공사약정을 불이행한 것이라고 볼 수 없으므로, 피고가 그의 노력으로 ○○중공업과의 사이에 토석채취에 관한 약속을 한 후 원고에게 그 약속 사실을 알려주지 않았다고 하더라도 이를 원고에 대한 기망행위라고 할 수 없다.

또한, 기록상 평탄화작업에 소요되는 비용을 제3자에게는 조금도 부담시키지 아니하고 피고만이 부담하겠다고 말한 사실을 인정할 자료가 없을 뿐만 아니라, 피고의 비용부담 여부는 공사약정의 이행과 무관하다고 할 것이어서(그 비용을 피고가 부담하든 ○○중공업이 부담하든 원고 입장에서는 전혀 차이가 없다), 설령 피고의 비용부담에 관한 언급이 있었다고 하더라도 이를 들어 기망행위라고 할 수 없다.

나. 목적물인도의무

(1) 의의

도급의 종류나 성질에 따라서는, 수급인이 일을 완성하는 것만으로 끝나지 않고 완성물을 도급인에게 인도하여야 할 필요도 있다. 즉 일이 유형적인 것일 때에는(주로 제작물공급계약에서 문제된다) 완성한 물건을 도급인에게 인도하는 것이 필요한 바, 이를 목적물인도의무라고 한다. '일을 완성할 의무'에 이러한 인도의무가 '당연히' 포함되는 것인가가 문제되는데, 이 인도의무는 사실상 일을 완성할 의무의 한 내용으로 볼 수 있다.[10]

(2) 도급인의 보수지급의무와의 관계

이 경우 도급인의 보수지급의무는 수급인의 목적물인도의무와 동시이행의 관계(제665조 제1항 1문)에 있게 되고, 만일 그 목적물의 소유권이 도급인에게 있다면 수

10 민법주해 XV, 439면.

급인은 보수를 지급받을 때까지 유치권을 행사하여 그 목적물을 유치할 수 있다.

판례

대법원 1995. 9. 15. 선고 95다16202,95다16219 판결 【건물명도,소유권확인등】

주택건물의 신축공사를 한 수급인이 그 건물을 점유하고 있고 또 그 건물에 관하여 생긴 공사금 채권이 있다면, 수급인은 그 채권을 변제받을 때까지 건물을 유치할 권리가 있다고 할 것이고, 이러한 유치권은 수급인이 점유를 상실하거나 피담보채무가 변제되는 등 특단의 사정이 없는 한 소멸되지 않는다.

(3) '인도'의 의미

도급에서의 인도란 단순한 점유의 이전이 아니라, 더 나아가 도급계약의 성질상, 과연 그 목적물이 계약 내용대로 완성되었는가를 도급인이 살피고(즉 검수하고), 계약 내용대로 완성되었음을 시인하여 직접점유를 이전받는 것을 의미한다고 해석된다.[11] 따라서 검수가 완료되기 전에는 일의 완성 그 자체가 아직 끝나지 않은 것으로 보게 된다.

이 문제는 보수지급의무와의 관계에서 주로 문제된다. 즉 수급인이 목적물을 인도하였다고 주장하면서 보수지급을 청구하는 경우에, 도급인이 검수절차가 시행되지 않았다거나 검수 결과 문제가 있다는 등의 주장을 하면서 그 보수지급을 거절한 때에 문제된다.

판례

대법원 2006. 10. 13. 선고 2004다21862 판결 【물품대금】

제작물공급계약에서 보수의 지급시기에 관하여 당사자 사이의 특약이나 관습이 없으면 도급인은 완성된 목적물을 인도받음과 동시에 수급인에게 보수를 지급하는 것이 원칙이고,

---

11 곽윤직, 채권각론, 254-255면.

이 때 목적물의 인도는 완성된 목적물에 대한 단순한 점유의 이전만을 의미하는 것이 아니라 도급인이 목적물을 검사한 후 그 목적물이 계약내용대로 완성되었음을 명시적 또는 묵시적으로 시인하는 것까지 포함하는 의미라고 보아야 한다.

따라서 제작물공급계약의 당사자들이 보수의 지급시기에 관하여 "수급인이 공급한 목적물을 도급인이 검사하여 합격하면, 도급인은 수급인에게 그 보수를 지급한다."는 내용으로 한 약정은, 도급인의 수급인에 대한 보수지급의무와 동시이행관계에 있는 수급인의 당연한 목적물 인도의무를 확인한 것에 불과하므로, 법률행위의 일반적인 효과를 제한하기 위하여 법률행위의 효력발생을 장래의 불확실한 사실의 성부에 의존하게 하는 법률행위의 부관인 조건에 해당하지 아니할 뿐만 아니라, 설령 조건에 해당한다 하더라도, 검사에의 합격 여부는 도급인의 일방적인 의사에만 의존하지 않고 그 목적물이 계약내용대로 제작된 것인지 여부에 따라 객관적으로 결정되는 것이므로, 순수수의조건에 해당하지는 않는다.

또한 목적물의 인도의무에는, 단순히 검수를 거쳐 완성물의 점유를 이전할 의무에서 더 나아가, 일정한 법적 의무까지도 포함된다. 예컨대 건축도급공사의 경우에 있어서 아래에서 살펴보는 소유권이전의무로서의 등기나 기계제작에 있어서 작동허가 등까지도 경료하여 넘겨주어야만 인도, 나아가 일의 완성이 완료된 것으로 보는 것이다.

(4) 목적물의 소유권이전의무

수급인이 단순한 목적물인도의무를 넘어서서 나아가 소유권이전의무까지 부담하는 경우가 있다. 즉 완성된 목적물의 소유권이 수급인에게 귀속되는 경우에는(부대체물에 관한 제작물공급계약이 여기에 해당됨), 수급인은 인도의무 이외에 소유권이전의무까지 부담한다.

도급은 일의 완성을 목적으로 하는 계약이고 매매계약이 아니어서 수급인에게 소유권이전의무는 없는 것이 보통이지만, 부대체물의 제작 · 공급시에는 수급인은 보수를 지급받는 것에 주된 관심이 있고, 목적물의 소유권을 갖는 데에는 관심이 없으므로, 이 의무를 인정한다고 하여 도급의 본질에 반하는 것은 아니다.

다. 완성물의 소유권 귀속관계

(1) 문제의 소재

도급의 목적이 재료를 사용한 물건의 제작인 경우, 재료의 공급자와의 관계에서 그 제작물의 소유권이 누구에게 귀속되는 것인지는 매우 중요한 문제이다. 그에 따라 수급인에게 소유권이전의무나 유치권의 유무 등은 물론, 타 채권자의 권리행사 가능 여부와 같은 여러 법적 쟁점들이 연결되어 있기 때문이다.

이 문제를 둘러싼 법적 쟁점은 대체로 다음과 같다. 우리 법제상 건물은 토지와 완전히 별개의 독립된 부동산으로 다루어지고, 토지에 부합되지 않는다. 따라서 어떠한 건물이 지어질 때, 그것이 당연히 토지 소유자의 소유로 귀속되는 것은 아니다. 즉 '(건물을 지은 자 등의) 원시취득자'가 건물의 소유권을 원시적으로 취득하게 되는 것으로서, 그 소유권의 취득시점은, 별개의 부동산으로서의 건물이 성립했다고 볼 수 있게 되는 시점이다. 다시 말하자면, 그 건물이 성립하기 전까지의 물건(의 집합체)은 단순히 토지의 부합물로서 토지 소유자의 소유물이 되는 데 그친다. 이러한 '건물의 성립시기'에 관하여 판례는 대체로, 기둥 및 외벽과 지붕 정도가 갖추어지는 시기로 본다. 완성물의 소유권 귀속의 문제는, 위의 경우에 '원시취득자'는 누구이며, 그가 지은 건물의 소유권은 어떻게 이전되는가의 문제인 것이다.

한 가지 더 언급해 둘 점은, 이 문제는 도급관계에서만 문제된다는 것이다. 당연한 것처럼 여겨질 수도 있지만, 그 귀결로서 제작물공급계약의 경우에, 목적물이 대체물인 경우(매매로 취급된다)에는 이 법리가 문제될 여지가 없고, 오로지 부대체물인 경우에 한하여 문제되는 것임을 유의하여야 한다. 현실적으로 소유권 귀속 문제의 초점이 되고 있는 건축도급은, 바로 이러한 '부대체물에 대한 제작물공급계약'의 대표적인 예인 것이다.

(2) 유형

이는 재료의 공급자가 누구인지를 기준으로 하여 논의되고 있다.

(가) 도급인이 공급한 경우

도급인이 재료의 전부나 주요부분을 제공하는 경우(즉 도급인이 재료를 구입하여 이를 수급인에게 주어 수급인이 그 재료를 가지고 제작하는 경우)에는, 완성물이 동산이든 부동산이든 관계없이 그 소유권은 당연히 도급인에게 귀속되고, 가공의 법리(제259조)는 그 적용이 없다.[12]

(나) 수급인이 공급한 경우

수급인이 재료의 전부 또는 주요부분을 제공하는 경우에는, 원칙적으로 당사자의 의사(특약)에 의하여 결정된다.[13·14] 그러나 그러한 특약이 없거나 당사자의 의사가 불분명한 때에 관하여는 견해가 대립한다.[15]

이러한 견해대립은 그 실질에 있어 무엇보다도 수급인의 보수청구권 만족의 확보가 유치권 · 동시이행항변권 · 저당권설정청구권(제666조) 등을 인정하는 것으로써 족하다고 볼지의 여부에 관한 입장 차이에서 비롯된다.

---

12 송덕수, 채권법각론, 328면 참조.

13 이 특약은 묵시적 특약도 포함하는 것으로 해석된다. 따라서 이러한 묵시적 특약의 범위를 넓게 인정하게 되면, 결국 아래에서 보는 학설대립은 그다지 실익이 없는 것이 될 수 있다.

14 대판 1985. 5. 28, 84다카2234【소유권이전등기말소】: 건물건축도급계약에 있어서는 준공된 건물을 도급자에게 인도하기 까지에는 그 건물은 수급인의 소유라고 함이 일반이라고 할 것이나 사법자치의 원칙에 따라 어떠한 경우에나 그 건물의 소유권을 수급인이 원시취득하는 것이라고는 할 수 없고 당사자의 약정에 의하여 그 소유권의 귀속도 달라질 것이므로 그 소유권의 귀속을 가릴려면 도급인과 수급인의 약정내용을 살펴보아야 하고 도급계약이라는 사실만으로 그 소유권이 수급인에게 귀속한다고는 할 수 없다.

15 견해의 대립은 송덕수, 채권각론, 328면-329면 참조; 대판 2011. 8. 25, 2009다67443【소유권보존등기말소·소유권보존등기말소】: 수급인이 자기의 노력과 출재로 완성한 건물의 소유권은 도급인과 수급인 사이의 특약에 의하여 달리 정하거나 기타 특별한 사정이 없는 한 수급인에게 귀속된다.

그 외에도 이 문제에는, (1) 도급인과 수급인 각각의 채권자들의 입장에서, 완성 목적물을 각각 자기가 공취할 수 있는 채무자의 소유물로 주장하려는 분쟁양상, 그리고 (2) 도급인 · 수급인 · 하수급인의 3자관계에서의 보수청구권 문제와 연관되는 측면이 있다.[16]

1) 제1설

완성물이 동산이든 부동산이든 수급인에게 귀속된다는 견해로서, 완성물의 소유권은 원칙적으로 일단 수급인에게 귀속하고, 인도에 의하여 도급인에게 이전한다고 한다.

2) 제2설

완성물이 동산인 경우에는 수급인에게 귀속하나, 부동산인 경우(건물건축)에는 도급인에게 귀속한다는 견해이다.

제2설은, 완성물이 부동산인 경우에 제1설에 의할 때에는 (인도가 아니라 등기를 하여야 물권변동이 생긴다는) 민법의 물권변동이론에 부합하지 않는다는 점, 거래의 실제에서는 도급인 명의로 소유권보존등기를 하고, 당사자의 의사라는 측면에서도 도급

---

16 이에 관하여는, 이상태, 완성건물의 소유권귀속, 민사판례연구 제19집, 1997, 118면의 다음 설명을 인용해 보기로 한다.

"건축공사는 원수급인이 자기가 맡은 일을 공정별 또는 부분별로 나누어서 다시 여러 하수급인에게 맡겨서 행하는 것이 대부분이다. 이와 같이 도급인·수급인·하수급인의 3당사자가 관여할 때에는, 완성된 건축물의 소유권 귀속의 문제는 2당사자가 관여할 때보다 더욱 중요한 의미를 갖게 된다. 가끔 원수급인이 도급인으로부터 공사진척에 따라 도급대금을 받았음에도 불구하고, 하수급인에게 공사대금을 지급하지 않은 채로 잠적하거나 파산해 버리기도 한다. 이 때 하도급계약도 도급계약의 일종이기 때문에, 전술한 수급인귀속설의 입장을 여기에 그대로 적용한다면, 하수급인이 축조한 건축물의 소유권은 원수급인에게 인도되지 않은 이상, 아직 하수급인에게 귀속하고 있는 것이 된다. 그렇다면 도급인은 도급대금만 날리게 되고 건물의 소유권은 취득할 수 없게 된다. 한편 도급인귀속설의 입장을 여기에 적용한다면, 하수급인이 건축한 건축물은 결국 도급인이 원시취득하게 되므로 하수급인은 하도급대금을 회수하지 못하게 되는 결과가 된다. 여기서 하수급인의 하도급 대금채권의 확보라는 문제가 대두된다."

인을 소유자로 하려는 것이 일반적이라는 점, 수급인의 보수청구권의 확보는 유치권, 동시이행의 항변권, 저당권(제666조)으로도 충분히 달성된다는 점 등을 든다.

판례는 제1설과 같이 완성물이 부동산인 때에도 특약이 없는 한 언제나 수급인에게 원시적으로 소유권이 귀속되고, 그 목적물을 인도한 때에 비로소 (소유권의 등기 없이도) 도급인이 소유권을 취득한다고 한다.

판례

대법원 1980. 7. 8. 선고 80다1014 판결 【건물명도】

수급인이 자기의 재료와 노력으로 건물을 건축한 경우에는 특별한 의사표시가 없는 한, 도급인이 도급대금을 지급하고, 건물의 인도를 받기까지는, 그 소유권은 수급인에게 있다고 할 것이고(대법원 1972.2.29. 선고 71다2541,2542 판결 참조) 민법 제666조는 부동산공사의 수급인은, 같은 법 제665조에 규정된 보수에 관한 채권을 담보하기 위하여, 그 부동산을 목적으로 한 저당권의 설정을 청구할 수 있다는 것 뿐이지, 완성된 수급 부동산의 소유권 귀속에 관한 것은 아니므로 같은 취지로 판단한 원심판결은 정당하고 , 이 점에 관한 피고들의 주장은 독자적인 견해에 지나지 아니하며 받아들일 수 없다.

대법원 2003. 12. 18. 선고 98다43601 전원합의체판결 【건물철거등】

일반적으로 자기의 노력과 재료를 들여 건물을 건축한 사람이 그 건물의 소유권을 원시취득하는 것이지만, 도급계약에 있어서는 수급인이 자기의 노력과 재료를 들여 건물을 완성하더라도, 도급인과 수급인 사이에 도급인 명의로 건축허가를 받아 소유권보존등기를 하기로 하는 등 완성된 건물의 소유권을 도급인에게 귀속시키기로 합의한 것으로 보일 경우에는, 그 건물의 소유권은 도급인에게 원시적으로 귀속된다.

그런데 앞서 본 바와 같이, 위와 같은 소유권 귀속에 관한 법리는 그에 관한 (명시적/묵시적) 특약이 없는 경우에 관한 것이고, 특약이 있는 경우에는 그에 따른다. 이와 관련하여 중요한 것이, 건축허가명의 관계이다.

행정처분의 일종인 허가는, 원칙적 금지에 대한 예외적 해제의 성질을 갖는다. 건축허가의 경우, 원칙적으로 이를 받을 적격은, 토지소유자 또는 적어도 그의 동의를 받은 자에게만 있다.[17] 이는 토지와 건물을 별개의 부동산으로 보는 우리 법제 하에서, 양자의 소유가 다름으로 인한 분쟁을 최소화하기 위한 것이다. 토지소유자 등의 신청에 의한 행정관청의 건축허가가 있게 되면, 준공 및 사용승인(건축법 제22조)을 거쳐 건축물대장에 소유자로서 등재되고,[18] 건축물대장에의 등재를 증명하여 비로소 건물소유권보존등기의 신청적격을 갖게 된다(부동산등기법 제131조).[19] 결국 다시 말하자면, 원칙적으로 건축허가명의자만이 건물소유권보존등기 명의자가 될 수 있는 것이다.

건축도급관계에 있어서 이러한 건축허가명의를 도급인 앞으로 해 놓는 경우가 많은바, 위와 같은 그 성질에 비추어, 이러한 경우에는 목적물의 소유권 귀속에 관한 묵시적인 특약이 있다고 인정되는 경우가 많다.

판례

대법원 1996. 9. 20. 선고 96다24804 판결 【건물명도】

[1] 일반적으로 자기의 노력과 재료를 들여 건물을 건축한 사람은 그 건물의 소유권을 원시취득하고, 다만 도급계약에 있어서는 수급인이 자기의 노력과 재료를 들여 건물을 완성하더라도, 도급인과 수급인 사이에 도급인 명의로 건축허가를 받아 소유권보존등기를 하기로 하는 등 완성된 건물의 소유권을 도급인에게 귀속시키기로 합의한 것으로 보여질 경우에는, 그 건물의 소유권은 도급인에게 원시적으로 귀속된다.

[2] 다가구용 단독주택의 신축공사 도급계약을 체결함에 있어, 공사대금은 평당 금 1,500,000원으로 하되 계약 당일에 계약금 금 3,000,000원을, 공사착수일에 금 15,000,000원을 각 지급하고 나머지 공사대금은 공사완료 후 도급인이 주택의 각 가구를 전세놓아 그 전세금으로 지급키로 약정하고, 주택의 신축공사에 있어서 그 건축허가의 명의도 도급인으로 되어 있는 경우, 도급인과 수급인 사이에는 공사도급계약 당시부터 완성된 건축물의 소유권을 원시적으로 도급인에게 귀속시키기로 하는 묵시적 합의가 있었다고 볼 수 있다.

---

17 건축법 제6조 제1항 제1호의2 참조.

18 건축법 제38조 제1항 제1호 및 『건축물대장의 기재 및 관리 등에 관한 규칙』 제19조.

19 이는 아무런 권리도 없는 자에 의한 보존등기를 방지하기 위한 취지이다.

그러나 위와 같은 건축허가명의에 관한 합의가 언제나 '소유권' 귀속에 관한 특약으로 인정되는 것은 아니다. 이러한 합의는 비단 도급관계에서만 문제되는 것이 아닌바, 소위 분양 장사가 그 대표적인 실례이다. 즉, 분양업자가 대지소유자의 토지를 매수하여 그 지상에 건물을 지어 분양함에 있어서, 대지매수대금을 직접 자신의 돈으로 지급하는 것이 아니라, 건물의 분양수익을 대지소유자에게 일정액 교부하기로 하는 경우가 많다. 이때 그러한 토지 매수대금채권에 대한 "담보"로서, 건물의 건축허가명의를 대지소유자 앞으로 해 놓는 것이다.

이와 같은 경우에는, 허가명의에 관한 합의는 진정한 소유권 귀속의 특약이라기보다는 일종의 양도담보 설정행위로 해석되는 것이다.

판례

대법원 2002. 4. 26. 선고 2000다16350 판결 【소유권보존등기등말소】

건축업자가 타인의 대지를 매수하여 그 대금을 지급하지 아니한 채 그 위에 자기의 노력과 재료를 들여 건물을 건축하면서 건축허가명의를 대지소유자로 한 경우에는, 부동산등기법 제131조의 규정에 의하여 특별한 사정이 없는 한 건축허가명의인 앞으로 소유권보존등기를 할 수밖에 없는 점에 비추어 볼 때, 그 목적이 대지대금채무를 담보하기 위한 경우가 일반적이라 할 것이고, 이 경우 완성된 건물의 소유권은 일단 이를 건축한 채무자가 원시적으로 취득한 후 채권자 명의로 소유권보존등기를 마침으로써 담보목적의 범위 내에서 위 채권자에게 그 소유권이 이전된다고 보아야 한다.[20]

대법원 2001. 6. 26. 선고 99다47501 판결 【건물철거등】

건축업자가 타인의 대지를 매수하여 계약금만 지급하거나 대금을 전혀 지급하지 아니한 채 그 지상에 자기의 노력과 비용으로 건물을 건축하면서 그 건물의 건축허가명의를 대지소유자로 하는 경우에는, 그 목적이 대지대금채무를 담보하기 위한 경우가 일반적이고, 채무의 담보를 위하여 채무자가 자기의 비용과 노력으로 신축하는 건물의 건축허가명의를 채권자 명의로 하였다면 이는 완성될 건물을 담보로 제공하기로 하는 합의로서 법률행위에 의한 담보물권의 설정이라고 할 것이므로, 완성된 건물의 소유권은 일단 이를 건축한 채무자가 원시적으로 취득한 후 채권자 명의로 소유권보존등기를 마침으로써 담보목적의 범위

안에서 채권자에게 그 소유권이 이전된다.[21]

대법원 2006. 5. 12. 선고 2005다68783 판결 【소유권보존등기말소등】

[1] 자기의 비용과 노력으로 건물을 신축한 자는 그 건축허가가 타인의 명의로 된 여부에 관계없이 그 소유권을 원시취득하게 되는 바, 따라서 건축주의 사정으로 건축공사가 중단된 미완성의 건물을 인도받아 나머지 공사를 하게 된 경우에는 그 공사의 중단 시점에 이미 사회통념상 독립한 건물이라고 볼 수 있는 정도의 형태와 구조를 갖춘 경우가 아닌 한 이를 인도받아 자기의 비용과 노력으로 완공한 자가 그 건물의 원시취득자가 된다.

[2] 주택분양보증인이 보증채무의 이행으로 분양이행의 방법을 선택하여 사업주체로부터 중단된 공사를 이어받아 자기의 비용과 노력으로 완공한 경우, 그 주택분양보증인이 완공된 건물의 원시취득자이다.

라. 도급에서의 위험부담(수급인의 책임)

도급은 쌍무계약이므로 당연히 위험부담에 관한 민법 제537조와 제538조가 적용된다. 즉 쌍무계약에서 일방의 채무가 채무자에게 책임 없는 사유로 이행불능이 되어 소멸한 경우에, 그에 대응하는 타방의 채무도 소멸하는가 아니면 존속하는가의 문제에서, 채무자부담주의에 따라 타방의 채무도 소멸한다(즉 채무자는 자신의 채무를 면하는 대신 상대방에게 그 채무의 이행을 구할 수가 없다). 다만 구체적인 도급계약의 성질상 일의 완성만으로 끝나는 경우와, 일의 완성과 목적물인도까지 포함하는 경우가 있는바, 후자의 경우에는 완성 후 인도시까지가 위험부담의 문제로 처리된다는 점을 주의할 필요가 있다.

---

20 '담보목적의 범위 내에서 소유권이 이전된다'는 것의 의미는 설명을 요한다. 이는 부동산 양도담보의 실질을 갖는 것으로서, 『가등기담보 등에 관한 법률』의 적용을 받는다(동법 제1조는 '소유권이전등기'의 효력에 적용된다고 규정하고 있으나, 본문에서의 소유권보존등기 또한 그 실질에 있어 전혀 다를 바 없으므로, 동법의 적용대상이 된다). 따라서 진정한 소유권은 그 등기에도 불구하고 아직 이전되지 않고, 채권자(대지소유자)가 담보권실행으로서 '정산'을 거쳐야 비로소 그 이전이 있게 된다(동법 제4조 제2항 참조).

21 건축업자가 토지를 매수한 점에서 단순한 수급인이 아니라 본인의 건물을 지어 분양하려는 의도인 점을 고려한 것이다.

그러므로 쌍방 당사자의 귀책사유 없이 목적물이 멸실되어 이행불능으로 된 경우에는, 그 손실은 채무자인 수급인이 부담하므로, 그는 기왕에 지출한 비용은 물론 아무런 보수를 청구할 수 없고, 기왕에 받은 보수나 비용도 반환하여 주어야 한다. 이상이 위험부담의 일반 법리에 따른 귀결이다.

그러나 사실 도급에서의 이러한 의미의 위험부담 문제는 생길 여지가 거의 없다. 왜냐하면 일반의 위험부담은 이행불능이 되었을 때 문제되는 것인바, 도급에서는 사실상 이행불능이 될 수 있는 경우가 거의 없기 때문이다. 예를 들어 건물건축 도급계약이나 교량공사 도급계약에 있어 짓던 건물이 도중에 지진 등으로 멸실된 경우, 공사현장의 대지가 날아가 버려서 강물이 되었다거나 바다가 되는 등으로 건설장소가 없어진 경우가 아닌 한, 수급인은 얼마든지 다시 건물을 지을 수 있는 것이어서 그 이행이 불능이라고 볼 수 없고, 따라서 위험부담의 문제도 발생할 여지가 없는 것이다. 즉 도급에서는 사실상 위험부담이 문제되는 이행불능이 발생할 여지가 거의 없다.

오직 도급에서 상정할 수 있는 이행불능은, 예컨대 가옥의 수선을 맡겼으나 그 가옥이 모두 멸실되어 수선을 하고 싶어도 할 수 없는 경우와 같은 극히 예외적인 경우일 뿐이고, 그 이외에는 이행불능이 문제될 여지가 없으므로 이행불능을 전제로 하는 위험부담 역시 문제될 수가 없다.

오히려 도급에서 문제되는 위험부담은, 쌍무계약 일반에서 문제되는 그런 위험부담 문제가 아니라, 앞서 본 예와 같이 건축 도중, 또는 건축 후 인도 전에 홍수 등으로 건축물이 멸실한 경우에, 다시 건축하는 것이 불능이 아닌 관계로(즉 이행불능이 아닌 관계로) 위험부담의 문제는 발생하지 않지만, 수급인에게 일의 완성의무나 인도의무가 있다는 이유로 이를 모두 그의 책임으로 돌려 다시 종전과 같은 조건으로 건축하게 하는 것이 과연 정당하고, 공평한 것인가의 문제라고 볼 수 있다(즉 귀책사유 없이 목적물이 멸실되었지만 다시 건물을 짓는 이행은 가능한 경우에 이를 어떻게 처리할 것인지의 문제이다).

이 점과 관련하여 일부 견해는, 불가항력에 의한 멸실시 수급인은 경우에 따라 사정변경의 원칙에 의하여 보수증액청구권이나 해제권을 취득할 수 있다고 본다.[22] 다시 말하자면, 이는 본연의 의미에서의 '위험부담'의 문제가 아니라, 공평의 견지에서 불가항력에 의한 손실을 일정범위에서 도급인 · 수급인 양자가 분담하도록 해야 한다는 문제 제기인 것이다.

판례[23]

대법원 1996. 7. 9. 선고 96다14364 판결【약정금 · 손해배상】

영상물 제작공급계약상 수급인의 채무가 도급인과 협력하여 그 지시감독을 받으면서 영상물을 제작하여야 하므로 도급인의 협력 없이는 완전한 이행이 불가능한 채무이고, 한편 그 계약의 성질상 수급인이 일정한 기간 내에 채무를 이행하지 아니하면 계약의 목적을 달성할 수 없는 정기행위인 사안에서, 도급인의 영상물제작에 대한 협력의 거부로 수급인이 독자적으로 성의껏 제작하여 납품한 영상물이 도급인의 의도에 부합되지 아니하게 됨으로써 결과적으로 도급인의 의도에 부합하는 영상물을 기한 내에 제작하여 납품하여야 할 수급인의 채무가 이행불능케 된 경우, 이는 계약상의 협력의무의 이행을 거부한 도급인의 귀책사유로 인한 것이므로 수급인은 약정대금 전부의 지급을 청구할 수 있다고 한 사례.

대법원 1993. 3. 26. 선고 91다14116 판결【손해배상(기)】

수급인이 도급인에게 공사금을 지급하고 기성부분을 인도받아 가라고 최고하였다면 수급인은 이로써 자기 의무의 이행 제공을 하였다고 볼 수 있는데 도급인이 아무런 이유 없이 수령을 거절하던 중 쌍방이 책임질 수 없는 제3자의 행위로 기성부분이 철거되었다면 도급인의 수급인에 대한 공사대금지급채무는 여전히 남아 있다.

---

22 민법주해 XV, 443-444면.

23 민법 제538조 제1항("쌍무계약의 당사자 일방의 채무가 채권자의 책임 있는 사유로 이행할 수 없게 된 때에는 채무자는 상대방의 이행을 청구할 수 있다. 채권자의 수령지체 중에 당사자쌍방의 책임 없는 사유로 이행할 수 없게 된 때에도 같다.")에 따라서, 도급계약상의 채무자(수급인)가 채권자(도급인)에게 이행을 청구할 수 있는 사례들이다.

3. 도급인의 의무

가. 보수지급의무(제665조)

보수의 종류에는 아무런 제한이 없어, 금전이 아닌 다른 것(쌀 등)도 관계없다. 보수의 결정방법으로는 정액도급, 개산도급방식, 혹은 보수액을 정하지 않다가 후에 정하는 방식 등이 있다.

나. 보수지급시기(제665조, 제656조 제2항)

보수지급시기는 쌍방의 특약이 있으면 그에 의하고, 특약이 없으면 관습에 의한다. 그러나 특약이나 관습도 없으면, 인도가 필요 없는 경우에는 완성 후 지체 없이, 인도가 필요한 경우에는 완성된 목적물의 인도와 동시에 지급하여야 한다. 즉 일의 완성은 선이행의무이고, 인도의무가 보수지급의무와 동시이행의 관계에 있다.

다. 보수청구권의 성립시기

수급인의 보수청구권은 비록 후급인 경우에도 계약과 동시에 성립한다. 즉 일의 완성에 의하여 비로소 성립하는 것이 아니다. 따라서 수급인의 채권자는 일의 완성 전이라도 보수청구권을 압류할 수 있다. 판례도 "도급계약에 의한 공사금청구채권은 전부명령의 대상이 될 수 있으나, 공사가 완료되기 전에 전부명령이 있었을 경우에는 그 결산에 의하여 구체적으로 확정되었을 때의 금액을 표준으로 하여 효력이 확정된다."라고 하여(대판 1962. 4. 4, 62다63 【전부채권】), 공사 완료 전이라 할지라도 보수청구권이 성립함을 전제로 전부명령의 대상이 됨을 인정하고 있다.

판례

대법원 1985. 5. 28. 선고 84다카856 판결【공사비】

도급계약에 있어서 수급인의 보수는 통상 그 완성된 목적물의 인도와 동시에 지급하면 족하다 할 것이나, 당사자 사이에 일의 진행정도에 따라 보수를 일정액씩 분할지급하기로 특약을 한 경우에는, 수급인이 상당정도의 공사를 시행한 후 그 이후의 정도의 공사시행을 포기함으로써 잔여부분의 도급공사가 중단되었다 하여도, 이미 시행한 공사분에 대한 약정보수채권은, 위 도급계약 자체가 해제되었거나 기왕의 보수채권을 포기하는 등 특별한 사정이 없는 한, 그 일의 전체가 완성되지 못하였다는 사유만으로 당연히 소멸된다고 할 수 없고, 도급인이 공사의 현장을 인도받아 잔여공사를 완성하였다 하여 기히 발생한 보수지급의무를 면하는 것은 아니다.

대법원 1997. 2. 25. 선고 96다43454 판결【토지소유권이전등기말소등기】

건축공사도급계약에 있어서는, 공사 도중에 계약이 해제되어 미완성 부분이 있는 경우라도, 그 공사가 상당한 정도로 진척되어 원상회복이 중대한 사회적 · 경제적 손실을 초래하게 되고 완성된 부분이 도급인에게 이익이 되는 때에는, 도급계약은 미완성 부분에 대해서만 실효되어 수급인은 해제된 상태 그대로 그 건물을 도급인에게 인도하고, 도급인은 그 건물의 기성고 등을 참작하여 인도받은 건물에 대하여 상당한 보수를 지급하여야 할 의무가 있다.[24]

대법원 2004. 11. 26. 선고 2002다68362 판결【보증채무금】

공사도급계약에 있어서 수수되는 선급금이 선급 공사대금의 성질을 갖는 점에 비추어, 선급금을 지급한 후 도급계약이 해제 또는 해지되는 등의 사유로 수급인이 도중에 선급금을 반환하여야 할 사유가 발생하였다면, 특별한 사정이 없는 한 선급금은 별도의 상계의 의사표시 없이도 그 때까지의 기성고에 해당하는 공사대금에 당연히 충당되고, 다만 선급금 반환에 관한 보증계약의 경우, 보증인은 주채무자의 선급금 반환채무의 이행을 보증하는 것이므로, 그 보증금 지급사유의 발생 및 범위에 관하여는 당해 보증의 대상으로 된 도급계약의 내용을 기준으로 판단하여야 할 것이므로, 선급금의 충당대상이 되는 기성공사대금의 내역을 어떻게 정할 것인지는 도급계약 당사자의 약정에 따라야 한다.

대법원 1992. 3. 31. 선고 91다42630 판결【공사대금】

가. 건축공사도급계약이 수급인의 채무불이행을 이유로 해제된 경우에 있어, 해제될 당시

공사가 상당한 정도로 진척되어 이를 원상회복하는 것이 중대한 사회적 · 경제적 손실을 초래하게 되고, 완성된 부분이 도급인에게 이익이 되는 것으로 보이는 경우에는, 도급계약은 미완성부분에 대하여만 실효되고 수급인은 해제한 상태 그대로 그 건물을 도급인에게 인도하고, 도급인은 특별한 사정이 없는 한 인도받은 미완성 건물에 대한 보수를 지급하여야 하는 권리의무관계가 성립한다.

나. 건축공사도급계약이 중도해제된 경우 도급인이 지급하여야 할 미완성 건물에 대한 보수는, 특별한 사정이 없는 한 당사자 사이에 약정한 총 공사비를 기준으로 하여 그 금액에서 수급인이 공사를 중단할 당시의 공사 기성고 비율에 의한 금액이 되는 것이지, 수급인이 실제로 지출한 비용을 기준으로 할 것은 아니다.

라. 부동산수급인의 저당권설정등기청구권(도급인의 의무)

부동산공사 수급인은 본인의 보수청구권을 담보하기 위하여 공사의 목적부동산 위에 저당권을 설정할 것을 도급인에게 청구할 수 있다(제666조). 이 청구권은 순수한 청구권으로서, 도급인과의 저당권 설정합의와 그로 인한 등기가 있어야 비로소 저당권이 성립한다.[25]

4. 도급에서의 수급인의 하자담보책임

가. 일반

(1) 특칙의 취지

도급은 유상계약이므로 당연히 매도인의 담보책임에 관한 규정이 준용된다(제

24 이 판결은 분할지급특약이 없는 경우의 사례이다.

25 곽윤직, 채권각론(제6판), 263면.

567조). 그러나 매매 등과는 달리, 도급에서 수급인이 완성한 일에 있어서의 하자는 단순히 재료의 하자에 의하여만 생기는 것이 아니라, 수급인의 작업방식 즉 제작과정의 불완전(제작과정에서 일을 잘못한 경우)에 의하여도 생긴다는 특수한 면이 있으므로, 우리 민법은 도급에서 따로 특칙을 두고 있다.

다시 말하면, 후자의 경우에는 일반적인 담보책임에서 요구되는 것과 같은 하자의 '원시성' 여부가 불분명한 측면이 있고, 그 외에도 '목적물의 완성'을 내용으로 하는 도급계약의 문제 상황은 매매 등과 다른 면이 있기 때문이다.

(2) 불완전이행과의 관계

수급인의 담보책임은 수급인의 귀책사유에 의하여 생기는 경우도 있는바(다만, 본 책임의 내용에 관한 규정은 뒤에서 보듯이 무과실시의 책임을 염두에 둔 것이다), 이는 바로 불완전이행의 문제이기도 하다.

이 경우 수급인의 담보책임에 관한 규정과 불완전이행의 일반이론 간의 관계가 문제된다. 이에 관하여는, 본 규정이 하자가 생긴 이유의 여하를 묻지 않고 하자의 종류나 정도에 따라서 요건과 효과를 정한 것이므로 이들 규정에 의하여 불완전이행의 일반이론이 모두 배제되었다고 보는 견해와, 수급인의 하자담보책임에 의하여 도급인의 손해가 충분히 전보되지 않는 범위에서 수급인의 불완전이행의 책임을 인정하는 것이 타당하다는 견해가 있다. 후자의 견해에 의하면, 본조의 하자담보책임은 무과실책임으로서 신뢰이익의 배상에 한하므로, 수급인의 귀책사유에 의한 하자의 경우에는 채무불이행으로서의 불완전이행을 이유로 이행이익의 배상을 도급인에게 인정하게 된다.[26] 판례는 후자의 입장에 서 있다.

26 견해의 대립은 송덕수, 채권법각론, 331면 참조.

판례

대법원 2005. 11. 10. 선고 2004다37676 판결 【전부금】

수급인이 도급계약에 따른 의무를 제대로 이행하지 못함으로 말미암아 도급인의 신체 또는 재산에 손해가 발생한 경우, 수급인에게 귀책사유가 없었다는 점을 스스로 입증하지 못하는 한 도급인에게 그 손해를 배상할 의무가 있다고 보아야 할 것이고, 원래 동시이행의 항변권은 공평의 관념과 신의칙에 입각하여 각 당사자가 부담하는 채무가 서로 대가적 의미를 가지고 관련되어 있을 때 그 이행과정에서의 견련관계를 인정하여, 당사자 일방은 상대방이 채무를 이행하거나 이행의 제공을 하지 아니한 채 당사자 일방의 채무의 이행을 청구할 때에는 자기의 채무이행을 거절할 수 있도록 하는 제도인데, 이러한 제도의 취지로 볼 때, 비록 당사자가 부담하는 각 채무가 쌍무계약관계에서 고유의 대가관계가 있는 채무는 아니라고 하더라도, 구체적인 계약관계에서 각 당사자가 부담하는 채무에 관한 약정내용 등에 따라 그것이 대가적 의미가 있어 이행상의 견련관계를 인정하여야 할 사정이 있는 경우에는 동시이행의 항변권이 인정되어야 하는 점, 민법 제667조 제3항에 의하여 민법 제536조가 준용되는 결과 도급인이 수급인에 대하여 하자보수와 함께 청구할 수 있는 손해배상채권과 수급인의 공사대금채권은 서로 동시이행관계에 있는 점 등에 비추어 보면, 하자확대손해로 인한 수급인의 손해배상채무와 도급인의 공사대금채무도 동시이행관계에 있는 것으로 보아야 한다.[27]

대법원 2004. 8. 20. 선고 2001다70337 판결 【손해배상(기)】

[1] 액젓 저장탱크의 제작 · 설치공사 도급계약에 의하여 완성된 저장탱크에 균열이 발생한 경우, 보수비용은 민법 제667조 제2항에 의한 수급인의 하자담보책임 중 하자보수에 갈음하는 손해배상이고, 액젓 변질로 인한 손해배상은 위 하자담보책임을 넘어서 수급인이 도급계약의 내용에 따른 의무를 제대로 이행하지 못함으로 인하여 도급인의 신체 · 재산에 발생한 손해에 대한 배상으로서, 양자는 별개의 권원에 의하여 경합적으로 인정된다.

[2] 수급인의 하자담보책임은 법이 특별히 인정한 무과실책임으로서, 여기에 민법 제396조의 과실상계 규정이 준용될 수는 없다 하더라도, 담보책임이 민법의 지도이념인 공평의 원칙에 입각한 것인 이상, 하자발생 및 그 확대에 가공한 도급인의 잘못을 참작할 수 있다.

27 이 사건 공사는, 올림픽대로 중 굽은 구간이나 경사진 구간에 차량의 미끄러짐을 방지할 수 있도록 일

나. 성립요건

(1) 일의 목적물에 하자가 있을 것(제667조, 제668조)

수급인의 담보책임이 생기는 것은 일의 목적물에 하자가 있는 경우이다. 여기에는 건축과 같은 유형적인 것은 물론, 소송사건의 처리나 병의 치료와 같은 무형의 일의 완성을 내용으로 하는 도급도 당연히 포함된다.

여기서 일의 목적의 하자란,

- 재료의 결점으로 생긴 것이거나 일의 완성을 위하여 지출한 정신적 · 육체적 노무의 불완전성으로부터 생긴 것을 불문하며,
- 통상적으로 요구되는 또는 계약에 의하여 결정된 일정한 성상을 갖지 않거나,
- 일의 결과가 수급인이 보증한 성질을 갖지 않거나,
- 그것이 목적물의 경제적 가치를 감쇄시키는 것과 같은 불완전한 점이 있거나,
- 법률상의 제한이 있거나 한 경우이다.

수급인의 담보책임이 생기려면 완성된 목적물 또는 완성 전의 성취된 부분에 하자가 있어야 한다. 완성 전의 성취된 부분에 대한 하자란, 도급계약에 따른 일의 전부가 완성되지는 않았지만 하자가 발생한 부분의 작업이 완료된 상태를 말한다.

유의할 것은, 일의 완성의 하자와 미완성은 다르다는 점이다. 일이 완성되면 일단 보수청구권을 행사할 수 있고, 하자담보책임의 문제로 넘어가지만, 미완성일 경우에는 기성고에 따라 보수를 지급하기로 한 것이 아닌 한 보수청구권 자체를 행사할 수 없게 된다.

정한 간격을 두고 마찰력을 높여주는 미끄럼방지용 골재를 일정 면적에 도포하는 공사로서, 불완전하게 접착된 골재가 탈리(脫離) 되는 경우 오히려 차량의 미끄러짐을 증대시킬 수 있으므로 골재도포 후 1시간 이상 계속 교통을 통제하면서 충분히 양생을 시켜야 할 뿐만 아니라, 그 후에도 여전히 부착되지 아니한 상태의 잔류 골재를 깨끗이 수거하여야 하며, 차량의 통행으로 말미암아 추가로 탈리되는 골재도 있을 수 있으므로 공사 후 1, 2일 동안 청소를 반복하여야 하는 것이었던 사실이 인정된 사건이다.

판례

대법원 2010. 12. 9. 선고 2008다16851 판결 【부당이득금등】

건축물의 하자라고 함은 일반적으로 완성된 건축물에 공사계약에서 정한 내용과 다른 구조적·기능적 결함이 있거나, 거래관념상 통상 갖추어야 할 품질을 제대로 갖추고 있지 아니한 것을 말하는 것으로, 하자 여부는 당사자 사이의 계약 내용, 해당 건축물이 설계도대로 건축되었는지 여부, 건축 관련 법령에서 정한 기준에 적합한지 여부 등 여러 사정을 종합적으로 고려하여 판단되어야 한다.

대법원 2001. 9. 18. 선고 2001다9304 판결 【공사대금】

도급계약에 따른 수급인의 하자보수책임은 완성 전의 성취된 부분에 관하여도 성립되는바, 완성 전의 성취된 부분이라 함은, 도급계약에 따른 일이 전부 완성되지는 않았지만 하자가 발생한 부분의 작업이 완료된 상태를 말하는 것이고, 도급인이 하자보수를 주장하는 경우 법원은 보수하여야 할 하자의 종류와 정도를 특정함과 아울러 그 하자를 보수하는 적당한 방법과 그 보수에 요할 비용 등에 관하여 심리하여 봄으로써, 그 하자가 중요한 것인지 또는 그 하자가 중요한 것은 아니더라도 그 보수에 과다한 비용을 요하지 않는 것인지를 가려보아, 수급인의 하자보수책임을 인정할 수 있는지 여부를 판단하여야 할 것이다.

대법원 1997. 12. 23. 선고 97다44768 판결 【공사대금】; 대법원 2006. 4. 28. 선고 2004다39511 판결 【이행보증금】)

건물신축공사의 미완성과 하자를 구별하는 기준은, 공사가 도중에 중단되어 예정된 최후의 공정을 종료하지 못한 경우에는 공사가 미완성된 것으로 볼 것이지만, 그것이 당초 예정된 최후의 공정까지 일단 종료하고 그 주요구조 부분이 약정된 대로 시공되어 사회통념상 건물로서 완성되고 다만 그것이 불완전하여 보수를 하여야 할 경우에는, 공사가 완성되었으나 목적물에 하자가 있는 것에 지나지 않는다고 해석함이 상당하고, 개별적 사건에 있어서 예정된 최후의 공정이 일단 종료하였는지 여부는, 당해 건물 신축공사도급계약의 구체적 내용과 신의성실의 원칙에 비추어 객관적으로 판단할 수밖에 없다.[28]

---

28 신축 건물의 남측 2층 계단, 발코니, 처마와 인접대지 경계로부터 두어야 할 거리가 30cm 모자란다는 이유로 그 사용승인이 나지 아니하고 있다고 하여도, 수급인이 인접대지 경계와 두어야 할 거리를 확보하기 위하여 1층 계단과 발코니 부분을 절단하였으나, 2층 계단과 발코니 부분은 도급인이 더 이상

(2) 무과실책임

앞서 본 바와 같이 수급인의 담보책임은 무과실책임으로서 손해배상의 범위는 신뢰이익의 배상에 한하고, 수급인에게 귀책사유가 있는 경우에만 불완전이행으로서 이행이익의 배상이 인정된다.[29]

(3) 담보책임의 발생시기

목적물의 인도를 요하는 경우에는 인도시에, 그렇지 않은 경우에는 일의 완성시에 수급인의 하자담보책임이 발생한다.

다. 책임의 내용(하자보수청구권, 손해배상청구권, 계약해제권)

(1) 하자보수청구권(제667조 제1항 본문)

도급인이 상당한 기간을 정하여 본조의 하자보수청구권을 행사할 경우, 그 기간이 경과할 때까지는 손해배상청구를 하지 못한다. 이는 양자가 선택적 채권의 형식으로 규정되었기 때문이다.

수급인의 하자보수의무 및 손해배상의무는 도급인의 보수지급의무와 동시이행의 관계에 있다.[30] 따라서 하자보수청구권을 행사하면 당연히 보수지급의무는

절단작업을 못하게 하여 그 거리를 확보하지 못하였고, 보일러, 2층의 수도, 세면기, 양변기 등 설치공사를 남겨둔 상태에서 도급인이 수급인으로 하여금 더 이상 공사를 못하게 한 후 직접 그 공사를 하여 입주하였으며, 수급인이 그 건물의 신축공사를 금 101,696,720원에 도급받았는데, 위 수도 등 공사비로는 금 1,168,000원이, 보일러 설치비로는 금 2,860,000원이 소요될 뿐이라면, 사회통념상 그 건물은 완성되었다고 본 사례로 원고가 공사대금의 청구를 구하는 소송에서 피고가 원고가 이 사건 건물의 완성과 준공검사의 이행을 약속하였고, 공사대금도 공사를 완공한 후 전세입주자가 선정되어 전세계약을 체결한 후 지급하기로 약정하였으므로, 원고는 피고에게 공사대금 지급을 청구할 수 없다고 다툰 사건이다.

29 무과실책임으로 보면서도 이행이익의 배상을 인정하는 견해도 있다.

이행지체에 빠지지 않는다.

그러나 도급인이 목적물에 하자가 있다는 이유만으로 하자의 보수나 손해배상을 청구하지 않고 바로 보수지급을 거절할 수는 없다. 도급인이 동시이행의 관계로 보수지급을 거절할 수 있는 범위는, 공사대금에 비하여 하자보수비가 극히 소액인 경우(이 때는 신의칙상 동시이행의 항변권을 행사할 수 없다)와 같은 특별한 사정이 없는 한, 보수 전부라고 할 것이다. 즉 하자보수에 상당한 금원 부분만큼이 아니다. 이렇게 보지 않을 경우 수급인으로서는 결과적으로 아무런 손해가 없어 하자보수를 게을리 할 우려가 높기 때문에, 전액의 지급을 거절할 수 있다고 보아야 한다.[31]

다만, 하자가 극히 경미하여 그 보수비도 매우 적은 경우에까지 보수 전부에 대한 동시이행을 인정하는 것은 수급인에게 가혹하므로, 이러한 경우에는 예외적으로, 신의칙에 기하여 동시이행의 항변이 권리남용으로서 배척될 수 있다.

판례

대법원 2001. 9. 18. 선고 2001다9304 판결 【공사대금】

[1] 기성고에 따라 공사대금을 분할하여 지급하기로 약정한 경우라도, 특별한 사정이 없는 한 하자보수의무와 동시이행관계에 있는 공사대금지급채무는 당해 하자가 발생한 부분의 기성공사대금에 한정되는 것은 아니라고 할 것이다. 왜냐하면 이와 달리 본다면, 도급인이 하자발생사실을 모른 채 하자가 발생한 부분에 해당하는 기성공사의 대금을 지급하고 난 후 뒤늦게 하자를 발견한 경우에는 동시이행의 항변권을 행사하지 못하게 되어 공평에 반하기 때문이다.

[2] 일반적으로 동시이행의 관계가 인정되는 경우에, 그러한 항변권을 행사하는 자의 상대방이 그 동시이행의 의무를 이행하기 위하여 과다한 비용이 소요되거나 또는 그 의무의

30 (앞서 본 완성물의 소유권귀속문제의 귀결로서) 목적물의 소유권이 도급인에게 귀속하는 경우에는, 도급에 기한 보수청구권은 다름 아닌 '목적물에 관한 채권'이 될 것이므로, 이 외에도 유치권이 성립할 수 있게 된다. 반면에 목적물이 수급인의 소유물인 경우에는 원칙적으로 유치권이 발생하지 않을 것이다. 이와 같이 유치권의 발생은 일정한 경우에만 문제될 수 있는 반면에, 동시이행의 항변권은 소유권의 귀속을 불문하고 쌍무계약관계에 기하여 언제나 발생하게 된다.; 대판 2007. 10. 11, 2007다31914【공사대금】.

31 송덕수, 채권법각론, 333-334면.

이행이 실제적으로 어려운 반면, 그 의무의 이행으로 인하여 항변권자가 얻는 이득은 별달리 크지 아니하여 동시이행의 항변권의 행사가 주로 자기 채무의 이행만을 회피하기 위한 수단이라고 보여지는 경우에는, 그 항변권의 행사는 권리남용으로서 배척되어야 할 것이다.

[3] 미지급 공사대금에 비해 하자보수비 등이 매우 적은 편이고 하자보수공사가 완성되어도 공사대금이 지급될지 여부가 불확실한 경우, 도급인이 하자보수청구권을 행사하여 동시이행의 항변을 할 수 있는 기성공사대금의 범위는 하자 및 손해에 상응하는 금액으로 한정하는 것이 공평과 신의칙에 부합한다고 한 사례.

대법원 2007. 10. 11. 선고 2007다31914 판결 【공사대금】

도급계약에 있어서 완성된 목적물에 하자가 있는 때에는, 도급인은 수급인에 대하여 하자의 보수를 청구할 수 있고, 그 하자의 보수에 갈음하여 또는 보수와 함께 손해배상을 청구할 수 있는 바, 이들 청구권은 수급인의 공사대금채권과 동시이행관계에 있으므로, 수급인의 하수급인에 대한 하도급 공사대금채무를 인수한 도급인은, 수급인과 하수급인 사이의 하도급계약상 동시이행의 관계에 있는 수급인의 하수급인에 대한 하자보수청구권 내지 하자에 갈음한 손해배상채권 등에 기한 동시이행의 항변으로써 하수급인에게 대항할 수 있다.

(2) 손해배상청구권(제667조 제2항)

(가) 의의

도급인은 비록 하자보수가 가능하더라도 하자보수청구에 갈음하여 손해배상을 청구할 수 있고, 또 하자보수와 함께 손해배상을 청구할 수 있다.

하자보수와 함께 손해배상을 청구할 수 있다는 의미는, '함께'가 '병행하여'라는 뜻이므로, 일의 완성이 지연되거나 보수에 의하여도 전보되지 않는(완전한 것이 되지 않는) 것에 따른 손해에 대한 배상청구를 할 수 있다는 의미이다.

(나) 손해배상의 범위

범위는 앞서 설명한 대로 신뢰이익에 한정하되, 귀책사유에 의한 불완전이행시

에 한하여 이행이익을 배상한다.[32]

(다) 동시이행

본조의 손해배상청구권과 보수지급의무 사이에도 동시이행의 관계가 있다(제667조 제3항, 제536조). 다만 이때에는 하자보수청구와는 달리, 손해배상액의 범위 내에서만 보수지급의무와 동시이행관계에 있다고 보아야 한다. 그렇지 않을 경우 수급인으로서는 부당한 손해를 입게 되기 때문이다.

(라) 대금감액청구의 가부

그러나 실제로는 도급인이 보수청구나 손해배상청구권을 행사하는 경우는 많지 않고, 대부분 건축대금(보수)에서 하자부분에 상당한 손해액만큼을 공제(감액)하고 하자보수 자체는 도급인이 자기의 책임하에 할 것을 주장한다. 우리 민법은 이러한 대금감액청구권을 명문으로 인정하고 있지 않지만, 수급인에게 특별한 손해를 입히는 것도 아니고 분쟁의 간편한 해결방법이라는 점에서, 긍정하여야 할 것이다. 법원의 실무에서도, 소송절차에서나 조정절차에서나, 이를 널리 인정하고 있다.

판례

대법원 1996. 6. 11. 선고 95다12798 판결 【공사대금】

[1] 일반적으로 건물 신축 도급계약에 있어서 수급인이 신축한 건물에 하자가 있는 경우에, 이로 인하여 도급인이 받은 정신적 고통은 하자가 보수되거나 하자보수에 갈음한 손해배상이 이루어짐으로써 회복된다고 봄이 상당하고, 도급인이 하자의 보수나 손해배상만으로는 회복될 수 없는 정신적 고통을 입었다면 이는 특별한 사정으로 인한 손해로서, 수급인이 이와 같은 사정을 알았거나 알 수 있었을 경우에 한하여 정신적 고통에 대한

32 견해의 대립은 송덕수, 채권법각론, 335면 참조.

위자료를 인정할 수 있다.

[2] 완성된 목적물에 하자가 있어 도급인이 하자의 보수에 갈음하여 손해배상을 청구한 경우에, 도급인은 수급인이 그 손해배상청구에 관하여 채무이행을 제공할 때까지 그 손해배상액에 상응하는 보수액에 관하여만 자기의 채무이행을 거절할 수 있을 뿐이고 그 나머지 보수액은 지급을 거절할 수 없다고 할 것이므로, 도급인의 손해배상채권과 동시이행관계에 있는 수급인의 공사대금채권은 공사잔대금채권 중 위 손해배상채권액과 동액의 채권에 한하고, 그 나머지 공사잔대금채권은 위 손해배상채권과 동시이행관계에 있다고 할 수 없다.

대법원 2000. 3. 10. 선고 99다55632 판결【구상금】

민법 제667조 제2항의 하자보수에 갈음한 손해배상청구권은 보수청구권과 병존하여 처음부터 도급인에게 존재하는 권리이고, 일반적으로 손해배상청구권은 사회통념에 비추어 객관적이고 합리적으로 판단하여 현실적으로 손해가 발생한 때에 성립하는 것이므로, 하자보수에 갈음한 손해배상청구권은 하자가 발생하여 보수가 필요하게 된 시점에서 성립된다고 봄이 상당하다.[33]

대법원 1998. 3. 13. 선고 97다54376 판결【공사대금】

[1] 도급계약에 있어서 완성된 목적물에 하자가 있을 경우에 도급인은 수급인에게 그 하자의 보수나 하자의 보수에 갈음한 손해배상을 청구할 수 있으나, 다만 하자가 중요하지 아니하면서 동시에 보수에 과다한 비용을 요할 때에는, 하자의 보수나 하자의 보수에 갈음하는 손해배상을 청구할 수는 없고 하자로 인하여 입은 손해의 배상만을 청구할 수 있다고 할 것이고, 이러한 경우 하자로 인하여 입은 통상의 손해는, 특별한 사정이 없는 한 도급인이 하자 없이 시공하였을 경우의 목적물의 교환가치와 하자가 있는 현재의 상태대로의 교환가치와의 차액이 된다 할 것이므로, 교환가치의 차액을 산출하기가 현실적으로 불가능한 경우의 통상의 손해는 하자 없이 시공하였을 경우의 시공비용과 하자 있는 상태대로의 시공비용의 차액이라고 봄이 상당하다.

[2] 습식공법으로 시공하기로 한 내부 벽면 석공사를 반건식공법으로 시공한 사안에서, 그 하자가 중요하지 아니하면서 보수에 과다한 비용을 요하는 경우에 해당하나, 그 교환가치나 시공비용의 차이가 없어 하자로 인한 손해배상을 청구할 수 없다고 본 사례.

대법원 2004. 8. 20. 선고 2001다70337 판결【손해배상(기)】

수급인의 하자담보책임은 법이 특별히 인정한 무과실책임으로서, 여기에 민법 제396조의 과실상계 규정이 준용될 수는 없다 하더라도, 담보책임이 민법의 지도이념인 공평의 원칙에 입각한 것인 이상, 하자발생 및 그 확대에 가공한 도급인의 잘못을 참작할 수 있다.

(3) 계약해제권(제668조)

(가) 의의

완성된 목적물의 하자로 인하여 계약의 목적을 달성할 수 없는 때에는, 도급인은 계약을 해제할 수 있다.

경미한 하자인 경우에는 앞서 설명한 하자보수청구나 손해배상청구로 해결할 수 있고, 계약을 해제할 수 없다. 중대한 하자로 계약목적을 달성할 수 없는 경우, 도급인은 하자보수청구나 손해배상을 청구할 수도 있고, 본조에 기하여 계약을 해제할 수도 있다.

(나) 해제권의 배제

완성된 목적물이 건물 기타 토지의 공작물일 때에는 아무리 하자가 중대하더라도 계약을 해제할 수 없다. 이 경우까지 해제를 인정하게 되면 결국 건물 등을 철거하여야 하는바, 이는 사회경제적으로 손실이 크고 수급인에게도 과도한 부담을 주기 때문이다.

따라서 이 경우에는 도급인은 결국 손해배상청구권만을 행사할 수 있을 뿐이다.

주의할 것은, 해제권이 배제되는 것은 건물 기타 토지의 공작물이 완성된 경우에 하자담보책임을 물어서 계약을 해제할 수 없다는 것으로서, 그 공작물이 완성되기 전에는 채무불이행의 일반이론에 따라서는 해제할 수 있다. 그러나 다음의

33 즉 목적물의 완성시가 아니라 손해배상을 청구한 때를 기준으로 한다는 의미이다.

판례에서 보는 바와 같이 완성 전에도 일정한 경우 해제권이 제한될 수 있다.

판례

대법원 1986. 9. 9. 선고 85다카1751 판결 【양수금】

건축도급계약에 있어서 미완성부분이 있는 경우라도 공사가 상당한 정도로 진척되어 그 원상회복이 중대한 사회적, 경제적 손실을 초래하게 되고 완성된 부분이 도급인에게 이익이 되는 경우에,[34] 수급인의 채무불이행을 이유로 도급인이 그 도급계약을 해제한 때는 그 미완성부분에 대하여서만 도급계약이 실효된다고 보아야 할 것이고, 따라서 이 경우 수급인은 해제한 때의 상태 그대로 그 건물을 도급인에게 인도하고, 도급인은 그 건물의 완성도 등을 참작하여 인도받은 건물에 상당한 보수를 지급하여야 할 의무가 있다.

이 판결은 비록 완성 전이라도 상당히 진척되어 원상회복이 중대한 사회적, 경제적 손실을 초래하게 되고 완성된 부분이 도급인에게 이익이 되는 정도라면 본조의 취지를 살려 기성부분에 대한 해제권을 배제한 것으로, 이 판결에 의할 경우 완성부분의 철거를 할 필요는 없게 된다.

일반적인 해제에서는 해제의 효과에 관한 직접효과설을 취하게 되면 소급효에 따른 원상회복의무로서 기왕의 공사부분을 모두 철거하게 되는바, 최근의 판례 추세는 적어도 건설도급계약에서만큼은 해제의 경우 미이행 부분에 대하여만 해제를 인정하고, 기이행 부분에 대하여는 소급적 해제를 인정하지 않고 있다고 볼 수 있다.

현실적으로, 건축공사에 하자가 있는 경우에 도급인의 하자보수청구에도 불구하고 수급인이 하자보수는 계속 지연하는 한편, 이에 대하여 도급인이 계약해제를 하면 수급인이 보수(전액)에 대하여 유치권을 주장하면서 공사현장을 점거함으로써, 도급인이 다른 시공사에게 도급을 주어 공사를 마치는 것을 방해하는 경우가 비일비재하다. 이에 대하여 본 판례의 입장에 따르면, 해제 당시까지의 '기성

---

34 즉, 완성부분이 도급인에게 전혀 이익이 되지 않을 정도인 경우에는 소급적 해제가 가능하게 된다.

고'는 인정하여, 그에 대한 공사대금만 지급하면 되는 것이 된다.

이때 '기성고'의 판단방법이 문제된다. 이는 실제로 수급인이 기이행분에 투입한 비용을 기준으로 판단할 것이 아니라, 공정에 따른 총공사비에 대한 비율('기성고비율')을 기준으로 판단하여야 한다.[35]

판례

대법원 1996. 10. 25. 선고 96다21393,21409 판결 【손해배상(기) · 공사대금】

원심판결 이유에 의하면, 원심은 건축공사 도급계약이 수급인의 채무불이행을 이유로 해제된 경우에 해제될 당시 공사가 상당한 정도로 진척되어 이를 원상회복하는 것이 중대한 사회 · 경제적 손실을 초래하게 되고 완성된 부분이 도급인에게 이익이 되는 것으로 보이는 경우에는 도급계약은 미완성 부분에 대하여만 실효되고 수급인은 해제한 상태 그대로 그 건물을 도급인에게 인도하고 도급인은 특별한 사정이 없는 한 인도받은 미완성 건물에 대한 보수를 지급하여야 하는 권리의무관계가 성립한다고 할 것이고, 이 경우 도급인이 지급하여야 할 미완성 건물에 대한 보수는 다른 약정이 없는 한 당사자 사이에 약정된 총공사비에 중단될 당시의 기성고 비율을 적용한 금액이고 수급인이 실제로 지출한 비용을 기준으로 할 것은 아니며, 또한 기성고 비율은 이미 완성된 부분에 소요된 것으로 객관적으로 산출

35 이에 관하여는, 김숙, 공사도급계약에 중도해제된 경우에 도급인이 지급하여야 할 보수의 산정방법, 대법원판례해설 제17호, 법원행정처, 1992, 240-241면의 설명을 인용해 보기로 한다.

"다. ... 이 때, 도급인이 수급인에게 지급하여야 할 공사비의 산정방법으로는, ① 이미 시공한 부분에 실제로 소요된 비용, ② 약정총공사비에서 미시공한 부분의 완성에 실제로 소요될 공사비를 공제한 금액, ③ 약정총공사비에 기성고비율을 적용한 금액의 경우를 예상할 수 있다.

만일, 위 ① 방법으로 한다면 수급인이 필요이상의 비용을 지출한 경우에도 도급인이 그 전액을 지급하여야 하는 결과를 초래하고, ②의 방법으로 한다면 계약해제 이후 물가가 상승하여, 또는 도급인이 필요이상의 비용을 지출하여 그 비용이 증가된 경우에 수급인이 불이익을 입게 되는 결과가 되어 불합리하다. 따라서 위 ③의 방법에 의하는 것이 가장 합리적이라고 볼 것이다.

라. 그런데 공사도급계약해제 당시 시공부분과 미시공부분의 공사를 직접 비교하여 그 기성고비율을 산출한다는 것은 기술적으로 불가능하거나 곤란하기 때문에, 시공부분에 실제로 소요된 공사비와 미시공부분에 실제로 소요되거나 소요될 공사비를 기초로 하여 기성고비율을 산출하는 것이 타당하다.

그러므로, 도급인이 지급하여야 할 보수액은 다른 특별한 사정이 없는 한 당사자 사이에 약정된 총공사비를 기준으로 하여 그 금액에서 수급인이 공사를 중단할 당시의 공사기성비율에 의한 금액이라고 할 것이고, 기성고비율은 이미 완성된 부분에 소요된 공사비와 미완성부분을 완성하는 데 소요될 공사비를 합친 전체공사비 가운데 이미 완성된 부분에 소요된 비용이 차지하는 비율이라고 할 것이다."

된 공사비에다 미시공 부분을 완성하는 데 소요될 공사비를 합친 전체 공사비 가운데 완성된 부분에 소요된 비용이 차지하는 비율이 된다 할 것이고, 수급인은 위와 같은 방법으로 산정된 공사비만을 청구할 수 있을 뿐 실제로 지출한 비용의 지급을 청구할 수는 없다고 설시한 다음, 이 사건 공사계약 해제 당시 이미 완성된 부분에 소요된 객관적인 공사비용은 금 85,883,000원인 사실이 인정되므로 특별한 사정이 없는 한 미시공 부분을 완성하는 데 소요될 공사비는 위 약정 총공사비 금 362,000,000원에서 위 기시공 공사비 금 85,883,000원을 공제한 금액이라고 할 것이고, 따라서 미시공 부분을 완성하는 데 소요될 공사비는 금 276,117,000원(금 362,000,000원－금 85,883,000원)이며, 위와 같은 방식에 따라 산정된 기성고 비율은 23.7%{85,883,000원/(85,883,000원＋276,117,000원), 소수 둘째 자리 이하는 버림}가 됨은 계산상 명백하다고 판단하였다.

그러나 정액 도급계약에 있어서는 통상 수급인이 추산한 실공사비에 적당한 이윤을 더하여 공사대금이 정하여진다는 점에 비추어 보면, 약정 공사대금에서 기시공 부분에 대한 객관적 공사비용을 공제하는 방법으로 미시공 부분의 공사비를 산정하여 기성고 비율을 정하는 것은 부당하게 미시공 공사비가 다액으로 되어 수급인에게 불리한 결과를 초래하게 될 것이므로, 원심판결에는 미시공 공사비 및 기성고 비율의 산정에 관한 법리를 오해하거나 채증법칙을 위배하여 사실을 잘못 인정한 위법이 있다 할 것이고, 이와 같은 위법은 판결에 영향을 미쳤음이 명백하므로 이 점을 지적하는 논지는 이유가 있다.

(4) 완성 전 도급인의 계약해제권(제673조)

(가) 의의

수급인의 하자담보책임으로 인한 도급인의 계약해제권과는 달리, 민법은 도급인의 파산에 따른 수급인의 해제권(제674조)과 함께, 도급계약의 특수한 종료사유로서 일정한 경우 도급인 스스로 계약에서 벗어날 수 있도록 해제권을 인정하고 있다.

(나) 취지

해제의 기본법리상, 당사자 쌍방의 합의에 의한 해제나 채무불이행 등에 따른 법정해제를 제외하고 당사자 일방의 의사표시만으로 계약을 해제할 수 있다는 것은 쌍무계약의 본질에 어긋나는 것이다. 그러나 도급계약에서는 도급인의 필요에 의하여 일의 완성을 목적으로 하는 계약을 체결하는 것이므로, 도급인에게 그 필요가 없어져서 결국 그 완성물이 필요 없게 된 경우에까지도 그 완성을 시킨다는 것은 도급인에게 무의미한 것이고, 사회경제적으로도 손해가 되므로, 일종의 사정변경의 원칙의 적용례로서 도급인으로 하여금 계약을 해제할 수 있도록 한 것이다.

(다) 효과

앞서 본 바와 같이 건축공사에서의 계약해제시 미완성부분에 대한 해제만을 인정하는 판례의 취지상, 본조의 해제시에도 장래에 한하여 그 효과가 발생하여 기왕의 공사부분에 대하여는 그 효과가 미치지 않는다고 할 것이다.

제7장

위임

1. 일반

가. 의의(제680조)

위임은 당사자 일방(위임인)이 상대방(수임인)에 대하여 일정한 사무의 처리를 위탁하고 상대방이 이를 승낙함으로써 성립하는 계약으로, 노무공급계약의 일종이다.

여기서 말하는 '사무'란 법률상의 행위뿐만 아니라 사실상의 행위를 포함하는 개념이다. 그리고 수임인 본인의 사무가 아닌 위임인이나 제3자의 것이어야 한다.

위임사무의 내용이 될 수 있는 것은 거의 무제한적이다. 부동산 등의 매매나 임대차 등의 법률행위의 위탁, 소송의 위탁,[1] 특허출원사무의 위탁, 등기신청이나 채권추심의 위탁, 공인회계사에의 회계조사의 위탁, 치료의 위탁, 조합과 조합의 이사와의 관계, 수표계약에서의 발행인과 지급인과의 관계(지급위탁), 송금의뢰인과 은행과의 관계, 사립학교 경영자와 교장의 선임 등이 위임에 해당하고, 수입업자와 통관업무를 맡은 관세사, 상법상의 위탁매매계약(상법 제101조), 중개계약(상법 제93조), 보증의뢰인과 보증인 사이의 은행보증서 발행을 위한 보증의뢰계약, 공사감리계약도 위임에 해당한다.

판례

대법원 1992. 2. 11. 선고 91다36239 판결 【손해배상(기)】

부동산중개업자와 중개의뢰인과의 법률관계는 민법상의 위임관계와 같으므로, 민법 제681조에 의하여 중개업자는 중개의뢰의 본지에 따라 선량한 관리자의 주의로써 의뢰받은 중개업무를 처리하여야 할 의무가 있다.

---

1 국선변호인의 선임은 소송행위이지 위임이 아니다.

대법원 2003. 1. 10. 선고 2000다61671 판결【손해배상(기)】

일반인이 법무사에게 등기의 신청대리를 의뢰하고 법무사가 이를 승낙하는 법률관계는 민법상의 위임에 해당하는 것인데, 수임인은 위임의 본지에 따라 선량한 관리자의 주의로써 위임사무를 처리하여야 하므로, 수임인인 법무사는 우선적으로 위임인인 의뢰인의 지시에 따라야 할 것이지만, 이 지시에 따르는 것이 위임의 취지에 적합하지 않거나 또는 의뢰인에게 불이익한 때에는, 그러한 내용을 의뢰인에게 알려주고 그 지시의 변경을 요구 또는 권고할 수 있다.

대법원 2000. 10. 13. 선고 2000다20069 판결【구상금】

화물자동차운송사업면허를 가진 운송사업자와 실질적으로 자동차를 소유하고 있는 차주 간의 계약으로, 외부적으로는 자동차를 운송사업자 명의로 등록하여 운송사업자에게 귀속시키고, 내부적으로는 각 차주들이 독립된 관리 및 계산으로 영업을 하며 운송사업자에 대하여는 지입료를 지불하는 운송사업형태(이른바 지입제)에 있어, 그 지입차주가 지입된 차량을 직접 운행 · 관리하면서 그 명의로 화물운송계약을 체결하였다고 하더라도, 대외적으로는 그 차량의 소유자인 회사의 위임을 받아 운행 · 관리를 대행하는 지위에 있는 지입차주가 지입회사를 대리한 행위로서, 그 법률효과는 지입회사에 귀속된다.

대법원 1987. 10. 13. 선고 85다카1080 판결【양수금】

상법 제46조 제12호, 제114조에 의하여 자기의 명의로 물건운송의 주선을 영업으로 하는 상인을 운송주선인이라고 하고, 여기서 주선이라 함은 자기의 이름으로 타인의 계산 아래 법률행위를 하는 것을 의미하는 것이므로, 운송주선계약은 운송주선인이 그 상대방인 위탁자를 위하여 물건운송계약을 체결할 것 등의 위탁을 인수하는 계약으로 민법상의 위임의 일종이기 때문에, 운송주선업에 관한 상법의 규정이 적용되는 외에 민법의 위임에 관한 규정이 보충적용된다.

대법원 1997. 11. 28. 판결 96다22365【손해배상(기)】

아파트 입주자대표회의와 아파트관리회사 사이의 법률관계는 민법상의 위임관계와 같으므로, 아파트 관리회사로서는 아파트를 안전하고 효율적으로 관리하고 입주자의 권익을 보호하기 위하여 선량한 관리자의 주의로써 관리업무를 수행하여야 하는 바, 아파트 관리회사가 아파트를 관리함에 있어서 공동설비부분에 대한 전기요금 산정방식이 변경되어 입주자가 다시 선택할 여지가 있음을 알게 되었으면, 비록 전기요금 산정방식의 선택에 관한 최종적인 결정은 아파트 입주자대표회의가 책임질 사항이라고 하더라도, 어떤 방식이 입주자들에게 유리한지 검토하여 그 내용을 입주자대표회의에 알려 주는 등, 입주자대표회의로 하여금 공동설비 부분에 대한 전기요금 산정방식의 변경 여부에 관하여 합리적인 선택을 할 수 있도록 조치를 취할 의무가 있다.

대법원 2007. 10. 26. 선고 2005다21302 판결 【손해배상(기)】

주로 간부급 인재나 전문인력 등을 기업에 물색 · 소개해 주고 그 채용계약의 체결을 돕는 업무를 목적으로 하는 인재소개업체(이른바 헤드헌터)가 구인기업의 의뢰를 받아 후보자를 물색 · 추천하고 면접을 주선하며 채용조건 협상에 참여하는 등의 용역을 수행하는 것은, 구인을 의뢰한 기업과 체결한 용역계약의 이행행위에 해당한다. 한편, 채용을 원하는 후보자가 인재소개업체에게 구인기업에의 지원 의사를 밝히는 것은, 일반적으로 그 구인기업에 채용되기 위해 채용절차를 대행하고 있는 인재소개업체에게 그 절차에 응할 의사를 표시한 것에 불과할 뿐, 그것만으로 후보자가 인재소개업체에게 자신의 채용알선 또는 채용협상 등에 관한 어떤 권한을 위임하였다거나 위임할 의사가 있었다고 볼 수는 없으므로, 다른 특별한 사정이 없는 한 인재소개업체와 후보자 사이에서 위임 등의 계약관계가 성립하였다고 할 수는 없다. 따라서 인재소개업체가 구인기업을 위하여 후보자를 채용함에 필요한 용역을 제공하는 과정에서 후보자에게 사실상 도움을 주었다 하더라도, 이는 어디까지나 위 용역계약의 궁극적인 목적인 채용계약의 성사를 위한 것이지, 후보자에 대한 어떤 계약상 채무의 이행이라고 볼 수는 없다.

나. 구별

위임은 사무처리의 위탁에 그 목적이 있으므로, 당연히 수임인은 자기의 재량으로 사무를 처리하는 것으로, 수임인은 자주성과 독립성을 갖는다. 이 점에서 사용자의 지휘, 감독에 따라 노무를 제공하는 고용과는 구별된다.

또한 타인의 사무처리 그 자체가 목적이므로, 일의 완성을 내용으로 하는 도급과도 구별된다. 그러므로 위임에서는 일의 완성이 없어도 수임인은 그 의무를 이행한 것이 되어, 수임인이 중도에 위임 사무의 수행을 중지하더라도 이미 수행한 부분에 상응하는 보수를 청구할 수 있다.

다. 신뢰관계

위임은 기본적으로 수탁인의 자질과 능력 등에 대한 신뢰를 기초로 하는 것이고, 이러한 신뢰관계의 절대성은 수임인에게 위임사무를 처리함에 있어 신중을 요구하고, 그에 따라 비록 무상 위임이라 할지라도 선량한 관리자의 주의라는 고도의 주의의무를 요구한다. 이 점에서 무상계약인 증여나 사용대차, 무상임치에 있어서 담보책임의 경감이나 주의의무의 경감(자기재산과 동일한 주의)이 인정되는 것과 대조된다.

라. 성질

(1) 무상계약

위임계약은 편무 · 무상계약이 원칙이며, 예외적으로 보수를 지급하는 경우에 쌍무 · 유상계약이 된다.

위임계약이 무상계약이라고 하여 단순한 호의관계를 뜻하는 것은 아니다. 전자가 법률관계[2]임에 비하여 후자는 비법률관계이기 때문이다. 따라서 무상의 위임에서도 수임인은 선관주의의무를 가지고 사무를 처리하여야 하는 것이다. 단순한 호의관계인지, 위임관계인지는 당사자에게 법률관계를 성립시키고자 하는 의사가 있는지의 유무에 따라 결정된다.

유상위임의 경우 감사의 의미로 지급하는 사례가 그 유상에 포함되는지가 문제된다. 일반적으로 사무처리와의 대가관계가 인정되면 유상 위임이 되지만, 그렇지 않을 때는 이는 일종의 사례로서 유상위임이 되지 않는다. 대가인지 사례인지도 당사자의 의사해석의 문제이다.

---

2 법률관계란 대체로, 법적으로 의미 있는 관계를 말하는 것으로, 관습 · 윤리 등이 아니라 법을 적용하여 해결할만한 관계, 즉 종국적으로는 법적 강제력을 수반하는 관계 등으로 개념 정의할 수 있을 것이다.

(2) 낙성・불요식계약

위임계약은 위임인과 수임인 사이의 합의만으로 성립하며 어떠한 형식도 요구되지 않고, 그 합의 또한 명시는 물론 묵시의 합의로도 성립한다.

마. 대리와의 관계

대리의 경우 위임과 밀접한 관련을 맺고 있지만 양자는 구별된다.[3] 즉 대리권은 수권행위라는 내부관계와는 독립된 단독의 의사표시로 발생하는 것으로, 위임이나 고용 등은 내부적 관계에 지나지 않는다. 또한 대리는 원칙적으로 법률행위에 대하여만 인정되는 것인 반면, 위임의 대상이 되는 '사무'는 이에 한하지 않고 널리 사실행위도 포함한다는 점에서도 양자는 분명히 구별된다.

그러나 일반적으로 위임계약을 체결하였다는 것은 위임사무가 법률행위나 준법률행위로서 제3자와의 관계를 갖는 한 대리권의 수여를 수반한다고 보아야 한다(사실상 추정). 즉 위임계약이 체결되었을 때에는 특약 기타의 특별한 사정이 있는 때에만 대리권이 존재하지 않는다고 보아야 할 것이다.

대리권을 수반한 위임에서는, 수임인이 한 법률행위의 효과는 대리 규정에 따라 당연히 본인에게 귀속되지만, 대리권이 없는 위임에서는 제3자와의 법률행위시 수임인은 위임인의 계산으로 수임행위를 하는데 그치고, 수임인이 한 법률행위의 효과는 수임인 자신에게 생기는 것으로서, 수임인은 스스로 자신이 취득한 권리・의무를 위임계약의 내용에 따라 위임인에게 다시 이전하여야 한다(제684조).

---

3 이러한 구별관계가 극명하게 나타나는 예 중의 하나가, 다름 아닌 변호사에게 소송위임을 하는 경우이다. 보통 변호사에게 소송위임을 하는 경우에는 두 가지 서류를 작성한다. 즉, (1) 소송위임계약서를 당사자간에 작성하는 한편, (2) 소송대리권을 증명하는 서류(민사소송법 제89조)를 작성하여 법원에 제출하는 것이다. 그런데 사후에 의뢰인과 변호사 간에 분쟁이 발생하여 의뢰인이 가령 후자의 서면상 존재하는 설명의무조항의 위반을 주장하는 경우에도, 변호사는 '당사자간의 법률관계는 오로지 위임계약에 의해 규율된다'는 점을 들어, 그러한 조항이 후자의 서면에는 존재하지만 전자의 서면상 존재하지 않음을 이유로, 채무불이행이 없음을 주장할 수 있는 것이다. 이와 같은 쟁점이 중요하게 문제된 사안이 과거 있었다.

한편, 대리권을 수반한 위임의 경우에, 위임계약이 실효되는 경우에는 수권행위의 독자성 · 유인성이 문제되는 바, 판례는 (물권행위에 있어서와 마찬가지로) 유인성을 인정하되, 소급적으로 무권대리가 되는 효과를 관철하는 것은 가혹하다는 견지에서, 이미 행해진 대리행위의 효력에는 영향이 없다는 입장에 서 있다.

2. 수임인의 선관의무(제681조)

가. 의의

앞서 설명한 바와 같이 무상계약의 원칙적인 경우와는 달리, 무상 위임에서도 수임인은 '위임의 본지'에 따라 선량한 관리자의 주의로써 위임사무를 처리하여야 한다.

나. '본지에 따라'의 의미

(1) 의의

이는 제390조와 제460조에서 말하는 '채무의 내용'과 같은 말로서, 위임계약의 목적과 그 사무의 성질에 따라 가장 합리적으로 처리하는 것을 말한다.

수임인에게는 고용에서의 피용자와는 달리 사무처리의 재량이 있지만, 만일 위임인이 구체적인 지시가 있는 때에는 그에 따라야 한다. 그러나 그 지시가 위임의 취지에 적합하지 않거나 위임인에게 불이익할 때에는, 곧바로 그 내용을 위임인에게 통지하고 지시의 변경을 요구할 수 있는 한편,[4] 그렇게 하지 않는 경우에는 오히려 선관주의의무위반이 될 수도 있다.

---

4 송덕수, 채권법각론, 359면 참조(통설·판례).

판례

대법원 2003. 1. 10. 선고 2000다61671 판결 【손해배상(기)】

[1] 법무사법에서 법무사의 업무를 규정하고 있고, 그 업무범위를 초과하여 다른 사람의 소송 기타 쟁의사건에 관여하지 못하도록 하며, 변호사법에서 변호사 이외의 자가 금품 등을 받고 소송사건 등을 취급하는 것을 금하고 있기는 하지만, 그렇다고 하여 법무사가 법무사법에서 규정한 직무의 처리와 관련되는 범위 안에서 사건 관계자에게 적절한 설명 내지 조언조차 할 수 없는 것은 아니고, 또한 다른 법률 등에 기하여 발생하는 설명 내지 조언 의무가 면제되는 것도 아니다.

[2] 일반인이 법무사에게 등기의 신청대리를 의뢰하고 법무사가 이를 승낙하는 법률관계는 민법상의 위임에 해당하는 것인데, 수임인은 위임의 본지에 따라 선량한 관리자의 주의로써 위임사무를 처리하여야 하므로, 수임인인 법무사는 우선적으로 위임인인 의뢰인의 지시에 따라야 할 것이지만 이 지시에 따르는 것이 위임의 취지에 적합하지 않거나 또는 의뢰인에게 불이익한 때에는 그러한 내용을 의뢰인에게 알려주고 그 지시의 변경을 요구 또는 권고할 수 있다.

[3] 압류등기가 되어 있는 부동산상에 설정된 의뢰인의 처 명의의 기존 근저당설정등기를 말소하고 의뢰인을 근저당권자로 하는 새로운 근저당설정등기를 의뢰받은 법무사에게 근저당권이전의 부기등기의 방법 등을 권유할 직무상 의무가 있다고 한 사례.

대법원 2004. 5. 14. 선고 2004다7354 판결 【손해배상(기)】

[1] 일반적으로 수임인은 위임의 내용에 따라 선량한 관리자의 주의의무를 다하여야 하고, 특히 소송대리를 위임받은 변호사는 그 수임사무를 수행함에 있어 전문적인 법률지식과 경험에 기초하여 성실하게 의뢰인의 권리를 옹호할 의무가 있으며, 구체적인 위임사무의 범위는 변호사와 의뢰인 사이의 위임계약의 내용에 의하여 정하여지는 것이지만, 위임사무의 종료단계에서 패소판결이 있었던 경우에는 의뢰인으로부터 상소에 관하여 특별한 수권이 없는 때에도 그 판결을 점검하여 의뢰인에게 불이익한 계산상의 잘못이 있다면 의뢰인에게 그 판결의 내용과 상소하는 때의 승소가능성 등에 대하여 구체적으로 설명하고 조언하여야 할 의무가 있다.

[2] 소송대리를 위임받은 변호사의 선관주의의무 위반으로 인하여 패소 부분에 대한 항소권이 소멸한 후 부대항소를 제기하였으나 상대방이 항소를 취하함으로써 부대항소가 효력을 잃게 되어 판결이 확정된 경우, 의뢰인이 항소를 통하여 얻을 수 있었던 금원 상당이 변호사의 선관주의의무 위반과 상당인과관계가 있는 통상손해에 해당한다는 원심

의 판단을 수긍한 사례.

대법원 2005. 10. 7. 선고 2005다38294 판결 【손해배상(기)】

[1] 관세사 또는 관세사 법인과 그에게 통관 업무를 맡긴 수입업자 사이의 법률관계는 민법상의 위임관계와 같으므로, 관세사는 위임계약의 내용에 의하여 정해지는 구체적 위임사무 범위에서 위임의 본지에 따라 선량한 관리자의 주의로써 의뢰받은 통관 업무를 처리하여야 하고, 위임인인 의뢰인의 지시가 있으면 우선적으로 이에 따라야 할 것이지만, 다른 한편 구 관세사법(2002. 12. 18. 법률 제6778호로 개정되기 전의 것)이 관세사에게 관세사법 및 관세법 기타 법령에 의한 명령을 준수하고 통관업을 성실・공정하게 수행하여야 할 의무를 지우고 있는 점(제13조)이나, 관세사의 직무를 관세사나 관세사 법인 등이 아니면 취급할 수 없도록 명시하고 있는 점(제3조) 등에 비추어 보면, 관세사는 의뢰받은 사무와 밀접하게 연관되는 범위 안에서는 비록 별도의 위임이 없다 하여도 의뢰인이 이익을 도모하고 손해를 방지하기 위하여 필요한 조치를 취하도록 의뢰인에게 설명하고 조언하여야 하며, 의뢰인의 구체적인 지시가 있어도 그에 따르는 것이 위임의 본지에 적합하지 않거나 또는 의뢰인에게 불이익한 때에는 관세사는 그러한 내용을 의뢰인에게 설명하고 그 지시를 변경하도록 조언할 의무를 진다.

[2] 관세사가 의뢰인으로부터 위임받은 수입물품의 통관 업무를 처리하면서 관세청장에 대한 사전회시 등 수입물품의 관세율표 품목분류번호(세번)를 확정하는 데 필요한 조치를 취하지 아니한 채, 의뢰인의 요구에 따라 잘못된 세번과 세율로 수입신고함으로써 의뢰인으로 하여금 가산세를 무는 손해를 입게 하였다면, 관세사로서의 선량한 관리자의 주의의무와 설명조언의무를 위반한 것이라고 한 원심의 판단을 수긍한 사례.

(2) 자기복무의 원칙(제682조)

신임관계를 본질로 하는 위임에서는 특별한 약정이 없어도 수임인은 자신이 위탁사무를 처리하여야 한다는 자기복무를 원칙으로 한다.

물론 사무의 성질에 따라 자기의 책임하에 사무처리의 수단인 노무를 제공받기 위하여 보조자를 사용할 수도 있지만, 전체적인 사무처리는 수임인 스스로 하여야 한다.

그러나 이러한 자기복무의 원칙은 위임인의 이익을 위하여 인정되는 것인데,

타인으로 하여금 일을 처리하게 하는 것이 더 유익할 때도 있을 수 있는 바, 민법은 제682조에서 위임인의 승낙이 있거나 부득이한 사유가 있는 때에 한하여 수임인에게 복임권을 인정하고 있다.

복위임시에 복수임인과 위임인 사이의 법률관계에 관하여는 제121조, 제123조의 임의대리인의 복대리시의 그것을 준용하고 있다(제682조 제2항). 따라서 복수임인과 위임인 사이에는 위임인과 수임인 사이에서와 같은 권리의무관계가 발생한다. 그러므로 복수임인은 위임인에게 비용상환, 보수 등을 직접 청구할 수 있지만, 이들의 관계는 위임인과 수임인 사이의 위임계약의 내용과 수임인과 복수임인 사이의 복위임계약 내용에 따라 이중의 제한을 받고, 복위임을 하더라도 위임인과 수임인 사이의 위임계약에는 아무런 영향이 없다.

3. 기타 수임인의 의무

수임인은 취득물 인도의무(제684조 제1항) 및 취득권리 이전의무(제684조 제2항)와 신의칙상 기타 의무를 부담하는데, 이에는 보호의무, 통지의무, 설명의무, 정보제공의무, 비밀유지의무 등이 있다.

4. 위임인의 의무

가. 비용선급의무(제687조)

위임사무의 처리에 비용이 필요한 경우에 수임인의 청구가 있으면 위임인은 이를 선급하여야 한다.

나. 필요비상환의무(제688조 제1항)

수임인이 위임사무 처리에 관하여 필요비를 지출하였을 때에는 위임인은 지출한 비용과 지출일 이후의 이자를 상환하여야 할 의무가 있다.

다. 채무대변제(代辨濟)의무(제688조 제2항)

위임사무를 처리함에 있어 수임인이 그 사무 처리에 필요한 채무를 부담하였을 때에는 수임인은 위임인이게 자기에 갈음하여 이를 변제하게 할 수 있고, 만일 그 채무가 아직 변제기에 이르지 않았을 때에는 상당한 담보를 제공하게 할 수 있다.

이러한 채무대변제청구권은 당연히 수임인이게 대리권이 없는 위임에서만 문제된다. 만일 수임인이 대리권을 가졌다면 대리의 효과에 따라 법률행위의 효과가 당연히 본인인 위임인에게 미쳐서 그에 따른 채무도 처음부터 위임인에게 귀속하는 것이므로 굳이 채무대변제청구권을 인정할 이유가 없기 때문이다.

라. 손해배상의무(제688조 제3항)

수임인이 위임사무의 처리를 위하여 여행을 하던 도중 부상을 입은 경우와 같이 수임인이 위임사무를 처리함에 있어 과실 없이 손해를 입은 때에는 위임인은 그 손해를 배상할 책임이 있다.[5] 그러나 위임인의 이 손해배상의무는 위임이 무상위임인 경우에만 적용이 되고 유상위임의 경우에는 적용되지 않는다고 보아야 한다.[6]

---

5 곽윤직, 채권각론, 278면.

6 송덕수, 채권법각론, 364면.

마. 보수지급의무(제686조)

앞서 설명한 바와 같이 위임은 무상이 원칙이지만, 보수지급의 특약이 있을 경우 위임인은 수임인에게 보수를 지급할 의무가 있다. 이 특약은 반드시 명시적일 필요는 없고, 묵시적으로도 가능하다. 아래의 판결들은 주요 전문가들의 보수청구와 관련된 판례들이다.

법무사의 보수청구 관련 판례

대법원 1956. 4. 12. 선고 4289민상81 판결

매매중개료청구권은 중개인의 손을 거쳐 매매가 성립함을 조건으로 하여 발생하는 것이므로, 중개행위로 인하여 매매가 성립하지 않는 이상 그 노력의 비율에 상당한 보수를 청구할 수는 없다.[7]

변호사의 보수청구 관련 판례

대법원 1993. 2. 12. 선고 92다42941 판결 【약정금】

가. 변호사에게 공동당사자로서 소송대리를 위임한 소송사건의 결과에 따라 경제적 이익을 불가분적으로 향유하게 되거나 패소할 경우 소송 상대방에 대하여 부진정연대관계의 채무를 부담하게 된다 하더라도, 이러한 사정만으로 곧바로 공동당사자들의 변호사에 대한 소송대리위임에 따른 보수금지급채무가 연대 또는 불가분채무에 해당하는 것으로 단정할 수 없다.

나. 변호사에게 계쟁사건의 처리를 위임함에 있어서 보수지급 및 수액에 관하여 명시적인 약정을 아니하였다 하여도, 무보수로 한다는 등 특별한 사정이 없는 한 응분의 보수를 지급할 묵시의 약정이 있는 것으로 봄이 상당하다.

---

7 이와 같이, 아래에서 보는 변호사나 의사 등의 경우와는 달리, 중개업자의 보수청구권은 '조건'부로 발생한다고 본 점이 눈에 띈다. 조건부행위의 경우에는, 그 효력발생을 주장하려는 자가 상대방에 대하여 조건의 성취를 청구할 수는 없다는 점에서, 가령 도급의 경우에 보수청구권이 일단 계약성립으로써 당연히 발생한다(다만 목적물인도와 동시이행관계에 있게 될 뿐이다)는 점과 대조된다.
중개업자의 보수청구권의 발생시기를 위와 같이 볼 때, 가령 중개계약서 내지 약관상의 '착수금' 조항의 효력을 어떻게 보아야 하는지(약관규제법의 위반여부도 문제될 수 있다)가 문제될 수 있고, 실제로도 문제된 바 있다.

대법원 1981. 7. 28. 판결 80다2485 【보수금】

변호사의 소송위임사무처리에 대한 보수에 관하여 당사자 간에 그 액수의 약정이 없는 경우에는, 법원은 사건수임의 경위, 사건의 경과와 난이정도, 소송물가액, 승소로 인하여 당사자가 얻는 구체적 이익과 소속 변호사회 보수규정 및 의뢰인과 변호사 간의 관계 기타 변론에 나타난 제반사정을 참작하여 결정함이 상당하다.

대법원 1975. 5. 25. 선고 75다1637 판결 【보수금】

변호사에게 계쟁사건의 처리를 위임함에 있어서 그 보수 및 액에 관하여 명시의 약정을 아니하였다 하여도, 무보수로 한다는 등의 특별한 사정이 없는 한, 응분의 보수를 지급할 묵시의 약정이 있는 것으로 봄이 상당하며, 변호사는 그 수임사건이 승소로 확정된 때와 이와 동일시할 사건귀결이 된 경우에는, 무보수로 한다는 특약이 없는 한 민법 제686조에 의하여 승소사례금을 청구할 수 있다.

대법원 1982. 9. 14. 선고 82다125,82다카284 판결 【사례금】

민사사건의 소송대리업무를 위임받은 변호사가 그 소송제기 전에 상대방에 채무이행을 최고하고 형사고소를 제기하는 등의 사무를 처리함으로써 사건위임인과 상대방 사이에 재판 외 화해가 성립되어 결과적으로 소송제기를 할 필요가 없게 된 경우에, 사건본인과 변호사 사이에 소제기에 의하지 아니한 사무처리에 관하여 명시적인 보수의 약정을 한 바 없다고 하여도, 특단의 사정이 없는 한 사건위임인은 변호사에게 위 사무처리에 들인 노력에 상당한 보수를 지급할 의무가 있다. 변호사가 소송사건 위임을 받으면서 지급받는 착수금 또는 착수수수료는 일반적으로, 위임사무의 처리비용 외에 보수금 일부(이 경우의 보수금은 위임사무인 소송사건의 성공여부와 관계없이 지급되는 것이 보통이다)의 선급금조로 지급받는 성질의 금원이라 볼 것이다.

대법원 1979. 6. 26. 선고 77다2091 판결 【보수금】

소취하시는 승소로 간주하여 사금을 지급한다는 변호사와 사건의뢰인 간의 특약은, 의뢰인의 신의에 반한 행위를 제지하기 위한 것이므로, 승소의 가망있는 소송을 부당하게 취하하여 변호사의 조건부 권리를 침해하는 경우에 한하여 적용되고, 승소가망이 전혀 없는 소송취하의 경우에는 적용이 없다.

대법원 1991. 12. 13. 선고 91다8722,91다8739(반소) 판결 【보수금등】

변호사의 소송위임사무처리에 대한 보수에 관하여 당사자 사이에 약정이 있는 경우 위임사무를 종료한 변호사는 약정보수액 전액의 지급을 청구할 수 있다 할 것이지만, 사건수임의 경위, 사건처리의 경과와 난이도, 소송물가액, 승소로 인하여 당사자가 얻은 구체적 이익과 소속 변호사회 보수규정 기타 변론에 나타난 제반사정에 비추어 그 약정보수액이 부당하게 과다하여 신의성실의 원칙이나 형평의 원칙에 반하는 특단의 사정이 있는 때에만 예외로서, 이 경우에는 위와 같은 제반사정을 고려하여 상당하다고 인정되는 범위를 초과하는 보수액에 대하여는 그 지급을 청구할 수 없다고 할 것이다.

의사의 보수청구 관련 판례

대법원 1993. 7. 27. 선고 92다15031 판결 【손해배상(기)】

의사가 환자에게 부담하는 진료채무는, 질병의 치료와 같은 결과를 반드시 달성해야 할 결과채무가 아니라, 환자의 치유를 위하여 선량한 관리자의 주의의무를 가지고 현재의 의학 수준에 비추어 필요하고 적절한 진료조치를 다해야 할 채무 즉 수단채무라고 보아야 할 것이므로, 위와 같은 주의의무를 다하였는데도 그 진료 결과 질병이 치료되지 아니하였다면 치료비를 청구할 수 있으나, 의사가 위와 같은 선량한 관리자의 주의의무를 다하지 아니한 탓으로 오히려 환자의 신체기능이 회복불가능하게 손상되었고, 또 위 손상 이후에는 그 후유증세의 치유 또는 더 이상의 악화를 방지하는 정도의 치료만이 계속되어 온 것뿐이라면, 의사의 치료행위는 진료채무의 본지에 따른 것이 되지 못하거나 손해전보의 일환으로 행하여진 것에 불과하여, 병원측으로서는 환자에 대하여 그 수술비 내지 치료비의 지급을 청구할 수 없다.

5. 해지에 의한 위임의 종료(제689조)

민법은 위임이 신임관계를 기초로 한 계약이라는 특징을 바탕으로 하여 위임에서만의 특별한 종료원인으로 당사자에 의한 해지(제689조), 당사자 일방의 사망, 당사자 일방의 파산, 수임인의 금치산선고[8](제690조)를 규정하고 있다.

위임계약의 당사자는 언제든지 위임계약을 해지할 수 있다. 이는 위임계약이 신뢰관계를 기초로 한 것이어서 당사자는 언제든지 그것이 유상이든 무상이든 관계없이 해지할 수 있도록 한 것이다. 그리고 해지로 인하여 상대방이 손해를 입어도 원칙적으로 손해배상책임은 생기지 않는다. 다만 상대방이 불리한 시기에 해지한 경우에는 부득이한 해지가 아닌 한 손해를 배상하여야 한다.

판례

대법원 1991. 4. 9. 선고 90다18968 판결 【손해배상(기)】

가. 민법상의 위임계약은, 그것이 유상계약이든 무상계약이든 당사자 쌍방의 특별한 대인적 신뢰관계를 기초로 하는 위임계약의 본질상, 각 당사자는 언제든지 이를 해지할 수 있고 그로 말미암아 상대방이 손해를 입는 일이 있어도 그것을 배상할 의무를 부담하지 않는 것이 원칙이며, 다만 상대방이 불리한 시기에 해지한 때에는 그 해지가 부득이한 사유에 의한 것이 아닌 한 그로 인한 손해를 배상하여야 하나, 그 배상의 범위는 위임이 해지되었다는 사실로부터 생기는 손해가 아니라, 적당한 시기에 해지되었더라면 입지 아니하였을 손해에 한한다고 볼 것이다.

나. 건물임대중개의 완료를 조건으로 중개료 상당의 보수를 지급받기로 하는 내용의 계약과 같은 유상위임계약에 있어서는, 시기여하에 불문하고 중개완료 이전에 계약이 해지되면 당연히 그에 대한 보수청구권을 상실하는 것으로 계약 당시에 예정되어 있어, 특별한 사정이 없는 한 해지에 있어서의 불리한 시기란 있을 수 없으므로, 수임인의 사무처리 완료 전에 위임계약을 해지한 것만으로 수임인에게 불리한 시기에 해지한 것이라고 볼 수는 없어, 중개인은 임대중개 의뢰를 받은 건물 전체에 대한 중개가 가능하였음을 전제로 기대중개료 상당의 손해배상청구를 할 수 없다.

대법원 2000. 6. 9. 선고 98다64202 판결 【성공사례비】

민법상의 위임계약은, 그것이 유상계약이든 무상계약이든 당사자 쌍방의 특별한 대인적 신뢰관계를 기초로 하는 위임계약의 본질상, 각 당사자는 언제든지 이를 해지할 수 있고 그로 말미암아 상대방이 손해를 입는 일이 있어도 그것을 배상할 의무를 부담하지 않는 것이 원칙이며, 다만 상대방이 불리한 시기에 해지한 때에는 그 해지가 부득이한 사유에 의한 것이 아닌 한 그로 인한 손해를 배상하여야 하나, 그 배상의 범위는 위임이 해지되었다는 사실로부터 생기는 손해가 아니라 적당한 시기에 해지되었더라면 입지 아니하였을 손해에 한한

---

8 2011. 3. 7. '금치산선고'는 '성년후견개시의 심판'으로 개정되어, 2013. 7. 1.부터 시행되고 있다.

다고 볼 것이고, 또한 사무처리의 완료를 조건으로 하여 보수를 지급받기로 하는 내용의 계약과 같은 유상위임계약에 있어서는, 시기 여하에 불문하고 사무처리 완료 이전에 계약이 해지되면 당연히 그에 대한 보수청구권을 상실하는 것으로, 계약 당시에 예정되어 있어 특별한 사정이 없는 한 해지에 있어서의 불리한 시기란 있을 수 없다 할 것이므로, 수임인의 사무처리 완료 전에 위임계약을 해지한 것만으로 수임인에게 불리한 시기에 해지한 것이라고 볼 수는 없다.[9]

9 결국 사무처리의 완료를 조건으로 하여 보수를 지급받기로 하는 위임에서는, 특별한 사정이 없는 한 완료 전이면 언제 해지를 하여도 손해배상을 할 의무가 없다는 취지이다.

제8장

조합

1. 일반

가. 의의

조합은 그것이 조합계약이란 의미와 단체로서의 조합이라는 두 가지 의미를 모두 갖고 있다. 조합계약이란 2인 이상이 상호 출자하여 공동사업을 경영할 것을 약정하는 계약을 말하고, 단체로서의 조합이란 공동사업을 경영할 목적으로 결합한 단체를 의미한다.

따라서 우리가 '조합'이라고 할 때, 그것은 조합계약의 의미일 때도 있고, 단체로서의 조합을 말할 때도 있음은 물론 위 양자를 다 포함하는 의미를 지칭할 때도 있다. 우리 민법전의 조합에 관한 규정들은 로마법의 조합이론을 게르만법의 합수적 조합이론으로 수정 · 보완한 것으로 우리의 사회생활에서 조합이라고 볼 수 있는 인적 결합체는 '동업'이나 '계' 등 이외에는 별로 찾아볼 수 없었다고 한다.[1]

나. 조합의 본질

(1) 단체성과 계약성

조합은 계약에 의하여 결성된 단체라는 점에서 공공조합이나 사단과 구별된다. 즉 조합의 단체성은 조합계약이라는 계약에 기하여 발생한 것으로서, 조합의 법률관계는 조합계약을 기초로 논의되어야 한다. 앞서 설명한 바와 같이 조합은 단체성과 계약성을 갖기에 단체라는 면과 계약이라는 면의 충돌에 따라, 과연 어느 정도까지 쌍무계약이나 유상계약의 통칙적 규정 및 의사표시의 일반이론이 적용

---

1 민법주해 XVI, 2면.

될 것인지가 문제되는 것이다.[2]

결국 민법의 조합에 관한 규정을 해석하고 적용함에 있어서는, 이러한 단체성과 계약(쌍무계약과 유상계약의 통칙성 규정)이라는 양면의 성격을 전제로 할 필요가 있다.

(2) 조합과 사단

(가) 양자의 기본 성격

조합은 단체의 일종인바, 단체란 일정한 목적의 달성을 위하여 2인 이상의 사람이 모인 모임체를 의미한다. 이러한 단체로 우리 민법이 예정하고 있는 것이 바로 조합과 사단이다.

여기서 단체와 그 단체를 구성하는 구성원 개인의 관계가 문제된다. 단체는 비록 설립 당시에는 구성원 개인의 의사를 기초로 하여 설립되는 것이지만, 일단 설립이 되면 그 때부터는 구성원으로부터 독립하여 단체 자체로서 활동한다는 특징을 갖고 있다. 그러나 단체 자체와 구성원 간의 독립성의 강약은 단체의 종류와 성질에 따라 다를 수밖에 없는바, 이점이 바로 조합과 사단의 구별 개시점이다.

즉 사단에 있어서는 구성원이 단체 속에 파묻혀 개성을 상실하고 단체가 구성원 개인과는 별개의 법적 주체가 되어 독립, 단일한 존재가 됨에 반하여, 조합의 경우에는 구성원 개인의 개성이 상실되지 않고 조합원 개인은 여전히 독립한 존재이며, 단지 조합목적의 달성에 필요한 한도 내에서 제한을 받는 것뿐으로, 단체로서의 독립성과 단일성보다는 구성원의 개성이 강하게 표출되는 단체이다.

(나) 구별기준

사단과 조합, 특히 법인격 없는 사단과 조합을 구별하는 것은 용이하지 않지만,

---

2 민법주해 XVI, 5면.

그 구별기준에 관하여 판례의 일관된 입장은, 명칭에 구애되지 않고 오로지 단체성의 강약(이는 결국 단체와 구성원간의 독립성, 단체의 단일성 여부를 의미한다)의 면에서 구별하여야 한다는 것이다.

그리고 단체성의 강약에 대한 구체적인 판단기준으로 우리 판례는, 통일적 조직과 기관의 유무, 다수결의 원칙에 의하여 이루어지는 의사결정의 방법의 존부, 구성원의 가입과 탈퇴에 관계없는 단체의 존속성 여부, 대표의 방법과 이사회의 운영, 재산의 관리사항 등의 확정 유무 등을 들고 있다.

판례

대법원 1992. 7. 10. 선고 92다2431 판결 【약속어음금】

민법상의 조합과 법인격은 없으나 사단성이 인정되는 비법인사단을 구별함에 있어서는 일반적으로 그 단체성의 강약을 기준으로 판단하여야 하는 바, 조합은 2인 이상이 상호간에 금전 기타 재산 또는 노무를 출자하여 공동사업을 경영할 것을 약정하는 계약관계에 의하여 성립하므로(민법 제703조) 어느 정도 단체성에서 오는 제약을 받게 되는 것이지만 구성원의 개인성이 강하게 드러나는 인적 결합체인 데 비하여, 비법인사단은 구성원의 개인성과는 별개로 권리의무의 주체가 될 수 있는 독자적 존재로서의 단체적 조직을 가지는 특성이 있다 하겠는데, 민법상 조합의 명칭을 가지고 있는 단체라 하더라도, 고유의 목적을 가지고 사단적 성격을 가지는 규약을 만들어 이에 근거하여 의사결정기관 및 집행기관인 대표자를 두는 등의 조직을 갖추고 있고, 기관의 의결이나 업무집행방법이 다수결의 원칙에 의하여 행해지며, 구성원의 가입, 탈퇴 등으로 인한 변경에 관계없이 단체 그 자체가 존속되고, 그 조직에 의하여 대표의 방법, 총회나 이사회 등의 운영, 자본의 구성, 재산의 관리 기타 단체로서의 주요사항이 확정되어 있는 경우에는, 비법인사단으로서의 실체를 가진다고 할 것이다.[3]

---

3 비법인사단인 선어중매조합의 대표자의 위임에 따른 어음행위로 인한 어음금의 지급책임이 독립한 권리의무의 주체인 위 조합에게 귀속되는 것이지 그 구성원들이 이를 부담하는 것은 아니라고 한 사례이다. 같은 취지 대판 1999. 4. 23, 99다4504 [매매대금].

다. 판례에 나타난 민법상 조합 형태

(1) 동업관계

조합이 2인 이상의 공동사업을 목적으로 상호출자한 단체라는 점에서, 우리가 흔히 부르는 동업관계야말로 민법상 조합의 가장 전형적인 모습이다.[4]

- 공동광업권자로 등록하고 이를 공동개발하기로 한 계약[5]
- 1인은 기와공장을 출자하고 타인은 현금을 출자하여 공장을 경영하기로 한 계약
- 자동차타이어판매업과 공유수면매립을 공동으로 하기로 하는 계약
- 전자제품수출, 부동산중개업, 호텔업 등을 공동으로 하기로 한 계약
- 수인의 변호사의 합동법률사무소나 공증인가합동법률사무소 운영계약
- 수인의 의사가 병원을 차려 공동으로 병원을 운영하기로 한 계약

여기서 주의할 것은, 동업에 참여하는 주체로는 개인이 일반적이지만, 법인도 얼마든지 조합의 구성원이 될 수 있다는 점이다. 예를 들어 동종산업에 속하는 회사가 시장통제를 목적으로 결성한 카르텔 등은 조합이다. 다만 이러한 단체가 특별법에 의하여 구성된 경우에는 특별법의 내용에 따라 규율되고, 대부분은 조합이 아닌 법인으로 취급되므로, 실제로 법인인 조합원이 문제되는 경우는 그리 많지 않다(중소기업협동조합, 농업협동조합 등).

(2) 발기인조합과 설립중의 법인

민법상의 사단법인이나 주식회사의 설립을 위하여 수인의 발기인이 협력하는

---

4 아래의 사례들에 대한 판결 표시 인용은 민법주해 XVI, 17면 이하 참조.

5 아래에서 별개 항목으로 설명한다.

관계를 발기인조합이라고 한다. 즉 법인설립을 위하여 정관원안의 작성, 사무소의 임차 등을 하기 위하여 모인 단체로서, 이는 일종의 조합에 해당한다. 그러나 여기서 더 나아가 정관을 작성하고 회사 또는 법인의 최초의 구성원을 확정하게 되면, 이는 발기인조합단계를 넘어서 소위 말하는 설립중의 법인 단계가 된다.

'설립중의 법인'이라는 개념은, 마치 자연인의 전단계인 태아에 대하여도 일정한 법적 보호를 법률이 주는 것과 마찬가지로, 법인의 설립과정에서의 법률관계를 매끄럽게 처리하기 위하여 인정되는 것이다. 즉, 법인의 설립 이전의 법률관계가 설립 후의 법인과 전혀 무관하다고 하게 되면 여러 가지 법적 처리가 번잡하고도(예컨대 일일이 계약인수나 채권양도 등을 따로 해야 할 것이다) 부당해지기 때문이다.

설립중의 법인 단계에서 구성원이 한 법률행위에 따른 권리 · 의무는 법인설립 후 그 설립된 회사에 그대로 귀속됨에 비하여, 발기인조합 단계에서 취득한 권리 · 의무는 구체적인 사정에 따라 발기인 개인이나 발기인조합에 귀속되는 것으로서, 이를 법인에 귀속시키기 위해서는 별도의 권리이전절차를 밟아야 한다. 결과적으로 '설립중의 법인' 개념은 무엇보다도, 설립 전의 법률관계로써 설립 후의 법인의 이름으로 소를 제기할 수 있다는 데에 그 의의가 있는 것이다.

설립중의 법인은 단체의 실질은 있기 때문에, 설립중인 법인 단계에서는 (이미 조합의 단계는 넘어갔고,) 비법인사단으로 보는 것이다. 언제부터 설립중인 법인이 되는가에 대하여 판례는 회사에 관해서만 명시적으로 판단하고 있는데, 정관작성과 발기인에 의한 최초의 주식인수가 있을 것을 요한다. 짐작컨대 회사 이외의 법인 일반에 관하여도, 정관작성과 구성원확정이 있는 때가 될 것이다. 그 이전단계는 아직 (발기인)조합에 불과한 것이다.

앞서 밝힌 바와 같이 양자를 구별하는 것은, 양 단계에서의 법적 처리를 달리하기 위함이다. 즉, 발기인조합 단계에서는, 단체채무에 관하여 발기인 개인재산으로써도 책임을 져야 한다는 것이다. 그리고 발기인이, 아직 '설립중의 법인'이 성립하기 전에 취득한 재산은 발기인이나 발기인 조합(조합원의 합유)의 소유에 불과하고, 그는 법인이 설립된 이후에 별도의 양도행위를 해야 하고, 이를 하지 않는 경우에는 출자의무위반이 문제될 뿐이다.

비법인사단에는 '설립중의 단체'의 개념이 들어설 여지가 없음은 당연하다.

판례

대법원 1990. 12. 26. 선고 90누2536 판결 【양도소득세부과처분취소】

설립중의 회사라 함은, 주식회사의 설립과정에 있어서 발기인이 회사의 설립을 위하여 필요한 행위로 인하여 취득하게 된 권리의무가 회사의 설립과 동시에 그 설립된 회사에 귀속되는 관계를 설명하기 위한 강학상의 개념으로서, 정관이 작성되고 발기인이 적어도 1주 이상의 주식을 인수하였을 때 비로소 성립하는 것이고, 이러한 설립중의 회사로서의 실체가 갖추어지기 이전에 발기인이 취득한 권리 · 의무는 구체적 사정에 따라 발기인 개인 또는 발기인조합에 귀속되는 것으로서, 이들에게 귀속된 권리의무를 설립후의 회사에 귀속시키기 위하여는 양수나 채무인수 등의 특별한 이전행위가 있어야 할 것인 바, 원고 앞으로 소유권이전등기가 마쳐진 이 사건 토지에 관하여 원고가 발기인이던 회사의 장부에 원고가 토지매입자금을 입금하여 회사자금으로 이 사건 토지를 매입한 것으로 기재되었다거나 설립등기 후에 위 토지의 정지작업을 하였다는 사실만으로는, 위 회사가 원고로부터 위 토지의 매수인으로서의 지위를 인수하였다고 보기는 어렵다고 할 것이다.

대법원 1965. 4. 13. 선고 64다1940 판결 【대여금】

피고조합은 그 조합원의 가구의 공동생산, 공동가공, 공동소비를 목적으로 하여 설립된 조합인 바, 피고조합이 설립되기 전의 설립중인 피고조합 발기인들이 관청에서 하는 부당한 가구 등의 도급수의계약체결을 방지하는 데 공동노력하기로 하고 그에 필요한 비용을 차입한 금원은, 특별한 사정이 없는 한 설립중인 위 조합의 설립자체를 위한 비용이라고 볼 수 없는 것을, 그 조합의 목적사업을 위한 비용이라 하여 설립 후의 조합에게 변제할 책임이 있다고 판단하였음은, 설립중인 법인의 행위에 대하여서의 설립 후의 법인의 책임에 관한 법리를 오해한 위법이 있다고 할 것이다.

대법원 1994. 1. 28. 선고 93다50215 판결 【소유권이전등기】

설립중의 회사라 함은, 주식회사의 설립과정에서 발기인이 회사의 설립을 위하여 필요한 행위로 인하여 취득하게 된 권리의무가 회사의 설립과 동시에 그 설립된 회사에 귀속되는 관계를 설명하기 위한 강학상의 개념으로서, 정관이 작성되고 발기인이 적어도 1주 이상의 주식을 인수하였을 때 비로소 성립하는 것이고, 이러한 설립중의 회사로서의 실체가 갖추어지기 이전에 발기인이 취득한 권리, 의무는 구체적 사정에 따라 발기인 개인 또는 발기인 조합에 귀속되는 것으로서, 이들에게 귀속된 권리의무를 설립 후의 회사에 귀속시키기 위하여는 양수나 채무인수 등의 특별한 이전행위가 있어야 한다.[6]

(3) 공동광업권자 및 공동광업출원인

광업법에서는 공동광업출원인간에는 조합계약을 체결한 것으로 보고(제17조), 광업권을 공유하는 공동광업권자간에도 조합관계를 준용하고 있다(제30조). 따라서 이들 사이는 법률에 따라 조합관계가 성립하는 것으로 의제된다.

(4) 주류공동제조면허

주류제조면허가 수인 명의로 된 경우에, 공동면허명의자의 상호관계는 민법상 조합관계로 본다.[7]

---

6 "원심은, 원고 회사가 1982.11.30. 그 설립준비위원인 소외 이○○의 친형인 소외 이△△ 명의로 소외 사단법인 □□기계공업센타로부터 천안시 ××동 00의0 잡종지 2,727평방미터(그 후 원심판시와 같이 분할되어 이 사건 토지가 되었다)를 매수하고 그 대금을 판시와 같이 지급한 사실을 인정하고, 이에 의하면, 원고 회사가 소외 사단법인으로부터 위 토지를 매수하였다고 판단하고 있다. 그러나 기록에 첨부된 법인등기부등본(기록22면 참조)에 의하면 원고 회사의 설립등기일이 1983.4.16.로써, 위 매수일자인 1982.11.30.에는 원고 회사가 설립되어 있지 아니하였고, 그 밖에 기록을 살펴보아도 그 당시 원고 회사가 설립중의 회사에 해당함을 인정할 아무런 증거가 없으므로, 위 매매계약체결당시에는 원고 회사가 설립중의 회사에 해당되지 아니하여 원고로서는 위 매매계약에 따른 권리를 취득하기 위한 특별한 이전행위를 거치지 아니하는 한 위 매매계약의 효력이 곧 바로 원고에게 귀속된다고 할 수 없다 할 것이다"

즉 원고 회사는 설립단계에서 그 구성원이 피고로부터 토지를 매수하였고, 그 후 원고 회사가 설립되었으므로 원고 회사는 매수인의 지위를 그대로 승계하였으므로 피고는 원고 회사에게 매매를 원인으로 한 소유권이전등기를 할 의무가 있다는 주장에 대하여, 설립중의 법인단계에서 매수하였다는 증거가 없으므로 원고 회사가 당연히 매수인의 지위를 승계할 수 없다는 것이 대법원의 판단이다.

7 대판 1993. 7. 13, 93다12060【부당이득금반환】.

(5) 공동수급

건설공동수급체는 기본적으로 민법상 조합의 성질을 가진다.[8]

판례

대법원 2001. 2. 23. 선고 2000다68924 판결 [부당이득금]

[2] 민법상 조합의 채권은 조합원 전원에게 합유적으로 귀속하는 것이어서 특별한 사정이 없는 한 조합원 중 1인에 대한 채권으로써 그 조합원 개인을 집행채무자로 하여 조합의 채권에 대하여 강제집행을 할 수 없고, 조합 업무를 집행할 권한을 수여받은 업무집행 조합원은 조합재산에 관하여 조합원으로부터 임의적 소송신탁을 받아 자기 이름으로 소송을 수행할 수 있다.

[3] 수급인인 6개 회사가 공동협정서에 터 잡아 상호 출자하여 신축공사 관련사업을 공동으로 시행하기로 하는 내용을 약정한 경우 그들 사이에는 민법상 조합이 성립하므로, 세무서장이 조합의 구성원인 1개 회사의 부가가치세 체납을 이유로 6개 회사의 조합재산인 공사대금 채권에 대하여 압류처분을 한 것은 체납자 아닌 제3자 소유의 재산을 대상으로 한 것으로서 당연무효라고 본 사례.

라. 조합과 유사한 단체

(1) 비전형적 조합

민법이 예정하고 있는 조합은 수인이 계속적으로 공동사업을 경영하고, 그 재산을 합유적으로 소유하며, 외부에 대하여는 구성원 전원의 이름으로 활동하는 것을 기본으로 하고 있지만, 계약자유의 원칙에 따라(조합규정은 대부분 임의규정이다) 이것과 다른 유형의 조합이 성립할 여지가 있는바, 그러한 것으로는 다음과 같은 것이 있다.

---

8 대판 2006. 8. 25, 2005다16959【손해배상(기)】.

(가) 일시적 조합

- 버스를 임차하여 공동의 계산으로 관광여행을 하는 경우
- 1인 명의로 토지 매수하되 그 비용을 균등분담하고 매도하여 그 손익을 반분하기로 하는 계약
- 일방은 자금을 투자하고, 타방은 건축 및 분양을 맡기로 하는 계약

(나) 재산 없는 조합

조합원들이 모두 사실행위나 부작위를 출자한 경우가 이에 해당한다.

(다) 내적조합

내적 관계에서는 조합관계, 즉 공동사업을 경영하기로 하는 약정이 있지만(이 경우 반드시 이익분배가 있어야 하고, 그렇지 않은 경우에는 '내적조합'이라고도 볼 수 없다), 대외적으로는 조합원 1인(대표자 내지는 업무집행조합원이 아님) 또는 조합원으로부터 위임받은 제3자의 명의로 하는 것으로서, 대외적으로는 조합관계가 나타나지 않는다. 이러한 내적 조합은 대외적으로는 조합이 아니므로 조합 규정이 적용되지 않는다.

그에 따라 조합의 경우에는 조합원이 대외적으로 조합채무에 대하여 직접 책임을 지지만, 내적 조합에서는 내적조합원이 대외적으로 직접 책임을 지지 않는다. 다시 말하면, 이런 내적 조합에서는 외부에 드러난 그 1인이 당사자일 뿐인 반면, 조합의 경우에는 구성원 모두가 당사자이고, 1인이 당사자가 되는 경우에도 그는 당사자의 1인이자 다른 당사자들의 대리로서(이것이 후술하는 조합대리이다) 행위하는 것이다.

그러나 내부관계에서는 조합규정이 원칙적으로 적용된다. 그에 따라 손익분배에 관하여 약정이 있으면 그 약정에 따라야 하지만, 그러한 약정이 없을 때에는 조합에 관한 민법 제711조가 적용된다.[9]

판례

대법원 1984. 12. 11. 선고 83다카1996 판결 【구상금】

피고는 일정액의 자금을 투자하고 소외인은 기존시설을 투자하여 자동차정비공장을 동업함에 있어, 위 소외인이 사업체의 실제운영을 전담하면서, 이익이 난 액수에 관계없이 피고에게 매월 일정액을 지급하거나 피고와 그 친지들의 차량을 정비하여 주었으며, 합유인 조합재산이 없고, 위 소외인이 사무집행등 대외적인 법률행위를 함에 있어서는 피고를 대리할 필요 없이 자기명의로 단독으로 하여 왔다면, 이들의 동업관계는 민법상의 통상조합과 구별되는 일종의 특수조합으로서, 그 대외적인 관계에서는 오직 영업을 경영하는 위 소외인만이 권리를 취득하고 의무를 부담한다 할 것이어서, 위 소외인의 채무를 보증한 원고의 보증채무 이행에 따른 구상채권은 피고에 대하여서는 이를 행사할 수 없는 것이다.

대법원 2000. 7. 7. 선고 98다44666 판결 【공사대금】

이른바 '내적조합'이라는 일종의 특수한 조합으로 보기 위해서는 당사자의 내부관계에서는 조합관계가 있어야 할 것이고, 내부적인 조합관계가 있다고 하려면 서로 출자하여 공동사업을 경영할 것을 약정하여야 하며, 영리사업을 목적으로 하면서 당사자 중의 일부만이 이익을 분배받고 다른 자는 전혀 이익분배를 받지 않는 경우에는 조합관계(동업관계)라고 할 수 없다.

(라) 익명조합(상법 제78조)

익명조합은 당사자 일방이 상대방의 영업을 위하여 출자하고 상대방은 그 영업으로 인한 이익을 분배할 것을 약정함으로써 그 효력이 생기는 것으로, 공동사업의 경영이라는 요소가 없으며, 출자자는 표면에 나타나지 않고 대외적으로는 영업자의 개인 기업일 뿐으로, 조합재산이 없고 대표자도 없어 민법상의 조합과는 구별되고, 상법상의 규정에 따라야 한다.[10]

다시 말하면, 내적 조합에서는 내부적으로 공동사업의 경영이 이루어지는 것인

---

9 민법주해 XVI, 23-24면

10 상법상의 익명조합을 내적 조합의 특수한 형태로 보는 견해가 있다(민법주해 XVI, 22면).

반면, 익명조합에서는 그 자체가 없다. 즉, 내적으로도 '공동사업'이 없고, 출자를 하고 그에 대한 대가만을 받는 것이다.

'조합'의 채권자는 익명조합원의 재산에 대해서는 책임을 물을 수 없다는 점에서 조합과 구별된다. 그러나 만일 익명조합원이 내부적으로 영업에 대하여 감독권을 갖는다면, 내부적으로는 공동사업이라는 것이 존재하므로, 상법상의 익명조합이 아니라 앞의 내적 조합에 해당한다고 볼 수 있다.

(마) 합명회사, 합자회사, 유한회사

합명회사와 합자회사의 내부관계에 상법의 규정이 없으면 민법의 조합에 관한 규정이 준용된다. 유한회사도 조합형 기업으로 인식된다. 기타 상법이 규정하는 선박공유는 주식회사에 유사한 것으로 당연히 조합관계가 성립하는 것은 아니며, 건물의 구분소유자 사이의 관리 등의 법률관계는 단순한 공유의 관계를 뛰어 넘어 조합관계라고 보는 견해가 있지만, 구분소유에서는 관리단이 조직되어 활동하므로, 조합이 아니라 일종의 권리능력 없는 사단으로 보아야 할 것이다.

(2) 계[11]

계는 금융계와 친목계로 대별할 수 있는데, 특히 친목계(민법상의 조합에 해당한다)를 제외한 소위 금융계의 법적 성질이 무엇인지에 대하여는 견해의 대립이 있다.

판례는, 계의 다양한 성격에 따라 구체적인 계는 조합, 소비대차, 또는 무명계약적 성격을 띨 수 있지만, 기본적으로 금융계 중 가장 전형적인 순번계(미리 번호에 따른 순서를 정하여 그 번호에 해당하는 불입금을 납부하고, 그 번호에 따라 계금을 수령하는 방식으로 일반적으로는 그 번호가 늦을수록 계불입금이 적은 반면에, 파계 가능성이 점점 커지므로 파계시의 위험부담을 안게 된다)는 조합으로서의 성격을 갖는다.

---

11 계는 형사상으로도 배임/횡령과 문제되고 민사상으로도 많은 문제들을 낳는다. 그리고 사실관계 자체도 정리되기 어려운 경우가 다반사이다(실제 소송에서는 계원간에 얼마의 돈이 오갔는지 부터를 당사자들 자신도 모르는 경우가 많다).

반면, 낙찰계는 미리 번호를 정하지 않고 매번 계원 전원이 동일액의 계금을 내고, 그 총액을 입찰에 붙여 포기금을 가장 많이 써낸 자에게 포기금을 제외한 금액을 지급하고, 포기금은 나머지 계원이 분할하여 가지는 방식의 계로서 투기성이 가장 강한 형태이다. 보통 급전이 필요한 자가 포기금을 가장 많이 써내어 우선 계금을 수령하기에 계금 수령 후 도주하는 등으로 위험성이 매우 높다. 이러한 낙찰계는 민법상의 조합으로서의 성질을 갖는 것이 아니고 계주의 개인사업으로서 계를 조직 운영하는 것이므로, 상호신용금고법 소정의 상호신용계에 유사한 무명계약으로 보고 있다.

이는 주로, 계가 파계된 경우 계주의 책임과 일반 계원의 책임 성립여부의 문제로 논의된다. 순번계는 조합적 성질을 띠므로, 파계시 조합규정에 따라 청산절차를 밟아야 한다. 그 결과 계가 해산한 경우 특약이 없는 한 청산절차 없이는 계원 개인이 타 계원을 상대로 계금 등을 청구할 수 없다. 그러나 낙찰계는 계원이 다른 계원과는 상관없이 계주와의 약정만으로 계에 가입하고 계의 운영에 관하여는 계주가 책임지고, 계원들 상호간에는 아무런 계약관계도 존재하지 않는다. 그렇기 때문에 낙찰계에서는 공동사업이라는 조합의 성격이 전혀 없으므로 계주만이 전적으로 책임을 지고, 다른 계원은 손실을 입은 계원에 대한 책임을 부담하지 않는다. 낙찰계의 파계시 계원은 파탄 직전까지 불입한 계불입금과 그 동안 계원이 계주로부터 받은 낙찰금의 원금을 대등액에서 상계할 수 있다.

판례

대법원 1962. 7. 26. 선고 62다265 판결 【계금반환】

원판결은 원고의 본건 계금반환 청구를 인용하는 이유로서 원고들은 본건 번호계에 원판결이 지적하는 내용의 계원으로 가입하여 그 지적하는 계 분납금을 각각 지급한바 계주인 김0호가 계 분납금을 지급하지 못하여 1960년 5월초에 계원 합의로 본건 계를 해산하였으며 피고는 3번계와 7번계에서 원판결이 지적하는 내용으로 계금을 타서 법률상 이유 없이 원고들의 지급한 계 분납금에 의하여 이득을 하였으니 이것을 원고들에게 각각 반환할 의무가 있다고 설명하고 있다. 그러나 계는 당사자 사이에 어떠한 특별한 약정한 바가 없다면 대체로 계원상호간의 금융저축을 목적으로 하는 하나의 조합계약으로 보는 것이 타당하다 할 것인 바 만일 본건 계가 민법상 조합의 성격을 가진다면 계가 해산한 경우에 있어서는 계를 중심으로 하는 채권채무를 포함하는 재산은 원래 각 계원의 합유에 속한 것이므로 당사자 사이의 어떠한 특약이 없다하면 민법의 규정에 따라서 청산절차를 밟아야 할 것이며 이 결과에 따라서 각 계원에게 귀속하게 된 채권에 관하여 비로소 각 계원은 이를 원인으로 하여 각자가 그 청구소송을 제기할 수 있을 뿐이며 이러한 절차를 밟을 때까지는 계를 중심으로 한 채권채무 관계는 각 계원의 합유에 속함으로 계원 각 개인은 이를 단독으로 청구하는 소송을 제기할 수 없는 것인바 본건에 있어서 원판결은 첫째로 본건 계의 법률상 성격이 어떠한 것인가 하는 점을 밝히지 아니하였으며 둘째로 이러함에도 불구하고 본건 계는 합의로 해산되었다고 하여 따로 청산절차를 생략하는 특별한 약정의 존재여부를 지적함도 없이 피고는 계금을 타지 못한 원고들의 지급한 계 분납금을 법률상 원인 없이 이득한 것이므로 이것을 원고들에게 반환하여야 한다고 단정한 것은 앞서 말한 계의 법률상성격과 그 재산의 귀추에 관한 법리를 그릇 해석하였으며 나아가서는 판결이유에 모순이 있는 경우에 해당한다 할 것이니 이점에 관한 각 상고 논지는 이유 있다.

대법원 1982. 9. 28. 선고 82다286 판결【계금】

가. 계는 다 같이 금전을 급부물로 하는 것이라 할지라도 그것을 조직한 목적과 방법, 급부물의 급여방법과 급부전 또는 그 후의 계금지급방법, 계주의 유무 및 계주와 계 또는 계원과의 관계나 계원상호간의 관계여하와 기타의 점에 관한 태양여하에 따라 그 법률적 성질을 달리하는 것이니 만큼 특정의 계가 조합적 성질을 띈 것인가, 소비대차적 성질을 지닌 것인가 또는 무명계약적인 성질의 것인가는 이상의 여러 점을 종합 고찰하여 판단해야 한다.

나. 이 사건 계는 계주가 자기책임하에 계원을 모집하여 계를 구성하고 제 1 회의 곗날에는 계주를 제외한 나머지 계원이 1구좌당금 200,000원씩을 불입하여 합계 금 5,000,000원을 계주에게 급부하여 주고 2회부터는 금 5,000,000원의 한도 내에서 최저금액을 써 넣는 계원에게 낙찰되며, 낙찰받은 계원은 그 곗날에 계불입금을 내지 않으나 그 다음 회부터는 계가 끝날 때까지 매회 1구좌당 금 200,000원씩을 불입하여야 되고, 미낙찰계원은 낙찰금에서 기낙찰계원들의 계불입금을 공제한 나머지를 균분하여 불입하기로 한 사실, 계불입금과 계급부금은 계주와 해당 계원 사이에서만 주고 받게 되어 있고 계원들이 곗날에 모이기는 하나 전부 다 모이는 것도 아니며 그날 계가 얼마에 낙찰되는가 그리고 그에 따라 할당되는 계불입금의 액수에만 관심이 있을 뿐 계원 상호간 서로 잘 알

지도 못하는 사이인 사실, 계급부금도 그 자리에서 바로 낙찰된 계원에게 교부되는 것이 아니고 낙찰된 계원과 계주가 따로 만나 이를 주고받는 사실 등이 인정되는 경우라면, 이 사건 계는 각 계원이 조합원으로서 상호출자하여 공동 사업을 경영하는 이른바 민법상 조합계약의 성격을 띠고 있는 것이 아니라 계주가 자기의 개인사업으로 계를 조직운영하는 것이라 할 것이다.

다. 계주가 자기의 개인사업으로 계를 조직운영하는 경우에 있어서는 계급부금 및 계불입금 등의 계산관계는 오직 계주와 각 계원 사이에 개별적으로 존재하는 것이므로 계가 깨어졌다하여 미낙찰 계원들만의 합의에 의하여 원래의 계주 이외의 자가 계주의 지위를 승계할 수 없고, 또한 동 계가 조합적 성질을 띠고 있음을 전제로 한 해산이나 청산의 문제도 생길 여지가 없다.

대법원 1993. 9. 10. 선고 93다21705 판결【계금】

가. 낙찰계는 계주의 개인사업으로 운영되는 상호신용금고법 제2조 소정의 상호신용계에 유사한 무명계약의 일종인데 매월 낙찰받아 계금을 수령한 계원이 불입할 불입금을 공제한 나머지를 균등분할한 금액을 계불입금으로 불입하는 것은 계주로부터 대여받은 금원에 해당하는 계금에 관한 원리금변제의 성질을 가지고 있다고 새겨야 할 것이고, 따라서 계불입금채권은 채권관계가 일시에 발생하여 확정되고 변제방법에 있어서 매월 분할변제로 정하여진 것에 불과하여 기본이 되는 정기금채권에 기한 채권이라고 할 수 없기 때문에 3년의 소멸시효가 적용되는 채권이라고 할 수 없고, 계불입금채권을 원금부분과 이자부분으로 나누어 이자부분에 관하여만 3년의 소멸시효가 적용된다고 할 것도 아니다.

나. 계주가 여러 개의 낙찰계를 운영하여 얻은 수입으로 가계를 꾸려 왔다 할지라도 계주가 상인적 방법에 의한 영업으로 계를 운영한 것이 아니라면 계주를 상법 제5조 제1항 소정의 의제상인이나 같은 법 제46조 제8호 소정의 대금, 환금 기타 금융거래를 영업으로 운영한 것에 해당한다고 볼 수 없으므로 위 계불입금채권을 5년의 소멸시효가 적용되는 상사채권으로 볼 수 없다.

2. 조합계약의 의의 및 법적 성질

가. 의의

앞서 말한 대로, 조합계약은 2인 이상이 상호 출자하여 공동사업을 경영할 것을 약정함으로써 성립하는 계약으로서(제703조 제1항), 바로 조합이라는 단체의 결성을 목적으로 하는 합의를 말한다.

나. 성질

(1) 계약인가?

계약에서는 당사자 일방의 급부가 상대방에게 귀속됨에 비하여, 조합에서는 각 당사자의 급부는 상대 당사자에게 귀속되는 것이 아니라 조합재산이라는 특별재산을 구성할 뿐이다. 이를 비롯하여, 조합관계에서는 그 단체성으로 말미암아 계약성이 상당부분 제약된다. 이 점에서 조합을 결성하기로 하는 합의의 법적 성질이 과연 계약인지가 문제된다. 그래서 조합관계에 대하여는 계약설, 합동행위와 계약의 요소를 모두 갖추고 있는 특수행위라는 설 등이 대립한다. 그러나 어느 설을 취하든 계약으로서의 성질과 단체설립행위로서의 특성을 모두 가지고 있다는 점에서는 어느 설이나 큰 차이가 없다. 민법이 조합을 전형계약의 하나로 규정하고 있는 점에 비추어 계약이라고 봄이 타당하다.[12] 그러므로 계약자유의 원칙이 적용되고, 임의규정인 조합에 관한 규정 이외의 다른 내용을 합의할 수 있다.

한편, 계약에 관한 통상적인 법리가 적용되지 않는 경우가 있더라도, 여전히 법률행위에 관한 규정들의 적용은 당연히 있음을 유의하여야 한다. 그렇기 때문에 우선 무효 · 취소가 문제될 것인데, 이러한 경우에도 소급효를 관철하게 되면 제3

12 민법주해 XVI, 32-33면.

자가 보호되지 못하므로, 장래효만을 인정하여야 한다.

(2) 쌍무계약인가?

긍정설과 부정설이 있지만, 각 조합원의 급부는 다른 조합원의 출자의 대가 즉 반대급부가 아니고 공동의 목적달성을 위한 전제조건에 지나지 않는다는 점에서, 적어도 본래적 의미의 쌍무계약으로 볼 수는 없다.[13]

(3) 유상계약인가?

민법상 유상계약에는 매매에 관한 규정이 준용되는바, 조합계약이 유상계약인지가 문제된다. 여기에도 긍정설과 부정설이 대립하지만, 유상계약의 본질인 당사자의 대가적 출연은 당사자가 상대방의 출연을 자기의 이익으로 차지하는 것을 의미하고, 각 당사자가 공동의 목적으로 출연하는 것을 포함하지 않는 것이므로, 유상계약이라고 할 수 없다. 따라서 조합계약에는 매매에 관한 규정이 준용되지 않는다.[14]

(4) 낙성계약성 등

조합계약은 낙성 · 불요식계약으로 상호 신뢰를 기초로 하는 일종의 계속적 계약이다.[15]

---

13 견해의 대립은 송덕수, 채권법각론, 386-387면 참조.

14 견해의 대립은 송덕수, 채권법각론, 387면 참조.

15 견해의 대립은 송덕수, 채권법각론, 388면 참조.

(5) 구체적인 계약통칙규정의 적용 여부

(가) 동시이행의 항변권(제536조)

쌍무계약설이든 부정설이든, 조합계약에는 동시이행의 항변권이 원칙적으로 인정되지 않고, 다만 조합원이 2인인 경우에 한하여 공평의 원칙상 동시이행의 항변권이 적용한다고 본다.[16]

(나) 위험부담

여러 견해가 있지만, 위험부담에 관한 규정들(제538조, 제539조)이 적용되지는 않고, 이행불능이 된 조합원은 다른 재산으로 출자를 하기로 합의하지 않는 한 조합원이 되지 못하거나 탈퇴하게 될 뿐이라고 보아야 할 것이다.[17]

(다) 해제와 해지(제543조~제553조)

조합에는 해지나 해제에 대신할 탈퇴, 제명, 해산에 관한 규정들이 있으므로, 계약의 해지나 해제 규정은 조합계약에는 적용될 여지가 없다는 것이 통설[18]이자, 판례[19]이다.

판례

대법원 1994. 5. 13. 선고 94다7157 판결 【공사대금】

동업계약과 같은 조합계약에 있어서는 조합의 해산청구를 하거나 조합으로부터 탈퇴를 하거나 또는 다른 조합원을 제명할 수 있을 뿐이지, 일반계약에 있어서처럼 조합계약을 해

16 민법주해 XVI, 36-37면.

17 견해의 대립은 송덕수, 채권법각론, 387면 참조.

18 견해의 대립은 송덕수, 채권법각론, 387면 참조.

19 대판 2007. 4. 26, 2005다62006【투자금】.

제하고 상대방에게 그로 인한 원상회복의 의무를 부담지울 수는 없는 것이다.

대법원 2007. 4. 26. 선고 2005다62006 판결 【투자금】

원심판결 이유에 의하면, 원고는 피고와 사이에 쌍방이 공동으로 투자하여 이 사건 토지들을 구입한 다음, 그 지상에 주택을 건축하여 2분의 1 지분씩 소유하기로 하되, 부지매입 및 주택신축 등의 업무는 피고가 담당하기로 약정(이하 '이 사건 약정'이라고 한다)하였는 바, 위와 같은 약정은 원고와 피고가 상호 출자하여 부지를 매입하여 그 지상에 건물을 신축하는 내용의 공동사업을 경영하기로 하는 동업계약 즉 조합계약이라고 봄이 상당하다고 할 것이므로, 앞서 본 법리에 비추어 보면, 원고로서는 일반계약과 같이 위 조합계약을 해제하고 피고에 대하여 그로 인한 원상회복을 구할 수 없다고 할 것이다. 그럼에도, 원심은 원고가 이 사건 약정을 해제하고 원상회복을 구할 수 있다고 판단하였는바, 원심의 위와 같은 판단에는 이 사건 약정의 법률적 성격이나 조합계약에 관한 법리를 오해한 잘못이 있다고 할 것이다.

그러나 두 사람으로 된 동업관계 즉 조합관계에 있어서, 그 중 1인이 약정에 따른 출자금을 출자한 후 당사자 간의 불화대립으로 곧바로 동업관계가 결렬되어, 그 이후 위 출자의무를 이행한 조합원이 동업관계에서 전적으로 배제된 채 나머지 조합원에 의하여 당초의 업무가 처리되어 온 경우, 부득이한 사유로 인한 해산청구가 가능하며, 출자의무를 이행한 조합원은 탈퇴로 인한 계산으로서 자기가 출자한 금원의 반환을 구할 수도 있다고 할 것인데(대법원 1999. 3. 12. 98다54458 판결, 2003. 4. 8. 2002다72361 판결 등 참조), 원심판결의 이유와 원심이 채택한 증거에 의하면, 원고는 피고와 사이의 이 사건 동업약정에 따른 자신의 출자금 중 대부분을 출자하여 출자의무를 거의 이행한 상황에서, 피고가 이 사건 토지들을 자신의 명의로 구입하여 약정과 달리 영업용 건물을 축조하였고, 원고는 뒤늦게 이 사실을 알고 즉시 투자금의 반환을 요구하여 동업관계가 결렬된 상태였던 사실, 피고는 원고 동의 없이 이 사건 토지들에 대하여 근저당권을 설정해 주고 돈을 대출받아 위 건물을 완공하여 피고 단독명의로 등기한 다음, 위 건물에서 자신의 명의로 민박 영업을 하였으며, 위 민박 영업에 대하여 원고의 동의를 받는다거나 그 영업으로 인한 이익을 원고에게 분배한 바도 없었던 사실이 인정되는 바, 사정이 이와 같다면, 원고로서는 부득이한 사유로 인한 조합의 해산청구가 가능하고, 피고에 대하여 조합의 탈퇴로 인한 계산으로서 자기가 출자한 돈의 반환을 구할 수 있다 할 것이며, 원고의 이 사건 청구는 위와 같은 사유를 청구원인으로 한 것으로 볼 수도 있다고 할 것이다. 따라서 위와 같은 취지의 원심의 가정적 판단은 정당하다.

대법원 2006. 8. 25. 선고 2005다16959 판결 【손해배상(기)】

건설공동수급체는 기본적으로 민법상 조합의 성질을 가지는 것인데, 건설공동수급체의 구성원인 조합원이 그 출자의무를 불이행하였더라도, 그 조합원을 조합에서 제명하지 않는 한, 건설공동수급체는 조합원에 대한 출자금채권과 그 연체이자채권, 그 밖의 손해배상채권으로 조합원의 이익분배청구권과 직접 상계할 수 있을 뿐이고, 조합계약에서 출자의무의 이행과 이익분배를 직접 연계시키는 특약을 두지 않는 한 출자의무의 불이행을 이유로 이익분배 자체를 거부할 수는 없다.

(라) 매매규정의 준용

앞서 살펴 본 바와 같이 조합계약은 유상계약으로 보기 어려우므로 매매에 관한 규정은 준용되지 않는다고 보아야 할 것이다(다수설).[20]

따라서 수량지정토지 출자에 있어 그 면적 등이 부족한 경우, 조합원은 부족분을 다른 종류의 출자로 대체하는 합의가 되면 그것에 따르고, 합의가 이루어지지 않을 경우에는 그 조합원은 탈퇴하거나 목적달성불능시 조합은 해산되어야 한다.

또한 조합원이 출자한 목적물에 하자가 있어 다액의 수리비가 필요한 경우 그 조합원이 무과실책임을 지는지가 문제되는바, 조합원은 무과실책임을 부담하지는 않고 채무불이행의 통칙에 따라 해결하여야 한다.

3. 조합의 성립

가. 2인 이상의 당사자(제703조 제1항)

2인 이상이어야 하지만, 그 수가 너무 많은 경우에는 법인 아닌 사단으로 볼 가

20 견해의 대립은 송덕수, 채권법각론, 387면 참조.

능성이 크다.

앞서 설명한 바와 같이, 자연인은 물론 법인도 조합원이 될 수 있다. 반면 조합이 조합인 채로 조합계약의 당사자가 될 수는 없다고 할 것이다. 뒤에서 보듯이 조합에는 구성원과 독립한 별개의 법인격(권리능력)이 없기 때문이다. 그러므로 조합이 조합원 아닌 자와 동업계약을 맺는 것은, 조합이 제3자와 조합계약을 맺은 것이 아니라 그 제3자를 조합원으로 새로 가입시킨 것으로 보아야 할 것이다.[21]

나. 출자

모든 당사자는 출자의무를 부담한다. 일부 조합원이 출자의무를 부담하지 않는 경우에는, 그것은 조합계약이 아니다.

출자의 객체는 금전만이 아니라, 물건, 권리, 시술이나 노무, 노하우, 신용, 상호, 행정관청으로부터 부여받은 각종 면허, 종래의 영업활동의 중단과 같은 부작위 등 일체의 경제적, 재산적 가치가 있는 것이면 상관없다.

다. 공동사업 경영의 목적

이 점이 공유와 구별되는 가장 중요한 기준이다. 즉 공동사업 경영의 목적이 있으면 조합이 되지만, 만일 없으면 그것은 조합이 아니라 단지 공유관계가 될 뿐이다. 그러므로 토지의 공동소유자가 일정한 공동사업의 경영을 위하여 토지를 사용할 때에는 조합이지만, 단순히 공유물의 사용방법을 정하는 것은 조합이 아니다.

가령 계속성이 없이 일정한 전매차익만을 노리는 경우에는, 공유관계가 인정될 것이다. 그러나 전매차익을 노리는 경우에도 그것이 일정한 사업성을 띠는 경우라면 조합관계가 되어 조합재산의 소유관계인 합유관계가 인정될 수 있다. 그리고 여기서 방점은 '사업성(경영)'에 주어져야 한다. 수인이 공동으로 행위를 할 때에는 언제나 일정한 '공동의 목적'은 있다고 볼 수 있을 것이기 때문이다. 이러한 점

21 대판 1959. 2. 5, 4290민상641.

에서, 단순한 '공동의' 목적과 '공동 사업 경영의' 목적은 구별되어야 한다.

사업의 종류는 묻지 않으며, 주류나 양식업허가 등에서 비록 무면허자와의 동업이라도 가능하다.[22]

경영할 것을 필요로 하므로, 당사자 일방이 상대방의 영업을 위하여 출자를 하였으나 그 영업으로 인한 이익의 분배만을 받는 익명조합은 조합이 아니다.

또한 조합원 각자가 조합의 목적인 사업수행에 일정부분 관여를 하여야 한다. 극단적으로는 조합의 업무 및 재산상태를 검사할 수 있는 권한만큼은 갖고 있어야 하고, 이러한 것도 없을 때에는 조합이 아니다. 그리고 일부의 조합원만이 이익분배를 받는 경우에는 조합이 아니다.

판례

대법원 1982. 12. 28. 선고 81도3140 판결 【횡령 · 무고】

[1] 피고인이 그의 남편 소유의 백합양식장을 공소외(갑)의 처(을)과 공동경영하여 이익을 반분하기로 하는 동업계약을 피고인의 남편 명의와 위 공소외(을)의 남편인 (갑)의 명의로 체결한 사안에 있어서, 동업계약 명의자인 (갑)이나 실질계약당사자인 (을)이 수산업법상의 양식어업면허를 받은 자가 아니었다는 사유만으로 피고인과 공소외(을)간에 체결된 위 동업계약의 효력이 부정될 수 없다.

[2] 동업관계가 존속하는 이상 동업관계로 생긴 물건은 동업자의 합유에 속한다고 할 것이므로, 동업체를 공동운영하던 중 동업자의 합유에 속하는 물건을 동업자 1인이 단독으로 처분한 행위는 횡령죄에 해당한다.

대법원 2007. 6. 14. 선고 2005다5140 판결 【지분소유권이전등기절차이행】

[1] 민법상 조합계약은 2인 이상이 상호 출자하여 공동으로 사업을 경영할 것을 약정하는 계약으로서, 특정한 사업을 공동경영하는 약정에 한하여 이를 조합계약이라 할 수 있고, 공동의 목적 달성이라는 정도만으로는 조합의 성립요건을 갖추었다고 할 수 없다.

[2] 수인이 부동산을 공동으로 매수한 경우, 매수인들 사이의 법률관계는 공유관계로서 단순한 공동매수인에 불과할 수도 있고, 그 수인을 조합원으로 하는 동업체에서 매수한 것

---

22 이 경우 관련 법 위반으로 면허가 취소되거나 처벌받는 것은 별개의 문제이다.

일 수도 있는 바, 공동매수의 목적이 전매차익의 획득에 있을 경우 그것이 공동사업을 위해 동업체에서 매수한 것이 되려면, 적어도 공동매수인들 사이에서 그 매수한 토지를 공유가 아닌 동업체의 재산으로 귀속시키고 공동매수인 전원의 의사에 기해 전원의 계산으로 처분한 후 그 이익을 분배하기로 하는 명시적 또는 묵시적 의사의 합치가 있어야만 할 것이고, 이와 달리 공동매수 후 매수인 별로 토지에 관하여 공유에 기한 지분권을 가지고 각자 자유롭게 그 지분권을 처분하여 대가를 취득할 수 있도록 한 것이라면 이를 동업체에서 매수한 것으로 볼 수는 없다.

[3] 그러므로 부동산의 공동매수인들이 전매차익을 얻으려는 '공동의 목적 달성'을 위해 상호 협력한 것에 불과하고 이를 넘어 '공동사업을 경영할 목적'이 있었다고 인정되지 않는 경우, 이들 사이의 법률관계는 공유관계에 불과할 뿐 민법상 조합이 아니다.

대법원 2002. 6. 14. 선고 2000다30622 판결 【대여금등】

수인이 부동산을 공동으로 매수한 경우, 매수인들 사이의 법률관계는 공유관계로서 단순한 공동매수인에 불과할 수도 있고, 그 수인을 조합원으로 하는 동업체에서 매수한 것일 수도 있다.

대법원 2012. 8. 30. 선고 2010다39918 판결 【소유권이전등기의말소등기절차이행등】

갑, 을, 병 등이 전매차익을 얻을 목적으로 각자 매수자금을 출연하고 이에 상응하는 지분을 정하여 을 명의로 토지를 매수한 다음 을, 병과 친인척 관계에 있는 정 등에게 명의신탁한 사안에서, 각자의 매수지분에 상응하는 대내적 소유지분의 보유를 서로 인정하고 이에 대하여 개별적인 권리행사를 하여 온 점 등에 비추어 볼 때 갑, 을, 병 등은 을 명의로 토지를 공동매수한 후 처분하여 전매차익을 얻으려는 '공동의 목적 달성'을 위하여 상호 협력한 것일 뿐 이를 넘어 '공동사업을 경영할 목적'이 있었다고 할 수 없는데도, 이들 사이의 법률관계를 민법상 조합이라고 본 원심판결에 부동산 공동매수인 상호 간의 법률관계 등에 관한 법리오해의 위법이 있다고 한 사례.

대법원 2000. 7. 7. 선고 98다44666 판결 【공사대금】

이른바 '내적조합'이라는 일종의 특수한 조합으로 보기 위하여는 당사자의 내부관계에서는 조합관계가 있어야 할 것이고, 내부적인 조합관계가 있다고 하려면 서로 출자하여 공동사업을 경영할 것을 약정하여야 하며, 영리사업을 목적으로 하면서 당사자 중의 일부만이 이익을 분배받고 다른 자는 전혀 이익분배를 받지 않는 경우에는 조합관계(동업관계)라고 할 수 없다.

라. 조합계약의 하자와 하자 있는 조합

(1) 조합계약의 하자

조합계약 자체에 무효나 취소사유가 있는 경우에 원칙적으로 그것이 무엇이든 민법총칙의 규정이 그대로 적용된다. 따라서 조합계약은 무효이거나 취소되어 그 효력이 없게 된다. 다만 3인 이상의 조합원이 있는 경우에 그 중 1인이 무능력자이거나 의사표시의 흠으로 무효 또는 취소되는 경우에는, 일부무효의 법리에 따라 나머지 당사자만으로도 조합계약을 맺었을 것으로 인정될 때에는 나머지 조합원들간에 조합계약은 유효하여 그대로 존속한다.

(2) 하자 있는 조합

그러나 이미 조합이 활동을 개시한 때에는 제3자의 보호문제가 발생한다. 이에 대하여는 사실적 계약관계론을 적용하여야 한다는 견해도 있지만, 조합계약의 특성상 무효 · 취소의 효과는 장래에 한하여 그 효력이 있는 것으로 보아야 할 것이다.

판례

대법원 1972. 4. 25. 선고 71다1833 판결 【광업권탈퇴등록】

본래의 광업권자와 공동광업권자로 등록하여 광업을 공동으로 관리경영하기로 한 계약은 유효하고, 공동광업권자는 조합계약을 한 것으로 간주되며, 그 조합이 사업을 개시하여 제3자와의 사이에 거래관계가 이루어지고 난 다음에는 조합계약체결당시의 의사표시의 하자를 이유로 취소하여 조합 성립 전으로 환원시킬 수 없다.

(3) 사해행위

채무자가 조합계약에 기하여 출자하는 것이 채권자에게 사해행위가 되는 경우,

민법 제406조를 적용하여 이를 취소할 수 있는지가 문제된다.

먼저 조합이 아직 활동을 개시하기 전에 제3자와 법률관계를 맺기 전에는, 사해행위로서 취소할 수 있다고 보아야 할 것이다. 따라서 채권자는 사해행위취소의 소를 제기하여(조합원 전부를 공동피고로 하여), 조합원의 출자행위를 취소하고 출자물의 반환을 청구할 수 있다.[23] 다만 이 경우 취소로 인하여 조합계약 전부가 소급하여 그 효력을 잃는 것은 아니고, 나머지 조합원만으로도 조합의 계속을 바라는 경우에는 조합은 나머지 조합원만으로 존속한다고 볼 것이다.

그러나 조합이 활동을 개시한 이후에는, 채권자는 조합계약의 취소청구를 할 수 있지만 그 효과는 당해 조합원의 탈퇴와 그 지분의 반환을 청구할 수 있는 데 그칠 것이다.

4. 조합의 업무집행

가. 대내관계

각 조합원은 원칙적으로 조합의 업무집행에 참여할 권리가 있다. 이 경우 조합원의 과반수(출자가액의 과반수 혹은 출석자의 과반수가 아닌 조합원 인원수의 과반수임을 유의)로 의사결정을 하고(제706조 제2항 1문, 아래의 제3항이 '통상사무'를 제외하고 있으므로, 제2항에서의 사무는 '특별사무'로 해석된다), 다만 조합의 통상사무는 각 조합원이 전행할 수 있다(제706조 제3항 본문), 그러나 그 완료 전에 다른 조합원의 이의가 있는 경우에는 즉시 중지하여야 한다(동조 제3항 단서).

---

23 이 경우 사해행위의 일반 법리에 따른다면 수익자라 할 수 있는 조합원 전부의 악의가 필요하지만, 조합의 특수성에 비추어, 조합원 중에 1인이라도 악의라면 충분하고 조합원 전원에게 악의가 필요한 것은 아니라고 할 것이다. 사해행위로 조합계약이 취소된 경우에 조합계약이 그 채무자에 대한 관계에서만 취소된다고 하면 취소된 법률행위로써 출자된 재산은 다른 사람과의 관계에서도 합유재산이 될 수 없기 때문이다.

조합원이 조합업무를 집행하는 경우에는 위임에 관한 규정이 준용되어(제707조), 선관의무 등을 부담한다.

그러나 조합원들은 조합계약에서 특정 조합원을 업무집행자로 정할 수 있고, 그렇지 않다 하더라도 조합원 3분의 2 이상의 찬성으로 업무집행자를 선임할 수 있는 바(제706조 제1항), 일부 조합원을 업무집행자로 둔 경우에는 그 일부에 대하여 위임에 관한 규정이 준용되고, 다른 조합원은 통상사무도 집행할 수 없다.

업무집행조합원이 수인인 경우, 특별사무를 집행할 때에는 조합원의 과반수에 따라 사무를 처리하는 것과 마찬가지로, 업무집행조합원의 과반수로써 결정한다. 또한 조합원 이외의 제3자에게 업무집행을 위탁할 수도 있는바, 이 경우에는 순전한 위임관계로서 위임규정이 적용된다.

다만 이상의 모든 규정들은 임의규정이므로, 그와 다른 내용의 약정은 계약자유의 원칙상 유효하다.

판례

대법원 2000. 10. 10. 선고 2000다28506,28513 판결 【양도채권금 · 병합】

조합재산의 처분 · 변경에 관한 행위는 다른 특별한 사정이 없는 한 조합의 특별사무에 해당하는 업무집행이며, 업무집행조합원이 수인 있는 경우에는 조합의 통상사무의 범위에 속하지 아니하는 특별사무에 관한 업무집행은 민법 제706조 제2항에 따라 원칙적으로 업무집행조합원의 과반수로써 결정한다(조합의 임원회의 결의로 그 조합재산인 채권을 타인에게 양도한 경우, 그 조합 임원들이 조합의 업무집행조합원들이고 그 채권의 양도는 조합의 특별사무에 해당하는 조합재산의 처분이라는 이유로, 그 임원회의 과반수 결의로 이루어진 채권의 양도는 유효한 업무집행이라고 본 사례).

대법원 2009. 4. 23. 선고 2008다4247 판결 【점포인도등】

[1] 민법 제706조에서는 조합원 3분의 2 이상의 찬성으로 조합의 업무집행자를 선임하고 조합원 과반수의 찬성으로 조합의 업무집행방법을 결정하도록 규정하고 있는 바, 여기서 말하는 조합원은 조합원의 출자가액이나 지분이 아닌 조합원의 인원수를 뜻한다. 다만, 위와 같은 민법의 규정은 임의규정이므로, 당사자 사이의 약정으로 업무집행자의 선임

이나 업무집행방법의 결정을 조합원의 인원수가 아닌 그 출자가액 내지 지분의 비율에 의하도록 하는 등 그 내용을 달리 정할 수 있고, 그와 같은 약정이 있는 경우에는 그 정한 바에 따라 업무집행자를 선임하거나 업무집행방법을 결정하여야만 유효하다.

[2] 조합계약에 '동업지분은 제3자에게 양도할 수 있다'는 약정을 두고 있는 것과 같이 조합계약에서 개괄적으로 조합원 지분의 양도를 인정하고 있는 경우 조합원은 다른 조합원 전원의 동의가 없더라도 자신의 지분 전부를 일체로써 제3자에게 양도할 수 있으나, 그 지분의 일부를 제3자에게 양도하는 경우까지 당연히 허용되는 것은 아니다. 왜냐하면, 민법 제706조에 따라 조합원 수의 다수결로 업무집행자를 선임하고 업무집행방법을 결정하게 되어 있는 조합에 있어서는 조합원 지분의 일부가 제3자에게 양도되면 조합원 수가 증가하게 되어 당초의 조합원 수를 전제로 한 조합의 의사결정구조에 변경이 생기고, 나아가 소수의 조합원이 그 지분을 다수의 제3자들에게 분할 · 양도함으로써 의도적으로 그 의사결정구조에 왜곡을 가져올 가능성도 있으므로, 조합원 지분의 일부 양도를 명시적으로 허용한 것이 아니라 단지 조합원 지분의 양도가능성을 개괄적으로 인정하고 있을 뿐인 위 약정만으로 조합계약 당시 조합원들이 위와 같은 의사결정구조의 변경 또는 왜곡의 가능성을 충분히 인식하고 이를 용인할 의사로써 그 지분 일부의 양도까지 허용하였다고 볼 수는 없기 때문이다. 따라서 그러한 조합의 조합원은 다른 조합원 전원의 동의가 있는 등 특별한 사정이 있어야만 그 지분의 일부를 제3자에게 유효하게 양도할 수 있고, 이와 같이 조합원 지분의 일부가 적법하게 양도된 경우에 한하여 양수인은 그 양도비율에 따른 자익권(이익분배청구권, 잔여재산분배청구권 등) 외에 양도인이 보유하는 공익권과 별개의 완전한 공익권(업무집행자선임권, 업무집행방법결정권, 통상사무전행권, 업무 · 재산상태검사권 등)도 취득하게 된다.

나. 대외관계

(1) 조합대리

조합은 법인격이 없고 단체성도 약하여 조합의 이름으로 법률행위를 할 수 없고 조합원 전원이 당사자가 되어 법률행위를 하거나 소송행위를 하여야 한다. 그러나 이는 현실적으로 무척 불편하고 번거로운 관계로, 실제로는 특정 조합원이 한편으로는 다른 조합원을 대리하고 다른 한편으로는 자기 자신의 자격으로 제3자와 법률행위를 하거나 소송행위를 하는데, 이를 조합대리(또는 조합대표)라고 한다.

이는 앞서 설명한 업무집행자로서의 권한과는 관념상 별개의 것으로, 비록 실제로는 조합계약 속에서 합해져서 일체로 이루어지지만 조합대리는 별도의 수권행위 즉 대리권 수여행위에 의하여 발생한다.

다만 민법은 조합의 업무를 집행하는 조합원은 그 업무집행의 대리권이 있는 것으로 추정한다(제709조). 그러므로 업무집행조합원이 있는 경우에는 그 조합원이, 업무집행조합원이 없는 경우에는 각 조합원이 대리권을 갖는다.

(2) 조합의 당사자능력과 소송대리

(가) 당사자능력[24]

민사소송법은 법인 아닌 사단에 대하여도 당사자능력을 인정하고 있다(민사소송법 제52조). 그러나 조합은 사단과는 전혀 다른 단체로서 독립성이 없어 권리능력도 없으므로 위 규정이 유추적용될 수가 없어 당사자능력이 없다. 따라서 조합은 조합원 전원이 당사자가 되거나 선정당사자(민사소송법 제53조)제도를 이용할 수밖에 없다.

(나) 조합원에 의한 소송대리

업무집행조합원이 정해지지 않은 경우에 각 조합원은 소송행위를 대리할 수 있는지가 문제되지만, 소송행위의 특수성상 당연히 소송대리권이 있다고 볼 수는 없다. 다만 업무집행조합원으로 정해진 자는 소송대리권도 갖는다고 할 수 있다.[25, 26]

---

24 견해의 대립은 송덕수, 채권법각론, 393면 참조; 원칙적으로 민사소송에서의 당사자능력은 민법상 권리능력에, 소송능력은 행위능력에 각 상응한다.

5. 조합재산관계(제704조 등)

가. 특유재산으로서의 조합재산

(1) 조합재산의 개념(단체성과 계약성)

조합은 단체성을 핵심요소로 하는 관계로 조합원 개인의 재산과는 구별되는 조합 자체의 재산이 필요한바, 이를 조합재산이라고 한다. 즉 조합재산은 조합 자체의 재산으로, 조합원의 재산과는 별개의 것으로서 독립성을 갖는데에 그 특질이 있다. 민법 제704조 또한 이와 같이 조합재산의 독립성을 전제로 하는 규정이다.

그러나 앞서 설명한 바와 같이 조합의 단체성은 사단에 비하여 매우 미약하여, 조합 자신의 재산이나 채무도 결국 조합원 개개인을 떠나서는 생각할 수 없게 된다. 조합재산은 법률적으로는 각 조합원에게 귀속하고, 다만 그 단체성에 의하여 개인의 재산처럼 각 조합원이 자유의사로 관리, 처분할 수는 없다고 보아야 한다. 그러므로 조합재산은 형식적으로는 조합원 전원에게 공동으로 귀속되지만 조합이라는 단체에 속하여 조합원 개개인의 재산과는 구별되는 '특별재산'으로 취급된다.

이를 사단(법인)과 비교하여 다시 설명하면 다음과 같다. 법인의 경우에는 그 소유형태 자체가 법인의 단독소유인 반면에, 조합의 경우 그 소유형태는, 일단 각 조합원의 지분비율로, 조합원의 재산(다만 합유)인 것으로 취급된다. 즉 조합 자체의 소유는 아니고, 그러한 의미에서 조합재산의 독립성은 (사단)법인재산의 그것보다 훨씬 약한 것이다.

---

25 다만 변호사대리의 원칙에 따라 단독사건 등에 한하여 소송대리권이 있을 뿐이다. 민사소송법 제88조 및 민사소송규칙 제15조 제2항 제2호.

26 견해의 대립은 송덕수, 채권법각론, 393면 참조.

(2) 조합재산의 구성내용

(가) 조합원이 출자한 재산

조합원이 조합계약에 기하여 출자한 재산이 조합재산으로 됨은 당연하다. 그리고 출자를 이행하지 않은 경우의 출자청구권도 조합재산을 이룬다. 이 경우 출자의무를 이행하지 않은 조합원은 다른 조합원 전원에 대하여 채무자가 되고, 다른 조합원들은 공동으로 채권자가 된다. 다만 권리이전절차를 밟아 조합재산으로 하지 않는 한, 즉 부동산의 경우 합유등기를 하지 않는 한 조합원 이외의 제3자에 대하여는 여전히 출자자인 조합원 개인 소유재산이므로 조합은 소유권을 주장할 수 없다.

(나) 조합의 업무집행으로 취득한 재산

조합이 업무집행을 통하여 조합의 이름으로 취득한 재산은 조합재산이 된다. 그러나 업무집행조합원이 조합의 비용으로, 그러나 개인 명의로 취득한 재산은 업무집행조합원으로부터 전조합원 앞으로의 명의이전절차를 마쳐야 비로소 조합재산이 된다.

(다) 조합재산에서 생긴 재산

과실, 이자, 조합재산의 침해에 대한 손해배상청구권 등은 모두 조합재산이다.

(라) 조합채무

조합이 업무집행을 하면서 부담하게 된 채무는 조합의 소극재산으로서 조합원의 개인채무와는 구별된다. 따라서 조합원 개인의 채권자는 조합재산에 대하여 공취(攻取)를 할 수 없다. 나중에 조합이 해산된 후에는 그 조합원이 가지는 출자재산 등 반환청구권에 대하여 공취를 할 수 있지만, 이는 조합이 유지되고 있는 한은 불가한 것이다.

나. 조합재산의 귀속형태(조합원의 합유)

(1) 일반

하나의 물건이나 권리가 수인에게 귀속되는 공동소유의 형태로는 공유, 합유, 총유가 있다.

공유가 공동소유자간에 아무런 인적 결합이 없이 단지 소유만을 공동으로 하는 것임에 비하여, 총유는 구성원 개인이 단체의 재산을 소유하는 것이 아니라 단지 구성원이라는 자격에서 그 재산을 이용할 수 있는 이용권만을 갖는 공동소유형태이다.

이에 비하여 합유는 수인이 조합체로서 물건을 소유하는 것으로 공유와 총유의 중간형태로서 단체성이 있지만 그 단체성이 미약하여 단체의 구성원이 단체의 재산을 소유하지만(즉 지분권 보유), 이는 어디까지 잠재적인 소유로서 단체의 계속 중에는 그 행사에 제약이 많고, 단체가 해산된 뒤에야 비로소 자유로운 소유권 행사가 가능한 소유형태이다.

이러한 설명을 바탕으로 민법상의 공동소유관계를 다시 정리해본다면, 크게 공유와 합유를 한 묶음으로, 그리고 총유를 한 묶음으로 묶을 수 있는데, 전자는 '지분'이 있고, 후자는 '지분'이 없는 것이다. 지분이란 소유의 비율이고, 지분권은 그에 기한 소유권을 말한다.

총유는 사실상 비법인사단 자체의 소유에 유사하고, 구성원은 지분을 갖지 않으며, 다만 물건을 사용 · 수익할 권리만을 갖는 것이다.

한편 공유와 합유는, 단체성의 강약에 따라 구별된다. 공유에서는, '공동사업 경영의 목적'과 같은 것이 없다. 그래서 동업성이 없는 공동매수 같은 경우도 공유가 되는 것이다. 공유관계에서 각 공유자는 지분을 자유로이 처분하고 공유관계에서 탈퇴할 수 있다. 이런 점에서 합유관계와 다르다.

(2) 합유에서의 법률관계

(가) 물건의 합유(제271조 제1항, 제704조)

조합재산을 이루는 물건은 동산, 부동산을 불문하고 모든 조합원의 합유로 된다. 그에 따라 다음과 같은 관계가 성립한다.

1) 지분처분의 제한(제273조)

합유에서도 각 조합원이 지분을 갖지만, 조합원 전원의 동의가 없는 한 지분을 처분할 수 없다.

2) 조합재산 전체의 지분에 대한 처분의 제한

조합원이 개개의 물건에 대한 지분이 아니라 조합재산 전체에 대한 지분을 처분할 수 있는지가 문제된다. 이는 이를 인정할 경우 사실상 조합원이 교체되는 결과가 되기 때문이다.

이는 원칙적으로 처분이 금지되지만 타 조합원 전원의 동의가 있으면 허용된다는 긍정설과 허용되지 않는다는 부정설이 대립하지만, 조합원의 가입과 탈퇴절차에 의하여 해결할 문제라고 본다.

아래에서 보는 바와 같이 판례는 조합의 업무집행에 관한 규정을 임의규정으로 보아, 조합계약에서 이를 정한 경우에는 인정되지만, 조합원 지분의 일부를 이전하는 것은 사실상 새로운 조합원의 가입으로 타조합원의 지위에 중대한 영향을 미치게 되는 점을 중시하여 조합원 전원의 동의가 있어야 허용된다고 본다. 또한 조합원으로서의 자격과 분리하여 그 지분권만을 처분할 수는 없다고 본다.

판례

대법원 2009. 4. 23. 선고 2008다4247 판결 【점포인도등】

[1] 민법 제706조에서는 조합원 3분의 2 이상의 찬성으로 조합의 업무집행자를 선임하고 조합원 과반수의 찬성으로 조합의 업무집행방법을 결정하도록 규정하고 있는 바, 여기서 말하는 조합원은 조합원의 출자가액이나 지분이 아닌 조합원의 인원수를 뜻한다. 다만, 위와 같은 민법의 규정은 임의규정이므로, 당사자 사이의 약정으로 업무집행자의 선임이나 업무집행방법의 결정을 조합원의 인원수가 아닌 그 출자가액 내지 지분의 비율에 의하도록 하는 등 그 내용을 달리 정할 수 있고, 그와 같은 약정이 있는 경우에는 그 정한 바에 따라 업무집행자를 선임하거나 업무집행방법을 결정하여야만 유효하다.

[2] 조합계약에 '동업지분은 제3자에게 양도할 수 있다'는 약정을 두고 있는 것과 같이 조합계약에서 개괄적으로 조합원 지분의 양도를 인정하고 있는 경우, 조합원은 다른 조합원 전원의 동의가 없더라도 자신의 지분 전부를 일체로써 제3자에게 양도할 수 있으나, 그 지분의 일부를 제3자에게 양도하는 경우까지 당연히 허용되는 것은 아니다. 왜냐하면, 민법 제706조에 따라 조합원 수의 다수결로 업무집행자를 선임하고 업무집행방법을 결정하게 되어 있는 조합에 있어서는, 조합원 지분의 일부가 제3자에게 양도되면 조합원 수가 증가하게 되어 당초의 조합원 수를 전제로 한 조합의 의사결정구조에 변경이 생기고, 나아가 소수의 조합원이 그 지분을 다수의 제3자들에게 분할 · 양도함으로써 의도적으로 그 의사결정구조에 왜곡을 가져올 가능성도 있으므로, 조합원 지분의 일부 양도를 명시적으로 허용한 것이 아니라 단지 조합원 지분의 양도가능성을 개괄적으로 인정하고 있을 뿐인 위 약정만으로, 조합계약 당시 조합원들이 위와 같은 의사결정구조의 변경 또는 왜곡의 가능성을 충분히 인식하고 이를 용인할 의사로써 그 지분 일부의 양도까지 허용하였다고 볼 수는 없기 때문이다. 따라서 그러한 조합의 조합원은 다른 조합원 전원의 동의가 있는 등 특별한 사정이 있어야만 그 지분의 일부를 제3자에게 유효하게 양도할 수 있고, 이와 같이 조합원 지분의 일부가 적법하게 양도된 경우에 한하여, 양수인은 그 양도비율에 따른 자익권(이익분배청구권, 잔여재산분배청구권 등) 외에 양도인이 보유하는 공익권과 별개의 완전한 공익권(업무집행자선임권, 업무집행방법결정권, 통상사무전행권, 업무 · 재산상태검사권 등)도 취득하게 된다.

대법원 2009. 3. 12. 선고 2006다28454 판결 【건축주명의변경절차이행】

조합원은 다른 조합원 전원의 동의가 있으면 그 지분을 처분할 수 있으나 조합의 목적과 단체성에 비추어 조합원으로서의 자격과 분리하여 그 지분권만을 처분할 수는 없으므로, 조합원이 지분을 양도하면 그로써 조합원의 지위를 상실하게 되며, 이와 같은 조합원 지위의 변동은 조합지분의 양도양수에 관한 약정으로써 바로 효력이 생긴다. 한편, 당사자 사이에 조합지분의 양도양수에 관한 약정이 있었는지 여부는 법률행위 해석의 일반원칙에 따라야 하고, 당사자 사이에 계약의 해석을 둘러싸고 이견이 있어 처분문서에 나타난 당사자의 의사해석이 문제되는 경우에는 문언의 내용, 그와 같은 약정이 이루어진 동기와 경위, 약정에 의하여 달성하려는 목적, 당사자의 진정한 의사 등을 종합적으로 고찰하여 논리와 경험칙에 따라 합리적으로 해석하여야 한다.

3) 합유물의 처분, 변경

합유물의 보존행위는 합유자 각자가 단독으로 할 수 있으나(제272조 단서), 합유물의 처분이나 변경시에는 어떻게 할지가 문제된다.

이와 관련하여 물권편에서는 제272조 본문이 "합유물을 처분, 또는 변경함에는 보유자 전원의 동의가 있어야 한다."고 규정하여 합수성의 원칙을 채택하고 있는 반면에, 채권편에서는 제706조 제2항이 "조합의 업무집행은 조합원의 과반수로써 결정한다. 업무집행조합원이 수인인 때에는 그 과반수로써 결정한다."라고 규정하여 다수결의 원칙을 채택하고 있어 서로 상충되고 있다.

이에 대하여는 여러 견해가 있지만, 크게는 조합재산의 처분, 변경은 조합의 존속, 목적의 달성과 밀접한 관계를 맺고 있으므로 이에는 제706조 제2항이 아니라 제272조가 적용되어야 한다고 보는 견해와, 제272조는 모든 합유물에 관하여 적용되는 일반규정임에 비하여 제706조 제2항은 조합재산에 한정하여 적용되는 특별규정이므로 합유물이 조합재산인 한 제706조 제2항이 우선 적용되어야 한다는 견해, 제272조는 업무집행조합원이 정해지지 않은 경우에 관한 특별규정으로 보아야 하므로 업무집행조합원이 따로 없는 경우에는 제272조에 따라 조합원 전원의 합의를 필요로 하지만 업무집행조합원이 정해진 경우에는 제706조 제2항에 따라 업무집행조합원의 과반수로써 결정하여야 한다는 견해로 나뉜다.[27]

판례는 조합재산의 처분에는 조합원 전원의 동의가 있어야 한다고 하였다가, 현재는 특별한 약정이 없는 한 업무집행조합원이 정해진 여부와 관계없이 제706조 제2항을 적용하는 입장으로 변경되었다(그러므로 업무집행조합원이 수인인 경우에는 그 수인의 과반수). 이와 같은 판례의 견해는, 업무집행조합원은 2/3이상의 찬성으로만 선임된다는 점에서 굳이 전원이 아니라 그들에게 맡겨도 큰 문제가 없다는 점과 함께, 조합사무처리의 편의성과 효율성을 제고하기 위한 정책적 고려가 들어간 것이다.

합유에 관한 제270조의 규정은 글자 그대로 합유에서의 일반적인 규정임에 비하여 조합에 있어서는 제706조라는 특별규정이 존재한다는 점에서, 일종의 일반규정 대 특별규정의 관계로서, 업무집행조합원의 존재 여부와 상관없이 조합재산의 처분이나 변경시에는 제706조가 적용되어 조합원의 과반수(또는 업무집행조합원의 과반수)로써 결정되어야 한다고 볼 것이다.

판례

대법원 1990. 2. 27. 선고 88다카11534 판결 【채권양도】

2인이 동업하는 조합의 조합원 1인이 다른 조합원의 동의 없이 한 조합채권양도행위는 무효이다.

대법원 1991.5.15.자 91마186 결정 【공사중지가처분결정】

공동으로 공유수면매립면허를 받아 매립공사를 동업하는 두 회사 중 한 회사가 조합재산인 위 면허권 전부를 다른 회사의 동의 없이 타인에게 양도하였다면 이는 합유물을 합유자 전원의 동의 없이 처분한 것이 되어 무효이다.[28]

대법원 1998. 3. 13. 선고 95다30345 판결 【공사대금】

업무집행자의 선임에 조합원 전원의 찬성이 있을 것을 요하지 아니하고 업무집행자는 업무집행에 관하여 대리권 있는 것으로 추정하도록 한 민법 제706조, 제709조의 규정 취지에 비추어 볼 때, 업무집행자가 없는 경우에도 조합의 업무집행에 조합원 전원의 동의는 필요

27 견해의 대립은 송덕수, 채권법각론, 399-400면 참조.

하지 않다고 하여야 할 것이고, 한편 조합재산의 처분 · 변경도 조합의 업무집행의 범위에 포함된다고 할 것이므로, 결국 업무집행자가 없는 경우에는 조합의 통상사무의 범위에 속하지 아니하는 특별사무에 관한 업무집행은 원칙적으로 조합원의 과반수로써 결정하는 것이고, 조합재산의 처분 · 변경에 관한 행위는 다른 특별한 사정이 없는 한 조합의 특별사무에 해당하는 업무집행이라고 보아야 한다. 다만, 조합의 업무집행 방법에 관한 위와 같은 민법 규정은 임의규정이라고 할 것이므로, 당사자 사이의 약정에 의하여 조합의 업무집행에 관하여 조합원 전원의 동의를 요하도록 하는 등 그 내용을 달리 정할 수 있고, 그와 같은 약정이 있는 경우에는 조합의 업무집행은 조합원 전원의 동의가 있는 때에만 유효하다.

대법원 2000. 10. 10. 선고 2000다28506,28513 판결 【양도채권금 · 병합】

조합재산의 처분 · 변경에 관한 행위는 다른 특별한 사정이 없는 한 조합의 특별사무에 해당하는 업무집행이며, 업무집행조합원이 수인 있는 경우에는 조합의 통상사무의 범위에 속하지 아니하는 특별사무에 관한 업무집행은 민법 제706조 제2항에 따라 원칙적으로 업무집행조합원의 과반수로써 결정한다.[29]

대법원 2002. 1. 25. 선고 99다62838 판결 【공사대금】

민법 제709조에 의하면 조합계약으로 업무집행자를 정하였거나 또는 선임한 때에는 그 업무집행조합원은 조합의 목적을 달성하는 데 필요한 범위에서 조합을 위하여 모든 행위를 할 대리권이 있는 것으로 추정되지만, 위 규정은 임의규정이라고 할 것이므로 당사자 사이의 약정에 의하여 조합의 업무집행에 관하여 조합원 전원의 동의를 요하도록 하는 등 그 내용을 달리 정할 수 있고, 그와 같은 약정이 있는 경우에는 조합의 업무집행은 조합원 전원의 동의가 있는 때에만 유효하다 할 것이어서, 조합의 구성원이 위와 같은 약정의 존재를 주장 · 입증하면 조합의 업무집행자가 조합원을 대리할 권한이 있다는 추정은 깨어지고 업무집행자와 사이에 법률행위를 한 상대방이 나머지 조합원에게 그 법률행위의 효력을 주장하기 위하여는 그와 같은 약정에 따른 조합원 전원의 동의가 있었다는 점을 주장 · 입증할 필요가 있다.

---

28 앞의 판례와 함께 본 판례도 2인 조합원으로 구성된 조합임을 염두에 둘 것. 이와 같은 종전 판례들의 결론도 앞서 본 바와 같은 결론과 상치되지 않는 것이고(어느 경우나, '조합원 과반수'가 되지 않은 사안들이기 때문이다), 위 95다30345 판결이 전원합의체를 열어 견해를 변경하지 않은 것도 이 때문으로 보인다. 그러나 종전 판결들의 설시는 조합재산관계에 한하지 않는 합유관계 일반에 관한 것으로 이해하는 것이 종전의 통례였기 때문에, 95다30345 판결에서 이를 보다 명확히한 것으로 볼 수 있다.

4) 분할청구의 금지(제273조 제2항)

각 조합원은 전체로서의 조합재산의 분할도, 개개의 합유물의 분할도 청구하지 못한다. 다만 전원의 합의로 조합재산 전체를 분할하거나 개개의 조합재산을 분할할 수는 있으며, 조합이 해산하여 청산절차가 종료한 후에는 잔여재산에 대하여 분할을 청구할 수 있다. 분할시에는 공유물의 분할에 관한 규정을 준용한다(제274조 제2항).

(나) 소유권 이외의 재산권의 합유

손해배상채권이나 소유권이전등기청구권 등 소유권 이외의 재산권도 조합원의 준합유물이고,[30] 채무도 조합원의 준합유물이다. 그러므로 채권이 가분적이라 할지라도 조합원 1인이 임의로 청구할 수 없고 조합원이 공동으로 하여야 하며, 채권의 추심은 전조합원이 합수적으로 공동하여 할 수 있을 뿐이고, 추심한 것도 합유재산으로 되며 처분도 공동으로 하여야 한다.

판례

대법원 1997. 8. 26. 선고 97다4401 판결 【제3자이의의소】

조합의 채권은 조합원 전원에게 합유적으로 귀속하는 것이어서, 특별한 사정이 없는 한 조합원 중 1인이 임의로 조합의 채무자에 대하여 출자지분의 비율에 따른 급부를 청구할 수 없는 것이므로, 조합원 중 1인의 채권자가 그 조합원 개인을 집행채무자로 하여 조합의 채권에 대하여 강제집행하는 경우, 다른 조합원으로서는 보존행위로서 제3자이의의 소를 제기하여 그 강제집행의 불허를 구할 수 있다.

---

29 조합의 임원회의 결의로 그 조합재산인 채권을 타인에게 양도한 경우, 그 조합 임원들이 조합의 업무집행조합원들이고 그 채권의 양도는 조합의 특별사무에 해당하는 조합재산의 처분이라는 이유로 그 임원회의 과반수 결의로 이루어진 채권의 양도는 유효한 업무집행이라고 본 사례이다.

30 민법전은 '준합유'라는 말을 정면으로 사용하고 있지는 않다. 제278조 참조.

대법원 2001. 2. 23. 선고 2000다68924 판결 【부당이득금】

민법상 조합의 채권은 조합원 전원에게 합유적으로 귀속하는 것이어서 특별한 사정이 없는 한 조합원 중 1인에 대한 채권으로써 그 조합원 개인을 집행채무자로 하여 조합의 채권에 대하여 강제집행을 할 수 없고, 조합 업무를 집행할 권한을 수여받은 업무집행 조합원은 조합재산에 관하여 조합원으로부터 임의적 소송신탁을 받아 자기 이름으로 소송을 수행할 수 있다.[31]

(다) 조합재산과 등기

조합재산이 부동산인 경우 조합원 전원의 합유로 등기한다.[32] 공유와는 달리 합유에서는 조합원의 지분은 표시되지 않는다. 조합재산에 관한 합유지분의 처분은 불가능하므로 합유지분이전등기청구는 불가능하고, 조합원의 가입이나 탈퇴가 있는 때에는 합유명의자 변경등기의 방식을 사용한다.[33]

예컨대 甲, 乙, 丙으로 이루어진 조합에서, 甲이 자신의 지분을 丁에게 이전해주는 경우의 등기부상 처리에 관하여 살펴보자. 공유의 경우라면 지분처분의 자유가 있으므로, 지분이전등기를 하면 족한 것이고, 丁은 甲을 상대로 매매 등을 원인으로 하는 지분이전등기를 소구할 수도 있다. 그런데 조합의 경우에는 조합원지위의 승계가 있는 것이므로, 지분이전등기를 소구할 수는 없다. 그래서 丁은 甲, 乙, 丙 모두를 상대로 하여 합유명의자변경등기청구를 하는 것이다. 즉 '합유자명의를 甲, 乙 ,丙에서 丁, 乙, 丙으로 변경하라'는 판결을 구하는 형태를 취한다.

---

31 수급인인 6개 회사가 공동협정서에 터 잡아 상호 출자하여 신축공사 관련사업을 공동으로 시행하기로 하는 내용을 약정한 경우 그들 사이에는 민법상 조합이 성립하므로, 세무서장이 조합의 구성원인 1개 회사의 부가가치세 체납을 이유로 6개 회사의 조합재산인 공사대금채권에 대하여 압류처분을 한 것은 체납자 아닌 제3자 소유의 재산을 대상으로 한 것으로서 당연무효라고 하였다.

32 전조합원의 이름을 모두 기재한 후 합유라는 표시를 한 소유권이전등기를 한다. 합유등기의 기재례 및 지분표시를 하지 않는다는 점에 관하여는 대법원 등기예규 제911호 '합유등기의 사무처리' (1998. 1. 14. 제정)를 참조.

33 조합원의 사망시에도 마찬가지이다(조합원의 지위는 상속대상이 아니므로).

판례

대법원 1997. 5. 30. 선고 95다4957 판결 【소유권이전등기】

2인 이상이 상호출자하여 공동사업을 경영할 것을 약정함으로써 효력이 생기는 조합에 있어서는 조합계약이나 조합원의 3분의 2 이상의 찬성으로써 업무집행자를 정할 수 있고, 조합의 업무를 집행하는 조합원은 조합업무의 처리로 인하여 받은 금전 기타의 물건 및 그 수취한 과실을 조합에 인도하여야 하고, 조합을 위하여 자기의 명의로 취득한 권리는 조합에게 이전하도록 되어 있는 바, 갑과 을이 각자 자금을 출자하고 공동으로 공사를 시공하여 그 이익을 반분하기로 하되 갑은 공사시공과 관계되는 일을 맡고 을은 자금관리와 대외적 업무처리를 맡기로 하는 내용의 동업약정을 맺고 위와 같은 동업관계를 유지하면서 건물의 신축공사를 진행한 경우, 을은 적어도 자금관리와 대외적 업무처리에 관한 한 갑, 을로 구성된 조합의 업무집행자라고 할 것이고, 조합의 업무집행자인 을이 조합의 대외적 업무처리를 하면서 자기의 이름으로 건물에 관한 공유지분을 취득하였다면 그것은 조합의 업무집행자로서의 권리취득이 되어 특약이 없는 한 공유지분을 조합 앞으로 이전하여 줄 의무가 있으며, 조합원 중의 1인인 갑으로서도 갑, 을 사이의 조합계약에 기하여 조합의 업무집행자인 을이 취득한 공유지분을 조합 앞으로 이전할 것을 청구할 수 있다.[34]

다. 조합채무에 대한 책임(제712조)

(1) 문제점(조합원 개인의 분할책임만을 규정하고 있음)

조합이 제3자에 대하여 부담하는 채무도 조합원 개인의 채무와는 구별되어 소극적 조합재산의 하나로서 전조합원들에게 합유적으로 귀속한다. 그리고 이를 준

34 이렇게 되면 결국 조합원의 1인인 원고는 타 조합원인 피고에게 피고 단독 명의로 경료되어 있는 공유지분에 대하여 조합원의 합유로, 즉 원고와 피고의 공동명의로의 합유등기를 할 것을 청구할 수 있다는 의미이다. 즉 원고의 이 사건 건물의 공유지분에 관한 원 · 피고의 합유등기청구는 위와 같은 조합계약상의 조합원의 권리를 행사하는 취지로 볼 수 있고, 따라서 업무집행자인 피고는 원 · 피고로 구성된 조합에 대하여 그 조합재산에 속하여야 할 위 공유지분에 관하여 합유자 원 · 피고로 한 소유권이전등기절차를 이행할 의무가 있다고 할 것이므로, 원심이 피고의 위와 같은 소유권이전등기절차 이행의무를 인정한 조치는 결론적으로 정당하다(대판 1997. 5. 30, 95다4957【소유권이전등기】). 이 판결은 합유지분이전등기를 명하는 형식이 되어 앞서 설명한 지분처분의 제한과 부합되지 않는 면이 있다.

합유라고도 한다.

민법은 제712조에서 "조합채권자는 그 채권발생 당시에 조합원의 손실부담의 비율을 알지 못한 때에는 각 조합원에게 균분하여 그 권리를 행사할 수 있다."라고 규정하여 조합채무에 대하여 각 조합원의 책임을 인정하고 있지만,[35] 조합재산으로 책임을 지는 것인지에 대하여는 아무런 규정이 없다. 여기서 각 조합원 이외에 조합재산도 책임을 부담하는 것인지, 부담한다면 각 조합원의 개인책임과는 어떤 관계인지가 문제된다.

(2) 학설 및 판례

여러 견해가 있지만, 판례와 통설은 조합재산이 조합원의 개인재산과 구별되는 것과 같이 조합채무도 조합원 개인의 채무와 구별되므로, 조합채무에 대하여 조합원은 그의 개인재산의 책임과 함께 조합재산에 의한 공동책임을 지고, 양자의 관계는 어느 하나가 우선하는 것이 아니고 병존적이라고 한다. 즉 조합원 개인에 대한 공취를 인정하는 제712조의 규정은, 조합재산에 대하여 공취할 수 있음을 당연한 전제로 하는 규정으로 해석된다. 그에 따라 甲, 乙, 丙 3人의 조합의 경우 조합채권자는 甲, 乙, 丙 전원을 상대로 청구할 수도 있고, 자력 있는 甲 1인만을 상대로 청구할 수도 있다(개별소송 내지는 통상공동소송(필수적 공동소송과는 달리, 판결이 공동소송인들에게 합일적으로 확정될 것을 요하지 않는다)). 다만 후자의 경우에는, 원칙적으로 균분하여 채권액의 1/3에 대하여만 청구할 수 있는 것이다.

---

35 이는 조합채권자를 보호하기 위한 것으로서, 이 점은 사원이 전혀 책임을 부담하지 않는 법인의 경우와 큰 차이를 보인다.

(3) 책임의 구체적 내용

(가) 조합재산에 의한 공동책임

조합의 채권자는 채권 전액에 관하여 '조합재산'으로부터 채권을 청구할 권리가 있다. 비록 채권자가 조합원의 1인이라 할지라도 관계없다. 조합원이 제3자로부터 채권을 양수하더라도 혼동이 일어나지 않음은 당연하다.

그러나 조합원에 대하여 개인적으로 채권을 가진 자는 원칙적으로 조합재산에 대하여 강제집행을 할 수는 없고, 제714조에 의하여 조합원의 지분[36]에 대한 압류만이 가능하다. 이 경우 압류는 그 조합원의 장래의 이익배당 및 지분의 반환을 받을 권리에 대하여만 효력이 있게 된다. 압류를 한 채권자는 법원의 추심명령이나 전부명령에 의하여 채권의 변제에 충당하게 된다.

판례

대법원 1999. 5. 11. 선고 99다1284 판결 【보증금반환】

조합채무는 조합원들이 조합재산에 의하여 합유적으로 부담하는 채무이고, 두 사람으로 이루어진 조합관계에 있어 그 중 1인이 탈퇴하면 탈퇴자와의 사이에 조합관계는 종료된다 할 것이나 특별한 사정이 없는 한 조합은 해산되지 아니하고, 조합원들의 합유에 속한 조합재산은 남은 조합원에게 귀속하게 되므로, 이 경우 조합채권자는 잔존 조합원에게 여전히 그 조합채무 전부에 대한 이행을 청구할 수 있다.

(나) 조합원 개인책임[37]

원칙적으로 각 조합원은 조합채무에 관하여 분할채무(제408조)를 부담한다. 즉 손실부담비율이 정해진 때에는 그에 의하고 그렇지 않을 때에는 균등비율로 부담

---

36 여기서 말하는 지분이란 개개의 목적물에 대한 지분이 아니라 전체로서의 조합재산에 대한 조합원의 지분을 의미한다.

37 견해의 대립은 송덕수, 채권법각론, 402면 참조.

한다. 다만 일부 조합원에게 변제자력이 없는 경우에는 다른 조합원이 균분하여 변제할 책임이 있다(민법 제713조).

이처럼 균등분할책임이 원칙이지만, 그 채무가 상행위로 인한 것이거나(상법 제57조) 기타 연대채무인 경우 등에는 분할책임원칙이 적용되지 않고, 손실분담비율이 상이한 경우에는 조합채권자 보호를 위하여 이를 조합원이 주장, 입증하여야 한다.

판례

대법원 1983. 5. 10. 선고 81다650 판결【약속어음금】

음식점시설제공자의 이익여부에 관계없이 정기적으로 일정액을 지급할 것을 약정하되 대외적 거래관계는 경영자가 그 명의로 단독으로 하여 그 권리의무가 그에게만 귀속되는 동업관계는 상법상 익명조합도 아니고 민법상 조합도 아니어서 대외적으로는 오로지 경영자만이 권리를 취득하고 채무를 부담하는 것이고 그가 변제자력이 없거나 부족하다는 등의 특별한 사정이 있더라도 민법 제713조가 유추적용될 여지는 없다.

대법원 1991. 11. 22. 선고 91다30705 판결【계약금】

조합의 채권자가 조합원에 대하여 조합재산에 의한 공동책임을 묻는 것이 아니라 각 조합원의 개인적 책임에 기하여 당해 채권을 행사하는 경우에는 조합원 각자를 상대로 하여 그 이행의 소를 제기할 수 있고, 한편 그 조합채무가 특히 조합원 전원을 위하여 상행위가 되는 행위로 인하여 부담하게 된 것이라면 그 채무에 관하여 조합원들에 대하여 상법 제57조 제1항을 적용하여 연대책임을 인정함이 마땅하다고 볼 것이다(당원 1976.12.14. 선고 76다2212 판결 등 참조).

원심은 거시 증거에 의하여, 피고가 제1심 공동피고 주0성, 소외 김0권 등과 함께 1983.6.2. 판시와 같은 "00쇼핑센타"라는 상가건물의 건축 및 그 점포 분양 등 사업을 공동으로 경영하기로 약정하고 그 동업 대표자로 선정된 사실, 이에 따라 피고가 1984.1.15. 원고에게 위 상가건물 내의 1층 107호 점포를 대금 85,428,000원에 분양 매도하고, 원고로부터 그 대금 일부로 합계 금 39,899,800원을 수령한 사실, 그 후 원고와 피고는 1984.8.15. 판시와 같은 사정에 의하여 위 분양계약을 합의해제하면서 그 원상회복으로 피고가 원고에게 위 수령대금액 중 금 36,735,800원을 반환지급하기로 약정한 사실 등을 인정하고, 이에 터잡아 피고는 상행위인 위 상가분양사업의 동업자들인 위 주0성, 김0권 등과 연대하여 원고에게 위 약정한 금 36,735,800원 및 이에 대한 지연손해금을 지급할 의무가 있다고 판단하였다.

기록과 대조하여 살펴보면, 원심의 위와 같은 사실인정은 정당한 것으로 수긍이 가고 거기에 소론과 같은 채증법칙 위반의 잘못이 있다 할 수 없으며, 또 사실관계가 그러하다면 이 사건 금원지급 채무는 위 동업체의 조합채무로서 그 조합원 전원을 위하여 상행위가 되는 행위로 인하여 부담하게 된 경우에 해당한다 할 것이므로, 피고가 그 개인적 책임에 기하여 다른 조합원들과 연대하여 이를 변제할 책임이 있다고 판단한 원심의 조치도 옳고, 소론이 지적하는 바와 같은 법리오해의 잘못이 있다 할 수 없다.[38]

대법원 1975. 5. 27. 선고 75다169【대여금】

조합채권자는 채권발생 당시에 조합원의 손실부담의 비율을 알지 못한 때에는 각 조합원에게 균분하여 권리를 행사할 수 있는 것이므로, 조합원에 대하여 균분하여 권리를 행사하는 조합채권자에 대하여 손실부담의 비율이 다른 조합원이 있는 경우에는 그 조합원이 이를 주장 · 입증할 책임이 있다.

6. 손익분배

조합의 사업으로 인한 이익과 손실은 각 조합원에게 귀속한다. 따라서 조합은 각 조합원에게 손익을 분배할 의무가 있는바, 그 비율은 조합계약으로 정할 수 있지만, 손실은 특정 조합원만이 부담할 수 있지만 이익만큼은 모든 조합원에게 분배되어야 하고, 만일 일부 조합원이 이익을 분배받지 못하도록 하는 특약이 있다면 이는 앞서 설명한 대로 조합이라고 볼 수 없다.

38 즉 조합채무의 책임을 전제로 조합원 개인의 책임을 인정하고 있으며, 이 경우 필수적 공동소송이 아닌 통상공동소송임을 주의하여야 한다.

판례

대법원 1996. 10. 25. 선고 96다32201 판결 【출자금반환】

조합이 해산되고 별도의 청산절차를 밟을 필요가 없어 출자의무를 이행한 조합원이 출자의무를 이행하지 않은 다른 조합원들에 대하여 그 출자재산의 반환채권을 갖게 되는 경우, 다른 조합원의 반환채무 부담비율은 조합계약에서 정한 손실부담의 비율에 의함이 상당하고 그 부담부분의 특약이 없었다면 균등한 것으로 추정해야 한다.

대법원 1993. 5. 25. 선고 92다5744, 92다5751 판결 【이익금반환】

절반씩 투자하여 부동산을 취득 전매하여 이익금을 반분하기로 하는 동업계약을 체결한 후 당초 약정된 비율의 출자를 이행하지 아니하여 다른 출자자가 대신 출자한 경우 당초 약정된 이익분배비율이 실제 출자가액비율로 변경된다고 볼 수 없다.

대법원 2006. 8. 25. 선고 2005다16959 판결 【손해배상(기)】

건설공동수급체는 기본적으로 민법상 조합의 성질을 가지는 것인데, 건설공동수급체의 구성원인 조합원이 그 출자의무를 불이행하였더라도 그 조합원을 조합에서 제명하지 않는 한 건설공동수급체는 조합원에 대한 출자금채권과 그 연체이자채권, 그 밖의 손해배상채권으로 조합원의 이익분배청구권과 직접 상계할 수 있을 뿐이고, 조합계약에서 출자의무의 이행과 이익분배를 직접 연계시키는 특약을 두지 않는 한 출자의무의 불이행을 이유로 이익분배 자체를 거부할 수는 없다.

7. 조합원의 변동

가. 일반

조합이 존속하고 있는 동안에 종래 조합원이 아니었던 자가 새로이 조합원으로서의 자격을 얻는 것을 가입이라 하고, 그와 반대로 기왕의 조합원이 조합원의 자격을 잃는 것을 탈퇴라고 한다. 그리고 이러한 가입과 탈퇴를 조합원의 변동이라고 하는바, 조합원의 변동이 있더라도 조합은 그 동일성을 유지하고 존속하는지 문제된다.

이는 결국 조합의 계약성과 단체성의 문제로 귀결되는 바, 민법은 탈퇴에 관하여만 규정하면서, 탈퇴시에도 조합의 동일성이 유지된다는 입장을 취하고 있다.

나. 조합원의 가입

조합원의 가입은 조합업무의 집행범위에 속하는 것이 아니므로, 조합계약에서 따로 정하지 않는 한 업무집행조합원의 권한에 속하지 아니하고 조합원 전원이 관여하여야 한다.

새로 가입한 조합원은 가입 전의 조합채무에 대하여 개인재산으로써 책임을 지지는 않지만 조합재산 중 합유지분에 대하여는 당연히 책임을 진다.

다. 조합원 지위의 양도

조합원이라는 지위는 가입과 탈퇴로 인하여 취득되고 상실되는 것으로(일종의 사원권이다), 이를 양도할 수 있는지가 문제된다. 이를 인정하면 가입이나 탈퇴의 절차를 밟지 않고도 조합원의 교체를 이룰 수 있다는 이점이 있게 된다.

학설은 조합계약에서 이를 인정할 때나 전원의 동의가 있는 때에는 가능하다고 본다.[39] 판례도 이를 인정하고 있다.[40]

---

39 견해의 대립은 송덕수, 채권법각론, 406-407면 참조.

40 대판 1961. 7. 20, 4293민상669 등.

라. 조합원의 탈퇴

(1) 임의탈퇴(제716조)

(가) 의의

조합계약으로 존속기간을 정하지 않았거나 종신까지 존속하는 것으로 정한 때에는 조합원은 언제든지 탈퇴할 수 있지만, 부득이한 사유가 없는 한 조합이 불리한 시기에 탈퇴하지 못한다. 그리고 조합이 존속기간을 정한 때에도 부득이한 사유가 있으면 탈퇴할 수 있다. 또한 민법상 조합에 있어서 조합원은 임의로 탈퇴할 수 있고 그 탈퇴는 다른 조합원 전원에 대한 의사표시로 하여야 한다.

판례

대법원 1997. 9. 9. 선고 96다16896 판결 【소유권이전등기말소등】

[1] 원호대상자 정착직업재활조합 서울목공분조합은 그 설립에 있어서 구 원호대상자직업재활법 제17조와 그 시행령 제19조 등의 공법상의 근거에 기초하고 있고 공법적으로 국립직업재활원장의 후견적 감독을 받는다는 점에서는 전형적인 '민법상' 조합이라기보다 오히려 비법인 사단에 가까운 요소들을 일부 구비하고 있으나, 그 분조합의 목적, 분조합 재산에 대한 합유 규정, 분조합 채무에 대한 분조합원들의 무한책임, 분조합원 자격의 제한, 가입과 탈퇴에 대한 제약 등에 비추어 볼 때에 그 실질은 민법상 조합에 다름 아닌 것으로서, 분조합원의 탈퇴와 분조합 재산의 처분과 귀속, 그에 대한 보존행위의 방법 등에 관하여는 우선 원호대상자직업재활법과 그 시행령, 분조합 운영규약이 정하는 바에 따르고, 민법의 합유재산에 관한 규정 및 조합에 관한 규정을 적용하여야 한다.

[2] 민법상 조합에 있어서 조합원은 임의로 탈퇴할 수 있고 그 탈퇴는 다른 조합원 전원에 대한 의사표시로 하여야 하나 조합계약에서 탈퇴의사의 표시 방식을 따로 정하는 특약은 유효하다고 할 것인바, 원호대상자 정착직업재활조합 서울목공분조합의 경우에는 분조합 운영규약 제6조가 분조합원이 탈퇴하고자 할 때에는 분조합장은 국립직업재활원장의 승인을 얻어 그 분조합원을 탈퇴시킬 수 있다고 규정하고 있고, 이는 민법상 잔존 조합원들이 탈퇴 조합원의 탈퇴 의사표시의 상대방이 되어 그 의사표시를 수령하는 것에 갈음하여 분조합장이 탈퇴 의사표시를 수령하도록 하고, 다시 국립직업재활원장의 승

인이라고 하는 공법적인 감독을 받도록 한 것이라고 볼 수 있으므로 분조합원이 분조합장 이외의 다른 사람에게 탈퇴 의사표시를 하여도 그로써 탈퇴의 효과는 생기지 않는다.

[3] 원호대상자 정착직업재활조합 서울목공분조합 조합원의 탈퇴에 대한 국립직업재활원장의 승인은 분조합원의 탈퇴라는 법률효과를 발생시키기 위한 효력 요건의 하나로서 국립직업재활원장이 분조합원의 탈퇴를 승인한다는 것을 외부적으로 명확하게 표시하여야 할 것이고, 국립직업재활원장이 분조합의 해산을 지시한 일이 있다 하여도 그것을 가지고 분조합원의 탈퇴에 대한 승인으로 볼 수는 없다.

[4] 원호대상자 정착직업재활조합 서울목공분조합의 운영규약 제16조 제1항은 재산합유지분은 임의 양도할 수 없다고 규정하고 있는바, 그 의미는 민법 제273조 제1항이 합유자는 전원의 동의 없이 합유물에 대한 지분을 처분하지 못한다고 규정하고 있는 것보다도 합유지분의 양도를 더욱 제한하여 합유지분의 양도를 절대적으로 금지하는 것이라고 볼 수 있으므로, 위 분조합 조합원이 1980년 당시 합동수사본부 제2국장에게 그들이 분조합 재산에 대하여 합유지분에 의하여 가지는 일체의 권리를 대한민국에 헌납한다는 의사표시를 하였다 하더라도 그 의사표시는 운영규약 제16조 제1항에 위반되어 무효이다.

[5] 합유지분 포기가 적법하다면 그 포기된 합유지분은 나머지 잔존 합유지분권자들에게 균분으로 귀속하게 되지만 그와 같은 물권변동은 합유지분권의 포기라고 하는 법률행위에 의한 것이므로 등기하여야 효력이 있고 지분을 포기한 합유지분권자로부터 잔존 합유지분권자들에게 합유지분권 이전등기가 이루어지지 아니하는 한 지분을 포기한 지분권자는 제3자에 대하여 여전히 합유지분권자로서의 지위를 가지고 있다고 보아야 한다.

[6] 합유물에 관하여 경료된 원인 무효의 소유권이전등기의 말소를 구하는 소송은 합유물에 관한 보존행위로서 합유자 각자가 할 수 있다.

(나) 부득이한 사유

여기서 부득이한 사유에 해당하는지 여부는 조합원의 일신상의 주관적인 사유 및 조합원 개개인의 이익뿐만 아니라 단체로서의 조합의 성격과 조합원 전체의 이익 등을 종합적으로 고려하여 판단하여야 한다.[41]

조합원이 이주를 하였기 때문에 공동사업에 참여할 수 없게 된 경우, 조합업무

---

41 대판 1997. 1. 24, 96다26305【양수금】.

의 부진이나 타 조합원의 무성의 등이 여기에 해당할 수 있다.

(다) 조합에 불리한 시기

이는 조합의 목적, 사업경영의 상황, 경제계의 동향 등 여러 사정에 비추어 보아 그 조합원이 그 시기에 탈퇴하는 것이 조합의 목적을 달성하는 데 특히 불이익한 시기를 말한다.

(라) 해지

조합원의 임의탈퇴는 일종의 조합계약의 해지이지만 민법상의 일반 계약의 해지나 해제가 인정되지 않음은 앞서 설명한 바와 같다.

(2) 비임의탈퇴(제717조)

(가) 조합원의 사망

조합계약에서 특별히 인정하고 있지 않는 한[42] 조합원이 사망하더라도 조합원의 지위는 상속인에게 상속되지 않는다.[43] 재산권임에도, 공동사업의 경영은 인적결합으로서 그 개성이 중시되기 때문이다. 그에 따라 조합원은 사망으로 조합에서 당연히 탈퇴하고, 상속인은 지분반환청구권만을 취득할 뿐이다.

부동산의 합유자 중 1인이 사망하면 합유자 사이에 특별한 약정이 없는 한 사망한 합유자의 상속인은 제719조에 의하여 사망자에게 발생한 지분반환청구권만을 상속할 뿐 합유자로서의 지위를 승계하는 것이 아니므로, 사망한 합유자의 지분에 관하여 그 상속인 앞으로 상속등기를 하거나 해당 부동산을 그 상속인 및 잔존

---

42 판례는 조합원 지위의 상속을 허용하는 특약의 유효성을 인정하고 있다(대결 1978. 7. 7, 78마129【직무집행방해금지가처분】).

43 대판 1994. 2. 25, 93다39225【소유권이전등기말소】등. 이는 조합원간의 신뢰성을 중요시한 것이다.

합유자의 합유로 변경등기를 하여서는 안 되고, 잔존 합유자만으로의 합유명의자 변경등기를 하여야 한다.

다만 잔존 조합원과 상속인이 새로운 합의에 의하여 상속인을 새로운 조합원으로 가입시키는 것은 당연히 허용된다.

(나) 파산, 성년후견개시,[44] 제명

조합원은 파산,[45] 성년후견개시, 제명(제718조 제1항: 조합원의 제명은 정당한 사유있는 때에 한하여 다른 조합원의 일치로써 이를 결정한다.)[46]을 받아도 당연히 탈퇴된다.

(3) 탈퇴의 효과

조합원이 탈퇴하게 되면 조합원으로서의 지위를 상실하는 반면 조합은 탈퇴 조합원(혹은 사망의 경우 그 상속인)과의 사이에 재산관계를 청산하여야 하고, 나머지 조합재산은 다른 조합원의 합유가 되고, 잔존 조합원이 1인인 경우에는 그 조합원의 단독소유가 된다.[47] 다만 부동산의 경우에는 합유자명의변경등기를 하여야만 잔존 조합원의 지분이 확대된다.

---

44 2011. 3. 7. '금치산'은 '성년후견의 개시'로 개정되어, 2013. 7. 1.부터 시행된다.

45 대판 2004. 9. 13, 2003다26020【공사대금등】: 조합원들이 조합계약 당시 민법 제717조의 규정과 달리 차후 조합원 중에 파산하는 자가 발생하더라도 조합에서 탈퇴하지 않기로 약정한다면 이는 장래의 불특정 다수의 파산채권자의 이해에 관련된 것을 임의로 위 법 규정과 달리 정하는 것이어서 원칙적으로는 허용되지 않는다 할 것이지만, 파산한 조합원이 제3자와의 공동사업을 계속하기 위하여 그 조합에 잔류하는 것이 파산한 조합원의 채권자들에게 불리하지 아니하여 파산한 조합원의 채권자들의 동의를 얻어 파산관재인이 조합에 잔류할 것을 선택한 경우까지 조합원이 파산하여도 조합으로부터 탈퇴하지 않는다고 하는 조합원들 사이의 탈퇴금지의 약정이 무효라고 할 것은 아니다.

46 대판 1997. 7. 25, 96다29816【소유권이전등기말소】: 조합원이 출자의무를 이행하지 않는 것은 민법 제718조 제1항에서 정한 조합원을 제명할 정당한 사유에 해당한다고 할 것인바, 그와 같은 출자의무의 불이행을 이유로 조합원을 제명함에 있어 출자의무의 이행을 지체하고 있는 당해 조합원에게 다시 상당한 기간을 정하여 출자의무의 이행을 최고하여야 하는 것은 아니다.

47 대판 1994. 2. 25, 93다39225【소유권이전등기말소】.

(4) 2인 조합에서의 탈퇴의 법률관계

판례는 2인 조합에서의 탈퇴를 인정하고 원칙적으로 해산사유가 아니라는 입장이다. 즉 2인 조합에서 1인이 탈퇴하더라도, 조합관계는 실질적으로 종료하지만 특별한 사정이 없는 한 조합은 해산되지 않고(즉 예외적으로는 1인 조합도 있을 수 있게 된다) 청산도 뒤따르지 않으며, 잔존 조합원의 합유에 속한 재산은 남은 조합원의 단독소유에 속하여, 탈퇴자와 남은 자 사이에는 탈퇴로 인한 계산을 하는 데 불과하다고 한다.[48]

결국 탈퇴자는 지분(상당액의) 반환청구권만을 갖게 되는데, 잔존조합원으로서는 조합재산을 처분해버릴 수도 있고, 정산을 해주지 않으려고 할 수도 있는 등, 매우 불안정한 권리상태에 놓이게 된다. 다만 일정한 경우에는 예외적으로 제720조의 부득이한 사유에 의한 해산청구를 인정하고 있다(즉, 이 경우에도 당연히 해산이 되는 것이 아니라, 해산의 '청구'를 요함을 주의).

판례

대법원 1994. 2. 25. 선고 93다39225 판결 【소유권이전등기말소】

부동산의 합유자 중 일부가 사망한 경우, 합유자 사이에 특별한 약정이 없는 한 사망한 합유자의 상속인은 합유자로서의 지위를 승계하는 것이 아니므로, 해당 부동산은 잔존 합유자가 2인 이상일 경우에는 잔존 합유자의 합유로 귀속되고, 잔존 합유자가 1인인 경우에는 잔존 합유자의 단독소유로 귀속된다.[49]

대법원 2006. 3. 9. 선고 2004다49693,49709 판결 【건물명도 · 이익금】

[1] 2인 조합에서 조합원 1인이 탈퇴하면 조합관계는 종료되지만 특별한 사정이 없는 한 조합이 해산되지 아니하고, 조합원의 합유에 속하였던 재산은 남은 조합원의 단독소유에 속하게 되어 기존의 공동사업은 청산절차를 거치지 않고 잔존자가 계속 유지할 수 있다.
[2] 2인 조합에서 조합원 1인이 탈퇴하는 경우, 탈퇴자와 잔존자 사이에 탈퇴로 인한 계산을 함에 있어서는 특단의 사정이 없는 한 민법 제719조 제1항, 제2항의 규정에 따라 '탈퇴

48 대판 2006. 3. 9, 2004다49693·49709【건물명도·이익금】.

당시의 조합재산상태'를 기준으로 평가한 조합재산 중 탈퇴자의 지분에 해당하는 금액을 금전으로 반환하여야 할 것이고, 이러한 계산은 사업의 계속을 전제로 하는 것이므로 조합재산의 가액은 단순한 매매가격이 아닌 '영업권의 가치를 포함하는 영업가격'에 의하여 평가하되, 당해 조합원의 지분비율은 조합청산의 경우에 실제 출자한 자산가액의 비율에 의하는 것과는 달리 '조합내부의 손익분배 비율'을 기준으로 계산하여야 하는 것이 원칙이다.

[3] 2인 조합에서 조합원 1인이 탈퇴하는 경우, 조합의 탈퇴자에 대한 채권은 잔존자에게 귀속되므로 잔존자는 이를 자동채권으로 하여 탈퇴자에 대한 지분 상당의 조합재산 반환채무와 상계할 수 있다.

대법원 1999. 3. 12. 선고 98다54458 판결 【투자금】

두 사람으로 된 동업관계, 즉 조합관계에 있어 그 중 1인이 탈퇴하면 조합관계는 해산됨이 없이 종료되어 청산이 뒤따르지 아니하며 조합원의 합유에 속한 조합재산은 남은 조합원의 단독소유에 속하고, 탈퇴자와 남은 자 사이에 탈퇴로 인한 계산을 하여야 하는 것이며(대법원 1997. 10. 14. 95다22511, 22528 판결 등 참조), 동업자 중 1인이 약정에 따른 출자금을 출자한 후 당사자 간의 불화대립으로 곧바로 동업관계가 결렬되어 그 이후 위 출자의무를 이행한 조합원이 동업관계에서 전적으로 배제된 채 나머지 조합원에 의하여 당초의 업무가 처리되어 온 경우, 부득이한 사유로 인한 해산청구가 가능하며 출자의무를 이행한 조합원은 탈퇴로 인한 계산으로서 자기가 출자한 금원의 반환을 구할 수도 있다.

대법원 2004. 9. 13. 선고 2003다26020 판결 【공사대금등】

조합원들이 조합계약 당시 민법 제717조의 규정과 달리 차후 조합원 중에 파산하는 자가 발생하더라도 조합에서 탈퇴하지 않기로 약정한다면 이는 장래의 불특정 다수의 파산채권자의 이해에 관련된 것을 임의로 위 법 규정과 달리 정하는 것이어서 원칙적으로는 허용되지 않는다 할 것이지만, 파산한 조합원이 제3자와의 공동사업을 계속하기 위하여 그 조합에 잔류하는 것이 파산한 조합원의 채권자들에게 불리하지 아니하여 파산한 조합원의 채권자들의 동의를 얻어 파산관재인이 조합에 잔류할 것을 선택한 경우까지 조합원이 파산하여도 조합으로부터 탈퇴하지 않는다고 하는 조합원들 사이의 탈퇴금지의 약정이 무효라고 할 것은 아니다.

대법원 1997. 7. 25. 선고 96다29816 판결 【소유권이전등기말소】

조합원이 출자의무를 이행하지 않는 것은 민법 제718조 제1항에서 정한 조합원을 제명할 정당한 사유에 해당한다고 할 것인 바, 그와 같은 출자의무의 불이행을 이유로 조합원을 제명함에 있어 출자의무의 이행을 지체하고 있는 당해 조합원에게 다시 상당한 기간을 정하여 출자의무의 이행을 최고하여야 하는 것은 아니다.

8. 조합의 해산과 청산

가. 해산

(1) 취지

조합원의 개인재산과는 독립한 별도의 조합재산이라는 재산을 인정하는 한, 조합이 종료한 경우에는 조합재산을 정리(청산)할 필요가 있다. 이에 우리 민법은 조합의 해산제도를 규정하고 있다.

(2) 해산 사유

존속기간의 만료, 기타 조합계약에서 정한 사유의 발생, 조합원 전원의 합의, 조합의 목적 달성이나 달성 불능 등으로 해산하게 된다.

그러나 조합의 해산은 조합관계의 종료와는 구별되는 개념으로, 앞에서 설명한 바와 같이 2인 조합에서 1인 조합원이 탈퇴하면 잔존자와의 조합관계는 종료하지만 조합이 해산하는 것은 아니고 단지 조합재산이 잔존 조합원의 단독재산이 될 뿐이다.

---

49 등기의무자, 즉 등기부상의 형식상 그 등기에 의하여 권리를 상실하거나 기타 불이익을 받을 자(등기명의인이거나 그 포괄승계인)가 아닌 자를 상대로 한 등기의 말소절차이행을 구하는 소는 당사자적격이 없는 자를 상대로 한 부적법한 소라고 할 것이므로 사망한 조합원의 상속인을 상대로 조합원 명의의 합유등기의 말소를 구하는 소송은 부적법한 소이므로 각하하여야 한다.

(3) 해산청구(제720조)

부득이한 사유가 있는 때에는 각 조합원은 해산을 청구할 수 있다. '부득이한 사유'가 있으면 시기의 제한 없이 언제든지 해산청구를 할 수 있으며, 이 경우에는 앞서의 탈퇴의 경우와는 달리, 조합관계는 해소되고, 2인조합이라고 하더라도 잔존자의 단독소유가 되지 않는다. 따라서 나가는 당사자의 입장에서는 탈퇴보다는 이 사실을 주장하는 것이 유리하게 된다. 해산 청구는 타 조합원 전원에 대한 의사표시로 하여야 한다.

판례

대법원 1997. 5. 30. 선고 95다4957 판결 【소유권이전등기】

조합관계에 있어서는 일반적으로 조합계약에서 정한 사유의 발생, 조합원 전원의 합의, 조합의 목적인 사업의 성공 또는 성공불능, 해산청구 등에 의하여 조합관계가 종료되고, 2인으로 된 조합관계에 있어 그 가운데 한 사람이 탈퇴하는 경우에도 역시 조합관계는 종료되며, 경제계의 사정변경에 따른 조합 재산상태의 악화나 영업부진 등으로 조합의 목적달성이 매우 곤란하다고 인정되는 객관적인 사정이 있거나 조합 당사자 간의 불화 · 대립으로 인하여 신뢰관계가 파괴됨으로써 조합업무의 원활한 운영을 기대할 수 없는 경우 등 부득이한 사유가 있는 때에는 조합원이 조합의 해산을 청구할 수 있다.

대법원 1991. 2. 22. 선고 90다카26300 판결 【동업계약부존재확인등】

조합의 해산청구 사유인 "부득이한 사유" (민법 제720조)란 경제계의 사정변경에 따른 조합재산 상태의 악화나 영업부진 등으로 조합의 목적 달성이 매우 곤란하다고 인정되는 객관적 사정이 있는 경우 외에 조합 당사자간의 불화, 대립으로 인하여 신뢰관계가 파괴됨으로써 조합 업무의 원만한 운영을 기대할 수 없는 경우도 이에 포함된다.

원심이 인정한 바와 같이 동업조합의 계약이 있은 얼마 후 출자금 일부의 이행기일 때문에 시비가 벌어지고 폭행 등 사건으로 형사처벌까지 받은 지경에 이르렀다면 두 조합원간의 출자를 둘러싼 반목 불화는 사업의 원만한 운영을 도저히 기약할 수 없는 성질의 것이라고 보아야 할 것이므로 조합의 해산 청구를 할 수 있고, 이 경우 동업계약 해제통고를 조합의 해산청구로 볼 수 있으며, 유책당사자라도 해산청구권이 있다.

대법원 1996. 3. 26. 선고 94다46268 판결 【채권확인】

2인의 동업자 중 1명이 동업의 준비 과정과 영업 과정에서 부정을 저질러 형사고소를 당하고 그 사유로 결국 형사소추되어 유죄판결을 받았다면 동업자간의 신뢰관계는 깨어져서 원만한 조합운영을 기대할 수 없게 되었다고 할 것이고, 이러한 상황에서 다른 동업자가 동업계약의 해지통고를 한 것은 조합의 해산청구로 볼 수 있으므로, 그 조합은 그 해산청구로 말미암아 해산되었다 할 것이다.

나. 청산

조합이 해산하면 통상 그 재산관계를 정리하기 위하여 청산절차에 들어가게 된다. 이 경우 조합원 사이에 청산절차에 관한 약정이 없으면 민법상의 청산절차를 거쳐야 하지만, 민법상의 청산규정이 모든 경우를 망라하지 못하고 있고, 특히 2인 조합에서는 굳이 법상의 청산절차를 거칠 필요도 없는 경우가 많다. 조합은 법인과는 달리 단체성이 상대적으로 약하므로, 굳이 청산절차를 밟을 필요가 없는 경우에까지 청산을 강제할 필요는 없고, 그렇게 하는 것이 조합원에게 가혹한 경우도 있다.

이에 판례는 일정한 경우 민법상의 청산절차를 거칠 필요 없이 잔여재산분배가 가능하다고 보고 있다. 판례는 잔여재산의 분배를 위하여 민법상의 청산절차를 거쳐야 하는지의 여부에 관한 기준으로 '조합원들 사이의 약정 유무'와, '조합의 잔무 유무'를 들고 있다.

판례

대법원 1985. 2. 26. 선고 84다카1921 판결 【소유권이전등기】

민법의 조합의 해산사유와 청산에 관한 규정은 그와 내용을 달리하는 당사자의 특약까지 배제하는 강행규정이 아니므로, 당사자가 민법의 조합의 해산사유와 청산에 관한 규정과 다른 내용의 특약을 한 경우, 그 특약은 유효하다.

대법원 1998. 12. 8. 선고 97다31472 판결 【위약금】

조합관계에 있어서는 일반적으로 조합계약에서 정한 사유의 발생, 조합원 전원의 합의, 조합의 목적인 사업의 성공 또는 성공 불능, 해산청구 등에 의하여 조합관계가 종료되고, 조합관계가 종료된 경우 당사자 사이에 별도의 약정이 없는 이상, 청산절차를 밟는 것이 통례로서 조합원들에게 분배할 잔여재산과 그 가액은 청산절차가 종료된 때에 확정되는 것이므로, 원칙적으로 청산절차가 종료되지 아니한 상태에서 잔여재산의 분배를 청구할 수는 없는 것이지만, 조합의 잔무로서 처리할 일이 없고, 다만 잔여재산의 분배만이 남아 있을 때에는 따로 청산절차를 밟을 필요가 없이 각 조합원은 자신의 잔여재산분배비율의 범위 내에서 그 분배비율을 초과하여 잔여재산을 보유하고 있는 조합원에 대하여 바로 잔여재산의 분배를 청구할 수 있다.

대판 2000. 4. 21, 99다35713 【양수금】

조합의 목적 달성으로 인하여 조합이 해산되었으나 조합의 잔무로서 처리할 일이 없고 다만 잔여재산의 분배만이 남아 있을 때에는, 따로 청산절차를 밟을 필요가 없이 각 조합원은 자신의 잔여재산의 분배비율의 범위 내에서 그 분배비율을 초과하여 잔여재산을 보유하고 있는 조합원에 대하여 바로 잔여재산의 분배를 청구할 수 있고, 이 경우의 잔여재산 분배청구권은 조합원 상호간의 내부관계에서 발생하는 것으로서 각 조합원이 분배비율을 초과하여 잔여재산을 보유하고 있는 조합원을 상대로 개별적으로 행사하면 족한 것이지, 반드시 조합원들이 공동으로 행사하거나 조합원 전원을 상대로 행사하여야 하는 것은 아니다.

대법원 1993. 3. 23. 선고 92다42620 판결 【정산금】

일부 청산인들이 청산절차에 협력하지 아니하기 때문에 청산절차가 진행되지 않고 있다고 하더라도, 그들을 상대로 청산인으로서의 직무를 집행하지 못하도록 함과 아울러 그 직무를 대행할 자를 선임하여 줄 것을 법원에 신청하는 등 청산절차를 진행하기 위한 다른 수단을 강구하는 것은 별론으로 하고, 청산절차가 종결되지 아니한 상태에서 바로 잔여재산의 분배나 정산금의 지급을 청구할 수는 없다.

다. 잔여재산분배청구권의 피전부적격

전부명령의 대상이 되는 채권은 집행채권과 마찬가지로 금전채권이어야 한다

(이 경우 반드시 권면액이 있어야 하는 것은 아니며, 장래의 채권이나 조건부 채권도 포함된다). 따라서 금전채권이 아닌 채권은 피전부채권으로서의 적격이 없다.

여기서 잔여재산분배청구권도 전부명령의 대상이 되는지가 문제된다.

조합원의 권리 중 지분권에 기하여 이미 현실화된 권리인 이익배당청구권, 탈퇴시의 지분환급청구권, 조합해산시의 잔여재산분배청구권 등은 조합원 개인 재산에 속하므로 당연히 전부명령의 대상이 된다.

그러나 조합해산시 그 재산이 부동산 등 현물로 남아 있는 때에는 이에 대한 잔여재산분배청구권은 금전채권이 아니므로 전부명령의 적격이 없지만, 금전인 경우에는 잔무가 남아 있는 것이 아니면 청산절차 없이 바로 잔여재산의 분배를 청구할 수 있으므로 전부명령의 적격이 된다고 볼 것이다.

9. 조합과 관련된 소송법적 문제

가. 당사자능력

비법인사단의 경우에는 법인과 실질에 있어서는 다를 바가 없기 때문에, 민사소송법 제52조에서는 당사자능력을 부여한다. 즉 비법인사단의 이름으로 소송을 수행할 수 있다. 반면에 조합은 법인이 아니어서 당사자능력이 없다. 그러므로 조합의 이름으로 소송을 할 수는 없으며 원칙적으로 조합원 전원이 당사자가 되어야 하고, 이 경우의 소는 다음에서 살펴보는 바와 같이 고유필수적 공동소송에 해당하여, 조합원 일부의 누락시 법원은 당사자적격의 흠결로 부적법 각하 판결을 하게 된다.

이로 인한 불편은 업무집행조합원[50]이나 조합대리제도, 선정당사자[51]제도 등을

50 회사의 경우에는 지배인이 단독으로 소송을 수행할 수 있다(상법 제11조). 그 부문에 있어 대표이사와 같고, 그 사건에 있어서는 본인과 같고, 변호사와도 같다. 반면에, 업무집행조합원의 경우에는, 아

통하여 해결할 수밖에 없다.

나. 조합원에 의한 소송대리

각 조합원이나 업무집행조합원은 조합의 업무에 관하여 재판상의 모든 행위를 대리할 권한이 있는가가 문제된다. 즉 조합원 등이 가지는 대리권에 소송대리권이 포함되는지의 문제이다.

업무집행조합원이 따로 정해지지 않은 경우에는, 각 조합원을 지배인과 같은 법령상의 대리인으로 볼 수는 없으므로 각 조합원이 당연히 소송대리권을 갖는다고 볼 수는 없고, 별도의 소송대리권을 부여받아야 한다.

업무집행조합원이 정해진 경우에는 대리권 속에 소송대리권도 포함되어 있다고 보아야 하지만, 역시 지배인과 같은 법령상의 대리인으로 볼 수는 없으므로 변호사대리원칙의 예외가 적용되는 사건에 한하여(민사단독사건) 소송대리권이 있다고 보아야 한다.

다. 필수적 공동소송

(1) 일반

조합은 당사자능력이 인정되지 않으므로 조합소송에서는 조합원이 당사자가 될 수밖에 없는바, 이 경우 조합과 제3자 사이의 소송이 필수적 공동소송인지가 문제된다.

일반적으로는 판결의 확정이 조합원 전원에 대하여 합일적으로 이루어져야 하기 때문에 고유필수적 공동소송의 가장 전형적인 예로 볼 때가 많지만, 반드시 그

래에서 보는 바와 같이 단독사건 등 제한적으로만 소송수행을 할 수 있다(민사소송법 제88조 및 민사소송규칙 제15조 제2항 제2호).

51 민사소송법 제53조. 선정을 함으로써 선정을 한 나머지 자는 소송관계에서 탈퇴한다. 다만 선정을 취소할 수 있다(동법 제63조 제2항).

러한 것은 아니다. 이를 능동소송과 수동소송으로 나누어 살펴보면 다음과 같다.

(2) 능동소송

원칙적으로 조합원 전원이 원고가 되는 필수적 공동소송이다. 이를 어기고 조합원 개인이 소를 제기한 경우에는 당사자적격이 흠결되어 소각하판결을 받게 된다. 다만 가령 조합원이 3인인데 1인을 누락한 경우에는, 1심변론종결시까지 당사자를 추가할 수 있다(공동소송참가, 민사소송법 제83조).[52] 그러나 합유물의 보존행위나 조합의 통상사무에 관하여는 조합원이 단독으로 할 수 있기 때문에 필요적 공동소송이 아니다.

조합원에 대한 출자청구권은 조합의 개별 조합원에 대한 채권으로서 조합재산에 속하므로 그 이행청구권은 우선 조합원 전원에 의하여 주장될 수 있다. 그러나 한편으로는 조합계약에 기하여 각각의 조합원이 부담하는 채무이자 각각의 조합원이 갖는 채권이기도 하므로 조합원이 다른 조합원에 대하여 출자금청구를 하는 것은 필요적 공동소송이 아니다. 즉, 출자이행청구권의 행사는 보존행위로 볼 수도 있지만, 그렇게 보지 않는다고 하더라도 필요적 공동소송이 아니기 때문에, 각 조합원은 출자의무를 불이행한 조합원에 대하여 '조합 앞으로 토지를 이전하라'는 청구를 단독으로 할 수 있다.

판례

대법원 1994. 10. 25. 선고 93다54064 판결 【소유권이전등기】

이 사건 토지는 원고와 참가인을 조합원으로 하는 동업체에서 매수한 것이라고 할 것이고, 따라서 원고와 참가인은 이 사건 토지에 대한 소유권이전등기청구권을 준합유하는 관계에 있고, 합유재산에 관한 소는 이른바 고유필요적공동소송이라 할 것이므로, 위 매매계약에 기하여 소유권이전등기의 이행을 구하는 소를 제기하려면 원고와 참가인이 공동으로 하지 않으면 안된다 할 것이다.

---

52 자세한 것은 손종학, 강해민사실무 Ⅰ, 83면 이하 참조.

따라서, 원고 한 사람만에 의하여 제기된 이 사건 소는 이 점에서 부적법하다고 할 수밖에 없음에도 불구하고, 원심이 이 사건 토지의 1/2지분에 관한 소유권이전등기절차의 이행을 구하는 원고의 청구를 인용한 것은 결국 필요적공동소송에 관한 법리를 오해한 것이라 할 것이므로, 이 점을 지적하는 논지는 이유 있다.

(3) 수동소송

조합의 수동소송의 경우, 특히 조합채무에 관한 소송의 경우에는 그 채무가 대체성이 있는지의 여부에 따라 달라진다. 예를 들어 제3자가 조합재산인 부동산을 매수한 경우에는 제3자가 조합원 전원을 피고로 하여야 하는 필수적 공동소송이다.

그러나 조합의 채권자가 조합원에 대하여 조합재산에 의한 공동책임이 아니라 각 조합원의 개인적 책임을 묻는 경우에는 조합원 각자를 상대로 하여 그 이행의 소를 제기할 수 있으며, 조합이 해산된 경우 조합원이 가지는 잔여재산분배청구권은 조합원 사이의 내부관계에서 발생하는 것으로서 각 조합원의 분배비율을 초과하여 잔여재산을 보유하고 있는 조합원을 상대로 개별적으로 행사하면 족한 것이지, 반드시 조합원들이 공동으로 행사하거나 조합원 모두를 공동상대방으로 하여 행사하여야 하는 것은 아니다.

이와 관련하여 공동명의의 예금주들의 예금반환청구가 필요적 공동소송인지가 문제된다. 판례는 공동사업경영의 목적으로 동업자금예금을 한 경우에 대하여는 준합유설을 취하여 필요적 공동소송으로 보지만, 동업 이외의 목적의 공동예금은 분량적으로 분할되어 각자에 공동으로 귀속되므로 이에 대하여는 준공유설을 취하여 필수적 공동소송이 아닌 것으로 보고 있다. 여기에서도 중요한 관건은 '공동사업의 목적'의 유무이다.

판례

대법원 2005. 9. 9. 선고 2003다28 판결 【예금반환청구】

은행에 대하여 공동명의로 예금을 하고 그 권리를 함께 행사하기로 한 경우에 만일 동업자금을 공동명의로 예금한 경우라면 채권의 준합유관계에 있다고 볼 것이나, 동업 이외의 특정 목적을 위하여 돈을 공동명의로 예치하여 둠으로써 그 목적이 달성되기 전에는 공동명의 예금채권자 중 1인이 단독으로 예금을 인출할 수 없도록 방지 · 감시하고자 하는 목적으로 공동명의로 예금을 개설한 경우라면, 그 예금채권은 각 공동명의자가 출연한 만큼 분량적으로 분할되어 각자에게 공동으로 귀속되고, 각 공동명의 예금채권자가 예금채권에 대하여 가지는 각자의 지분에 대한 관리처분권은 각자에게 귀속된다 할 것이므로, 공동명의 예금채권자 중 1인에 대한 별개의 대출금채권을 가지는 은행으로서는 그 대출금채권을 자동채권으로 하여 그의 지분에 상응하는 예금반환채권에 대하여 상계할 수 있다 할 것이다.

라. 조합에서의 임의적 소송신탁 가능 여부

임의적 소송신탁이란 본래의 권리관계의 주체인 자가 그 의사로 제3자에게 자기의 권리에 관하여 소송수행권을 수여하는 것으로, 변호사대리의 원칙상 원칙적으로는 허용되지 않는다. 그러나 일정한 경우 예외적으로 이를 인정하고 있는바, 조합의 경우에 임의적 소송신탁이 허용될 것인지 문제되는데, 판례는 이를 인정하고 있다.

판례

대법원 1984. 2. 14. 선고 83다카1815 판결 【소유권이전등기등】

임의적 소송신탁은 탈법적인 방법에 의한 것이 아닌 한 극히 제한적인 경우에 합리적인 필요가 있다고 인정될 수 있는 것인 바, 민법상의 조합에 있어서 조합규약이나 조합결의에 의하여 자기 이름으로 조합재산을 관리하고 대외적 업무를 집행할 권한을 수여받은 업무집행 조합원은 조합재산에 관한 소송에 관하여 조합원으로부터 임의적 소송신탁을 받아 자기 이름으로 소송을 수행하는 것이 허용된다고 할 것이다.

제9장

화해

1. 일반

가. 의의(제731조)

화해는 당사자 쌍방이 서로 양보하여 분쟁을 종지할 것을 약정함으로써 성립하는 계약이다. 예를 들어, 토지 경계의 침범 여부로 분쟁이 발생한 경우에 당사자 쌍방이 서로 양보하여 중간선을 경계로 하기로 합의하거나, 손해배상액에 관한 다툼이 있어 요구액과 지급하겠다는 금액의 중간으로 금액을 확정하여 분쟁을 종식시키는 합의 등이 전형적인 화해의 모습이다.

나. 법적 성질

화해의 법적 성질에 대하여는 서로 양보함으로써 일정 부분 손실을 본다는 점에서 유상계약이고, 서로 양보하여 합의된 급부를 실현할 채무를 부담한다는 점에서 쌍무계약이라는 견해(이것이 다수설이라고 할 수 있다), 쌍무 및 유상계약일 수도 있지만 편무 · 무상계약일 수도 있다는 견해, 일반의 계약과는 달리 다툼이 있는 법률관계를 확정적으로 변경시키기로 하는 계약이라는 견해 등이 대립한다.[1]

---

1 견해의 대립은 송덕수, 채권법각론, 413-414면 참조.

2. 화해의 성립(분쟁의 존재와 쌍방의 양보합의를 통한 분쟁의 종식)

가. 분쟁의 존재

화해는 당사자 사이에 이미 분쟁이 존재함을 전제로 한다. 따라서 분쟁이 없이 단지 당사자가 불확실한 법률관계를 확정하기 위하여 맺는 계약은 화해가 아니라 일종의 무명계약일 뿐이다. 분쟁이 되는 법률관계는 당연히 당사자가 처분할 수 있는 법률관계이어야 하고(양보하는 것이므로) 임의로 처분할 수 없는 법률관계는 화해의 대상이 아니고 설사 합의를 한다 하더라도 그 합의는 무효이다.

나. 상호 양보

당사자 쌍방 모두가 양보하여야 하고, 일방만이 양보한 경우에는 화해가 아니다.

다. 분쟁 종식의 합의

분쟁 법률관계에 대하여 합의한 내용대로 따르고 더 이상 다투지 않겠다는 의미의 합의를 하여야 한다.

3. 화해의 효력

가. 확정력과 화해의 전제

화해가 성립하면 분쟁종식의 합의에 따라 분쟁대상 법률관계가 화해의 내용대로 확정되고 원칙적으로 당사자는 이를 변경할 수가 없다.

여기서 주의할 점은 확정대상인 법률관계는 분쟁의 대상이 되어 서로 다투었던 부분만으로, 당사자가 서로 다투지 않은 사항이나 화해의 전제로 서로 양해하고 있었던 부분에 대하여는 화해의 효력이 미치지 않는다는 점이다.

예를 들어 甲에게 乙에 대한 손해배상책임이 있는 것으로 서로 양해하고(즉 손해배생책임이 있음을 당연한 것으로 간주하고) 손해배상의 액수에 대하여 다툼이 있어 그 금액을 화해로 확정시킨 경우에, 손해배상책임의 존부는 화해의 대상이 아니라 화해의 전제로서 甲과 乙이 서로 양해한 사항에 불과한 것이므로, 이에는 화해의 효력이 미치지 않는다.

나. 화해의 창설적 효력(제732조, 새로운 급부의 탄생)

화해에 의하여 화해내용에 따른 새로운 법률관계가 창설된다. 즉 종래의 법률관계의 하자나 유무 등을 묻지 않고 종래의 권리는 소멸하고 새로운 법률관계가 형성되어 그에 따라 새로운 권리를 취득하고 의무를 부담하게 된다.

그러므로 종전 권리에 붙어 있던 담보 등은 당연히 소멸하고, 종전채권에 기한 이행청구 등도 할 수 없으며, 새로운 법률관계에 대하여만 책임을 지게 된다. 더 이상 다투지 않겠다는 것에서 나아가, 다툴 수 없게 하겠다는 의미가 있다. 또한 화해 후에 혹 화해 내용이 진실에 맞지 않거나 반대증거가 나타나더라도 화해계약은 그 효력을 잃지 않는다. 이와 같이 창설적 효력을 갖는다는 점에서는 경개와도 유사한 측면이 있다.

판례

대법원 2004. 8. 20. 선고 2002다20353 판결 【소유권이전등록】

화해계약이 성립되면 특별한 사정이 없는 한, 그 창설적 효력에 의하여 종전의 법률관계를 바탕으로 한 권리의무관계는 소멸되고 계약 당사자 간에는 종전의 법률관계가 어떠하였느냐를 묻지 않고 화해계약에 의하여 새로운 법률관계가 생기는 것이므로, 화해계약의 의사표시에 착오가 있더라도 이것이 당사자의 자격이나 목적인 분쟁 이외의 사항에 관한 것이 아니고 분쟁의 대상인 법률관계 자체에 관한 것일 때에는 이를 취소할 수 없고, 화해계약의 의사표시에 있어 중요 부분에 관한 착오의 존재 및 이것이 당사자의 자격이나 목적인 분쟁 이외의 사항에 관한 것이라는 점은 착오를 이유로 화해계약의 취소를 주장하는 자가 입증하여야 한다.

다. 채권적 효력

화해는 계약으로서 채권적 효력만을 가지므로 화해를 하였다고 하여 화해만으로 당사자가 소유권과 같은 물권을 직접 취득하는 것은 아니다. 따라서 소유권 등을 취득하기 위해서는 채권적 청구권을 행사하여 소유권이전등기 등을 마쳐야 하고, 그 전에 제3자가 물권을 취득한 때에는 이에 대항할 수가 없다.

4. 화해와 착오(제733조)

가. 원칙

이처럼 화해계약에는 확정적 효력과 창설적 효력이 있으므로, 앞의 판례와 같이 당사자는 나중에 화해계약에 착오가 있었다고 하더라도 이를 취소할 수가 없는 것이 원칙이다. 원래 화해는 누군가는 착오에 빠진다는 점이 전제된다고 볼 수도 있기 때문에, 착오취소를 원칙적으로 인정한다면 화해에 구속력을 부여하는 의미가 없게 된다는 데에서 그 이유를 찾아볼 수 있다.

나. 예외

다만 분쟁의 대상이 아닌 화해당사자의 자격이나, 화해의 목적인 분쟁 이외의 사항에 착오가 있는 경우에는 착오를 이유로 취소할 수 있다. 그리고 여기서 착오를 이유로 취소하기 위해서는 당연히 제109조가 적용되므로, 그 내용이 중요한 부분이어야 하고 중대한 과실이 없어야 한다.

다. 원칙과 예외의 구별 기준

여기서 화해의 목적인 분쟁과 화해당사자의 자격이나 화해의 목적 이외의 사항이 구체적으로 무엇을 말하는지는 불분명하다.

일반적으로 화해에서 착오가 문제되는 것은 동기의 착오이다. 그런데 원칙적으로 동기의 착오를 이유로 화해계약을 취소할 수는 없고 오직 위 두 가지 사유만이 취소사유가 되는바, 실은 위 두 가지 사유도 동기의 착오에 해당하는 것이다. 그러므로 동기의 착오 중 분쟁 당사자의 자격에 관한 착오와 분쟁 이외의 사항에 관한 착오가 무엇을 말하는지 정확히 구별할 필요가 있는데, 우리 판례는 수많은 판결을 통하여 그 의미를 확정시켜 놓고 있다. 가히 판례준칙이나 판례법이라고 불러도 좋을 것이다.

취소 대상 기준에 관한 판례

대법원 2005. 8. 19. 선고 2004다53173 판결 【손해배상(기)등】

민법상의 화해계약을 체결한 경우 당사자는 착오를 이유로 취소하지 못하고, 다만 화해 당사자의 자격 또는 화해의 목적인 분쟁 이외의 사항에 착오가 있는 때에 한하여 이를 취소할 수 있으며, 여기서 '화해의 목적인 분쟁 이외의 사항'이라 함은 분쟁의 대상이 아니라 분쟁의 전제 또는 기초가 된 사항으로서 쌍방 당사자가 예정한 것이어서 상호 양보의 내용으로 되지 않고 다툼이 없는 사실로 양해된 사항을 말한다.[2]

대법원 2004. 6. 25. 선고 2003다32797 판결 【손실보상금】

[1] 도로건설공사의 현장책임자가 공사로 인한 양계장의 피해보상을 요구하는 양계업자와 사이에 민사상의 소를 취하하는 대신 환경분쟁조정위원회의 결정에 승복하기로 합의한 경우, 그 합의는 화해계약에 해당한다고 한 사례.

[2] 민법상의 화해계약을 체결한 경우 당사자는 착오를 이유로 취소하지 못하고, 다만 화해 당사자의 자격 또는 화해의 목적인 분쟁 이외의 사항에 착오가 있는 때에 한하여 이를 취소할 수 있으며, 여기서 '화해의 목적인 분쟁 이외의 사항'이라 함은 분쟁의 대상이 아니라 분쟁의 전제 또는 기초가 된 사항으로서 쌍방 당사자가 예정한 것이어서 상호 양보의 내용으로 되지 않고 다툼이 없는 사실로 양해된 사항을 말한다.

이는 결국, 민법총칙상의 착오의 유형인 소위 동기에 있어서의 '공통의 착오'는 취소의 대상이 된다는 의미로도 받아들일 수 있다.

착오와 관련된 주요 판례

대법원 2001. 10. 12. 선고 2001다49326 판결 【약정금】

의사의 치료행위 직후 환자가 사망하여 의사가 환자의 유족에게 거액의 손해배상금을 지급하기로 합의하였으나 그 후 환자의 사망이 의사의 치료행위와는 전혀 무관한 것으로 밝혀진 사안에서, 의사에게 치료행위상의 과실이 있다는 점은 위 합의의 전제이었지 분쟁의 대상은 아니었다고 보아 착오를 이유로 화해계약의 취소를 인정한 사례.

대법원 1995. 10. 12. 선고 94다42846 판결 【손해배상(의)】

계약 당사자 사이에 수술 후 발생한 새로운 증세에 관하여 그 책임 소재와 손해의 전보를 둘러싸고 분쟁이 있어 오다가 이를 종결짓기 위하여 합의에 이른 것이라면, 가해자의 수술행위와 피해자의 수술 후의 증세 사이의 인과관계의 유무 및 그에 대한 가해자의 귀책사유의 유무는 분쟁의 대상인 법률관계 자체에 관한 것으로서, 가해자는 피해자의 수술 후의 증

2 이러한 입장에 따르면, 결국 '당사자의 자격'도 '화해의 목적인 분쟁 이외의 사항'의 한 예시라고 볼 수 있다.

세가 가해자의 수술행위로 인한 것이 아니라거나 그에 대하여 가해자에게 귀책사유가 없다는 등의 이유를 들어 그 합의를 취소할 수 없다.[3]

대법원 2003. 10. 10. 선고 2003다19206 판결 【손해배상(자)】

불법행위로 인한 손해배상에 관하여 가해자와 피해자 사이에 피해자가 일정한 금액을 지급받고 그 나머지 청구를 포기하기로 합의가 이루어진 때에는 그 후 그 이상의 손해가 발생하였다 하여 다시 그 배상을 청구할 수 없는 것이 원칙이므로(대법원 2000. 3. 23. 99다63176 판결 참조), 불법행위로 인한 손해배상과 관련하여 당사자 사이에 합의나 화해가 이루어진 경우 그 목적으로 된 사항에 관하여는 엄격하게 해석함이 타당하다고 할 것이다.[4]

대법원 1995. 12. 12. 선고 94다22453 판결 【부당이득금반환】

이 사건 화해계약에 있어서 신규정이 근로자집단의 집단의사결정방법에 의한 동의를 얻어서 유효한지의 여부에 관한 것은 분쟁의 대상인 법률관계의 자체에 관한 것으로 착오를 이유로 이를 취소할 수 없다고 판단한 원심의 조치는 정당하다.

대법원 2004. 8. 20. 선고 2002다20353 판결 【소유권이전등록】

화해계약이 성립되면 특별한 사정이 없는 한, 그 창설적 효력에 의하여 종전의 법률관계를 바탕으로 한 권리의무관계는 소멸되고 계약 당사자 간에는 종전의 법률관계가 어떠하였느냐를 묻지 않고 화해계약에 의하여 새로운 법률관계가 생기는 것이므로, 화해계약의 의사표시에 착오가 있더라도 이것이 당사자의 자격이나 목적인 분쟁 이외의 사항에 관한 것이 아니고 분쟁의 대상인 법률관계 자체에 관한 것일 때에는 이를 취소할 수 없고, 화해계약의 의사표시에 있어 중요 부분에 관한 착오의 존재 및 이것이 당사자의 자격이나 목적인 분쟁 이외의 사항에 관한 것이라는 점은 착오를 이유로 화해계약의 취소를 주장하는 자가 입증하여야 한다.

---

3 앞의 판결과 잘 비교해 볼 필요가 있다. 언뜻 보면 양 판결은 서로 모순되는 것처럼 보이지만, 앞의 판결에서는 의사에게 과실이 전혀 없었다는 사실관계가 전제된 것인 반면에, 뒤의 판결에서는 의사에게 과실이 없다고 단정할 수도 없는 사실관계가 전제되었다는 차이가 있다.

4 이에 따라 원고의 청구를 각하한 원판결을 취소하였다. 이는 결국 화해에서의 착오를 원인으로 한 취소의 범위를 넓힌 것으로서 피해자에게 합의금액 이외에 별도의 손해배상금을 지급하라는 의미이다.

라. 기타 의사표시의 하자에 따른 효력

민법이 제한하고 있는 것은 오직 착오에 의한 화해의 취소일 뿐이므로, 다른 의사표시의 무효나 취소사유에 해당하는 하자에는 민법총칙의 규정이 그대로 적용된다.

판례

대법원 1989. 9. 12. 선고 88다카10050 판결 【동업자금】

이 사건 화해계약이 원심이 인정한 바와 같은 경위와 사정하에 이루어지고 그 계약의 내용이 원심이 인정한 바와 같은 것이라면 이 사건 화해계약(지분반환약정)이 불공정한 법률행위라거나 기망에 의하면 이루어진 것이라고 볼 수 없다는 원심의 판단도 정당하다고 할 것이며 원심의 그와 같은 판단에 불공정법률행위 또는 사기에 의한 법률행위에 관한 법리를 오해한 위법이 있다할 수 없다.

대법원 2008. 9. 11. 선고 2008다15278 판결 【손해배상(자)】

민법 제733조의 규정에 의하면, 화해계약은 화해당사자의 자격 또는 화해의 목적인 분쟁 이외의 사항에 착오가 있는 경우를 제외하고는 착오를 이유로 취소하지 못하지만, 화해계약이 사기로 인하여 이루어진 경우에는 화해의 목적인 분쟁에 관한 사항에 착오가 있는 때에도 민법 제110조에 따라 이를 취소할 수 있다고 할 것이다.

원심은 제1심판결을 인용하여 피고의 보상담당직원 소외 1은 소외 2에게 소외 3의 형제자매들은 공무원연금법상 유족연금 등을 수령할 자격이 없고, 따라서 피고도 소외 3의 일실퇴직금 상당의 금원을 지급할 의무가 없다고 말하였고, 소외 2는 그의 말을 믿어 부제소특약을 포함한 이 사건 합의를 하게 되었으므로, 결국 이 사건 합의는 소외 1의 기망에 의해 체결된 것으로서, 이를 이유로 한 원고들의 취소의 의사표시에 의하여 취소되었다고 판단하였다.

그런데 이 부분 상고이유의 주장은 이 사건 합의의 원인이 된 소외 2의 착오는 화해의 목적인 분쟁에 관한 사항에 관한 것이므로 이 사건 합의는 착오를 이유로 취소될 수 없다는 취지인바, 이는 앞서 본 법리와 다른 전제에 선 것이므로 받아들일 수 없다.

5. 불법행위로 인한 손해배상액의 합의와 착오(주로 후발손해와 관련하여)

가. 문제의 소재

불법행위로 인한 손해배상액의 합의는 전형적인 화해계약이다. 이러한 합의에서의 착오는 원칙적으로 '화해의 목적인 분쟁에 관한 사항'의 착오이기 때문에, 제733조 단서의 적용이 없고, 따라서 후발손해가 발생하더라도 착오에 기한 취소를 할 수 없다. 그러나 화해 후에 화해 당시에는 도저히 당사자가 예상할 수 없었던 후유증 등 후발손해가 발생한 경우에도 위 화해의 효력을 그대로 인정하여 후발손해에 대하여 상대방은 아무런 법적 책임을 묻지 않을 것이 과연 타당한지가 문제된다. 즉 화해계약에는 거의 모든 경우에 "그 이외의 손해에 대하여는 일체의 손해배상청구권을 하지 않는다."라는 조항이 들어가서 그대로 화해의 효력을 인정할 경우 원고인 피해자에게 가혹하여 공평의 관념에 반할 때 특히 문제된다.

나. 예상 가능한 법적 주장

이러한 분쟁을 전제로 한 소송에서 피해자측이 실제 활용하는 법적 주장으로는 합의문은 예문에 불과하다는 취지의 예문해석 주장,[5] 폭리행위에 해당한다는 주장, 합의 당시와 달리 많은 사정 변경이 생겼다는 사정변경의 원칙 주장, 해제조건 주장, 비진의의사표시 주장, 일부청구 주장 등이다.

---

5 대판 1999. 3. 23, 98다64301【손해배상(자)】: 교통사고 피해자가 합의금을 수령하면서 민·형사상의 소송이나 그 밖의 어떠한 이의도 제기하지 아니한다는 내용의 부동문자로 인쇄된 합의서에 날인한 경우, 그 피해 정도, 피해자의 학력, 피해자와 가해자의 관계, 합의에 이른 경위, 가해자가 다른 피해자와 합의한 내용 및 합의 후 단기간 내에 소송을 제기한 점 등 제반 사정에 비추어 위 합의서의 문구는 단순한 예문에 불과할 뿐 이를 손해 전부에 대한 배상청구권의 포기나 부제소의 합의로는 볼 수 없다고 한 사례.

다. 판례의 입장

이 문제를 해결하는 판례의 입장은 주로 한정해석의 방법과 제733조 소정의 공통착오에 기한 취소이다. 즉 화해약정에 있어서의 잔부포기약정의 효력이 미치는 범위를 제한하거나 종전의 화해를 기초에 대한 공통의 착오(즉 분쟁 이외의 사항에 관한 착오)를 이유로 하여 그 합의의 효력을 전체적으로 부인함으로써 피해자가 원래의 청구권에 따라 손해의 배상을 청구할 수 있도록 하는 방법이다. 후자에 의하는 경우에는, 피해자로서는 받았던 손해배상금을 일단은 전부 돌려주고서 새로운 청구를 해야 하는 것이 되어서, 전자에 의하는 경우에 비하여 상대적으로 불리하다.

착오를 이유로 한 취소를 인정한 판결

대법원 1971. 4. 30. 선고 71다399 판결 【치료비등】

피해자와 가해자간에 앞으로 손해배상청구 등 행위를 하지 않겠다는 내용의 합의서를 작성한 것이 피해자가 가해자측의 주장에 넘어가 장래에 들 치료기간 치료비 등을 잘못알고 한 것은 착오에 의한 의사표시로서 취소할 수 있다.

한정해석을 통하여 해결한 판례

대법원 2001. 9. 14. 선고 99다42797 판결 【손해배상(자)】

불법행위로 인한 손해배상에 관하여 가해자와 피해자 사이에 피해자가 일정한 금액을 지급받고 그 나머지 청구를 포기하기로 합의가 이루어진 때에는 그 후 그 이상의 손해가 발생하였다 하여 다시 그 배상을 청구할 수 없는 것이지만, 그 합의가 손해의 범위를 정확히 확인하기 어려운 상황에서 이루어진 것이고, 후발손해가 합의 당시의 사정으로 보아 예상이 불가능한 것으로서, 당사자가 후발손해를 예상하였더라면 사회통념상 그 합의금액으로는 화해하지 않았을 것이라고 보는 것이 상당할 만큼 그 손해가 중대한 것일 때에는 당사자의 의사가 이러한 손해에 대해서까지 그 배상청구권을 포기한 것이라고 볼 수 없으므로 다시 그 배상을 청구할 수 있다고 보아야 할 것이다.[6]

요컨대 판례의 입장은, 종전에는 주로 착오에 의한 합의의 취소로 문제를 해결하였으나, 최근에는 '주로 예상 불가능한 후발손해는 당사자가 이를 알았더라면 그렇게 합의하지 않았을 것'으로 보아 그 손해가 중할 경우 당사자의 의사에 이러한 손해에 대하여서까지 그 배상청구권을 포기한 것으로 볼 수 없다는 취지로 배상청구권 포기약정을 한정해석하여 피해자의 손해배상청구권을 인정하고 있다.

6. 소송상 화해와 취소

기본적으로 소송행위에는 제109조가 적용되지 않는다. 이와 관련하여 소송상의 화해를 한 후에 착오를 이유로 그 화해를 취소할 수 있는지가 문제된다.

이는 소송상 화해의 법적 성격과 연결되는 문제로서, 판례는 무제한기판력설을 취한다. 그러므로 그것이 재심사유에 해당함을 이유로 재심절차를 준용하여 구제받는 이외에는(소위 준재심) 무효나 취소를 주장할 수 없으므로, 착오 등을 이유로 소송상의 화해를 취소할 수는 없다. 판례도 소송상의 화해는 소송행위로서 사법상의 화해와는 달리 사기나 착오를 이유로 취소할 수는 없다고 한다.

---

6 이 경우 불법행위로 인한 손해배상청구권의 소멸시효 기산점이 문제되는 바, 불법행위로 인한 손해배상청구권은 민법 제766조 제1항에 의하여 피해자나 그 법정대리인이 그 손해 및 가해자를 안 날로부터 3년간 행사하지 아니하면 시효로 인하여 소멸하는 것인 바, 여기에서 그 손해를 안다는 것은 손해의 발생사실을 알면 되는 것이고 그 손해의 정도나 액수를 구체적으로 알아야 하는 것은 아니므로, 통상의 경우 상해의 피해자는 상해를 입었을 때 그 손해를 알았다고 보아야 할 것이지만, 그 후 후유증 등으로 인하여 불법행위 당시에는 전혀 예견할 수 없었던 새로운 손해가 발생하였다거나 예상외로 손해가 확대된 경우에 있어서는 그러한 사유가 판명된 때에 새로이 발생 또는 확대된 손해를 알았다고 보아야 할 것이고, 이와 같이 새로이 발생 또는 확대된 손해 부분에 대하여는 그러한 사유가 판명된 때로부터 민법 제766조 제1항에 의한 시효소멸기간이 진행된다고 할 것이다(대판 2001. 9. 14, 99다42797【손해배상(자)】).

판례

대법원 1979. 5. 15. 선고 78다1094 판결 【소유권이전등기말소】

원심판결은, 소송상의 화해는 소송행위로서 사법상의 화해와는 달리 사기나 착오를 이유로 취소할 수는 없는 것이며, 민사소송법 제422조 제1항 5호 소정의 형사상 처벌을 받을 타인의 행위로 인한 사유가 소송상의 화해에 대한 준재심사유로 될 수 있는 것은 그것이 당사자가 화해의 의사표시를 하게 된 직접적인 원인이 된 경우만이라고 할 것이고, 그렇지 않고 이 사건의 경우 원고들이 주장하는 내용과 같이 서증에 대한 감정결과가 불리하게 나오자 그것으로 인하여 패소할 것을 우려한 나머지 화해를 하게 된 경우와 같이 그 형사상 처벌받을 타인의 행위가 당사자가 화해에 이르게 된 간접적인 원인밖에 되지 않았다고 보이는 경우까지 그것이 준재심사유가 된다고 볼 수는 없다라고 판단하고 있는 바, 원심의 위와 같은 판단은 적법하고, 거기에 소론과 같은 준재심사유에 관한 법리오해의 위법 없다.

제10장

임치

1. 의의(물건의 보관위탁, 제693조)

당사자 일방이 상대방에게 금전이나 유가증권 기타 물건의 보관을 위탁하고, 상대방이 이를 승낙함으로써 성립하는 계약이다. 임치도 도급 등과 같은 노무공급계약에 해당하지만, 물건의 보관이라는 특수한 노무를 공급한다는 점에서 다른 노무공급계약과 구별된다.

사회 일반에서의 물건보관과 관련된 법적 규율 중 창고업, 주차장법, 그리고 소비임치 등의 경우에는 상법이나 특별법에 의하여 이루어지기 때문에, 실상 민법상의 임치규정이 적용되는 경우는 많지 않다.

2. 법적 성질

임치는 보수가 없는 무상임치를 원칙으로 한다. 그러므로 편무, 무상계약이지만, 보수지급의 약정이 있는 경우에는 유상, 쌍무계약이 된다. 그리고 낙성, 불요식계약이다.[1]

판례

대법원 1976. 11. 9. 선고 76다1932 판결 【과실인도】

임치계약상 수취인이 반환할 목적물은, 당사자 사이에 특약이 없는 한 수취한 물건 그 자체이고, 그 물건이 전부멸실된 때에는 임치물반환채무는 이행불능이 되는 것이고, 임치한

1 견해의 대립은 송덕수, 채권법각론, 373면 참조.

물건이 대체물인 경우라도 그와 동종 · 동량의 물건을 인도할 의무가 없고, 수취인의 과실로 인하여 임차물이 멸실된 경우에는 멸실당시의 그 물건 싯가액 상당의 손해를 배상할 책임이 있다.

대법원 1983. 11. 8. 선고, 83다카1476 판결 【매매대금】

[1] 수치인이 적법하게 임치계약을 해지하고 임치인에게 임치물의 회수를 최고하였음에도 불구하고, 임치인의 수령지체로 반환하지 못하고 있는 사이에 임치물이 멸실 또는 훼손된 경우에는, 수치인에게 고의 또는 중대한 과실이 없는 한 채무불이행으로 인한 손해배상책임이 없다.

[2] 수치인이 임치인에게 '보관중인 건고추를 속히 처분하지 않으면 벌레가 먹어 못쓰게 되니 빨리 처분하든지 인도받아 가라'고 요구하였다면, 이는 임치계약을 해지하고 임치물의 회수를 최고한 의사표시라고 볼 여지가 있고, 이에 대하여 임치인이 시세가 싸다는 등 이유로 그 회수를 거절하였다면, 이때로부터 수령지체에 빠진 것이라고 하겠다.

3. 소비임치(제702조)

가. 의의

소비임치란, 임치를 함에 있어 목적물(대체물로 한정됨, 주로 금전임)의 소유권을 수취인에게 이전하기로 하고 수취인은 그것과 동종, 동질, 동량의 것을 반환하기로 하는 약정을 말한다.

일반의 임치에서는 임치물의 소유권을 임치인이 계속 보관하고 수취인에게 이전시키지 아니함에 비하여, 소비임치에서는 그 소유권을 수취인에게 이전시킨다는 점에서 특색이 있고(그렇게 처리하지 않는다면 소비로써 곧 횡령이 성립할 것이다. 이 점에서 소비대차와 유사하다), 금융자본주의의 심화에 따라 소비임치의 중요성은 날로 중대되고 있다.

나. 소비임치의 법적 성격(임치인가?)

이처럼 소비임치에서는 임치물의 소유권이 수취인에게 넘어간다는 점에서 일반의 임치와는 다르고 오히려 소비대차와 유사하여, 과연 소비임치를 민법상의 전형계약인 임치로 볼 것인지가 문제된다.

견해가 대립하지만 다수설은, 소비임치에서 비록 목적물의 소유권을 수취인에게 이전하지만 이는 보관을 위한 것으로 수취인의 소비는 보관의 한 방법(가령 소비임치의 주된 객체라고 할 수 있는 금전의 경우 소비를 하고 다른 돈으로 주더라도 문제될 것이 없다는 것이다)이라는 점에서 본질적으로는 임치로 본다. 다만 위에서 본 바와 같이 소유권이 이전하고, 수취인은 후에 동종, 동질, 동량의 목적물로 반환할 의무가 있는 점에서 소비대차와 같으므로, 민법은 소비대차에 관한 규정을 준용하되 그 반환시기에 대하여만 특칙을 두고 있다고 볼 것이다.

다. 예금계약

(1) 의의

예금계약이란 예금자가 은행 기타 금융기관에 대하여 금전의 보관을 위탁하고, 금융기관은 그 금전(예금)의 소유권을 취득하고 예금자에게 이와 동액의 금전을 반환할 것을 약정하는 계약이다.

(2) 법적 성질

(가) 소비임치성

다수설[2]과 판례[3]는 예금계약을 소비임치로 본다. 그러나 이를 소비대차로 볼 수

2 견해의 대립은 송덕수, 채권법각론, 379-380면 참조.

는 없는지에 관한 의문이 있을 수도 있다. 은행이 예금자로부터 돈을 빌리는 것으로 볼 수도 있기 때문이다. 그런데 예금계약은 소비대차와는 일정한 차이가 있다. 예금은 일반적으로 예금자가 은행에 돈을 빌려준다는 것보다는, 돈을 맡긴다는, 즉 보관시킨다는 것에 주된 목적이 있다고 생각된다(그렇기 때문에 이자도 거의 없다고 볼 수 있을정도로 경미한 것이다). 은행이 동시다발적인 인출청구에 대비할 수 있도록 예금액의 일정비율 이상을 항상 보유하고 있도록, 은행관계법령[4]이 지급준비금 제도를 두고 있는 것도 이러한 이유에서이다.

판례

대법원 1985. 12. 24. 선고 85다카880 판결【예금】

가. 예금주가 예금에 있어 그 대가로 은행소정금리외에 예금유치인을 통하여 추가금리를 지급받기로 하였다 하더라도 그것이 은행직원과 예금유치인들간에 은행의 예금고를 높임으로써 그 은행직원의 실적을 올리는 한편 예금유치인이 같은 은행으로부터 대출상의 특혜를 받기 위한 방편으로 이루어진 것으로서 예금주에게 통장까지 전달된 것이라면 예금주와 은행간의 예금계약의 성립을 부인하여 이를 단순한 예금주와 유치인간의 대차관계라고만 볼 수 없다.

나. 채권의 준점유자라고 하려면 채권의 사실상 귀속자와 같은 외형을 갖추어야 하므로 예금채권의 준점유자는 예금통장과 그에 찍힌 인영과 같은 인장을 소지하여야 한다.

(나) 요물계약성과 예금계약의 성립시기

소비임치는 낙성계약이지만 예금계약에서는 현실적으로 금전의 수수가 일반적이므로 요물계약(예약과는 성질을 달리한다)인지가 문제되고, 다양한 견해가 제기되고 있지만, 판례는 긍정설인 요물계약설에 서있는 표현을 하고 있다. 그러면서 판

3 대판 1985. 12. 24, 85다카880【예금】

4 상호저축은행법 제15조(지급준비자산의 보유), 은행법 제30조(예금지급준비금과 금리 등에 관한 준수사항), 자본시장과 금융투자업에 관한 법률 제346조(지급준비자산의 보유), 중소기업은행법 제33조의4(예금지급준비금), 한국은행법 제4장 제2절(금융기관의 예금과 예금지급준비) 등.

례는 아래의 판례와 같이 예금계약이 예금주의 금전 교부와 은행 직원의 금전 수령으로 성립하는 요물계약이기에 그 성립시기도 직원의 금원 수령시이므로 그 후 그 직원이 이를 은행금고 등에 입급처리하지 않는다 할지라도 예금계약은 이미 성립하였기에 은행은 이를 반환할 의무가 있고, 이를 입금처리하지 않은 직원은 예금주를 위하여 위 금원을 보관하는 자가 되어 형법상의 횡령죄가 성립한다고 보고 있다.

판례

대법원 1984. 8. 14. 선고 84도1139 판결 【업무상횡령 · 업무상횡령방조 등】

예금계약은 예금자가 예금의 의사를 표시하면서 금융기관에 돈을 제공하고 금융기관이 그 의사에 따라서 그 돈을 받아 확인을 하면 그로써 성립하며 금융기관의 직원이 그 받은 돈을 금융기관에 입금하지 아니하고 이를 횡령하였다고 하더라도 예금계약의 성립에는 아무 소장이 없다.[5]

대법원 2005. 12. 23. 선고 2003다30159 판결 【예금】[6]

[1] 예금계약은 예금자가 예금의 의사를 표시하면서 금융기관에 돈을 제공하고 금융기관이 그 의사에 따라 그 돈을 받아 확인을 하면 그로써 성립하며, 금융기관의 직원이 그 받은 돈을 금융기관에 실제로 입금하였는지 여부는 예금계약의 성립에는 아무런 영향을 미치지 아니한다.

[2] 피용자의 불법행위가 외관상 사무집행의 범위 내에 속하는 것으로 보이는 경우에도 피용자의 행위가 사용자나 사용자에 갈음하여 그 사무를 감독하는 자의 사무집행행위에 해당하지 않음을 피해자 자신이 알았거나 또는 중대한 과실로 알지 못한 경우에는 사용자 또는 사용자에 갈음하여 그 사무를 감독하는 자에 대하여 사용자책임을 물을 수 없다.

[3] 법인이 피해자인 경우 법인의 업무에 관하여 일체의 재판상 또는 재판 외의 행위를 할 권한이 있는 법률상 대리인이 가해자인 피용자의 행위가 사용자의 사무집행행위에 해당하지 않음을 안 때에는 피해자인 법인이 이를 알았다고 보아야 하고, 이러한 법리는 그 법률상 대리인이 본인인 법인에 대한 관계에서 이른바 배임적 대리행위를 하는 경우에도 마찬가지라고 할 것이다.

[4] 사용자로부터 위임을 받은 바 없이 행한 피용자의 금원차용행위 및 예금인출행위에 대하여 피해자인 은행의 지점장이 위 피용자의 행위가 사용자의 사무집행행위에 해당하

지 않음을 알고도 이에 응한 경우, 위 은행은 그로 인한 손해에 대하여 사용자책임을 물을 수 없다고 한 사례.

[5] 민법 제35조에서 말하는 '이사 기타 대표자'는 법인의 대표기관을 의미하는 것이고 대표권이 없는 이사는 법인의 기관이기는 하지만 대표기관은 아니기 때문에 그들의 행위로 인하여 법인의 불법행위가 성립하지 않는다.

(3) 잘못 송금된 금원(오입금)과 부당이득

송금 의뢰인이 송금을 함에 있어 수취인이 전혀 다른 타인 계좌로 금원이 잘못 송금된 경우(수취인 착오에 따른 오송금과 오입금) 법적 처리가 종종 문제된다.

우선 수취인과 수취은행 사이에 예금계약이 성립된 것으로 볼지가 문제된다. 이와 같은 경우에, 수취인과 수취은행 사이에 금전임치의 합의가 없으므로 계약이 없다고 생각하기 쉬우나, 예금계약의 요물성에 비추어볼 때 금전의 입금이 있는 때에는 -정상적인 계좌송금이 있는 경우와 마찬가지로- 예금계약이 곧바로 성립한다고 보아야 한다. 따라서 수취인이 수취은행에 대하여 예금반환청구권을 가짐도 물론이다.

다만, 수취인은 정당한 원인 없는 금원의 취득이므로 부당이득이 되어 이를 송금 의뢰인에게 반환하여야 하지만, 수취은행은 아무런 이득이 없으므로 부당이득이 성립하지 않는다. 이는 평면적으로 볼 때 당연해 보일 수도 있지만, 수취인에게 다른 채권자가 채무자인 수취인의 예금계좌에 금원이 예치된 것을 기화로 수취인의 예금청구권을 압류 · 전부받는 경우에는 실무상 많은 문제가 생길 수 있다.

---

5 이는 앞서 설명한 대로 바로 예금계약의 성립시기와 연결되는 것으로, 직원에 대한 금전의 교부로 바로 예금계약이 성립하였으므로 비록 그 직원이 그 돈을 횡령하여 은행 등에 입금하지 않았다 하더라도 은행은 예금주에게 예금을 반환할 의무가 있다는 결론으로 이어진다.

6 위 판결은 예금계약의 법적 성질(요물계약성)뿐만 아니라 법인에서의 이사의 위법행위 따른 제3자의 보호책과 관련된 중요한 내용이 판결요지에 담겨 있기에 판결요지 전문을 실은 것임.

이와 같이 수취인의 채권자가 수취인 계좌에 대하여 압류나 전부명령을 받아 두었을 경우에는 그 채권자가 이를 가져가고, 송금 의뢰인은 그 채권자에 대하여 아무런 권리 주장을 할 수 없다. 즉, 애초에 송금 의뢰인은 수취은행에 대하여는 아무런 청구권을 갖지 않고 수취인에 대하여만 부당이득반환청구권을 가지는 것인데, 그가 이러한 청구권을 행사하려 하는 경우에도, 수취인의 채권자가 이미 전부명령에 기하여 예금반환청구권을 이전받아 버렸다면, 그로 인한 수취인의 무자력에 따른 위험은 송금 의뢰인이 고스란히 부담해야 하는 것이다[7].

결국, 착오 송금된 금전에 대한 위험은 -적어도 수취인에게 채권자가 있는 한은 - 송금 의뢰인이 부담해야 한다는 것이 되는데, 판례가 취한 이러한 입장은 사회적으로 논란거리가 되기도 하였다[8].

그러나 여기서 더 나아가 수취인이 본인 계좌에 금원이 입금되어 수취은행에 예금반환청구권이 있음을 기화로 이를 자동채권으로 하여 수취은행에 대한 본인의 채무(수동채권)와 상계할 수 있는지가 문제되지만, 이를 허용하는 것은 상계제도의 목적에 반하고 송금 의뢰인의 희생 하에 수취인을 보호할 필요도 없으므로 허용되지 않는다고 할 것이다.

판례

대법원 2007. 11. 29. 선고 2007다51239 판결 【오입금반환청구및제3자이의의소】

계좌이체는 은행 간 및 은행점포 간의 송금절차를 통하여 저렴한 비용으로 안전하고 신속하게 자금을 이동시키는 수단이고, 다수인 사이에 다액의 자금이동을 원활하게 처리하기 위하여, 그 중개 역할을 하는 은행이 각 자금이동의 원인인 법률관계의 존부, 내용 등에 관여함이 없이 이를 수행하는 체제로 되어 있다. 따라서 현금으로 계좌송금 또는 계좌이체가

---

7 설사 송금 의뢰인이 부당이득반환청구권에 기하여 수취인의 은행에 대한 예금반환청구권을 전부받으려 하더라도, 그 청구권은 이미 수취인의 채권자 앞으로 전부되어 수취인의 것이 아닌 것이므로, 피전부적격이 흠결되어 전부받을 수 없게 된다.

8 만약 보내어진 것이 금전이 아닌 일반 동산이었다면, 수취인의 선의취득 여부가 문제될 수 있었을 것이다. 그러나 금전의 경우에는 선의취득이 인정되지 않고, 점유가 있는 곳에 그 소유가 있다는 데에 그 특질이 있다.

된 경우에는 예금원장에 입금의 기록이 된 때에 예금이 된다고 예금거래기본약관에 정하여져 있을 뿐이고, 수취인과 은행 사이의 예금계약의 성립 여부를 송금의뢰인과 수취인 사이에 계좌이체의 원인인 법률관계가 존재하는지 여부에 의하여 좌우되도록 한다고 별도로 약정하였다는 등의 특별한 사정이 없는 경우에는, 송금의뢰인이 수취인의 예금구좌에 계좌이체를 한 때에는, 송금의뢰인과 수취인 사이에 계좌이체의 원인인 법률관계가 존재하는지 여부에 관계없이 수취인과 수취은행 사이에는 계좌이체금액 상당의 예금계약이 성립하고, 수취인이 수취은행에 대하여 위 금액 상당의 예금채권을 취득한다. 이 때, 송금의뢰인과 수취인 사이에 계좌이체의 원인이 되는 법률관계가 존재하지 않음에도 불구하고, 계좌이체에 의하여 수취인이 계좌이체금액 상당의 예금채권을 취득한 경우에는, 송금의뢰인은 수취인에 대하여 위 금액 상당의 부당이득반환청구권을 가지게 되지만, 수취은행은 이익을 얻은 것이 없으므로 수취은행에 대하여는 부당이득반환청구권을 취득하지 아니한다.

대법원 2010. 11. 11. 선고 2010다41263,41270 판결【채무부존재확인 · 대여금등】

[1] 예금거래기본약관에 따라 송금의뢰인이 수취인의 예금계좌에 자금이체를 하여 예금원장에 입금의 기록이 된 때에는 특별한 사정이 없는 한 송금의뢰인과 수취인 사이에 자금이체의 원인인 법률관계가 존재하는지 여부에 관계없이 수취인과 수취은행 사이에는 위 입금액 상당의 예금계약이 성립하고, 수취인이 수취은행에 대하여 위 입금액 상당의 예금채권을 취득한다. 그리고 이 때 송금의뢰인과 수취인 사이에 계좌이체의 원인이 되는 법률관계가 존재하지 않음에도 불구하고, 계좌이체에 의하여 수취인이 계좌이체금액 상당의 예금채권을 취득한 경우에는, 송금의뢰인은 수취인에 대하여 위 금액 상당의 부당이득반환청구권을 가지게 된다.

[2] 갑이 그 명의의 계좌에 을이 계좌이체 방식으로 송금한 금원을 입금받음으로써 그 계좌개설은행에 대하여 예금반환청구권을 취득하였고, 나아가 갑과 을 사이에 위 계좌이체의 원인이 되는 법률관계가 존재하지 않은 이상, 갑이 얻은 이익은 법률상 원인이 없는 것으로서 을에 대하여 부당이득이 된다고 하여, 갑의 을에 대한 부당이득반환의무가 성립하지 않는다고 한 원심판결을 파기하였다.

대법원 2010. 5. 27. 선고 2007다66088 판결【전부금】

[1] 예금거래기본약관에 따라 송금의뢰인이 수취인의 예금계좌에 자금이체를 하여 예금원장에 입금의 기록이 된 때에는 특별한 사정이 없는 한 송금의뢰인과 수취인 사이에 자금이체의 원인인 법률관계가 존재하는지 여부에 관계없이 수취인과 수취은행 사이에는 위 입금액 상당의 예금계약이 성립하고, 수취인이 수취은행에 대하여 위 입금액 상당의

예금채권을 취득한다. 그리고 수취은행은 원칙적으로 수취인의 계좌에 입금된 금원이 송금의뢰인의 착오로 자금이체의 원인관계 없이 입금된 것인지 여부에 관하여 조사할 의무가 없으며, 수취은행이 수취인에 대한 대출채권 등을 자동채권으로 하여 수취인의 계좌에 입금된 금원 상당의 예금채권과 상계하는 것은 신의칙 위반이나 권리남용에 해당한다는 등의 특별한 사정이 없는 한 유효하다.

[2] 송금의뢰인이 착오송금임을 이유로 거래은행을 통하여 혹은 수취은행에 직접 송금액의 반환을 요청하고 수취인도 송금의뢰인의 착오송금에 의하여 수취인의 계좌에 금원이 입금된 사실을 인정하고 수취은행에 그 반환을 승낙하고 있는 경우, 수취은행이 수취인에 대한 대출채권 등을 자동채권으로 하여 수취인의 계좌에 착오로 입금된 금원 상당의 예금채권과 상계하는 것은, 수취은행이 선의인 상태에서 수취인의 예금채권을 담보로 대출을 하여 그 자동채권을 취득한 것이라거나 그 예금채권이 이미 제3자에 의하여 압류되었다는 등의 특별한 사정이 없는 한, 공공성을 지닌 자금이체시스템의 운영자가 그 이용자인 송금의뢰인의 실수를 기화로 그의 희생하에 당초 기대하지 않았던 채권회수의 이익을 취하는 행위로서 상계제도의 목적이나 기능을 일탈하고 법적으로 보호받을 만한 가치가 없으므로, 송금의뢰인에 대한 관계에서 신의칙에 반하거나 상계에 관한 권리를 남용하는 것이다.

제11장

기타 전형 계약

1. 현상광고

가. 의의(제675조)

현상광고의 의의는 현상광고의 법적 성질을 무엇으로 볼 것인지에 따라 달라진다. 즉 현상광고의 법적 성질을 계약이라고 볼 경우에는 현상광고란 '광고자가 어느 행위를 한 자에게 일정한 보수를 지급할 의사를 표시하고 이에 응한 자가 그 광고에서 정한 행위를 완료함으로써 효력이 생기는 계약'이라고 함에 비하여, 단독행위라고 보는 견해는 '지정행위를 완료한 자에게 보수를 지급한다는 불특정 다수인에 대한 광고자의 일방적 의사표시'라고 정의한다.

나. 법적 성질(계약인가?)

계약설에 의할 경우 광고 내용을 모르고 지정행위를 완료한 경우를 설명하기 어렵다는 문제점이 있다. 즉, 승낙(광고에서 정한 행위의 완료)이라는 것은 청약에 대한 의사표시인데, 청약(광고)이 있은 사실 자체를 모르고 하는 것이 승낙으로 취급되기는 어렵다는 점에서, 계약설이 의문시된다. 그러나 다수설은 우리 민법이 현상광고를 계약편에서(제2장 계약 중 제10절) 규정하고 있는 등의 이유로 여전히 계약으로 본다. 계약설에 의할 경우, 현상광고는 편무, 유상, 요물계약이다.

즉 현상광고는 유상계약이지만 편무계약이라는 점에 특색이 있다. 광고된 행위를 함으로써 비로소 계약이 성립한 것이므로(요물성), 편무계약이라는 것이다. 하지만 성립 · 존속 · 소멸의 어느 단계에서든 대가가 지급되는 경우는 모두 유상계약이 되므로, 현상광고도 유상계약으로 보게 된다.

현상광고를 계약으로 볼 경우 현상광고에도 당연히 조건이나 기한을 붙일 수 있고, 실제로도 조건이나 기한이 붙은 형상광고가 더 많이 있다. 현상광고를 단독행위로 볼 경우에는 단독행위에는 조건이나 기한을 붙이지 못하므로 현상광고에는 조건이나 기한을 붙일 수 없게 된다.

판례

대법원 2000. 8. 22. 선고 2000다3675 판결 【현상광고보수금】

민법 제675조에 정하는 현상광고라 함은, 광고자가 어느 행위를 한 자에게 일정한 보수를 지급할 의사를 표시하고 이에 응한 자가 그 광고에 정한 행위를 완료함으로써 그 효력이 생기는 것으로서, 그 광고에 정한 행위의 완료에 조건이나 기한을 붙일 수 있다.[1·2]

2. 종신정기금(제725조)

당사자 일방이 자기나 상대방 또는 제3자의 종신까지 정기로 금전 기타의 물건을 상대방 또는 제3자에게 지급할 것을 약정함으로써 성립하는 계약으로, 정기금 채무자에게 대가가 있을 때에는 유상계약이지만 그렇지 않을 때에는 무상계약이다. 무상의 경우에는 결국 증여가 되므로 증여에 관한 규정이 적용된다.

---

1 앞서 설명한 바와 같이 현상광고에 이처럼 조건이나 기한을 붙일 수 있다는 것 자체도, 현상광고의 계약성을 전제로 하는 것이다. 단독행위에는 조건이나 기한을 붙일 수 없기 때문이다.

2 경찰이 탈옥수 신창원을 수배하면서 '제보로 검거되었을 때에 신고인 또는 제보자에게 현상금을 지급한다.'는 내용의 현상광고를 한 경우, 현상광고의 지정행위는 신창원의 거처 또는 소재를 경찰에 신고 내지 제보하는 것이고 신창원이 '검거되었을 때'는 지정행위의 완료에 조건을 붙인 것인데, 제보자가 신창원의 소재를 발견하고 경찰에 이를 신고함으로써 현상광고의 지정행위는 완료되었고, 그에 따라 경찰관 등이 출동하여 신창원이 있던 호프집 안에서 그를 검문하고 나아가 차량에 태워 파출소에까지 데려간 이상 그에 대한 검거는 이루어진 것이므로, 현상광고상의 지정행위 완료에 붙인 조건도 성취되었다고 본 사례이다.

3. 여행

가. 입법 배경

우리 민법은 2015. 2. 3. 제9절의 2를 신설하여 여행계약을 민법의 전형계약으로 새롭게 규정하고 있다. 국민소득의 증대에 따른 국내외 여행객의 증가와 그에 따른 분쟁의 증가, 운송, 숙박, 등 여행에 필요한 사항 모두를 제공하는 형태의 총괄단체여행의 경우에 중요한 법률문제를 분명히 하여 여행객을 소비자로 보호할 필요가 있어서 여행계약을 신설하였다고 한다.[3]

그러나 위와 같은 필요성이 있다고 하여 이를 민법상의 전형계약으로 굳이 정할 필요성이 있었는지는 극히 의문이다. 민법상의 전형계약이란 타 계약과 분명히 구별되면서 가장 중요하고도 기초적인 계약만을 선별하여 민법전에서 규정하고 있다는 점을 고려할 때 과연 여행계약이 타 계약과 분명히 구별되는 독자적인 정체성을 갖고 있는지, 이를 민법전의 전형계약을 규정하지 않으면 여행객 등 소비자의 보호에 허술함이 있는 것인지가 분명하지 않다. 또한 대부분의 여행, 특히 총괄단체여행계약은 약관에 의하여 정해지는 경우가 태반이고, 이 경우에는 약관관계 법령이나 관광진흥법 등의 특별법, 민법과 상법상의 타 제도 등에 의하여 얼마든지 분쟁을 해결할 수 있다는 점에서도 그렇다.

나. 여행계약의 의의

여행계약은 당사자 한쪽이 상대방에게 운송, 숙박, 관광, 또는 그 밖의 여행 관련 용역을 결합하여 제공하기로 약정하고, 상대방이 그 대금을 지급하기로 약정함으로써 효력이 생기는 계약이다(민법 제674의2).

---

3 송덕수, 채권법각론, 343면.

다. 법적 성질

앞의 도급계약에서 설명한 바와 같이 여행계약이 신설되기 전에는 여행계약을 도급계약으로 보거나, 도급계약과 유사하지만 도급과는 다른 독립한 계약이라는 견해, 혼합계약이라는 견해 등으로 대립하고 있었지만, 이제 민법전에 새로이 독립된 계약으로 규율되고 있는 이상, 그 논의는 큰 의미가 없다고 할 수 있다.

그러나 여행계약은 도급계약과 가장 유사한 계약임을 부인할 수 없고,[4] 낙성, 쌍무, 유상, 불요식 계약이다.

라. 적용범위

민법상의 여행계약은 여행계약의 본질적 구성부분인 운송, 숙박, 관광 또는 그 밖의 여행에 관한 용역을 결합하여 제공하는 경우에 적용되는 규정이다. 따라서 만일 이 중 어느 하나만을 제공하기로 하는 경우에는 적용되지 않는다.[5]

판례

대법원 2011. 5. 26. 선고 2011다1330 판결 【손해배상(기)】

[1] 기획여행업자는 통상 여행 일반은 물론 목적지의 자연적·사회적 조건에 관하여 전문적 지식을 가진 자로서 우월적 지위에서 행선지나 여행시설 이용 등에 관한 계약 내용을 일방적으로 결정하는 반면, 여행자는 안전성을 신뢰하고 기획여행업자가 제시하는 조건에 따라 여행계약을 체결하는 것이 일반적이다. 이러한 점을 감안할 때, 기획여행업자는 여행자의 생명·신체·재산 등의 안전을 확보하기 위하여 여행목적지·여행일정·여행행정·여행서비스기관의 선택 등에 관하여 미리 충분히 조사·검토하여 여행계약 내용의 실시 도중에 여행자가 부딪칠지 모르는 위험을 미리 제거할 수단을 강구하거나, 여행자에게 그 뜻을 고지함으로써 여행자 스스로 위험을 수용할지에 관하여 선택할 기회를 주는 등 합리적 조치를 취할 신의칙상 안전배려의무를 부담하며, 기획여행업자가 사

4 이 점에서도 여행계약을 굳이 민법을 개정하면서까지 민법전의 독립된 전형계약으로 볼 필요가 있었는지 의문이다.

5 송덕수, 채권법각론, 345면

용한 여행약관에서 여행업자의 여행자에 대한 책임의 내용 및 범위 등에 관하여 규정하고 있다면 이는 위와 같은 안전배려의무를 구체적으로 명시한 것으로 보아야 한다.

[2] 민법 제391조는 이행보조자의 고의·과실을 채무자의 고의·과실로 본다고 규정하고 있는데, 이러한 이행보조자는 채무자의 의사 관여 아래 채무이행행위에 속하는 활동을 하는 사람이면 족하고 반드시 채무자의 지시 또는 감독을 받는 관계에 있어야 하는 것은 아니므로, 그가 채무자에 대하여 종속적 또는 독립적인 지위에 있는가는 문제되지 않으며, 이행보조자가 채무의 이행을 위하여 제3자를 복이행보조자로서 사용하는 경우에도 채무자가 이를 승낙하였거나 적어도 묵시적으로 동의한 경우에는 채무자는 복이행보조자의 고의·과실에 관하여 민법 제391조에 의하여 책임을 부담한다.

[3] 기획여행업자 갑 회사가 을 등과 기획여행계약을 체결하면서 여행약관에서 "현지 여행업자 등의 고의 또는 과실로 여행자에게 손해를 가한 경우 당사는 여행자에게 손해를 배상한다. 여행 출발 시부터 도착 시까지 현지 여행업자 또는 그 고용인 등이 여행계획의 수립 및 실행 과정에서 갑 회사의 임무와 관련하여 여행자들에게 고의 또는 과실로 손해를 가한 경우 책임을 진다."고 약정하였는데, 갑 회사와 사전 협의에 따라 현지에서 선택관광서비스를 제공해 온 병이 고용한 현지 운전자의 과실로 교통사고가 발생하여 을 등이 사망한 사안에서, 위 약관조항은 여행업자가 여행자에 대하여 기획여행계약상 부수의무로 부담하는 신의칙상 안전배려의무를 구체적으로 명시한 것이고, 기획여행에서 여행업자가 부담하는 업무가 개별 서비스의 수배·알선에만 국한된다고 보기는 어려우며, 약관조항에 규정하는 '현지 여행업자'는 '여행업자의 여행지 현지에서의 이행보조자 내지 여행업자가 사용을 승낙하였거나 또는 적어도 사용에 묵시적으로 동의한 복이행보조자'를 의미하는 것으로 해석해야 하므로, 병이 약관의 '현지 여행업자'에 해당한다고 보아 갑 회사는 을 등이 입은 손해를 배상할 책임이 있다고 한 사례.

대법원 2007. 5. 10. 선고 2007다3377 판결【손해배상(기)】

여행업자는 통상 여행 일반은 물론 목적지의 자연적·사회적 조건에 관하여 전문적 지식을 가진 자로서 우월적 지위에서 행선지나 여행시설의 이용 등에 관한 계약 내용을 일방적으로 결정하는 반면 여행자는 그 안전성을 신뢰하고 여행업자가 제시하는 조건에 따라 여행계약을 체결하게 되는 점을 감안할 때, 여행업자는 기획여행계약의 상대방인 여행자에 대하여 기획여행계약상의 부수의무로서, 여행자의 생명·신체·재산 등의 안전을 확보하기 위하여 여행목적지·여행일정·여행행정·여행서비스기관의 선택 등에 관하여 미리 충분히 조사·검토하여 전문업자로서의 합리적인 판단을 하고, 또한 그 계약 내용의 실시에 관하여 조우할지 모르는 위험을 미리 제거할 수단을 강구하거나 또는 여행자에게 그 뜻을 고지하여 여행자 스스로 그 위험을 수용할지 여부에 관하여 선택의 기회를 주는 등의 합리적 조치를 취할 신의칙상의 주의의무가 있고(대법원 1998. 11. 24. 선고 98다25061 판결 등 참조), 여행업자의 이러한 안전배려의무의 정도는 당해 기획여행계약의 내용에 따라 개별적으로 판단하여야 한다.

주요 참고문헌

곽윤직(편집대표), 민법주해(XII, XIV, XV, XVI), 박영사, 1997.

곽윤직, 채권각론(신정판), 박영사, 1995.

곽윤직, 채권각론(제6판), 박영사, 2014.

김준호, 계약법, 법문사, 2011.

손종학, 강해민법총칙, 충남대학교출판부, 2010.

손종학, 강해민사실무 I , 충남대학교출판문화원, 2017.

송덕수, 채권법각론, 박영사, 2016.

송덕수, 물권법, 박영사, 2014.

양창수 · 김재형, 계약법, 박영사, 2010.